城市轨道交通专业培训系列教材

城市轨道交通
信号技术

上海申通地铁集团有限公司
轨道交通培训中心
编著

中国铁道出版社有限公司

2023年·北　京

内 容 简 介

本书以上海轨道交通信号系统为主，并结合上海地铁二十余年来信号运营维护工作的经验，对信号系统的基础设备和正线设备多种制式等都进行了阐述和概括，内容包括城市轨道交通信号系统、信号系统基础设备、联锁系统、基于轨道电路的列车自动运行控制系统及其应用、基于通信的列车控制系统(CBTC)、电源设备、上海地铁智能运维系统。

本书可作为城市轨道交通职工培训教材，也可作为大专院校、职业院校相关专业教学参考用书。

图书在版编目(CIP)数据

城市轨道交通信号技术/上海申通地铁集团有限公司轨道交通培训中心编著．—2版．—北京：中国铁道出版社有限公司，2023.2

城市轨道交通专业培训系列教材

ISBN 978-7-113-28422-0

Ⅰ.①城… Ⅱ.①上… Ⅲ.①城市铁路-铁路信号-信号系统-技术培训-教材 Ⅳ.①U239.5

中国版本图书馆CIP数据核字(2021)第196352号

书　　名：城市轨道交通信号技术(第二版)

作　　者：上海申通地铁集团有限公司轨道交通培训中心

责任编辑：李嘉懿　徐　清　　**电话：**(010)51873147　　**电子邮箱：**ljy_jtu@163.com

封面设计：崔丽芳

责任校对：安海燕

责任印制：高春晓

出版发行：中国铁道出版社有限公司(100054，北京市西城区右安门西街8号)

网　　址：http://www.tdpress.com

印　　刷：河北宝昌佳彩印刷有限公司

版　　次：2012年5月第1版　2023年2月第2版　2023年2月第1次印刷

开　　本：710 mm×1 000 mm 1/16　**印张：**24.25　**字数：**453千

书　　号：ISBN 978-7-113-28422-0

定　　价：65.00元

城市轨道交通专业培训系列教材

编写委员会

主　　任：申伟强

副 主 任：王如路　叶华平

委　　员：（按姓氏笔画为序）

马伟杰　王　征　王大庆　王子强　王生华
王伟雯　王晓保　艾文伟　印祯民　李　垚
朱　翔　伍　敏　刘加华　刘金叶　吴晓红
吴　强　邹　松　宋　键　张　郁　张凌翔
陈　匡　陈立康　陈光华　周　亮　赵　捷
殷　峻　郭德龙　盛雄伟　管国良　瞿展瑜

编　写　组

组　　长：叶华平

副 组 长：杜晓红　余赛蝶　达世鹏

成　　员：（按姓氏笔画为序）

王炜民　王晓刚　包于顺　孙沪澄　李　缨
时伶媛　陈一鸣　林　宏　林　晨　姚　军
徐　凯　郭尚辉　黄浩强　曹求实　彭　博

《城市轨道交通信号技术》
编写人员

主　　编：张　郁

副 主 编：施　聪　黄浩强

主　　审：朱　宏

编写人员：（按姓氏笔画为序）

弓　超	王历珣	王　伟	朱　莉	庄邵忠
刘春荣	刘　健	汤培峰	吴　敏	张志倜
张　郁	张　凯	张　捷	陆国春	陆鑫源
陈思维	周　波	居　理	施　聪	娄　琦
姚　佶	柴　娟	徐建军	浦　伦	黄浩强
彭宏坤	董　云	董　彦	傅　宇	戴翌清

序

随着城市化进程的加快，城市“出行难”的社会问题越来越突出，在“以人为本、公交优先”的方针指引下，城市轨道交通因运能大、速度快、安全准点、节约资源、保护环境等优点，日益成为广大市民出行的首选，深受市民欢迎。当前我国的城市轨道交通正处在大发展、大建设时期，尤其是北京、上海、广州、深圳等先期发展的大城市未来即将步入超大规模网络发展阶段，工作重心也由以建设为主、建管并重到现在的运营经营高质量发展。便捷的城市轨道交通运营网络在为市民带来出行便利的同时，也为轨道交通运营部门带来了新的管理课题。

城市轨道交通的自身特点决定了：一旦开通运营，就必须持续保持高度的安全性、可靠性和服务的人性化。网络化运营带来的客流迅猛增长，对客运组织和客运服务提出了高要求。城市轨道交通的发展需要有一大批专业人才，急需有一套能满足城市轨道交通网络化运营要求的人才培训教材。

“城市轨道交通专业培训系列教材”是以上海城市轨道交通二十余年运营实践为基础并结合全国轨道交通发展状况，推出的面向国内、面向未来的教材。城市轨道交通多专业“联动”的要求决定了专业技术人才的“一专多能”要求，因此本“系列丛书”既是城市轨道交通各专业人员的入门和提升培训教材，也能满足非本专业人员对其他专业的业务进修。

多位具有运营实践的专业技术人员，提炼总结多年积累的地铁各专业运营管理与维护方面的经验及解决实际问题的思路和方法，汇编成书，期望能给轨道交通运营管理与维护人员以启迪和帮助。

“源于实践、高于实践”“符合国情”是本套丛书的两大特点，不但可以满足当前运营管理培训的需要，也为今后的城市轨道交通网络化发展的管理提出了新的思考和知识点。随着城市轨道交通不断引进新技术，运营管理的要求越来越高，虽然书中阐述的技术和管理的基本原理是相同的，但是“城市轨道交通专业培训系列教材”

必然还要在实践中不断补充实例、不断完善，希望本系列教材能真正成为技术和管理人员的“良师益友”。

编写委员会

2020 年 7 月

前　言

城市轨道交通是集线路、车辆、供电、通信、信号、自动售检票、运营管理等专业工程于一体的综合系统；新工艺、新技术在城市轨道交通各个专业得到充分的运用；城市轨道交通职业是新的职业工种，所以对从业职工的岗前培训、岗位培训以及技能考核，是城市轨道交通职业教育的重要任务。

《城市轨道交通信号技术》由上海地铁维护保障有限公司通号分公司和上海申凯公共交通运营管理有限公司的专业技术人员撰写，以上海轨道交通信号系统为主，并结合上海地铁二十余年来信号运营维护工作的经验，对信号系统的基础设备和正线设备多种制式等都进行了阐述和概括。作为一本面向城市轨道交通一线职工的教材，理论结合实际是本教材的特色，本书适用于从事或将从事于信号专业的人员学习。

本版结合当前城市轨道交通最新的发展形势，在第一版基础上增加了专业新技术，尤其是增加了轨道交通全自动运行信号系统和智能运维平台的相关内容。本书在编写的过程中得到了上海地铁维护保障有限公司通号分公司领导和技术人员的指导和帮助，也得到了相关企业的大力支持，在此由衷地表示感谢！

本书可作为城市轨道交通职工培训教材，也可以作为大专院校、职业院校相关专业的教学参考用书。

编　者

2022 年 1 月

前言

目　　录

第1章 城市轨道交通信号系统

城市轨道交通信号系统是指挥列车运行，保证行车安全，提高运输效率的关键设备。只有在列车运行前方的轨道区段没有列车占用、道岔位置正确、敌对或相抵触的进路没有建立等条件满足时，才能向列车发出允许前行的信号，列车只要严格遵循信号的指示行车，就能确保列车安全运行。

随着信息技术的不断发展，特别是计算机技术、网络技术、无线和移动通信技术以及一体化的信息控制技术等现代化技术的广泛应用，信号系统发生了革命性的变化，轨旁的地面信号已由车载信号所代替，信号的内容也已发生了根本性的变化，列车接收的目标速度、目标距离由车载系统直接控制，能够实现列车自动运行、列车超速防护和车站程序自动定位停车等功能。近几年基于通信的列车自动控制(CBTC)系统，也已在城市轨道交通信号系统中应用，这将进一步提高列车运输效率。

1.1 信号系统概述

城市轨道交通信号系统也称为列车自动控制(Automatic Train Control，ATC)系统，简称为ATC系统。它实现行车指挥和列车运行自动化，能最大限度地确保列车运行安全，提高运输效率，减轻运营人员的劳动强度，充分发挥城市轨道交通的运载能力。

列车自动控制系统主要用于列车进路控制、列车间隔控制、指挥调度、信息管理、设备在线工况监测及维护管理，是一个高效的综合自动化控制系统。ATC包括3个子系统：

(1)列车自动监控系统(Automatic Train Supervision，ATS)；

(2)列车自动防护系统(Automatic Train Protection，ATP)；

(3)列车自动运行系统(Automatic Train Operation，ATO)。

3个子系统通过信息交换网络构成闭环系统，实现地面控制与车载系统控制结合、现地控制与中央控制结合，构成一个以安全设备为基础，集行车指挥、运行调整以及列车驾驶自动化等功能为一体的列车自动控制系统。

ATC系统是对列车运行全过程或一部分作业，实现自动控制的设备的总称，其核心是ATP子系统，主要是防止列车超速和越过禁止信号机等功能。ATS主要位于线路控制中心(OCC),主要实行监督工作,一般是通过网络的形式和列车进行通信并指挥列车安全运行,信号集中站也具有一定的 ATS 功能,辅助中央 ATS 完成相关功能。ATS 信息通过轨旁设备传递给列车,列车上的 ATP 设备通过接收到的信息,必要时对列车发出限速或超速防护指令。ATO 则根据这些信息,控制列车的运行、对位停车、开关车门等。

1.2 "故障—安全"原则

"故障—安全(Fail-Safe)"是信号设计的基本原则。它要求行车时一旦信号设备或系统发生故障后,应具有自动导向安全,防止出现危险性后果,以确保行车安全的功能。

"故障—安全"技术是具有层次性的。传统技术方式是依靠器件的故障率不对称性来构成一个"故障—安全"信号系统,例如,在安全型继电器的失效形态中,错误释放的失效率远远高于错误励磁的失效率,具有强烈的不对称性,因此采用接点落下位置对应安全侧、吸起位置对应危险侧的方式来获得"故障—安全"功能。

由于传统"故障—安全"技术的实现必须具备信号系统中出现意外事件与其导致结果之间的逻辑是单调性的,而实际信号系统的功能要求并不具备这种单调性,因此国际上自 20 世纪 60 年代末开拓了对"故障—安全"的研究领域,提出了二值逻辑、三值逻辑和双轨逻辑等理论,试图从结构上实现完善的"故障—安全"系统。到 20 世纪 70 年代,计算机容错计算(Fault Tolerant Computing)技术的研究开始发展,并逐步运用到信号设备和系统中,使"故障—安全"和容错之间产生了许多相互包容的内涵。

1.3 闭塞技术

保证列车在区间行车安全,就是确保列车在区间中运行不发生追尾或者正面冲突。那么就需要确认列车在某个区间范围内,在同一时刻,只有一列列车占用,这就是闭塞的基本概念。通常所说的闭塞,也称为行车闭塞法,是指为了确保列车在区间内运行安全,车站向区间内发车时,必须确认区间内没有列车,并需遵循一定规律组织行车的方法,简单来说,就是把一段线路封闭起来,不准许其他列车进入的行车组织方法。因此,闭塞是列车安全运行的基本保证,通常把实现闭塞方式的设备称为闭塞设备。

一般来说,组织区间行车实现闭塞主要有两种方法:

1. 时间间隔法

列车按照事先规定好的时间由车站发车，使前行列车和追踪列车之间保持一定时间的行车方法。这种行车方法因追踪列车不能确切得到前行列车的运行状况，所以不能确保列车在区间内的运行安全，目前已不使用这种方法。

2. 空间间隔法

把线路划分为若干段落（区间或分区），在每个线段内同时只准许一列列车运行，使前行列车和追踪列车之间必须保持一定距离的行车方法。这种行车方法能严格地把列车分隔在2个空间，可以有效地防止列车追尾和正面冲突事故的发生，确保列车运行安全。一般所说的“闭塞”就是指空间间隔法。

区间闭塞是列车在区间运行的安全保证，因此，所有行车组织都必须按照闭塞设计的原则进行安排。实现区间闭塞的方法随着运能和列车运行速度及技术而发展，一般是按实现手段和闭塞区段划分方式来区分闭塞。

按实现闭塞的手段划分，可以分为人工闭塞、半自动闭塞和自动闭塞三类。

1.3.1　人工闭塞

电报、电话和电气路签（牌）闭塞都是人工办理闭塞手续后，采用以人工书写的路票或由电气路签（牌）机中取得的路签（牌）作为列车占用区间的凭证。人工闭塞制式中，需要操作人员全程参与交接凭证和检查区间状态的工作，一些设备只是辅助进行行车指示工作。

1.3.2　半自动闭塞

在半自动闭塞制式下，首先人工办理闭塞手续，列车凭出站信号机的开放显示作为列车占用区间的凭证，列车出发后，出站信号机自动关闭。发车站行车人员必须在办理好闭塞手续后才能开放出站信号机，列车出发后出站信号机自动关闭，在列车未到达接车站时，出站信号机不能开放。列车到达对方车站后，由行车人员确认列车完整到达后，办理解除闭塞手续，才能再办理闭塞手续。这种方法，既需要人的操纵，又需要列车自动动作，所以叫作半自动闭塞。

半自动闭塞在站内设有轨道电路，主要用于监督列车的出发，使发车站闭塞机闭塞，禁止向同一区间再次发车；监督列车的到达，然后由车站值班员办理到达复原手续。它具有设备简单、动作稳定、使用方便、维修容易、投资少、安装快的优点。

半自动闭塞在区间一般不设轨道电路，因此不能监督列车在区间内是否遗留有车列，列车的整列到达必须依靠值班员的确认，以专用的复原按钮发送到达复原信号之后，区间才能解除闭塞，其缺点主要是区间没有检查空闲的设备，在区间遗留车辆或车辆溜逸的情况下，极易发生事故。

1.3.3 自动闭塞

把站间区间划分为若干闭塞分区，每个闭塞分区都设有轨道电路及防护该分区的通过信号机，根据列车运行及有关闭塞分区状态，自动变换通过信号机的显示，而司机只凭信号显示行车的闭塞方法叫自动闭塞。在自动闭塞制式下，操作人员无须参与交换凭证和检查区间状态的工作，完全由设备自动完成这些工作，是一种效率和安全等级较高的闭塞方式。

需要注意的是，在区间闭塞中，区间和闭塞分区是两个概念。区间一般指两个车站之间的线路，闭塞分区通常指在区间中划分出来的段落，一般由若干段轨道电路区段构成，可以认为，一个区间里包含了若干个闭塞分区。

1.4 列车自动控制系统分类

1.4.1 不同闭塞制式的 ATC 系统

按闭塞制式的不同，城市轨道交通 ATC 系统可分为：固定闭塞式 ATC 系统、准移动闭塞式 ATC 系统和移动闭塞式 ATC 系统。

1. 固定闭塞

固定闭塞制式中，运行列车间的空间间隔是若干个闭塞分区，闭塞分区数依划分的速度级别而定。一般情况下，闭塞分区是用轨道电路或计轴装置来划分的，它具有列车定位和占用轨道的检查功能。固定闭塞的追踪目标点为前行列车所占用闭塞分区的始端，后行列车从最高速开始制动的计算点作为要求开始减速的闭塞分区的始端，这两个点都是固定的，空间间隔的长度也是固定的，所以称为固定闭塞。

根据闭塞的实现方法分类，一般情况下人工闭塞和半自动闭塞可以归类为固定闭塞。

2. 准移动闭塞

目标距离控制模式根据目标距离、目标速度及列车本身的性能确定列车制动曲线，不必设定每个闭塞分区速度等级，采用一次制动方式。准移动闭塞的追踪目标点是前行列车所占用闭塞分区的末端，当然会留有一定的安全距离，而后行列车从最高速度开始制动的计算点是根据目标距离、目标速度及列车本身的性能计算决定的。目标点相对固定，在同一闭塞分区内不随前行列车的走行而变化，而制动的起始点是随线路参数和列车本身性能不同而变化的。空间间隔的长度是不固定的，由于要与移动闭塞相区别，所以称为准移动闭塞，其追踪运行间隔比固定闭塞小一些。

由于目标点是相对固定的，所以，当前行列车在同一闭塞分区内走行时，连续式一次速度控制曲线是相对稳定的；当前行列车出清闭塞分区时，目标点突然前移，目标距离突然改变，连续式一次速度控制曲线会发生跳变。

在准移动闭塞中，还存在一种特殊的方式——虚拟闭塞，它不设轨道占用检查设备和轨旁信号机，采取无线定位方式来实现列车定位和占用轨道的检查功能，闭塞分区和轨旁信号机是以计算机技术虚拟设定的，仅在系统逻辑上存在有闭塞分区和信号机的概念。

3. 移动闭塞

移动闭塞的追踪目标点是前行列车的尾部，当然会留有一定的安全距离，它与前行列车的走行和速度有关，是随时变化的，后行列车从最高速开始制动的计算点是根据目标距离、目标速度及列车本身的性能计算决定的。空间间隔的长度是不固定的，所以称为移动闭塞，其追踪运行间隔要比准移动闭塞更小一些。移动闭塞一般采用无线通信和无线定位技术来实现。

移动闭塞方式的ATC系统通常采用地面交叉感应环线、波导、无线通信等方式，向列控车载设备传递信息。列车安全间隔距离是根据最大允许车速、当前停车点位置、线路等信息计算得出，信息被循环更新，以保证列车不间断收到即时信息。

移动闭塞方式的ATC系统是利用列车和地面间的双向数据通信设备，使地面信号设备可以得到每一列列车连续的位置信息，并据此计算出每一列列车的运行权限，动态更新并发送给列车，列车根据接收到的运行权限和自身的运行状态，计算出列车运行的速度曲线，实现精确的定点停车和完全防护的列车双向运行模式，更有利于线路通过能力的充分发挥。

1.4.2　不同结构的ATC系统

按结构的不同，可分为点式ATC系统和连续式ATC系统。

1. 点式ATC系统

点式ATC系统因其主要功能是实现列车超速防护，所以又称为点式ATP系统。它用点式设备传递信息，用车载计算机进行信息处理。

点式ATC系统在城市轨道交通中应用比较广泛，其主要优点是采用无源、高信息容量的地面应答器，结构简单、安装灵活、可靠性高，价格明显低于连续式ATC系统。上海轨道交通5号线采用的即是德国西门子公司生产的点式ATC系统。

2. 连续式 ATC 系统

按地—车信息传输所用的媒体分类，连续式 ATC 系统分为有线与无线两大类，前者又分为利用轨间电缆与利用数字编码音频轨道电路两类。

按地—车之间所传输信息的内容分类，连续式 ATC 系统分为速度码系统与距离码系统。

1.5 城市轨道交通信号系统的特点

城市轨道交通信号系统的终端设备基本上沿袭铁路信号制式设备，但也基于轨道交通自身的特点，与铁路的信号系统又有一定的区别。由于城市轨道交通的行车间隔密度高、客运量大，最小行车间隔可达 90 s，甚至更小，因此对列车运行速度监控的要求极高。但其列车运行速度（通常最高为 80 km/h）却远低于铁路干线的列车运行速度，所以一般采用速率较低的数据传输系统。

随着城市轨道交通信号自动化技术的不断发展，信息需求量越来越大，而且逐步采用速率较高且独立的数据传输系统。城市轨道交通的大多数车站不设道岔，没有配线，甚至不设地面信号机，仅在少数有岔联锁站及车辆段才设置道岔和地面信号机，故联锁设备的监控对象远少于铁路车站的监控对象，联锁关系远没有铁路复杂。除折返站外全部作业仅为旅客乘降，通常几个集中站或一个控制中心即可实现全线的联锁功能。

另外，城市轨道交通信号自动控制最大的特点是把信号联锁关系纳入 ATC 监控体系中，且包含轨道交通一些特有功能，如自动折返、自动进路、紧急关闭、扣车和跳停，以及屏蔽门/安全门联控等。城市轨道交通的车辆段类似于铁路区段站的功能，包括列车编解、接发列车和频繁的调车作业，车辆段线路较多、道岔较多、信号设备较多，一般独立采用一套联锁设备。由于城市轨道交通的线路长度短，站间距离短，列车种类较少，行车规律性很高，因此它的信号系统中通常包括自动排列进路和运行自动调整的功能，自动化程度高，人工介入极少。

城市轨道交通信号系统的特点包括以下五方面：

(1)具备完善的列车速度监控功能；

(2)信号系统数据传输子系统相对独立，传输速率较低；

(3)正线车站联锁关系较简单，但技术要求高；

(4)车辆段/停车场等基地采用独立的联锁设备；

(5)ATC 系统自动化程度高。

1.6　城市轨道交通信号系统的基本功能

1.6.1　列车自动监控(ATS)系统

ATS 系统由控制中心、车站、车场以及车载设备组成。ATS 系统在 ATP 系统的支持下完成对列车运行的自动监控,实现以下基本功能:

(1)通过 ATS 车站设备,能够采集轨旁及车载 ATP 提供的轨道占用状态、进路状态、列车运行状态以及信号设备故障等控制和监督列车运行的基础信息。

(2)根据联锁表、计划运行图及列车位置,自动生成输出进路控制命令,传送至车站联锁设备,设置列车进路,控制列车停站时分。

(3)列车识别跟踪、传递和显示功能。系统能自动完成正线区段内列车识别号(服务号、目的地号、车体号)跟踪,列车识别号可由中央 ATS 自动生成或调度员人工设定、修改,也可由列车经车—地通信向 ATS 发送识别号等信息。

(4)列车计划与实迹运行图的比较和计算机辅助调度功能。系统能根据列车运行实际的偏离情况,自动生成调整计划供调度员参考或自动调整列车停站时分,控制发车时间。

(5)中央 ATS 故障情况下的降级处理,由调度员人工介入设置进路,对列车运行进行调整,由 ATS 车站完成自动排列进路或根据列车识别号进行自动信号控制,由车站人工进行进路控制。

(6)在计算机辅助下完成对列车基本运行图的编制及管理,并具有较强的人工介入功能。通过设在车辆段的终端,向车辆段管理及行车人员提供必要的信息,以便编制车辆运用计划和行车计划。

(7)具有列车运行显示屏及调度台显示器,能对轨道区段、道岔、信号机和在线运行列车等进行监视,能在行调工作站上给出设备故障报警及故障源提示。

(8)能在中央专用设备上提供模拟和演示功能,用于培训及参观。能自动进行运行报表统计,并根据要求进行显示打印。

(9)能在车站控制模式下与计算机联锁设备结合,将部分或所有信号机置于自动模式状态。

(10)向无线通信、广播、旅客向导系统提供必要的信息。

1.6.2　列车自动防护(ATP)系统

ATP 系统由地面设备、车载设备组成,监督列车在安全速度下运行,确保列车一旦超过规定速度,立即施行制动,主要实现以下功能:

(1)自动连续地对列车位置进行检测,并向列车发送必要的速度、距离、线路条件等信息,以确定列车运行的最大安全速度。提供列车速度保护,在列车超速时提供常用制动或紧急制动,保证前行与后续列车之间的安全间隔,满足正向行车时的设计行车间隔和折返间隔。对反向运行列车能进行 ATP 防护。

(2)确保列车进路正确及列车的运行安全。确保同一径路上的不同列车之间具有足够的安全距离,以防止列车侧面冲撞。

(3)防止列车超速运行,保证列车速度不超过线路、道岔、车辆等规定的允许速度。

(4)为列车车门的开启提供安全、可靠的信息。

(5)根据联锁设备提供的进路上轨道区间运行方向,确定相应轨道电路发码方向。

(6)任何车—地通信中断以及列车的非预期移动(含退行)、检查列车完整性电路的中断、列车超速(含临时限速)、车载设备故障等均将产生安全性制动。

(7)实现与 ATS 的接口和有关信息的交换。

(8)系统的自诊断、故障报警、记录。

(9)列车的实际速度、推荐速度、目标速度、目标距离等信息的记录和显示,还具有人工或自动轮径磨耗补偿功能。

1.6.3 列车自动运行(ATO)系统

ATO 系统是控制列车自动运行的设备,由车载设备和地面设备组成,在 ATP 系统的保护下,根据 ATS 的指令实现列车运行的自动驾驶、速度的自动调整、列车车门控制。

(1)自动完成对列车的起动、牵引、巡航、惰行和制动的控制,以较高的速度进行追踪运行和折返作业,确保达到设计间隔及运行速度。

(2)在 ATS 监控范围的入口及各站停车区域(含折返线、停车线)进行车—地通信,将列车有关信息传送至 ATS 系统,以便于 ATS 系统对在线列车进行监控。

(3)控制列车按照运行图运行,达到节能及自动调整列车运行的目的。

(4)ATO 自动驾驶时实现车站站台定点停车控制、舒适度控制及节省能源控制。

(5)能根据停车站台的位置及停车精度,自动地对车门进行控制。

(6)与 ATS 和 ATP 结合,实现列车自动驾驶。

1.7　运营组织相关技术

1.7.1　城市轨道交通列车运行的特点

城市轨道客流具有流量大、阶段性高峰明显等特点。城市轨道线路具有站间距离短、车站配线数量少、列车交路种类多、出入库频繁等特点。一旦列车发生运行延误，因其调整难度较大，使延误的传播速度快、影响范围大，具有直接性、快速性和双向性等特点。

列车运行延误及其传播主要与能力利用率、缓冲时间、备车数量以及辅助线数量等因素有关，并且这些参数之间应该保持一定的合理匹配关系。

1.7.2　城市轨道交通列车运行方案和运行间隔

我国城市轨道交通大多采用单一交路、站站停车的列车运行方案，随着某些大城市轨道交通线路的不断延伸加长和多线网络化换乘的形成，列车运行组织更趋复杂性，需要考虑线路各区段客流相差悬殊时或不同轨道线路共线运行时，如何采用相适应的列车运行方案，实现乘客服务水平、资源合理利用和各项运营指标的最优化。

列车运行方案主要包括列车交路计划和列车停站计划。

1. 列车交路计划

列车交路计划主要有折返方式和交路方式。

(1)折返方式

折返方式分为：站后折返、站前折返和混合折返。

站后折返的优点：出发列车与到达列车不存在敌对进路，折返作业时空载(不载客)运行，折返线还可当作临时存车线；缺点：列车折返走行距离较长。站后折返示意如图 1.1 所示。

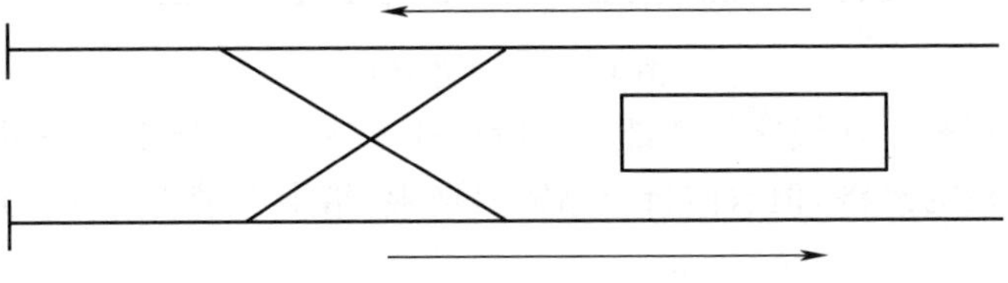

图 1.1　站后折返示意

站前折返的优点：列车折返走行距离较短，同时上下客可节省停站时间，缺点：出发列车与到达列车存在敌对进路，折返作业时载客运行(影响乘客舒适感)。站前折返示意如图 1.2 所示。

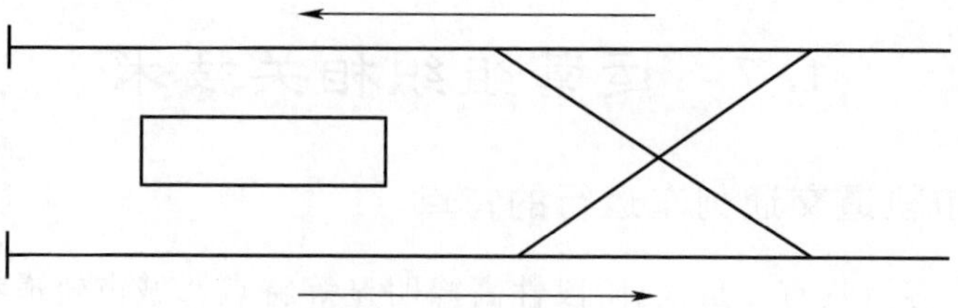

图 1.2 站前折返示意

混合折返兼有站前折返和站后折返的特点：能够提高列车折返能力与线路通过能力，更有利于行车组织调整，适用于对折返能力要求较高的终点站。混合折返示意如图 1.3 所示。

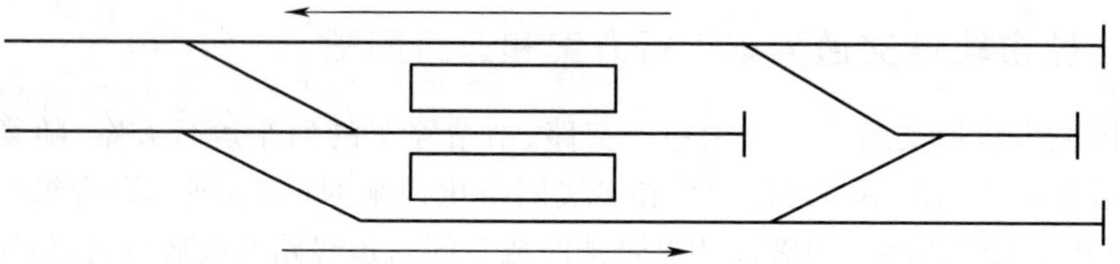

图 1.3 混合折返示意

(2)交路方式

交路方式分为：长交路、短交路和长短交路。

长交路是指列车在线路的两个终点站间运行，行车组织较为简单，但在各区段客流不均衡程度较大的情况下，会产生客流较小区段的运能浪费。长交路示意如图 1.4 所示。

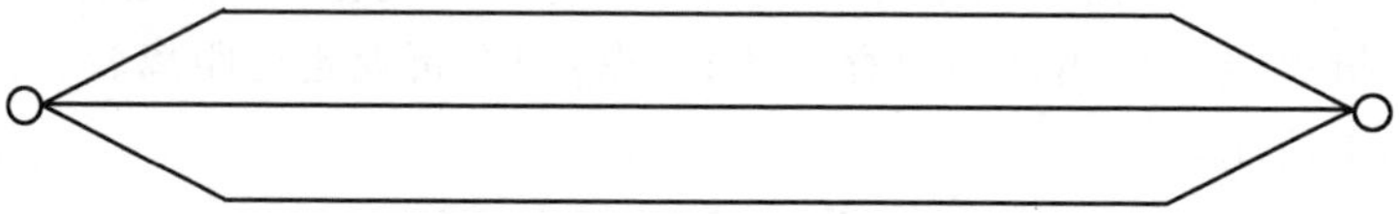

图 1.4 长交路示意

短交路是指列车在线路的各部分区段内往返运行，在指定车站折返，对不同客流区段的运能较为经济，但双向折返站需要换乘，给乘客带来不便。短交路示意如图 1.5 所示。

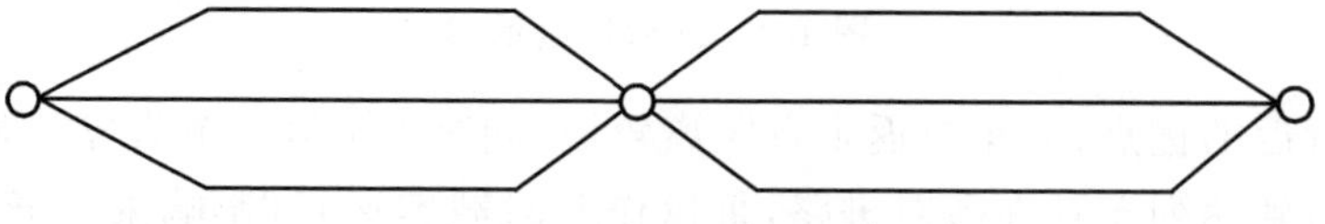

图 1.5 短交路示意

长短交路也称大小交路，是指列车在线路上既有采用长交路方式运行的，也有采用短交路方式运行的，它兼有长交路和短交路的特点，对中间折返站的运营组织要求较高。长短交路示意如图 1.6 所示。

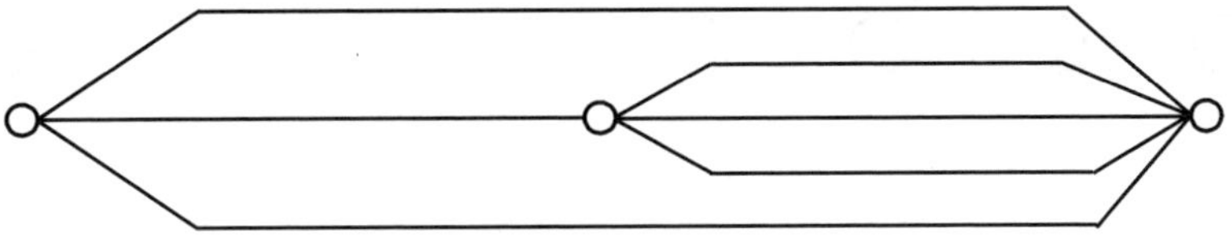

图 1.6　长短交路示意

2. 列车停站计划

列车停站计划主要有分段停站和跨站停站两种方案。

(1)分段停站

分段停站在长短交路的基础上，规定长交路运行列车在短交路区段外站站停车，在短交路区段内不停车通过；而短交路运行列车在短交路区段内站站停车。此方案减少了长交路列车的停站次数，缩短了长途乘客的旅行时间，但也带来候车、换乘等不便问题。分段停站示意如图 1.7 所示。

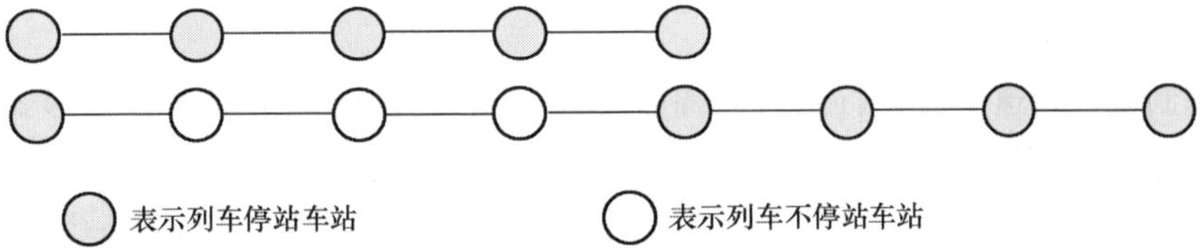

图 1.7　分段停站运行方案

(2)跨站停站

跨站停站是将全线车站分为 A、B、C 三类，规定运行列车既有只停 A 类站和 C 类站(B 类站跳停)，也有只停 B 类站和 C 类站(A 类站跳停)。此方案减少了停站次数，缩短了旅行时间，还加速了车辆周转速度，减少了车辆使用，但也带来候车、换乘等不便问题。跨站停站适用于 C 类站客流较大，而 A、B 类站客流较小，且长途乘客较多的线路，其示意如图 1.8 所示。

列车运行最小间隔是城市轨道交通系统技术经济参数之一，因各国建设标准不完全相同而规定有所不同，它有列车最小时间间隔和列车最小空间间隔两种理解方式，从轨道交通系统的技术经济参数上来讲，大多是指列车最小运行时间间隔，它与信号区间闭塞设计能力、折返设计能力等各方面因素有关。目前世界上对列车运行最小间隔的技术经济参数大多定为 2 min。在运营过程中，应根据每列列车编组车厢数、每节车辆定员数、最高时速、每小时单向最大运送能力等技术经济指标，同时综合考虑平均时速、实际运送需求等情况，制订针对不同时段、不同区段的最为合理的列车运行间隔时间。

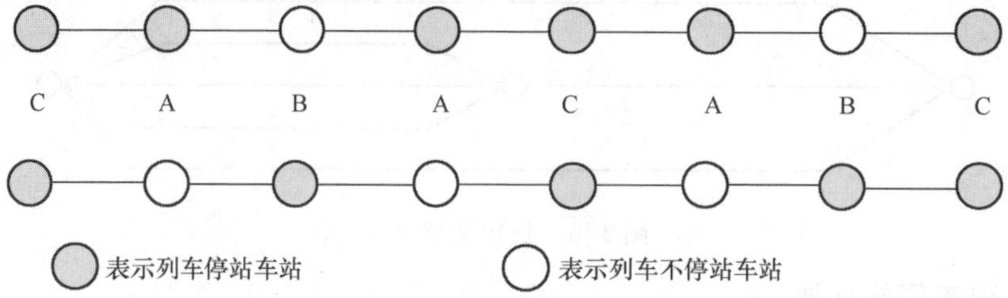

图 1.8 跨站停站运行方案

1.7.3 城市轨道交通列车运行图

列车运行图是利用坐标轴来表示列车运行时空关系的图解形式。在轨道交通系统中，列车运行图规定了列车占用区间的次序；每站出发、到达或通过的时间；区间运行时分；停站时分。它是列车运行的一个综合性计划，是城市轨道交通运行组织的基础，是协调城市轨道交通系统各单位部门按一定程序进行生产活动的重要文件，与安全、效益和能力密切相关。

编制城市轨道交通运行图时需综合考虑线路布置条件、折返站布置形式、可用列车数量、列车交路方式、车场位置与出入库方式、客流的时间与空间分布特点等各类因素。由于城市轨道交通系统具有列车运行间隔小、站间距离短、车站线路布置比较简单等特点，因此城市轨道交通运行图的编制与铁路相比有其特有的复杂性。

列车运行图有两种输出方式：图解表和时刻表。

图解表又称时距图(Time Distance Diagram)，它利用坐标轴表示列车运行状况和行车时间，将列车看作一个质点，斜线就是列车运行轨迹，代表列车的运行线。一般是以横坐标为时间(t)，纵坐标为距离(s)，综合反映全日行车计划。如图 1.9 所示为列车运行交路的图解表示。

时刻表的编制依据是列车运行图，各区间上下行列车运行时间和沿途各车站列车停站时间标准。简易列车时刻表可人工编制，实施自动监控的列车时刻表可使用计算机编制，并作为生成列车运行图使用。通常先编制上下行载客列车时刻表，再编制出入场空驶列车(含早晚职工通勤列车)时刻表。

由于城市轨道交通系统开行密度较高，时刻表按照不同使用范围可分为对内使用和对外公布两种。对外公布时刻表主要包括开行时段、开行密度以及首末班列车时刻表。表 1.1 列举了上海轨道交通 1 号线的对外公布时刻表。

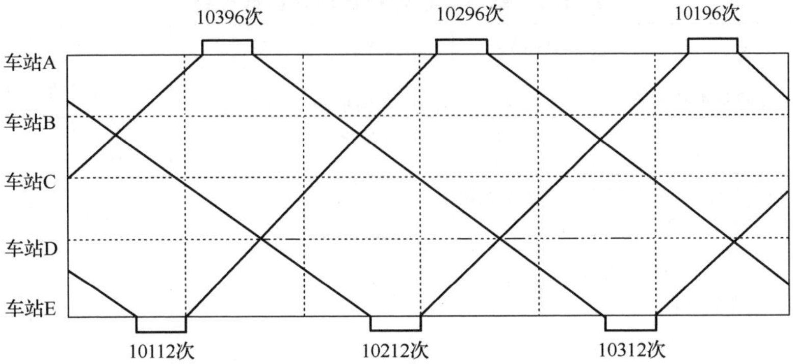

图 1.9 列车运行交路的图解表示

表 1.1 上海轨道交通 1 号线对外公布时刻表

周一至周五(From Monday To Friday)				
名　称	时段(Time)	列车间隔(Interval Between Trains)		
		往莘庄	往上海火车站	往共富新村
早高峰	07:00 至 09:30	约 3 min	约 3 min	约 9 min
晚高峰	16:30 至 19:30	4～5 min	4～5 min	11 min
一般时段	09:30 至 16:30	5～8 min	5～8 min	约 10 min
	19:30 至 22:00			
其他时段	首班车至 07:00	6～9 min	6～9 min	15 min
	22:00 至末班车			

1.8 轨道交通全自动运行技术

1.8.1 轨道交通运营自动化等级

在国际电工委员会制定的 IEC62290-1 国际标准中,将轨道交通运行的自动化程度由低到高分为五个等级,以 GoA 0 至 GoA 4 逐级提升。这五个等级的划分主要是看列车运行的各项基本功能是依靠人工实现的,还是依靠系统来完成的。轨道交通运行自动化的程度直接影响运营、设施设备、车辆以及员工的要求,见表 1.2。

GoA0 级:目视信号手动驾驶。这个等级列车司机需要对自己的操作百分之百负责,而且没有系统设备来监督司机的操作是否正确,线路上只有道岔和信号机由系统来控制。这个级别的系统往往用于有轨电车线路。

表 1.2 轨道交通运行自动化运行等级

列车运行的基本功能		GoA0 目视信号手动驾驶	GoA1 有 ATP 保护的手动驾驶	GoA2 列车自动运行(ATO)	GoA3 有人值守的无人驾驶(DTO)	GoA4 无人值守的列车运行(UTO)
保证列车安全的事项	保证安全的列车进路	人工(道岔控制依靠系统)	系统	系统	系统	系统
	保证安全的列车间隔	人工	系统	系统	系统	系统
	保证安全的列车速度	人工	人工	系统	系统	系统
列车驾驶模式	控制列车的加速和制动	人工	人工	系统	系统	系统
监督轨行区情况(区间瞭望作业)	防止与障碍物碰撞	人工	人工	人工	系统	系统
	防止人车冲突	人工	人工	人工	系统	系统
监督乘客上下客情况(开关门作业)	开关列车车门	人工	人工	人工	人工	系统
	防止车门与站台安全门间夹人夹物引起的伤人事件	人工	人工	人工	人工	系统
	确保列车安全启动	人工	人工	人工	人工	系统
运营列车	投入或退出运营	人工	人工	人工	人工	系统
	监督车辆的状态	人工	人工	人工	人工	系统
应急场景下的作业	火灾、报警等引导乘客疏散	人工	人工	人工	人工	系统或控制中心人员

GoA1 级:有 ATP 保护的手动驾驶。这个等级下列车司机在列车的最前端驾驶室里观察前方线路的情况,由司机控制列车的起动、停车、运行速度、站台停靠、开关车门等,并在遇到险情的时候施加紧急制动。列车司机依据轨旁信号机的显示或者车载信号来控制列车的加速和制动。系统能够监督列车司机的操作,相当于装有点式或连续式的 ATP。曾用于上海地铁 5 号线的西门子信号系统就属于这个级别。

GoA2 级:有 ATO 的驾驶,在这个等级下,列车司机在列车的最前端驾驶室里观察前方线路的情况，并在遇到险情的时候紧急停车。列车的加速与制动由系统自动完成，而且列车的速度也受到系统的监督，但是列车的开关门和发车由司机来完成，列车安全离站也由运营人员负责。这个级别的系统是目前城市轨道交通信号系统的主流，应用于上海地铁1、2、3、4、5、6、7、8、9、11、12、13、16号线。

GoA3级：与GoA2级相比，此时列车前端驾驶室里已经没有司机，司机被ATO等更多的系统所取代，自动化程度进一步提高，仅安排运营人员以应对突发事件，此级别又称为DTO(Driverless Train Operation)模式。上海地铁17号线采用此级别的信号系统。

GoA4级：与GoA3及相比，此时列车上已经无须运营人员，此级别又称为UTO(Unattended Train Operation)模式，也就是通常所说的全自动驾驶，是目前轨道交通自动化运营的最高级别。列车安全运行由系统来保障。仅当发生诸如列车脱轨、火灾报警、乘客疏散的紧急危险的情况时，需要控制中心工作人员指挥远程处置。上海地铁10、14、15、18号线以及浦江线采用此级别的信号系统。

1.8.2 全自动运行线路所涉及的子系统

要实现GoA4级的全自动运行系统，意味着在整个运营过程中不再由司机驾驶列车，而是在控制中心的集中控制下实现列车的自动运行。相对于有人驾驶，全自动运行线路有自动行驶、自动调整、自动应急、故障中央监测、中央远程控制等功能，且应具备更高的安全性、可靠性、可用性和可维护性。因此，全自动运行线路在信号、站台安全门、车辆、通信、综合监控这五大系统的功能方面与传统有人驾驶系统相比有着显著的差异。

1. 信号系统

全自动运行线路中的信号系统，不仅具备传统有人驾驶线路信号系统中ATP、ATS、ATO三方面功能，还增加了全自动运行控制方面的功能，包括控制中心调度员对停车场内列车的休眠和唤醒，综合自检通过后进入全自动运行模式，对库内列车发送时刻表和车次号。列车根据信号自动出入车辆基地、正线自动运行、自动停站、自动开关门、自动折返、自动休眠等。在故障场景下，信号系统具备能替代司机应急处置作业的功能，包括停站偏离自动调整、车门和站台安全门故障对位隔离、远程重启车载控制器、远程RM模式驾驶等。原本需要列车司机在信号系统防护下的作业内容，现在由全自动信号系统本身和控制中心远程操作所取代。

2. 站台安全门系统

在传统的有人驾驶线路中，列车的开关门作业由司机完成。当列车进站停准后，车载信号系统发送开门码给车辆，允许司机按下开门按钮打开车门。当发车表示器进入闪烁或进入倒计时的时候，司机按下关门按钮，确认车门、安全门无夹人夹物，确认站台站务员手信号，确认站台闭路电视中车门关好之后再进入司机室，最后确认信号开放后起动列车。整个过程虽然不复杂，但列车司机丝毫不能掉以轻心，就是为了杜绝乘客被车门或站台安全门夹住动车的险情发生。

在全自动运行线路中，以上由司机确认的车门、站台安全门关好的状态现在都由设备来保障。当列车进站停准后，信号车载控制器发送开门码给车辆的同时，同步发送开门命令给中央站台门控制器，中央站台门控制器将信息发给门控器进行站台安全门的开关门作业。同时，门控器也将采集到的站台安全门状态，通过中央站台门控制器发送给车载控制器。这样就实现了车门与站台安全门的同步开关，降低了人被夹在车门和站台安全门之间的概率。再结合站台安全探测系统，通过红外线探测手段对车门和站台安全门之间进行防夹探测，当探明无夹人夹物后，才允许列车发车，从而实现依靠设备来取代司机在站台的开关门作业。

3. 车辆系统

全自动运行线路中的车辆能接收控制中心信号系统发出的指令，实现从唤醒到休眠过程中的全自动作业。包括受电弓在唤醒与休眠过程中按程序自动升降，空调、照明、车门等系统根据车辆所处的工况实现自动控制，车辆根据信号系统的指令，在区间自动运行、调整、进站停车等作业。有人驾驶线路中的车辆电气设备由司机来操控，全自动运行线路中车辆具备自诊断功能和故障自复位功能，例如，每天运营前车辆的自检作业。在故障情况下，控制中心可通过对牵引辅助系统、空气制动单元、供电回路中的复位断路器进行远程复位，实现设备的断电重启，恢复设备故障。至此，列车司机对车辆的应急处置作业，已被全自动运行线路中的车辆自复位功能和控制中心远程复位功能所替代。

4. 通信系统

和传统有人驾驶线路一样，全自动运行线路中的通信系统同样包括传输、专用无线、视频监控、PIS 和广播系统。为了实现全自动运行，以上子系统进一步强化了其功能。通信视频监控系统将车厢内监控画面通过 Wi-Fi 网络实时投射到控制中心大屏和综合监控系统上，控制中心调度员可通过大屏和综合监控系统掌握列车每节车厢内的实时情况。由于列车上不再配司机，乘客在车厢内按下车辆紧急对讲按钮后，通过列车无线车载电台向控制中心无线调度台建立通话链接，调度员可直接与乘客进行通话，了解车上乘客诉求、安抚乘客情绪并引导处理。控制中心调度员还可以通过车上的广播系统和乘客信息导向系统向车上乘客进行广播，在应急情况下引导车内乘客清客、疏散等。通信系统在全自动线路中与信号、车辆、综合监控系统联动，共同实现全自动运营场景所要求的功能。

5. 综合监控系统

全自动运行线路中的综合监控系统通过采集信号 ATS 系统、电力监控系统(PSCADA)、机电设备监控系统(BAS)、火灾报警系统(FAS)、专业无线系统、乘客信息系统(PIS)、广播系统(PA)、闭路电视监控(CCTV)等系统中与行车指挥密切相关的信息，将各专业信息深度融合后呈现给控制中心调度指挥人员和车站多职能队员，实现对车、电、机的统一调度指挥和监控管理。同时，综合监控系统还对车辆进行实时监控，显示全线车辆设备的运行状态和故障告警，实现对车载 CCTV、车载 PA、车载 PIS 设备的远程控制，显示车地无线通信设备的运行状态和故障告警，实现对车地无线传输通道管理和流量监控。综合监控系统按照全自动运营场景实现所有功能，并配合运维规则对运营场景进行全覆盖。例如，在应急场景中，综合监控平台能够调用车载实时图像、联动车载视频监控、下载录像、对列车车厢进行广播、对乘客进行紧急对讲、对 PIS 进行信息下发等操作，发挥其联动各相关子系统协调工作的能力，控制各子系统按预先规划好的场景模式运行。

1.8.3　全自动运营场景

为了实现 GoA4 级的全自动运行系统，信号、通信、车辆、综合监控、站台门系统与传统有人驾驶线路相比，在功能上都有了全新的要求。这些新功能依据的是全自动驾驶系统在运营中所要处理的场景要求，包括正常场景、故障场景和应急场景。全自动运营场景作为全自动运营体系的顶层设计，涉及各系统和运营人员，明确处置流程并将功能需求按系统进行分配，从而实现 GoA4 级的全自动运营。

正常场景可分为运营准备、列车出库、列车正线运行、列车回库及休眠、场内调车、运营结束、列车清扫、列车检修、运营调整等几个大类。每一类又可分成若干个具体场景，如列车正线运行，它包括列车进入正线、列车区间运行、列车进站停车、停站作业、列车站台发车、列车折返、列车清客、工况转换这些具体场景。现在以列车进站停车这个具体场景为例，详细介绍这个场景的流程及各子系统的功能分配。

当列车进站自动对位停车时，若发生欠停或过停，列车将以自动对位方式接近停车点。若发生过停超过预设的范围，列车将自动跳停本站直接运行至下一站。基本流程如下：首先在列车进站前，车站 PIS 和 PA 播放列车进站信息，同时车内 PIS 和 PA 播报列车进站信息；在列车进站后，自动对位停车；最后在列车对位站台后，车站播放出站、换乘等广播。列车进站停车的场景对各子系统功能分配见表 1.3。

表 1.3　列车进站停车场景系统功能分配

系　统	功能分配
信号系统	使进站列车精确对位站台； 若列车欠停和过停在范围内，能够控制车辆自动对位调整； 若经过多次调整仍不能到位的，向中央报警； 能够显示列车停稳、列车到站未停准状态和报警等信息； 能够自动触发车载和车站预录广播与 PIS 信息
综合监控系统	能够对全线车站进行人工广播； 能够对车载 PIS 和车站 PIS 下发预置指令或文字信息
车辆系统	列车具有进站广播及离站广播的功能； 车辆能够根据车载信号系统的触发信号对车门进行控制
站台安全门系统	站台安全门设置活动门能够从轨行区侧打开，使乘客上下车； 车门和站台安全门之间间隙不足以防止夹人时，异物探测报警发出告警
通信系统	车站 PA 和 PIS 根据 ATS 指令联动播放预录广播

列车进站停车的场景属于正常场景，整个过程都没有人工进行干预。故障场景和应急场景出现后，则需要控制中心人员根据现场和各子系统所反馈上来的信息进行远程处置，若远程处置不成功则需要多职能队员进行现场处置。故障场景包括控制中心不可用、车辆故障、信号故障、站台门故障、供电故障、综合监控系统设备故障、通信设备故障、线路故障这几大类。应急场景包括大客流、挤岔脱轨冲突等事故、火灾、车站失电、乘客疏散、人员非法侵入轨行区、夹人夹物、车门紧急解锁装置激活、逃生门请求按钮触发、紧急驾驶台盖子开启、弓网冲突、区间因故停车、列车救援、乘客紧急呼叫等几大类。

现在以应急场景中的站台安全门或车门夹人夹物这个具体场景为例（表 1.4），介绍这个场景的流程及各子系统的功能分配。站台门或车门夹人夹物场景出现后，系统自动尝试打开、关闭站台门及车门若干次，当仍无法正常关闭时，由调度员远程处置或多职能队员处置。基本流程如下：首先站台门或车门因夹人夹物未能关闭，经短暂延时后，再次自动关门；若再关门若干次仍失败，中央调度员收到告警信息后通过 CCTV 观察现场情况；若车门或站台安全门所夹的人或物已移除，可操作“远程关门”再次关闭车门和站台安全门；若因夹人夹物无法远程关门，中央调度员通知多职能队员至现场移除被夹的人或物后，通过站台安全门控制器关闭车门和站台门。

站台安全门或车门夹人夹物属于应急场景，处理过程中首先还是由系统自动完成，当车门和站台安全门系统自动重新开关门若干次后仍然未解决，控制中心调度员开始借助通信系统中的站台 CCTV 掌握现场情况，然后再通知现场多职能队员处置。在应急场景中有人工介入，符合 GoA4 级全自动运行等级标准。

表 1.4　站台安全门或车门夹人夹物场景系统功能分配

系　　统	功能分配
信号系统	能够将车门或站台安全门无法关闭的信息发送至控制中心； 车门和站台安全门未关闭并锁闭时应禁止发车； 能够接收站台安全门控制器指令，同时打开或关闭站台安全门和车门
车辆系统	能够自动重复关闭车门(次数可按需设定)； 能够将车门关闭和锁闭状态发送给信号
综合监控系统	能够调用站台 CCTV 画面
站台安全门系统	能够自动重复关闭站台安全门(次数可按需设定)； 能够将站台安全门关闭及锁闭状态发送给信号系统
通信系统	能够呼叫到现场多职能队员

第2章 信号系统基础设备

信号系统的主要基础设备包括:轨道电路、信号机、信号继电器、转辙机及其控制设备、计轴设备等。

2.1 轨道电路

2.1.1 轨道电路概述

轨道电路是轨道交通信号系统中的重要基础设备,是利用钢轨线路和钢轨绝缘构成的电路。它用来监督线路的占用情况,以及将列车运行与信号显示等联系起来,即通过轨道电路向列车传递行车信息,它的性能直接影响行车安全和运输效率。

对于城市轨道交通信号系统,轨道电路不仅用来检测列车是否占用,更重要的是要传输 ATP 信息。所以除车辆段内可采用 50 Hz 相敏轨道电路外,正线需要采用音频轨道电路等,便于传输 ATP 信息。为便于牵引电流流通、提高线路性能、方便维修,音频轨道电路是无绝缘的。音频轨道电路多采用数码调制方式,数码调制与模拟信号调制相似,也是用较高频率的正弦信号作为载波,但调制信号是数字基带信号。调制方式有数字振幅调制、数字频率调制、数字相位调制三种,但多采用高可靠性、多信息量的数字编码式音频轨道电路。

轨道电路由钢轨、轨道绝缘、轨端接续线、引接线、送电设备及受电设备等元件组成。

2.1.2 轨道电路的基本原理及其相关技术

轨道电路是以铁路线路的两根钢轨作为导体,两端加以机械绝缘(或电气绝缘),接上送电和受电设备构成的电路。轨道电路原理如图 2.1 所示。

轨道电路的送电设备设在送电端,由轨道电源 E 和限流电阻 R_X 组成,限流电阻的作用是保护电源不致因过负荷而损坏,同时保证列车占用轨道电路时,轨道继电器可靠落下。接收设备设在受电端,一般采用继电器,称为轨道继电器,由它来接收轨道电路的信号电流。

送、受电设备一般放在轨道旁的变压器箱或电缆盒内,轨道继电器设在信号楼

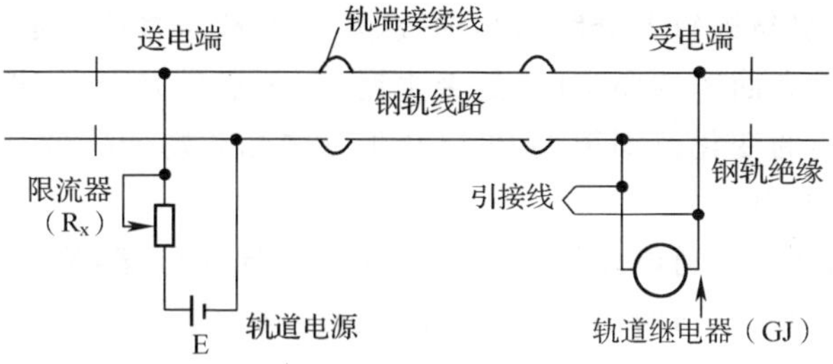

图 2.1　轨道电路原理

内。送、受电设备由引接线(钢丝绳)直接接向钢轨或通过电缆过轨后由引接线接向钢轨。

钢轨是轨道电路的导体,为减小钢轨接头的接触电阻,增设了轨端接续线。钢轨绝缘是为分隔相邻轨道电路而装设的,两绝缘节之间的钢轨线路,称为轨道电路的长度。

1. 轨道电路的基本技术要求

(1)当轨道电路内钢轨完整,且没有列车占用时,轨道继电器衔铁应可靠吸起,表示轨道电路空闲。

(2)轨道电路在任何一点被列车占用时,即使只有一个轮对进入轨道电路,轨道继电器应立即释放衔铁落下,表示轨道电路被占用。

(3)当轨道电路不完整,断轨、断线或绝缘破损时,轨道继电器应立即释放衔铁落下。

(4)对某些轨道电路,还应实现由轨道向机车传递信息的要求。

2. 轨道电路的基本工作状态

轨道电路有三种工作状态:调整状态、分路状态和断路(轨)状态,这三种状态有不同的工作条件和最不利工作条件。最不利工作条件包括调整状态下的钢轨阻抗最大、道砟电阻最小、电源电压最低;分路状态下的钢轨阻抗最小、道砟电阻最大、电源电压最大;断路状态下的钢轨阻抗最小、电源电压最高、临界断轨点和临界道砟电阻最大等,但无论哪一种状态,主要因素为三个变量,即轨道电路的道砟电阻、钢轨阻抗和电源电压。

3. 轨道电路的分路灵敏度

列车占用轨道电路时,列车轮对跨接在轨道电路两根钢轨上构成轨道分路,这个分路的轮轴电阻就是列车分路电阻,它是由车轮和轮轴本身的电阻及轮缘与钢轨头部表面的接触电阻组成。由于轮缘与钢轨头部表面的接触电阻很小,因此车轮和车轴形成的电阻比接触电阻小很多,可以忽略不计。实际上列车分路电阻就是轮缘与钢轨头部的接触电阻,它是纯电阻。

列车分路电阻与钢轨上分路的车轴数、车辆的载重情况、列车的行驶速度、轮缘装配质量、钢轨表面的洁净程度、是否生锈、有无撒砂及其他油质化学绝缘层等因素均有关系，它的变化范围很大，可以从千分之几欧姆变化到 0.06 Ω，对于轻型车辆或轨道车还要更大。

(1)分路灵敏度：轨道电路被列车车轮或其他导体分路，恰好使轨道电路继电器线圈电流减小到落下值时的列车分路电阻值（或导体的电阻值）就是该轨道电路的分路灵敏度。

(2)极限分路灵敏度：在轨道电路上各点的分路灵敏度不同，对于某一具体轨道电路来说，它的分路灵敏度应该以最小的分路灵敏度为准，称为极限分路灵敏度。

(3)标准分路灵敏度：我国现行规定标准分路灵敏度为 0.06 Ω，和国际上规定的分路灵敏度是一致的。任何轨道电路在分路状态最不利的条件下，用 0.06 Ω 电阻进行分路时，轨道继电器应释放衔铁（连续式轨道电路）或不吸起（脉冲式），否则不能保证分路状态的可靠工作。

4. 轨道电路的参数

(1)道砟电阻

轨道电路在电能传输中，由一根钢轨经过枕木、道砟以及大地漏泄到另一根钢轨上的漏泄电阻，称为道砟电阻。目前城市轨道交通基本采用整体道床，但是跟碎石道床一样也存在道砟电阻，如图 2.2 所示。

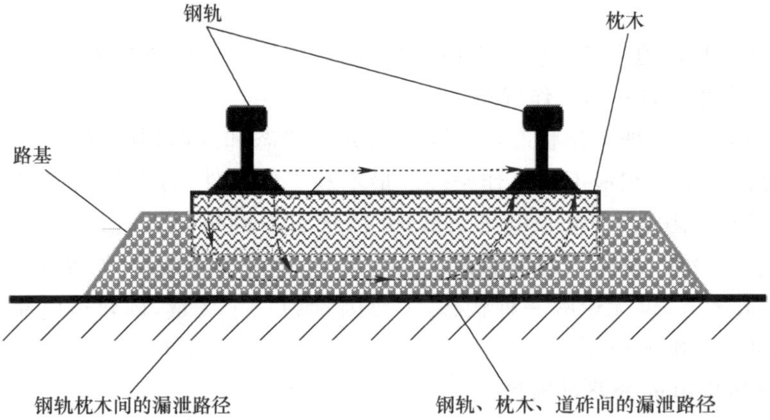

图 2.2　道砟电阻（轨道电路漏泄电流）

道砟电阻与道砟材料，道砟层的厚度、清洁度，枕木的材质和数量，土质以及因气候影响的温度、湿度等有很大的关系，尤其是在气候变化时，道砟电阻也随之变化。对某一轨道电路来说，它的道砟电阻受外界影响可以从 1～2 Ω · km 变化到

100 Ω·km，通常在夏季湿热，降雨后 8～10 min 时的道砟电阻最低，而严冬季节道砟冰冻时的道砟电阻最高。

(2)钢轨阻抗

钢轨阻抗包括钢轨条本身阻抗和两节钢轨连接处的各种阻抗。

在钢轨阻抗构成的各个元素中，各连接处的接触电阻随着接触面的大小、清洁程度、接触压力等因素也会改变。它在整个接头阻抗中占主要部分，在直流和低频交流时，不易精确计算，实际上钢轨阻抗只能通过多次实际测量来确定。我国目前采用的单位钢轨阻抗标准值见表 2.1。

表 2.1　单位钢轨阻抗标准值

接续线型式	电源种类	钢轨阻抗(Ω/km)	
		区　间	车　站
塞钉式	交流(50 Hz)	1.0	1.2
	直流	0.6	0.8
焊接式	交流(50 Hz)	0.8	0.8
	直流	0.2	0.2
焊接长钢轨	交流(50 Hz)	0.65	0.65

2.1.3　轨道电路的分类

1. 按接线方式

轨道电路按接线方式可分为闭路式和开路式(均是以轨道电路平时无车占用时所处的状态来确认)。

2. 按供电方式

轨道电路按供电方式可分为直流轨道电路和交流轨道电路，其中直流轨道电路又分为直流连续式轨道电路和直流脉冲式轨道电路(包括极性脉冲轨道电路、极频脉冲轨道电路和不对称脉冲轨道电路)；交流轨道电路又分为交流连续式轨道电路[包括工频 50 Hz 整流轨道电路、25 Hz 相敏轨道电路、50 Hz 相敏轨道电路、工频二元二位感应式轨道电路、音频轨道电路(也叫移频或无绝缘轨道电路)]和交流电码式轨道电路。

3. 按牵引电流的通过路径

按电气牵引区段牵引电流的通过路径分为单轨条轨道电路和双轨条轨道电路。

单轨条轨道电路是以一根钢轨作为牵引电流回线，在绝缘处用抗流线引向相邻轨道电路钢轨上的一种轨道电路，因其牵引电流流过钢轨时在钢轨间产生较大的电位差，成为信号电路外界的主要干扰源，牵引电流越大，钢轨阻抗越大，对信号电路造成的干扰也越大，并且由于单轨条轨道电路轨抗较大，传输距离相对缩短，但单轨条轨道电路构造简单，建设成本低，相对功耗小。

双轨条轨道电路是针对单轨条轨道电路不利于信号设备稳定的缺点而设计的又一种轨道电路，双轨条轨道电路牵引电流是沿着两根钢轨流通的。

双轨条轨道电路由两根钢轨并联传递牵引电流，两钢轨间产生的不平衡电流比单轨条要小得多，因此对于牵引电流的阻抗较低，利于信号的传输，设备运行也相对稳定，缺点是造价较高，维修较复杂。

4. 按有无分支

按有无分支可分为一送一受和一送多受轨道电路，道岔区段均为一送多受区段。

5. 按轨道电路结构

按轨道电路结构可分为并联式和串联式两种。

并联式轨道电路(图 2.3)结构简单，当有车占用直股或侧线时轨道继电器均被分路而衔铁落下，能起到监督作用，但无车时则侧线成为开路状态，只有电压而没有电流，将不能分路轨道电路，这种情况是极其危险的。另外，在空闲时侧线钢轨折断，轨道继电器也不会落下，不能使信号设备导向安全，因此，这种一送一受轨道电路从安全角度来说，并不理想。

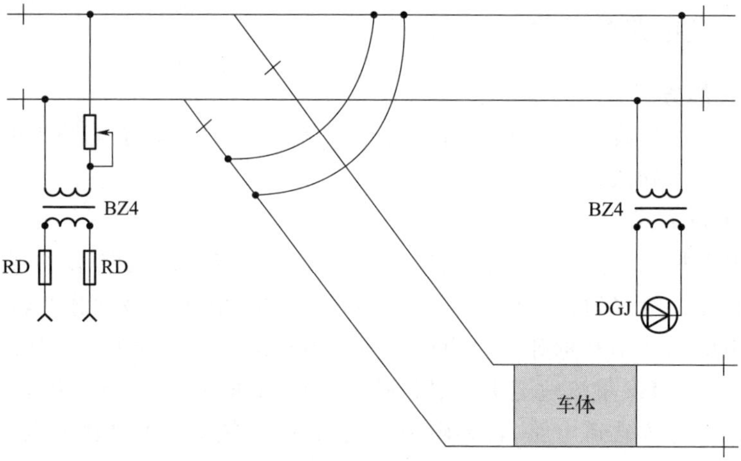

图 2.3 并联式轨道电路

串联式轨道电路是道岔区段的另一种形式，其电路如图 2.4 所示。

串联式道岔区段轨道电路可以检查所有的跳线和钢轨的完整性，所以比较安全，但这种电路并没有被广泛使用，因为这种电路的轨道绝缘比较多，连接线往往要用电缆来构成，因而施工和维修都比较困难。

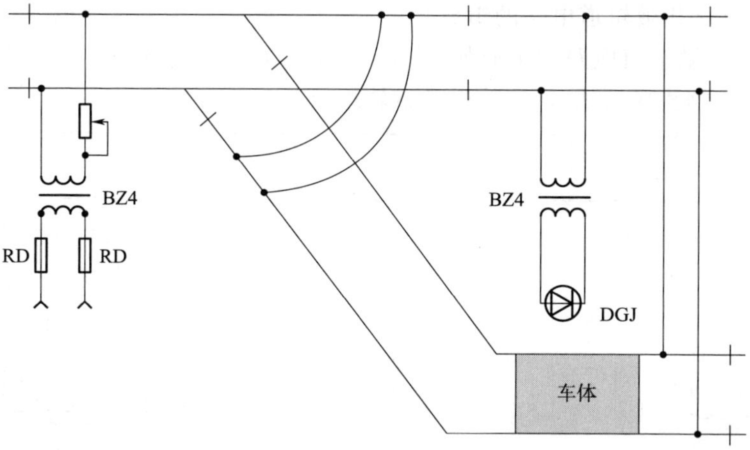

图 2.4　串联式轨道电路

而并联式一送多受轨道电路的安全程度高，为了提高道岔区段轨道电路的可靠性，已在所有的区段中推广使用。但对于比较复杂的道岔区段，如设有交叉渡线和复式交分道岔的区段，则也可不必采用一送多受电路，而采用一般的并联轨道电路。

2.1.4　城市轨道交通系统中应用的轨道电路

1. JZXC-480 型轨道电路

JZXC-480 型轨道电路是连续式 50 Hz 交流轨道电路的一种制式，该轨道电路被应用在非电化区段的车站上，由于在接收端采用了 480 Ω 的整流式继电器，也被称为 480 型轨道电路。

这种轨道电路构成简单，为非电码化安全型交流连续式轨道电路，电路采用干线供电方式，由信号楼引出一对或两对电缆向各轨道区段送电端轨道变压器 BG_5 供电，由受电端 1∶20 的 BZ4 升压变压器升压后送到室内 JZXC-480 型继电器。JZXC-480 型轨道电路一送一受只有送端串有可调电阻，一送多受时各受电端都加一只电阻，送、受端电阻均为 R-2.2/220 型变阻器。

JZXC-480 型轨道电路在轨道交通中的应用不多，目前仅用在上海 3 号线与国铁的联络线上使用，故不做详细介绍。

2. 50 Hz 相敏轨道电路（交流二元二位轨道电路）

城市轨道交通一般采用直流牵引，所以轨道电路可以采用 50Hz 电源，这与铁路不同，50 Hz 相敏轨道电路一般用于城市轨道交通的车辆段内。

(1)50 Hz 相敏轨道电路的组成

50 Hz 相敏轨道电路的组成如图 2.5 所示。它由送电端、受电端、钢轨绝缘、钢轨引接线、钢轨接续线、回流线以及钢轨组成。

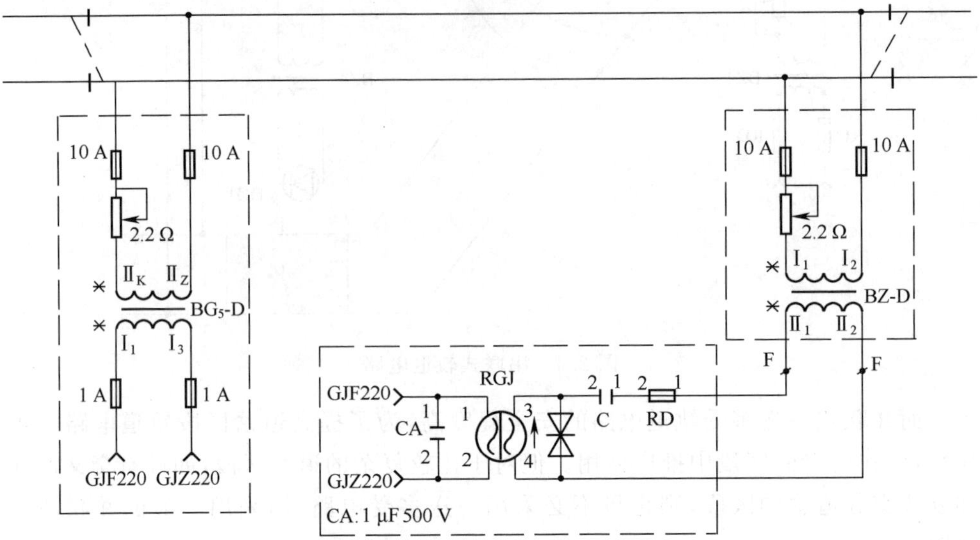

图 2.5 50 Hz 相敏轨道电路

送电端包括 BG_5-D 型轨道变压器、R-2.2/220 型变阻器以及断路器(或熔断器),安装在室外的变压器箱内。轨道电源从室内通过电缆送至送电端。

受电端包括 BZ-D 型中继变压器、R-2.2/220 型变阻器、断路器(或熔断器)、轨道继电器、电容器、防雷元件等。其中中继变压器、变阻器及 10 A 断路器(或熔断器)安装在室外的变压器箱或电缆盒内,其他安装在室内的组合架上。

送、受电端视相邻轨道电路的不同组合,有双送、一送一受、双受以及单送、单受等不同情况,除双受、单受可采用电缆盒外,其他情况必须采用变压器箱。变压器箱或电缆盒用钢轨引接线接向钢轨。钢轨接续线用来连接相邻钢轨,以减小钢轨接头处的接触电阻。钢轨绝缘设于轨道电路分界处,用以隔离相邻的轨道电路。回流线连接相邻的不同侧钢轨,为牵引回流提供越过钢轨绝缘节的通路。

(2)50 Hz 相敏轨道电路的工作原理

50 Hz 相敏轨道电路为有绝缘双轨条轨道电路,牵引回流为单轨条流通。电源屏分别供出 50 Hz 轨道电源和局部电源,送电端轨道电源 GJZ220、GJF220 经轨道变压器降压后送至钢轨。受电端由钢轨来的电压经中继变压器升压后送至轨道继电器(RGJ)的轨道线圈 3-4。

轨道继电器(RGJ)的局部线圈 2-1 接局部电源 GJZ220、GJF220。

当轨道线圈和局部线圈电源满足规定的相位和频率要求时,GJ 吸起,轨道电路处于调整状态,表示轨道电路空闲。列车占用时,轨道电源被分路,GJ 落下。若频率、相位不符合要求时,GJ 也落下。当局部(φ_J)超前公共(φ_G)90°时,在翼板上得到正方向转矩,接通前接点;而当 φ_J 滞后 φ_G 90°时,则在翼板上得到反方向转矩,使后接点闭合。

由于 50 Hz 相敏轨道电路具有相位鉴别能力,即相敏特性,使其抗干扰性能较高。

3. 模拟音频轨道电路

模拟音频轨道电路是一种音频无绝缘轨道电路,由发送器、钢轨和接收器构成。作为列车检测设备,当轨道上无车占用时,轨道继电器吸起;当轨道上有车占用或轨道电路设备发生故障时,轨道继电器落下。该轨道电路利用轨道继电器的接点向自动限速设备和联锁设备提供轨道状态的安全信息,除了检测列车占用外,还能向列车发送速度命令和门控命令。

(1)基本工作原理

在区段一端的发送器将列车检测信号发送到钢轨,在另一端由接收器接收信号。轨道电路未被占用时轨道继电器吸起,如图 2.6 所示。

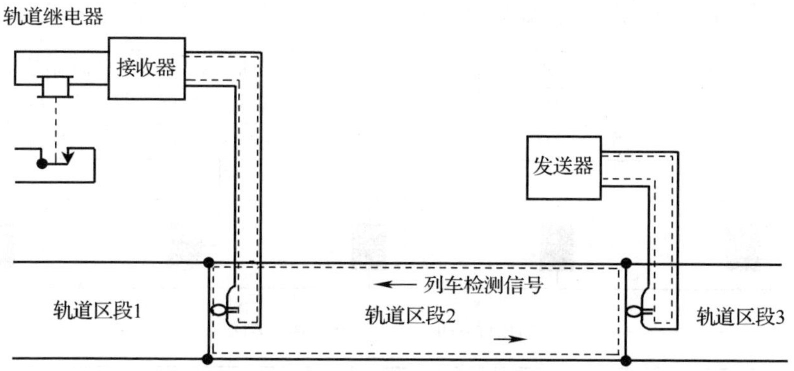

图 2.6　轨道电路未被占用

如果列车轮对将列车检测信号分路,则轨道继电器落下,轨道电路被占用,如图 2.7 所示。

(2)频率设置

为了连续检测列车,轨道电路必须是连续设置的,因此一段轨道电路的发送器也是前方轨道电路的接收器。相邻轨道电路使用不同的频率,以防接收器接收到其他轨道电路发送的列车检测信号引起错误动作。模拟音频轨道电路共有 4 个信

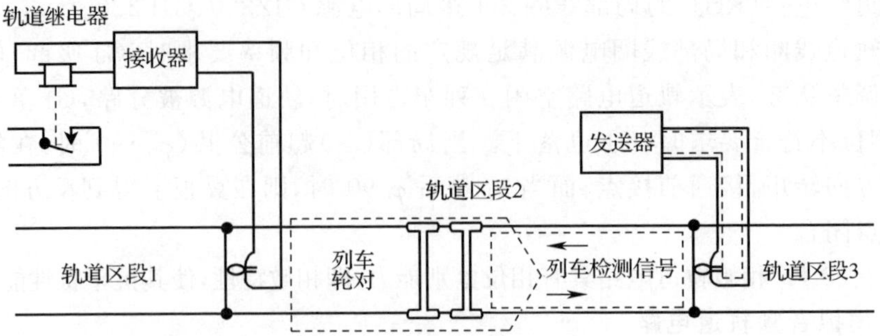

图 2.7 轨道电路被占用

号频率分配作为列车检测信号用，阻抗连接器中功能独立的绕组被调谐到不同的发送或接收频率。除了阻抗连接器被调谐的频率外，其他轨道信号衰耗低到阈值电平以下。每一个频率被分配给一段轨道电路后，直到离该轨道电路足够远，使干扰影响最小到轨道继电器不会有错误动作的情况下，再分配给另一轨道电路。

模拟音频轨道电路采用低频脉冲调幅方式，使用 4 种载频：2 625 Hz、2 925 Hz、3 375 Hz、4 275 Hz，2 种调制频率码（2 Hz 和 3 Hz），可组成 8 种不同组合，相邻轨道电路采用不同载频不同码率的组合，两条线路均用 4 个频率，但对每一个频率用不同的码率调谐，如图 2.8 所示，以防止相互窜扰，提高安全性。

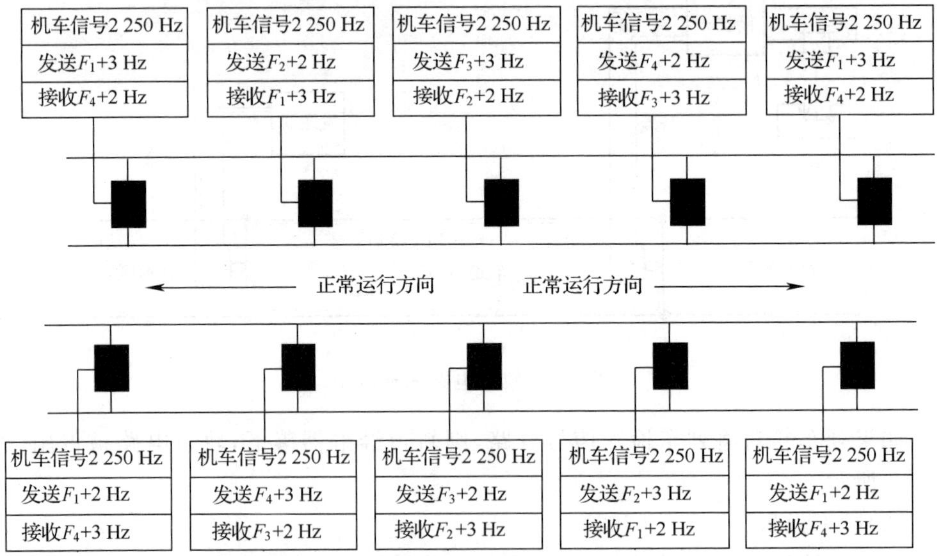

图 2.8 模拟轨道电路频率设置

(3)主要参数

① 两根钢轨不接地,用作牵引电流回路。

② 最大长度为 400 m。

③ 最低道砟电阻为 2 Ω·km。

④ 钢轨阻抗为 0.65 Ω/km(50 Hz)。

⑤ 分路灵敏度为 0.15 Ω。

⑥ 室内设备组成:每段轨道电路包括 4 块 PC 板,其中 3 块在送电端,即功放板、振荡板、码率板,用于产生列车检测信号和机车信号的调制码率。1 块为受电端接收板,还有一个 BNPN 型继电器,被安装在 ATP 机架上。

⑦ 室外设备组成:轨旁设有阻抗连接器(WEE-ZBOND),采用无电气隔开的自然衰耗传输设计,可发送、接收列车检测信号,发送机车信号并能实现与地通信。

4. AF-904 型数字编码无绝缘音频轨道电路

(1)概述

AF-904 型数字轨道电路系统(以下简称 AF-904)是 ATC 系统轨旁设备部分,它是轨旁设备和车载设备之间主要的通信接口。AF-904 提供了列车检测和向车载设备传送数字编码机车信号数据功能,这些数据用于完成 ATC 系统的自动防护功能。

为了完成列车检测和传送机车信号等主要功能,AF-904 从轨道逻辑处理器获得数据并经过编码后,将编码数据帧发送到钢轨上,车载 ATP 设备通过感应器接收和解码该数据帧,完成列车控制功能。该数据帧中包含以下信息:线路限速、目标速度、区段长度、坡度、运行方向、门控信号、下一区段载频、编组/解编组信息等。进路的控制通过轨道电路序号(通过轨旁通信系统传至车上)自动完成,该操作在本地控制表示盘或中央控制室完成。

(2)基本工作原理与应用

① 系统设计是一个通信接口,这个通信接口用于解决由联锁系统处理的联锁逻辑与用于控制列车速度和运行的车载设备之间的数据交换。AF-904 设备通过串行通信从联锁系统接收数据,加入一些本地数据后,通过钢轨向车载设备发送这一综合数据帧。与联锁系统的接口是一个双向的串行数据链路,在联锁系统的使用手册中进行了详细描述。与列车之间的通信接口是一个单向的链路,只有列车接收的功能。

AF-904 在轨道电路区段的一端向钢轨中发送信息,其中包括:轨道电路 ID 号、目标速度、线路速度、走行距离、停稳、方向、下一载频、编组/解编组以及双向道岔的状态等。它同时也监视轨道电路的另一端用以检测列车的占用。

② 用于列车检测和传送机车信号。道岔区段采用 PF 轨道电路完成列车检

测，采用机车信号环线完成对车载 ATC 系统的数据通信。AF-904 系统中信号通过 S-BOND 导接线耦合进入钢轨。

当 AF-904 的接收器接收到的信号低于预先设定的门限水平或轨道 ID 号错误数据帧时，它会表示成本区段已经被存在的列车分路占用。轨道电路采用 BFSK 调制方式向列车不间断地发送经过数字编码的数据帧。作为从一个轨道电路驶入另一个轨道电路的列车而言，其车载 ATC 系统会适时将车载的滤波器转换到正确的频率范围上，从而实现列车只接收正确载频的数据帧。一旦接收到下一轨道电路区段载频的通知，相应的滤波器被以电路选择方式选择，实现已准备好对即将进入区段的采用预定 8 种载频之一进行调制的安全数据帧的接收和译码。车载 ATP 子系统通过使用译码得到的 FSK 方式调制的安全数据来完成 ATP 的功能。

AF-904 系统通过使用无绝缘轨道电路构成简单而又高可靠的轨道-列车接口。载频信号和调制后的数据信号通过位于轨道电路一端的 350/500MCM 导接线耦合进入钢轨。载频和轨道 ID 数据信号的幅度用于检测轨道占用，调制的 FSK 数据信号用于向车载设备传送安全和非安全的数据。

③ 轨道电路 ID 和机车信号的发送

正线轨道电路的布置遵循了如图 2.9 所示的两套分别由三种载频循环使用的规则。如果无法将使用同一载频的两段轨道电路以两段分隔区段区分开，那么通过加入一段分隔轨道电路和一些绝缘节是可行的方法。

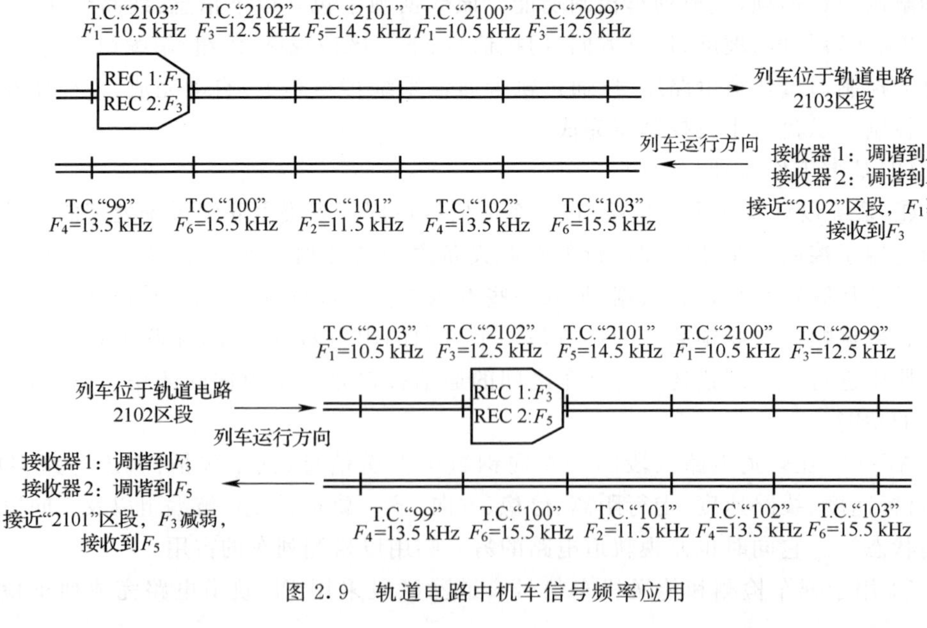

图 2.9 轨道电路中机车信号频率应用

随着列车在正线范围内(站—站)从一个轨道电路区段到另一个轨道电路区段运行,相邻轨道电路之间轨道占用和命令的隔离通过8种可用载频的交替使用来完成。频率范围从9.5 kHz到16.5 kHz,间隔1 kHz,并被编号为$F_0 \sim F_7$。其中三个载频(F_1,F_3和F_5)被安排在一个方向的轨道电路上使用,另三个载频(F_2,F_4和F_6)被安排在相反方向的轨道电路上使用,保留频率(F_0和F_7)在特殊的地方使用。

因为列车必须被通知下一区段的载频是多少和它是否占用,但轨道联锁系统不能向后继的列车发送已占用轨道电路的频率,相反,将重复后继列车当前正在占用的轨道电路区段的频率,这将引发一个高速常用制动操作。列车在操作员通过车载主控制面板(MCP)进行下一载频命令搜索操作或通过无线发布信息接收到同样的命令之前,将保持停止。

轨道电路中机车信号频率应用如图2.9所示,载频F_1调制的数据中包含了下一区段机车信号频率F_3的信息。在列车上,一个接收器被调谐到F_1,另一个被调谐到F_3,当列车接近350/500MCM导接线时,信号F_1水平降低,一旦有效的数据和电平在F_3端口被检测到,列车将不再对从先前F_1接收器的“旧”数据进行处理。然后新的数据将被解码,列车的逻辑控制将重新调整接收滤波器(先前调谐到在F1)至轨道电路频率切换序列中的下一机车信号频率上。

轨道电路的设计是使列车始终迎着发送器的方向运行,它的控制是通过信息帧中两位预先分配的方向控制位实现的。每一个轨道电路都不间断地向车载设备发送以FSK方式调制的数字编码格式的信息。轨道联锁系统决定了37位数据位中的大多数信息,并把该数据帧通过安全串行链路传送给每一个AF-904轨道电路,在那里该信息帧被重新编码。前8位数据用于车载设备译码功能的同步,后面36位数据包括了有用数据,最后16位是CRC循环冗余校验码用于差错检测。

(3)AF-904型数字编码无绝缘音频轨道电路的功能

AF-904型轨道电路采用Motorola68HC16微控制器单元(MCU),这个MCU接收轨道联锁系统传送的异步安全数据,加入本地轨道电路数据,并将此数据转换为同步协议规程要求的数据格式。转换后的数据通过发送器、发送器耦合单元以及导接线传送给车载设备。MCU同时通过一个预先分配的接收器耦合单元监视已发送的信号,并检测轨道电路的占用状态,最终将轨道电路当前状态以及系统工作状况、本地速度限制通过RS-485串行链路和/或VPO线,报告给联锁系统,AF-904反馈给联锁系统一个安全输入。

① 数据路由

一个机笼中四块控制器印刷电路板的每一块都有自己的EEPROM,使用这个逻辑的本地数据是每一个轨道电路区段的唯一12位ID编码,以及这个区段的速度限制信息,这个信息是通过控制器电路板前面板的开关输入的。此外还包括本单元的配置信息，如联锁系统从机地址、载频、轨道电路门限电压，以及任何其他AF-904运行所需的非易失性信息，这些数据都被安全地存储在EEPROM中。如果联锁系统给出的速度命令大于当前的本地速度限制，那么较低的速度会被发送，作为对联锁系统的应答。一旦正确的信息被建立，MCU将这些信息转换为同步协议规程所要求的数据格式，即NRZI(非归零)格式。正如配置的那样，AF-904使用200波特速率的BFSK方式，向车载设备传送该信息，并以此检测轨道电路的当前状态。

② FSK信号传输

BFSK调制方式是采用两个分离的频率调制一个中心载频来实现信息传送的。在一个给定的时间仅存在两个频率中一个，并且是唯一的，两个边频中较高的称之为“MARK”，较低的称之为“SPACE”，这两个频率的间隔是400 Hz。当采用NRZI方式编码后，成为一个信号，如果该信号在每一个比特的时间内改换着频率，则表示逻辑“0”；如果在持续的时间里连续发送一个频率，表示逻辑“1”。这就意味着，如果每5 ms内，信号在MARK和SPACE之间交替，表示一个“0”字符串，如果发送6个逻辑“1”，则信号在6比特时间(30 ms)里保持在MARK或SPACE上不变(发送哪一个信号取决于在第一个“1”之前的最后一个比特时间里的频率)。

③ 设备室到轨道

从继电器/设备室开始，环线长度多达几千米的传输电缆将方向继电器和轨旁的耦合单元连接起来。传输电缆采用了固有阻抗大约为100 Ω的双绞线。耦合单元安装在一个密闭的盒子里，它由两部分独立的隔离耦合电路构成，每一个电路都有自己的变压器和电容组。变压器将从来自设备室导线上的高电压降压以适合驱动单圈的轨道环线，电容通过跳线选择以满足轨道环线调谐的需要。

调谐的过程提高了轨道环线针对选定载频的环线阻抗，这显著提高了由于长距离传输电缆传输所需小电流而降低的发送器效率。同样，当一个轨道环线已经被一个接收器选定，从轨道环线来的低电压将被升压以满足将该电压回送设备室的需要。轨道环线的调谐使接收的轨面信号的能量有一些小的增加。由于发送器和接收器的阻抗不同，耦合单元是可以调整的，从而在发送器和接收器之间均衡分配。调谐是一项非常必要的工作，而且不会在无绝缘轨道电路区段之间产生任何选频特性。

AF-904不采用常规的全电阻导接线，而是采用350/500MCM电缆将相邻的轨道区段以S形连接起来，S形电缆的两端分别和一段轨道连接起来。单圈轨道环线分别依附在S形电缆的上/下部分，发送轨道环线内的电流通过感应进入S形电缆并进入轨道。同样，接收端来自轨道的电流进入S形电缆，并感应进入接收轨道环线，这种类型的导接线具有很强的方向性，S形电缆的长度与宽度的比值决定了方向。轨道环线是参与发送还是接收取决于设备室内机笼后部的方向继电器。

④ 列车检测

每一个AF-904都必须实时安全地检测轨道电路的状态。在轨道电路一端传送，并在另一端接收音频FM载波信号，载波信号不仅用来传送数字机车信号数据，还用于列车检测（接收器通过监测载波电平和一部分数字信息来判定轨道是否空闲）。

当列车分路了正在被监测的轨道电路，轨面传送的信号被阻断了。这个状态通过AF-904的接收电路检测到信号电平低于事先设定的信号门限而被识别，并将该区段作为占用区段报告给相应的联锁系统。轨道占用状态信息的通信可以以RS-485安全串行链接或安全并行输出的方式发送到安全联锁系统。当该列车同时又进入相邻轨道电路，则两段电路均被视为占用，当列车出清轨道电路区段时，接收的信号门限被恢复，AF-904会做出相应的反应。

⑤ 发送数据监测

为了确保在任何时刻发送的数据都是正确的（即使轨道占用阻断了接收器收集发送的信息的情况），采用频率监视电路检查每一比特信息都具有正确的频率；并采用了复杂的数字编码信息格式确保了信息的唯一性，而不再是采用简单的信号周期速率编码，它有可能通过一个振荡电路错误产生。采用这种复杂的编码后不再需要“解码”等进一步的检查，因为“非智能”的功放电路不可能以任何一种方式振荡来产生某一特定的有效编码。比特频率检查是基于MCU内部时钟合成器在1.843 2 MHz时钟芯片内部检查来完成的。

⑥ 接收器系统监测

AF-904持续向轨道发送信息来检查列车占用和钢轨的完整性，这些发送信息也可用于校验和监测数据帧的完整性和信号电平。

为了确保接收器系统正确运行，在进入输入带通滤波器（BPF）之前，测试信号与轨道信号进行了叠加。这个测试信号的频率和幅度是已知的，当在一个预定的测试通道监视时，该信号必定限定在一个固定的范围内。三个接收器通过在每一个信息帧结束时对其NCO重新编程得到检查。

为了确保电压测量是准确的，测试电压会被叠加在安全输出端的信号上，通过改变已知测试信号的电压，一个预定的偏置电压将会出现在被测量的电压上。如果没有，表明增益检查发现故障，MCU会关闭CPS。

通过使用一个非安全、常开方式的切断继电器，对备份单元的安全输出进行检测。这个继电器的线圈电源由CPS提供，以保证CPS切断电源供给后，输出不会因此而短路。当系统处于在线状态时，这个非安全继电器是闭合的。一个独立的非安全电路被使用以保证当在线单元安全输出工作时，电压会出现在到联锁系统的线路上。通过使用一个二极管使继电器和到联锁系统的配线隔离，这样当该继电器因故障而无法断开时，它可以防止备机单元驱动这条线路。如果继电器和二极管都故障，系统仍将保持在一个安全的状态下运行，因为这条线路上的小信号表明轨道占用。

⑦ 容错

CPS是一级安全电路，它只有在从MCU提供的500 Hz方波存在的时候才可以产生电源输出。MCU能够在它自身和AF-904内部运行许多复杂的诊断程序。这些测试包括：CPU存储器的测试、安全输出闭环检查的逻辑处理、发送器和接收器电路等，如果这些任何一个诊断出现故障，MCU都将停止500 Hz信号的输出，CPS将因此中断电源供给。CPS是安全输出电路以及调制振荡器时钟源的唯一电源。当CPS输出终止时，AF-904将不能发送信息和显示轨道处于出清状态，CPS还会提供一个非安全输出给切断继电器的线圈，除非该继电器切断的是安全输出。安全输出继电器通过安全电源获得其线圈能量，这样当CPS停止工作时，短路的线圈不会使电路获得能量。如果CPS停止工作时，所有的线圈会失去电源供给，则该AF-904将进入离线（备机）状态。CPS在切断继电器上实现联锁，这使得有故障的主机单元不可能阻止备机单元恢复正常的工作状态。但是，即使切断继电器处于粘连的闭合状态，电路的设计系统中也不会出现任何安全问题，因为CPS将从安全电路切除其电源供给。

5. DTC921型数字无绝缘轨道电路

DTC921型数字无绝缘节轨道电路（以下简称DTC921轨道电路）系统中，相邻轨道区段间采用不同频率划分，其工作频率范围为9.5～20.7 kHz，具有调制效率高、传输信息量大等特点。

(1)DTC921轨道电路构成和功能

DTC921轨道电路由室内处理单元、室外调谐单元、电气绝缘节（S-BOND）、连接电缆以及钢轨构成，如图2.10所示。

处理单元设于车站信号机械室内，用于发送、接收以及处理信号；2个调谐单元谐振于本段轨道电路工作频率；S-BOND和调谐单元共同把发送信号耦合到钢轨上。处理单元具有与ATC、计算机联锁设备的接口，ATC设备提供轨道电路发送给列车的SACEM报文信息（机车信号），另外还提供维护用的接口。

DTC921轨道电路两大功能：

① 列车检测；

② 发送SACEM报文通道。

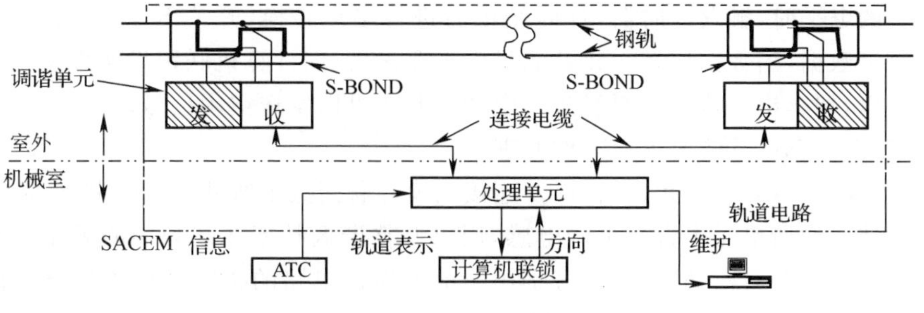

图 2.10　轨道电路构成

(2)处理单元工作原理

处理单元的主要工作原理如图 2.11 所示。

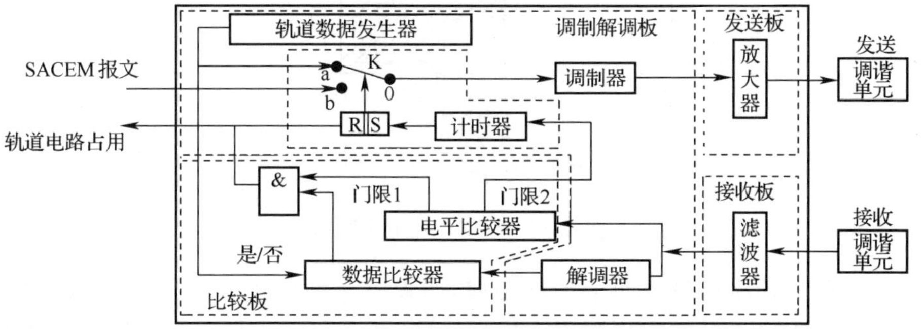

图 2.11　处理单元主要工作原理

处理单元由发送/接收板、比较板以及调制解调板组成。电路中的门限 2 高于门限 1，以保证开关 K 置“a”值大于置“b”值(类同轨道继电器返还系数)。

本段轨道空闲时，调制解调板产生 400 bit/s 的轨道电路调制数据(简称轨道数据)，以分配给本段的载频，用 MSK 调制方式发送至钢轨。

接收部分的数据比较器将解调后得到的轨道数据与调制电路的轨道数据比较，如果一致就表示轨道数据空闲。电平比较器检测接收信号的电平，如果接收信号电平高于门限 1，而解调后的数据又与本轨道数据一致，则与门输出“1”，开关 K 置“a”，保持继续向轨道发送轨道数据，并向计算机联锁发送轨道电路空闲信号(+24 V)。

如果轨道被列车占用，列车轮轴分路轨道信号，信号接收电平低于门限 1，则与门输出“0”，开关 K 置“b”，调制数据改发 500 bit/s 的 SACEM 报文信息，经钢轨发送给列车，用于列车自动控制。

当列车出清本轨道电路时，电平比较器得到高于门限 1 的电平，但是开关 K 仍置“b”，所收数据与轨道数据比较不一致，不能立即发送空闲信号。当电平高于门限 2 的电平时，触发计时器，计时结束后进行接点转换，开关 K 置“a”。解调器收到轨道数据，当数据比较一致并满足电平要求后，向计算机联锁设备发送空闲信号。所以，列车出清轨道后要经过一定的延时才可以发送空闲信号。

(3)S-BOND 及调谐单元工作原理

S-BOND 与调谐单元、钢轨以及连接电缆并联谐振于所处轨道的载频，用于选频及滤波。调谐单元中含有可调电感，用以调整谐振频率在载频中心频率。一个调谐单元由 2 个对称部分组成，分别用于前方轨道电路的接收和后方轨道电路的发送。S-BOND 工作原理如图 2.12 所示。

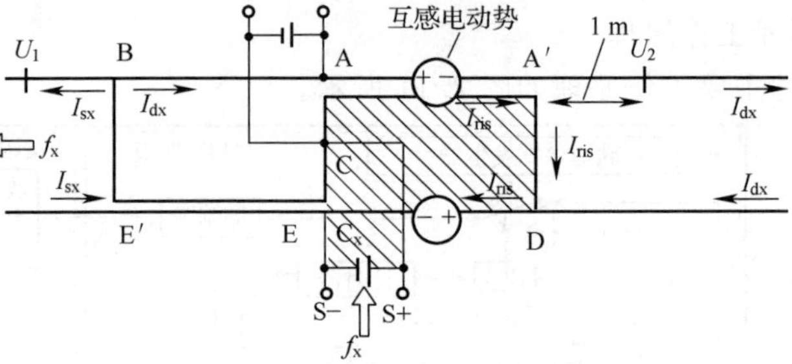

图 2.12　S-BOND 工作原理

可以看出 S-BOND 由两个半环构成，假设右半环用于向左方向发送信号，那么下一个 S-BOND 的左半环则用于接收信号，这两个半环与它们所连接的调谐单元谐振于本轨道的载频。

S-BOND 的另一个作用是均衡两根钢轨之间的牵引回流。

此外，S 形的设计可以使发送具有方向性。发送信号由 S+、S− 开始(这里只考虑正半周)，S+ 端电流经过 C 到 B，再分成两路 I_{sx}、I_{dx}，其中 I_{sx} 去向本轨道电路的接收方。经 C 到 D 方向的电流在流经 AA′ 和 DE 时分别产生互感与自感电流与 I_{dx} 抵消，致使发送电流只向左发送。在发送方，S-BOND 两端外侧 1 m 处的轨面电压比值 U_1/U_2 应大于 2.5，在接收方的比值 U_2/U_1 应大于 2.2。S 形的设计可以消除轨道电路的“死区段”，即当列车轮轴分路在 A 点附近时，保证相邻 2 个轨道电路都处于占用状态，而不能出现都空闲的“死区段”现象。

(4)轨道电路频率划分及方向性

由于此轨道电路没有绝缘节，为了避免干扰，频率的配置按照一定的规律安排，如图 2.13 所示。SDTC 轨道电路提供 8 个频率不同的载频，分别是 F_7、F_8、F_9、F_{10}、F_{11}、F_{12}、F_{13} 和 F_{14}。

为了不产生同频干扰，上、下行区段间隔设置轨道电路频段，F_7、F_9 和 F_{11} 用于下行线，F_8、F_{10} 和 F_{12} 用于上行线，F_{13} 和 F_{14} 用于特殊地区。各个频率以不同载频

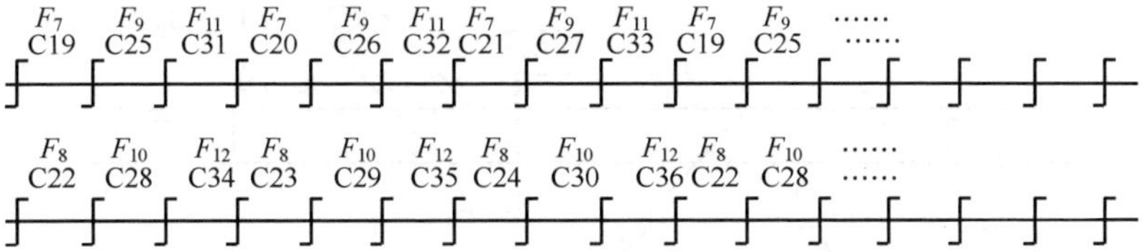

图 2.13　轨道电路频率配置图

调制 400 bit/s 轨道检测数据。每个频率分配 3 种轨道数据，如 F7 分配的是 C19、C20、C21。

按照这种组合经过 8 个轨道电路才会出现频率相同轨道数据也相同的情况，如 F9/C25。由于信号的自然衰耗，在最不利条件下，这两段轨道电路互不影响。

当轨道电路空闲时，各个载频调制轨道数据。一旦被占用，则轨道电路调制 500 bit/s 的进路地图(SACEM)报文。

无论轨道数据还是 SACEM 报文都采用迎头发送(即迎着列车车头的方向发送)方式。VPI 向轨道电路发送 DOT 命令(倒换方向命令)，用于列车反向行驶。通过处理单元中的继电器可以倒换发送方向。

(5)道岔区段信息的发送和接收

由于岔区的存在，SACEM 信号在侧股采用环线发送的方式，环线的发送频率不同于直股，是通过 LIU(环线调谐单元)发送给环线。与直股不同的是环线发送是不间断发送，直股是轨道电路占用时才开始发送 SACEM 信号。SACEM 设备并联发送给各个道岔分支和直股，所以在整个道岔区段使用相同的 SACEM 报文。

岔区采用统一的轨道载频和轨道数据来实现列车占用检测和断轨检测。如图 2.14 所示为一送三受轨道电路，如果列车运行方向自右向左，则最左面的 S-BOND 为发送 S-BOND，其他均起接收作用。如果列车从左向右运行，VPI 发送 DOT 命令(倒换方向命令)，则最右的 S-BOND 起发送作用。

(6)SACEM 报文

上文已经提到当轨道电路空闲时，各个载频调制轨道数据。一旦被占用，则轨道电路调制 500 bit/s 的 SACEM 报文。SACEM 报文包含丰富的信息，是车载 ATP 设备用于计算列车运行状态的基础。

报文的分类：

a. 安全相关不变量报文；

b. 安全相关变量报文；

c. 临时限速报文；

d. 非安全相关变量报文。

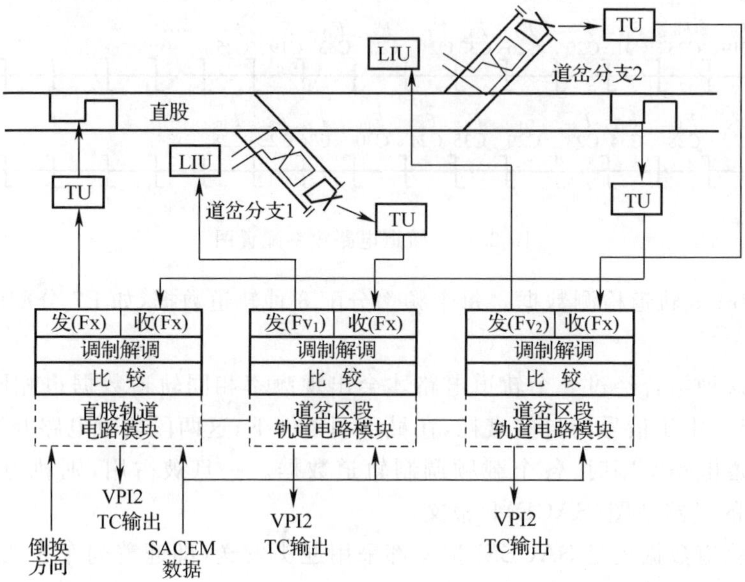

注:TU为调谐单元、LIU为环线调谐单元。

图 2.14 道岔区段轨道电路示意

安全相关不变量报文是长报文,它包含进路地图中的一些不变量的信息数据,如道岔、信号机、信标位置,永久限速点等。长报文长度小于或等于 512 bit,因为一帧只包含 64 bit 的有用信息,所以长报文要分成若干帧传送给车载 ATP,并且按次序循环发送。

安全相关变量报文属于短报文,只有一帧,它反映一些与安全相关的变量,如道岔位置、信号机状态等。安全相关变量也是循环发送,但当安全性变量一旦发生变化,轨旁 ATP 设备立即通过轨道电路发送给车载 ATP 设备,例如,若正在发送长报文,当地面安全相关变量发生变化时,立即打断长报文发送,插入发送安全相关变量,等发送完成后再继续长报文的发送。

临时限速报文属于长报文,它向车载 ATP 提供线路的临时限制速命令,一个传输区有 4 帧临时限速信息,并循环发送。

非安全相关变量报文属于短报文,只有一帧,它包含一些非安全的变量以及同步时间信息,并循环发送。

6. FTGS 型音频轨道电路

FTGS 型音频轨道电路(以下简称 FTGS 轨道电路)是西门子提供的远程编码音频轨道电路,它可以为联锁系统提供各种轨道区段(如单个轨道区段、道岔区段或交叉区段等)空闲或被占用的详细信息。FTGS 轨道电路的功能是通过分割轨道实现的，而轨道区段则由电气绝缘节划分，这些绝缘节的功能由 S-BOND 完成的，此 S-BOND 不仅能在分割轨道区段时不损伤铁轨，还能平衡两条铁轨上的牵引回流。

(1)FTGS 轨道电路工作原理

如图 2.15 所示是 FTGS 轨道电路的标准配置。在 FTGS 轨道区段的始端，发送器输入音频交流编码信息，在轨道区段终端接收该信息，如果在终端接收到的轨道电压幅值足够大，并且传送的信息比特模型正确无误，那么轨道电路继电器就会吸起，并显示"轨道区段空闲"信息。而当列车驶入某一个轨道区段时，通过车辆的车轴分路就会降低接收端音频信息电压，此时轨道电路继电器落下，就会显示轨道区段被占用的信息。轨道区段空闲或占用的信息会被传送到联锁系统。图 2.16 是列车经过 S-BOND 时，左右两区段轨道电压变化图。从图 2.16 中可以看出，当列车车轴在轨道区段 1 内时，该区段的电压明显降低，随着车轴的出清，电压会逐渐上升。

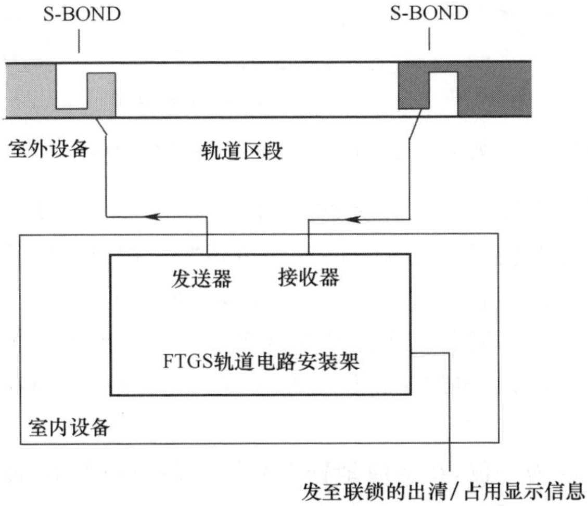

图 2.15　FTGS 轨道电路标准配置

接收器和发送器不安装在轨道旁，可以安装到最远达 6 500 m 远的室内。

(2)FTGS 轨道电路的发送模式和类型

① FTGS 轨道电路的发送模式

FTGS 轨道电路中的发送器具有两种不同的调制类型：相移键控(PSK)和频移键控(FSK)。上海地铁 5 号线所用的 FTGS 系统不通过报文来实现数据传输，因此仅采用 FSK 调制方式。

在 FTGS 轨道电路中，音频振荡器由标准石英振荡器组成，产生从9.5 kHz到16.5 kHz 的 8 种标准频率中的任何一种，调制器按一定的比特模式对音频信号进

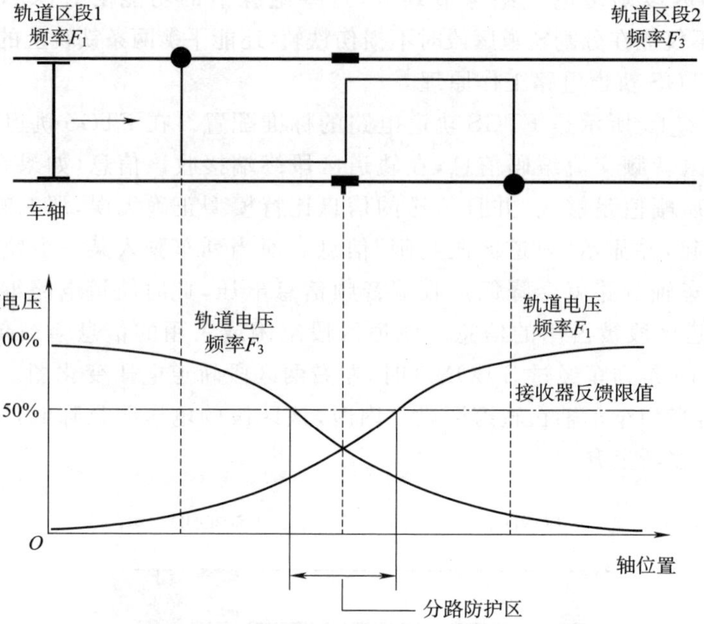

图 2.16 列车经过 S-BOND 左右两区段轨道电压变化

行调制。一般采用一个频率信号作为调制信号(如 64 Hz),即在音频载波信号的频率上加 64 Hz 作为逻辑"1",减 64 Hz 作为逻辑"0",构成不同的数码组合。发送端的比特模式可以由使用者预置(如 11100),接收器所收到的信号经电平调节器形成一定的电平值送到解调器。在比特模式预置器中,事前置以与发送端相同的比特模式,当经过解调器输出的比特模式与预置的比特模式一致时,比较器的输出将使继电器吸起。

位组合以 15 ms 为一位,在上海地铁 5 号线一共用到了 12 种位组合模式。分别是:2.2,2.3,2.4,2.5,2.6,3.2,3.3,3.4,3.5,4.2,4.3,4.4,最少的 4 个 bit,最多的 8 个 bit。

② FTGS 轨道电路的类型

为了防止牵引回流对各组成部分之间的干扰,输入轨道电路的交流电压分成两种信号频率。在不同的频率范围内,使用两种不同型号的 FTGS 轨道电路。FTGS46 型轨道电路和 FTGS917 型轨道电路,两种型号的轨道电路输入每个轨道区段的电压与相邻的轨道区段的电压的频率不同,FTGS917 相差 2 kHz,FTGS46 相差 1 kHz,共有 12 种频率供选择和设置。

FTGS46 型轨道电路所使用的频率是 4.75 kHz、5.25 kHz、5.75 kHz、6.25 kHz。一般使用在区间的标准轨道电路、中部馈入轨道电路中。

FTGS917 型轨道电路所使用的频率是 9.5 kHz、10.5 kHz、11.5 kHz、12.5 kHz、13.5 kHz、14.5 kHz,15.5 kHz、16.5 kHz。一般使用在车站的标准轨道电路、中部馈入轨道电路、道岔轨道电路、交叉轨道电路中。

(3)各种轨道电路的输入输出布置

① 图 2.17 是标准轨道电路的布置,它有一个馈入点和一个馈出点。

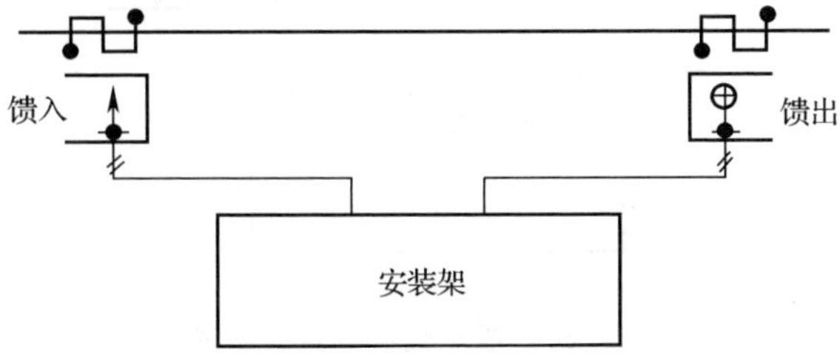

图 2.17　标准轨道电路的布置

② 图 2.18 和图 2.19 分别是 FTGS917 和 FTGS46 中部馈入轨道电路的布置,它有一个馈入点和两个馈出点。

③ 图 2.20 是道岔轨道电路的布置,它有一个馈入点和两个馈出点。

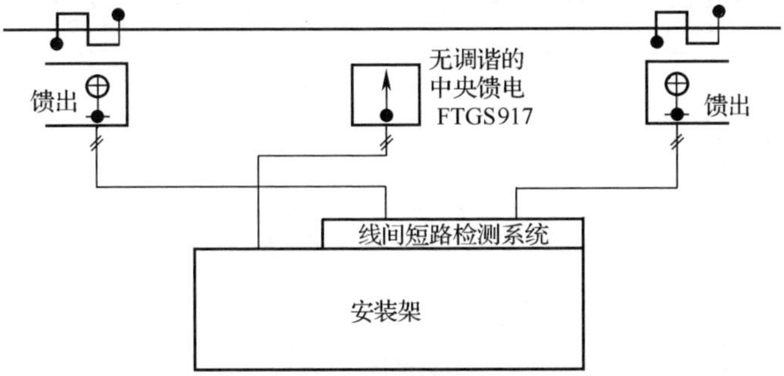

图 2.18　FTGS917 中部馈入轨道电路的布置

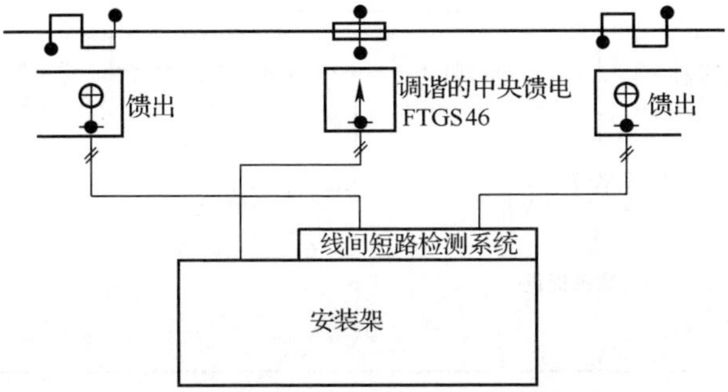

图 2.19　FTGS46 中部馈入轨道电路的布置

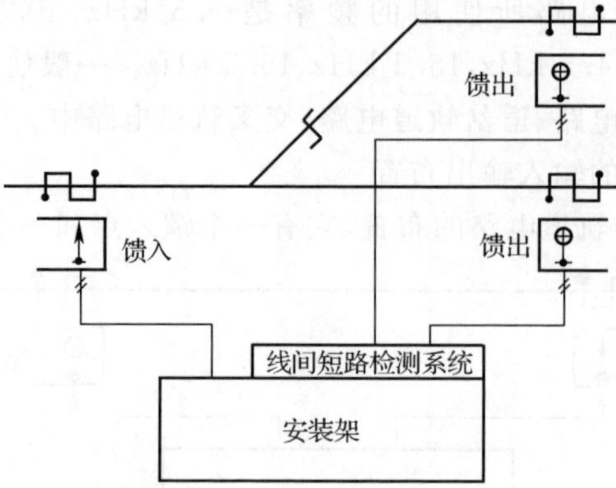

图 2.20　道岔轨道电路的布置

(4)硬件结构

FTGS 轨道电路的硬件结构如图 2.21 所示，分为室外设备和室内设备两部分，室外设备主要包括电气绝缘节和调谐单元。电气绝缘节使用 S-BOND 对钢轨

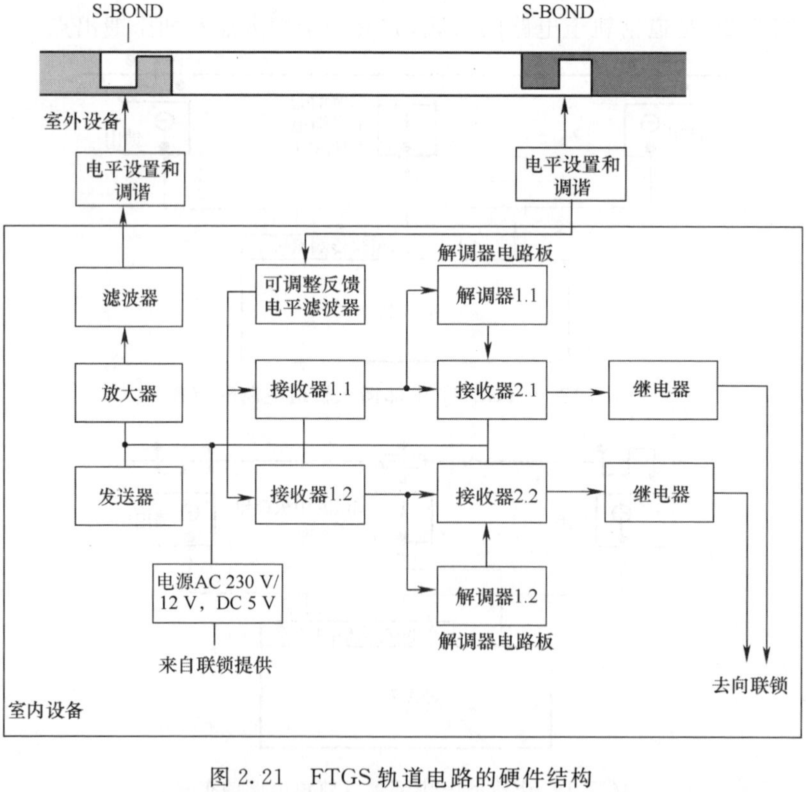

图 2.21　FTGS 轨道电路的硬件结构

进行电气分割，调谐单元安装在轨旁连接箱内，用来调谐相应的轨道电路的电气绝缘节的频率。每个轨旁连接箱可以容纳两个无须维护的调谐单元，它们分别通过电缆与安装在室内设备信号箱内的发送器和接收器连接在一起。

室内设备主要包括发送器电路板、滤波器及放大器电路板、接收器电路板、解调器电路板、继电器电路板、电源等。室外的每一个轨道电路都有其相应的安装机箱，根据轨道电路类型的不同(如标准轨道电路、中部馈入轨道电路、道岔轨道电路、交叉轨道电路和拥有中间接收器的轨道电路)，选择相应的安装机箱和相应的电路板。

发送器和接收器电路板的前面板都嵌入了 LED 指示灯，用来显示电路板的工作状态和故障状态，并装有故障检查的测试口。每一个轨道电路都有自己的供电单元。

(5)FTGS 轨道电路连接方式

FTGS 轨道电路为 S-BOND 连接(图 2.22)，图 2.23 所示为终端连接。

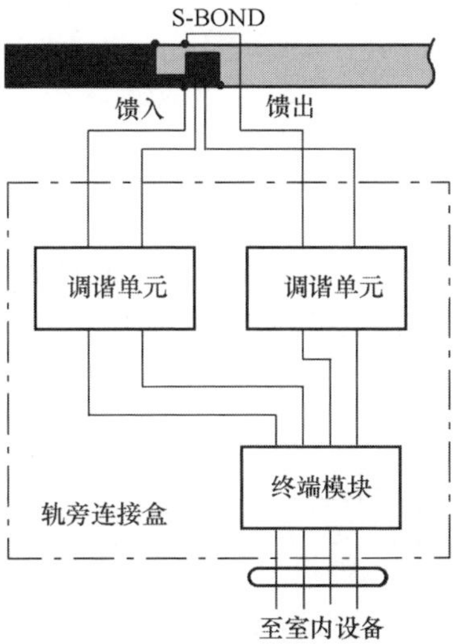

图 2.22　S-BOND 连接

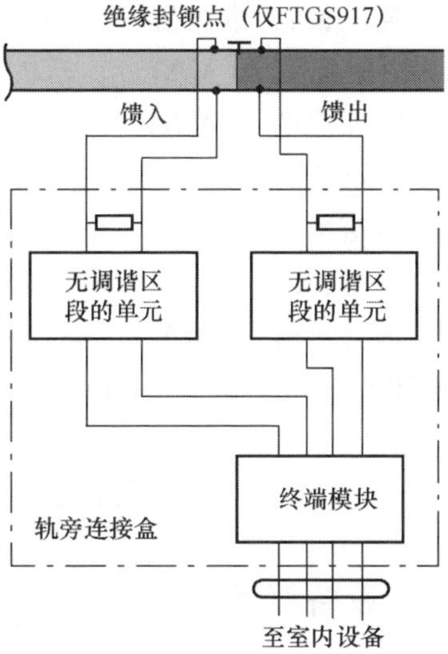

图 2.23　终端连接

(6)系统特征和技术数据

① 应用范围：车站和区间，道岔和交分道岔。

② 牵引电流回流：双轨。

③ 抗干扰：通过调节频率的传输可以抗干扰。

④ 电缆故障：由编码传输和线间短路检测系统进行防护。

⑤ 安全措施：接收设备采用双通道设计，轨道电路继电器的同步操作，由两个

继电器的冲突状态来发现错误。

⑥ 高电压防护：由户外设备和室内设备的电气隔离防护。

⑦ 额定运行频率：

a. FTGS46：4.75 kHz，5.25 kHz，5.75 kHz，6.25 kHz；

b. FTGS917：9.5 kHz，10.5 kHz，11.5 kHz，12.5 kHz，13.5 kHz，14.5 kHz，15.5 kHz，16.5 kHz。

⑧ 调制：频率调制（移频键控）。

⑨ 编码的比特模型：15 种不同的比特模型。

⑩ 传输速度：时间复用的比特模型的传输速度 v_D(max)＝200 bit/s。

⑪ 运行可靠性：MTBF 为 5 年。

⑫ 轨道电路继电器的吸起延时（t_{pi}）：大约 0.6 s（特殊情况下 1.3 s）。

⑬ 轨道电路继电器的落下延时（t_{dr}）：大约 0.25 s（特殊情况下 0.17 s）。

⑭ 供电：工作电压（AC）$U=220\times[1+(0.1\sim-0.15)]$ V，$50\times(1+0.02)$ Hz。

⑮ 耗电量：标准配置 65 VA：

a. 道岔配置 75 VA；

b. 中央馈电 75 VA；

c. 交分道岔 85 VA。

⑯ 轨道数据：要求最小道砟电阻 $R_B=1.5\ \Omega\cdot\text{km}$。

⑰ 注意：如果为无砟道床，那么可能会对有效范围和远程传输产生限制。

⑱ 远程传输：星形分布，输入和输出端都有一根电缆，每根电缆有两芯。允许同时使用 0.9 mm 和 1.4 mm 线径的电缆。

2.2 信　号　机

2.2.1 设备概述

地铁信号系统是在行车工作中，对行车有关人员指示运行条件而规定的物理特征符号。为指示列车运行及调车作业的命令，必须根据需要设置各种信号机。目前我国地铁信号普遍采用色灯及 LED 信号机。

2.2.2 信号机基本原理

1. 色灯信号机

色灯信号机采用直丝信号灯泡，配套定焦盘式灯座，以及点灯和灯丝转换装置。

信号灯泡是色灯信号机和信号表示器的光源。目前，均采用铁路直丝信号灯泡，其灯丝为双螺旋直丝，光衰小、显示距离长、维修工作量小。

透镜式色灯信号机用的直丝灯泡为 TX $\frac{12\text{-}25}{12\text{-}25}$A 型，其中$\frac{12\text{-}25}{12\text{-}25}$表示双丝灯泡(均为 12 V、25 W)，T 表示铁路，X 表示信号，其外形和主要尺寸如图 2.24 所示。

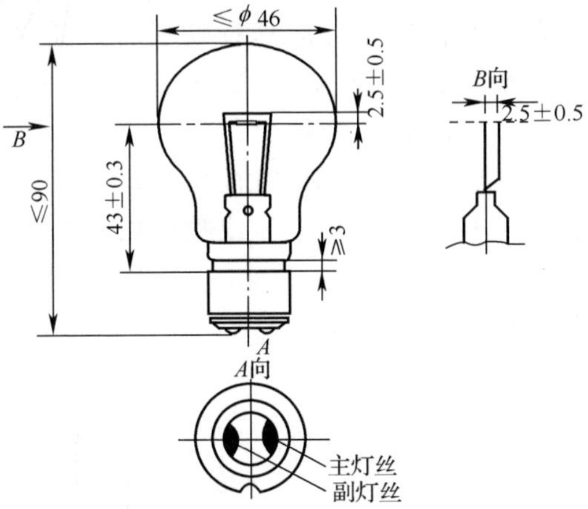

TX $\frac{12\text{-}25}{12\text{-}25}$A 型信号灯泡外形和主要尺寸(单位:mm)

主灯丝和副灯丝呈直线状且平行。主灯丝在下，其轴心线与灯头的中心线相垂直；副灯丝在上，其轴心线距离主灯丝轴心线 2.5 mm±0.5 mm。主灯丝在前，副灯丝在后，间距为 2.5 mm，以防止副灯丝挡住主灯丝的光。主灯丝在下可避免主灯丝断丝时灯丝落下碰到副灯丝，不影响副灯丝正常工作，有利于安全使用。

2. 定焦盘信号灯座

与直丝信号灯泡配套的灯座是定焦盘信号灯座。定焦盘灯座三维(上下、左右、前后)可调，可调整光源位置，使主灯丝位于透镜组的焦点上，获得最佳显示效果。定焦盘灯座具有以下特点。

(1)灯泡和灯座是平面接触，可以基本上保证光中心高度的一致性；

(2)灯头冲压成翻边结构，一般不会变形，从而提高了灯泡和灯座的配合精度；

(3)防止电接触片受过压造成变形或弹力减小，从而避免电接触片与灯泡的接触不良或发热、熔化等故障；

(4)灯座与灯泡的连接用内六方螺丝固定，灯口不易移位；

(5)更换灯泡时，一般不用重新调整显示，信号显示比较稳定。

因此，定焦盘灯座对提高信号显示的稳定性和减少维修工作量起着积极作用。

3. LED 信号机

LED 信号机大小同透镜式色灯信号机，机构采用铝合金材料，信号点灯单元由 LED 发光二极管构成，外形如图 2.25 所示。LED 色灯控制系统与现有点灯控制电路兼，并已在 LED 驱动电路、二极管供电方式的设计方面取得突破，从机械结构到电路的安全可靠性以及现场安装、操作、更换等方面，经不断完善、改进已形成系列产品。

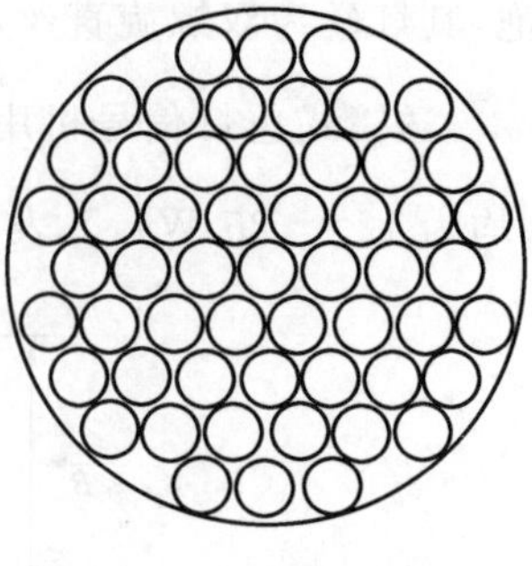

图 2.25 LED 信号机外形

LED 信号机用发光盘取代信号灯泡具有以下的显著优点：和老式机构有很强的兼容性；显示距离超过 1.5 km；使用寿命可长达 10^5h，日常维护少；节能；聚焦稳定；光度性好；无冲击电流；可用性强；性能价格比高；组合灵活；安装简便；机构表面采用电泳或喷塑处理等。

LED 信号机电路原理如图 2.26 所示。

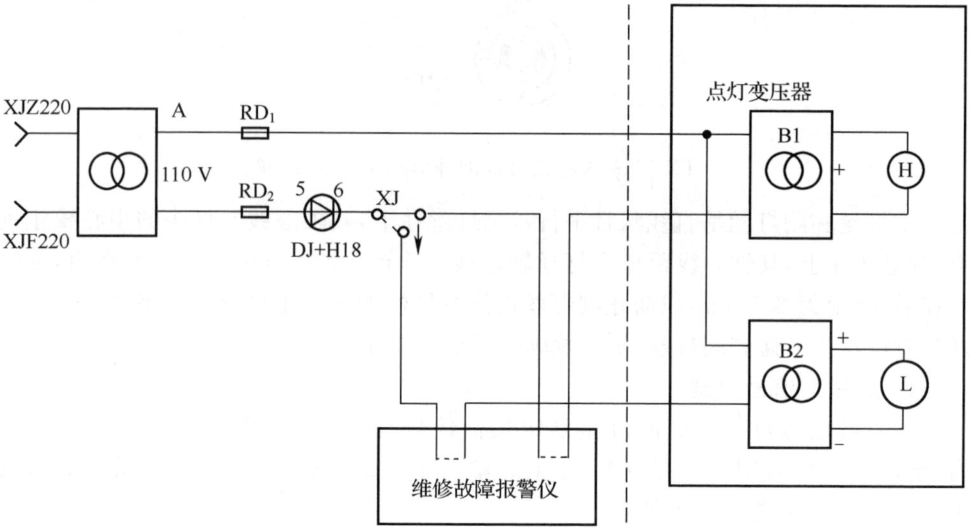

图 2.26 LED 信号机电路原理

(1)系统工作参数

①信号机输入电压范围为 AC 80～110 V/50 Hz，电源波动范围为±5%。

②在 LED 正常工作时，灯丝继电器电流范围为 147～153 mA(不同的距离，调整点灯变压器的不同输出电压)，可保证 JZXC-H18 型继电器可靠吸起。

③LED 光源灭灯时，灯丝继电器回路电流小于 40 mA，保证 JZXC-H18 型继电器可靠落下，为联锁电路提供断丝条件。

④主要电气特性与调试

在电气化区段，门限电路可防止各种干扰信号（60 V 以下干扰信号）误点信号机（光源上门限电路中的微调电位器出厂时已调好，现场不可调节），当信号机输入点灯电压小于 60 V 时，LED 应灭灯。当信号机输入点灯电压大于 60 V 时，LED 应点亮，如果 LED 不亮，应对光源进行维修。

（2）主要技术参数

①信号机的正常工作条件：

a. 大气压力不低于 70 kPa（海拔高度不超过 3 000 m）；

b. 周围空气温度 −40～+70 ℃；

c. 空气相对湿度不大于 95%（当周围空气温度为 +25 ℃）；

d. 振动频率 10～200 Hz，加速度幅值 10 m/s^2（1g）；

e. 周围无引起爆炸危险的有害气体。

②信号机发光强度：

a. 信号机光轴方向发光强度不低于表 2.2 中数值的 10%；

表 2.2　信号机光轴方向发光强度

灯光颜色		红	黄	绿	蓝	月白
光强度（cd）	矮型、引导	1 600	3 200	2 200	250	2 800
	高柱	2 100	3 900	2 800	400	3 200

b. 光谱符合 TB/T 2081—2016《铁路灯光信号颜色》的规定；

c. 电快速瞬变脉冲群抗扰度 3 级；

d. 静电放电抗扰度 3 级；

e. 单灯重量：矮型 7.5 kg，高柱 10 kg；

f. 防水等级 IP53；

g. 绝缘电阻大于 100 MΩ。

2.2.3　信号机的设置与显示

城市轨道交通的信号机设置不同于铁路，规定在 ATC 控制区域线路上的道岔区，设防护信号机或道岔状态表示器，其他类型的信号机可根据需要设置。

1. 设置原则

（1）在 ATC 控制区域的线路上应设道岔防护信号机或道岔状态表示器。道岔防护信号机以显示禁止信号为定位，其他类型的信号机可根据需要设置。

（2）具有出站性质以外的道岔防护信号机应设引导信号，具有两个及两个以上运行方向的信号机可设进路表示器。

（3）信号机等应采用白炽灯或其他光源构成色灯式信号机。

(4)车站应设发车指示器或发车计时装置。

(5)城市轨道交通采用右侧行车制，其地面信号机设于列车运行方向的右侧，在地下部分一般安装在隧道壁上。特殊情况(如因设备限界、其他建筑物或线路条件等影响)可设于列车运行方向的左侧或其他位置。

(6)信号机柱的选择：高柱信号机具有显示距离远、观察位置明确等优点，因此车辆段的进段、出段信号机(以及停车场的进场、出场信号机)均采用高柱信号机。而其他信号机由于对显示距离要求不高，以及隧道内安装空间有限，一般采用矮型信号机。

(7)信号机限界：信号机不得侵入设备限界，设备限界是用以限制设备安装的控制线，直线地段的设备限界是在直线地段车辆限界外扩大一定安全间隙后形成的：车体肩部横向向外扩大 100 mm，边梁下端横向向外扩大 30 mm，接触轨横向向外扩大 185 mm，车体竖向加高 60 mm，受电弓竖向加高 50 mm，车下悬挂物下降 50 mm，曲线地段设备限界应在直线地段设备限界的基础上，按平面曲线不同半径过超高或欠超高引起的横向和竖向偏移量，以及车辆、轨道参数等因素计算确定。

(8)各种地面信号机及表示器的显示距离应符合下列规定：

① 行车信号和道岔防护信号应不小于 400 m；

② 调车信号和道岔状态表示器应不小于 200 m；

③ 引导信号和道岔状态表示器以外的各种表示器应不小于 100 m。

2. 正线上的信号机设置

正线上的道岔区设防护信号机。防护信号机设于道岔岔前和岔后的适当地点，如图 2.27 所示。具有出站性质的道岔防护信号机应设引导信号，具有两个以上运行方向的信号机可设进路表示器。

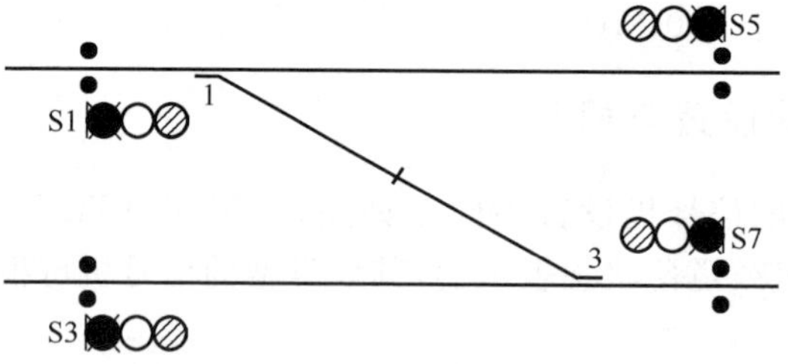

图 2.27 防护信号机的设置

采用 ATC 的城市轨道交通线路，自动闭塞通过信号机已失去主体信号的作用，所以区间分界点一般不设通过信号机。当 ATP 车载设备发生故障时，为便于司机掌握列车运行位置，可结合系统特点设置必要的地点标志，根据需要也可设置通过信号机(如行车间隔较大采用自动闭塞作为过渡方式时),车站一般不设进、出站信号机,在正向出站方向的站台侧列车停车位置前方适当地点设置发车指示器。也可以根据需要设进站、出站信号机以及进站信号机的预告信号机,或者只设出站信号机,线路尽头设阻挡信号机,车站应设发车指示器或发车计时装置。

3. 车辆段(停车场)的信号机设置

在车辆段(停车场)入口处设进段(进场)信号机,在车辆段(停车场)出口处设出段(出场)信号机;在同时能存放两列及以上列车的停车线中间进段方向设列车阻挡信号机(可兼作调车信号机);车辆段(停车场)内其他地点根据需要设调车信号机。

4. 信号机的分类

(1)防护信号机

防护信号机采用三显示机构,自上而下灯位为黄(或月白)、绿、红。若设正线出站信号机灯光配列同防护信号机。

(2)阻挡信号机

阻挡信号机采用单显示机构,为一个红灯。

(3)进段(场)信号机

进段信号机灯光配列可同防护信号机,亦可采用双机构(两个二显示)带引导机构,自上而下灯位为黄、绿、红、黄、月白。

(4)出段(场)信号机

出段(场)信号机采用三显示机构,红、绿,带调车白灯。

(5)列车阻挡信号机

列车阻挡信号机采用三显示机构,绿灯封闭,红灯,带调车白灯。

(6)调车信号机

调车信号机采用二显示机构,自上而下灯位为白、蓝(或红)。

5. 信号和发车表示器的显示制度

(1)红色——停车,ATP 速度命令为零;

(2)绿色——运行前方道岔在直股(定位),按 ATP 速度命令运行;

(3)月白色——运行前方道岔在侧股(反位),按 ATP 速度命令运行,一般限制为 30 km/h。

(4)红色+月白色——引导信号,准许列车在该信号机处继续运行,但需准备随时停车,仅对防护站台的信号机设引导信号。

(5)站台还设有发车表示器,发车前 5 s 闪白光,发车时间到亮白色稳定光,列车出清后灭灯。

2.2.4 城市轨道交通信号机的分类

1. 按显示方式

分为透镜式色灯信号机和LED信号机。

(1)透镜式色灯信号机

透镜式色灯信号机因其结构简单、安全方便,控制电路所需电缆芯线少,所以得到广泛采用。透镜式色灯信号机有高柱和矮型两种类型。

高柱信号机的机构安装在钢筋混凝土信号机柱上,矮型信号机的机构安装在信号机水泥基础上。高柱透镜式色灯信号机由机柱、机构、托架、梯子等部分组成,机柱用于安装机构和梯子。机构的每个灯位配备有相应的透镜组和单独点亮的灯泡,给出信号显示。托架用来将机构固定在机柱上,每一机构需上、下托架各一个。梯子用于给信号维修人员攀登及作业。

矮型透镜式色灯信号机用螺栓固定在信号机基础上,没有托架,更不需要梯子。

高柱和矮型透镜式色灯信号机又各有单机构和双机构之分,单机构只有一个机构,色灯信号机可构成二显示、三显示和单显示信号机。

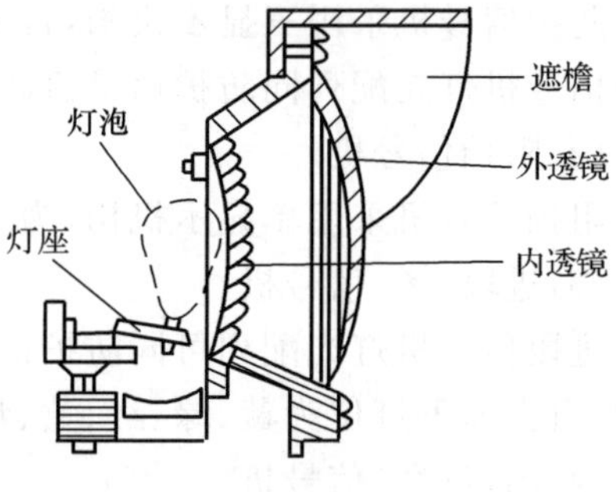

图2.28 透镜式色灯信号机机构

透镜式色灯信号机的每个灯位由灯泡、灯座、透镜组(内透镜、外透镜)、遮檐和背板等组成,如图2.28所示。

灯泡是色灯信号机的光源,采用直线双丝地铁信号灯泡,灯座用来安放灯泡,采用定焦盘式灯座,在调整好透镜组焦点后固定灯座,更换灯泡时无须再调整。透镜组装在镜架框上,由两块带棱的凸透镜组成,里面是有色带棱外凸透镜,外面是无色带棱内凸透镜。之所以采用两块透镜组成光学系统,是利用光的折射和反射原理,将光源发出的光线集中射向所需要的方向,即增强该方向的光强。这样,就能满足信号显示距离远而且具有很好的方向性的要求。信号机构的颜色取决于有色透镜,可根据需要选用。遮檐用来防止阳光等光线直射时产生错误的幻影显示。背板是黑色的,构成较暗的背景,可衬托信号灯光的亮度,改善瞭望条件。只有高柱信号机才有背板,一般信号机采用圆形背板。

(2)LED信号机

LED信号机采用LED作为信号显示的光源,具有结构紧凑、能耗低、寿命长、无须调焦等特点,是新一代的色灯信号机。

机构为组合式:由灯箱壳、灯箱盖、镜框、底座、挡圈等零件采用硅铝合金材料浇铸或压铸而成。销轴和标准件均采用不锈钢材料。零件表面采用电泳或喷塑处理，确保在恶劣环境中使用期内无维修。机构具有强度高、重量轻、组合灵活、安装方便、外形美观等优点。

光源为整体透镜组：由电源、超高亮度发光二极管矩阵、光学透镜、钢化玻璃前置镜、固定框架等组成。电源变压器采用高效的 R 形铁芯变压器，可靠性高。

2. 按信号功能

分为禁止信号和进行信号。

(1)基本信号：

① 要求停车的信号；

② 要求注意或减速运行的信号；

③ 准许按规定速度运行的信号。

(2)要求停车的信号叫作禁止信号或停车信号，要求注意或减速运行的信号以及准许按规定速度运行的信号，都叫作进行信号。

(3)视觉信号的基本颜色是红色、黄色、绿色。其中红色信号的基本意义是停车，黄色信号是注意或减速运行，绿色信号是按规定速度运行。

3. 按安装方式

分为高柱信号机、矮型信号机。

高柱信号机的信号机安装在信号机柱上，一般用于显示距离要求较远的信号机。高柱信号机具有显示距离远、观察位置明确等优点。

矮型信号机设于位于建筑限界下部外侧的信号机基础上，一般用于显示距离要求不高的信号机上。

2.3　信号继电器

2.3.1　继电器概述

继电器是自动控制系统中常用的电器，它用于接通和断开电路，用以发布控制命令和反映设备状态，以构成自动控制和远程控制电路。各个领域的自动控制系统无一不采用继电器。地铁信号系统技术中广泛采用的继电器，称为信号继电器(简称继电器)，通常作为自动控制系统的接口部件。继电器的可靠性直接影响到地铁信号系统的可靠性和安全性。

2.3.2　继电器的基本原理与电路

继电器是特殊的开关，它的类型很多，性能各不相同，结构形式各种各样，但大都由电磁系统(由线圈、固定的铁芯和轭铁以及可动的衔铁组成)和接点系统(由动接点和静接点组成)两大主要部分组成。

继电器的基本工作原理是:在线圈中通入一定数值的电流后,由电磁作用或感应方法产生电磁吸引力,吸起衔铁,衔铁带动接点系统,改变其状态,来反映输入电流的状况。

最简单的电磁继电器原理如图 2.29 所示。它是一个带接点的电磁铁,其动作原理也与电磁铁相似。给线圈中通以一定数值的电流后,在衔铁和铁芯之间就产生一定数量的磁通,该磁通经铁芯、衔铁、轭铁和气隙形成一个闭合磁路,铁芯对衔铁就产生了吸引力,吸引力大小取决于所通电流的大小。当电流增大到一定值,吸引力增大到能克服衔铁向铁芯运动的阻力时(主要是衔铁自重),衔铁就被吸向铁芯。由衔铁带动的动接点(随衔铁一起动作的接点)也随之动作,与动合接点(前接点,以下称前接点)接通。此状态称为继电器励磁吸起。

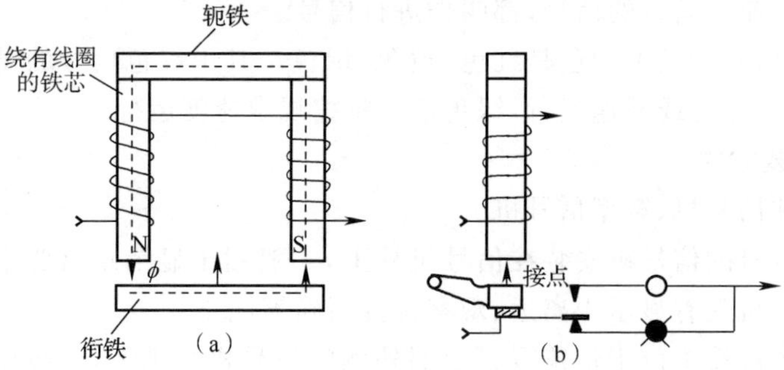

图 2.29　电磁继电器的原理

吸引力随电流的减小而减小,当吸引力减小到不足以克服衔铁重力时衔铁靠自重落下(称为释放),衔铁带动动接点与前接点断开,与动断接点(后接点,以下称后接点)接通。此状态称为继电器失磁落下(以下简称落下)。

因此,继电器具有开关特性,可利用它的接点通、断电路,构成各种控制和表示电路。例如,图 2.29 中的信号点灯电路,前接点接通时点亮绿灯,后接点接通时点亮红灯。

2.3.3　继电器的继电特性与作用

继电器的特性是当输入量达到一定值时,输出量发生突变,如图 2.30 所示。继电器线圈回路为输入回路,继电器接点所在回路为输出电路。当线圈中电流 I_x 增加到某一定值时,继电器衔铁被吸引,接点闭合。此后,若线圈中电流 I_x 继续增大,由于接点回路中阻值不变,I_y 保持不变。当线圈中电流 I_x 减小到一定值时,继电器衔铁释放，输出电流 I_y 突然减小到 0。此后，线圈中电流再减小，I_y 保持为 0 不变。

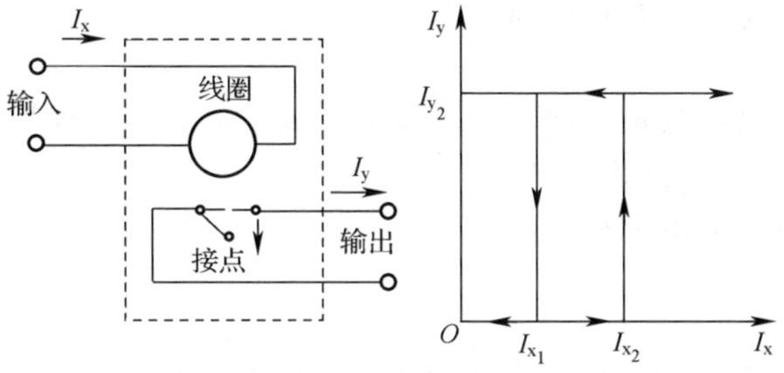

图 2.30　继电器的继电特性

继电器由于具有继电特性，能以极小的电信号来控制执行电路中相当大的对象，能控制数个对象和数个回路，能控制远距离的对象。信号继电器在以电子元件和微型计算机构成的系统中，经常作为其接口部件，将系统主机与信号机、轨道电路、转辙机等执行部件结合起来。

2.3.4　地铁信号系统对继电器的要求

信号继电器作为信号系统中的重要器件，它在运用中安全、可靠与否，直接影响各种信号设备是否能够正常运作。为此，信号系统对继电器提出了极其严格的要求：

(1)动作必须可靠、准确；

(2)使用寿命长；

(3)有足够的闭合和断开电路的能力；

(4)有稳定的电气特性和时间特性；

(5)在周围介质温度和湿度变化很大的情况下，均能保持很高的电气绝缘强度。

2.3.5　继电器在城市轨道交通信号系统中的应用

应用继电器可构成各种控制和表示电路，统称继电电路，城市轨道交通信号设备中，继电器广泛应用于信号机、轨道电路、道岔等设备的控制或表示及相关接口电路中，在具体的应用过程中，涉及如何选用继电器。

电路中选择继电器的一般原则：

根据电路要求，按继电器的主要参数和指标进行选择。

(1)继电器类型、线圈电阻，应能满足各种电路的具体要求。

(2)电路中串联使用继电器时,其串联的数量应满足各继电器正常工作电压的要求。

(3)继电器接点最大允许电流不应小于电路的工作电流,必要时可采用接点并联的方法。

(4)继电器的接点数量不能满足电路要求时,应设复示继电器,复示继电器应能及时反映主继电器的动作状态。

(5)电路中串联继电器接点时,要使串联继电器接点的接触电阻不影响电路的正常工作。

2.3.6 城市轨道交通信号系统中继电器的分类

继电器种类繁多,可按不同方式分类。

1. 按动作原理

分为电磁继电器和感应继电器。

电磁继电器是通过继电器线圈中的电流在磁路的气隙(铁芯与衔铁之间)中产生电磁力,吸引衔铁,带动接点动作的。此类继电器数量最多。

感应继电器是利用电流通过线圈产生的交变磁场与另一交变磁场在翼板中所感应的电流相互作用产生电磁力,使翼板转动而动作的。

2. 按动作电流

分为直流继电器和整流式继电器。

直流继电器是由直流电源供电的,它按所通电流的极性,又可分为无极、偏极和有极继电器。直流继电器都是电磁继电器;交流继电器是由交流电源供电的,它按动作原理分为电磁继电器和感应继电器。

整流式继电器虽然用于交流电路中,但它用整流元件将交流电整流为直流电,所以其实质上是直流继电器。

3. 按输入量的物理性质

分为电流继电器和电压继电器。

电流继电器反映电流的变化,它的线圈必须串联在所反映的电路中。该电路中必有所被反映的器件,如电动机绕组、信号灯泡等。

电压继电器反映电压的变化,它的线圈励磁电路单独构成。

4. 按动作速度

分为正常动作继电器和缓动继电器。

正常动作继电器衔铁动作时间为 0.1～0.3 s,大部分信号继电器属于此类。

缓动继电器分为缓吸、缓放,衔铁动作时间超过 0.3 s。时间继电器是利用脉冲延时电路或软件设定使之缓吸。

5. 按工作可靠程度

分为安全型继电器和非安全型继电器。

(1)安全型继电器(N 型):N 型继电器主要依靠衔铁自身释放,故又称重力式继电器。它无须借助于其他继电器,亦无须对其接点在电路中的工作状态进行监督检查,其自身结构即能满足一切安全条件的继电器,其特点是:

①当线圈断电时,衔铁可借助于自身重量释放,从而使前接点可靠断开;

②选用合适的接点材料,构成非熔接性前接点,或采用能防止接点熔接的特殊结构(如接熔断器、接点串联);

③当一组不应闭合的后接点仍然闭合时,结构上能防止所有前接点闭合。

(2)非安全型继电器(C 型):是必须监督检查接点在电路中的工作状态,以保证安全条件的继电器。C 型继电器主要依靠弹簧弹力释放衔铁,故又称弹力式继电器。其特点是:

①由于继电器在使用时已检查了衔铁的释放,因此不必采用非熔接性接点材料;

②当一组不应闭合的前接点仍然闭合时,结构上能保证所有后接点不闭合。

2.4　转辙机及其控制电路

道岔的转换与锁闭直接关系着轨道交通的行车安全及行车效率。道岔的操纵有单独操纵和进路操纵两种方式。单独操纵是行车作业人员通过按压按钮或点击鼠标的方式根据需要选择道岔位置的作业,该作业方式一般都在道岔设备检修、检查时采用。进路操纵是行车作业人员或中央行车控制人员通过排列进路方式由控制电路或联锁软件根据所选择的进路自动选择道岔位置的作业,该作业方式运用于日常正常的行车组织,可同时控制多组道岔,提高了效率。

转辙机是道岔的转换设备,目前轨道交通使用较多的转辙机有:ZYJ7 系列电液转辙机、ZD(J)9 系列电动转辙机、ZD6 系列电动转辙机,部分城市的轨道交通线路也使用 S700K 型电动转辙机。

2.4.1　转辙机概述

转辙机是信号控制系统的执行机构之一,用于控制道岔的转换与锁闭,并实时监督道岔所处的位置和状态。道岔转辙装置的核心和主体是转辙机,除转辙机外还有各类杆件、安装装置,分动外锁闭道岔还有外锁闭装置等,它们共同完成道岔的转换与锁闭。

2.4.2　转辙机的基本功能

(1)改变道岔的位置,即根据操纵人员意图转至定位或反位;

(2)正确反映道岔的位置,即道岔尖轨密贴于基本轨后,才能有相对应的表示;

(3)道岔转到正确位置后,实行机械锁闭,防止外力转动道岔;

(4)道岔被挤或因故在“四开”位置时,也应及时有报警表示。

2.4.3　转辙机的分类

(1)按动力类型,分为直流电机型(如 ZD6 型电动转辙机)、交流电机型(如 ZDJ9 型三相交流转辙机)和电动液压型(如 ZYJ7 型电动液压转辙机)等。

(2)按道岔锁闭方式分为内锁闭和外锁闭两种方式,如 ZD 型采用内锁闭方式;ZDJ9 型、ZYJ7 型则既可采用内锁闭方式,又可采用外锁闭方式;ZYJ7-GZ 型则只能用于分动外锁闭方式。不同的锁闭方式其道岔附件不一样,外锁闭道岔需要增加道岔外锁闭装置;ZD 型的道岔附件主要有密贴调整杆、表示连接杆、连接尖轨的方钢和尖端杆以及防松卡、象鼻铁等。

(3)按是否可挤,分为可挤型和不可挤型转辙机。可挤型转辙机内部设置了挤岔保护装置(挤脱或挤切装置),道岔被挤时,动作杆可解锁,从而保护了整机,一般现场恢复挤切或挤脱保护装置即可继续使用。不可挤型转辙机在道岔被挤时,会挤坏动作杆与整机连接机构,所以需要整机更换。电动与电液转辙机均有可挤型转辙机。

2.4.4　城市轨道交通中常用转辙机的分类与应用

1. ZYJ7 型电液转辙机

(1)电动液压转辙机结构与工作原理

ZYJ7 型电动液压转辙机由 ZYJ7 型电动液压转辙机(亦称主机,用于第一牵引点)和 SH6 型转换锁闭器(亦称副机,用于第二、三等牵引点)组成。主机与副机共用一套动力系统,两者间用油管相连。

① 电动液压转辙机主机结构

ZYJ7 型电动液压转辙机结构主要包括:动力机构、转换和锁闭机构、锁闭表示机构等,如图 2.31 所示。

动力机构由电机、油泵组组成,作用是将电能变为液压能,主要部件包括油箱盖组,左、右溢流板组,联轴器,油泵支架,交流电机,惯性轮组,安装底板,油箱,油泵等,如图 2.32 所示。

三相 AC 380 V 电机通过联轴器带动油泵顺时针或逆时针旋转,分别由上、下两侧高压油口输出油液。液压油通过门字形左、右油管,分别与空动缸两侧相连,

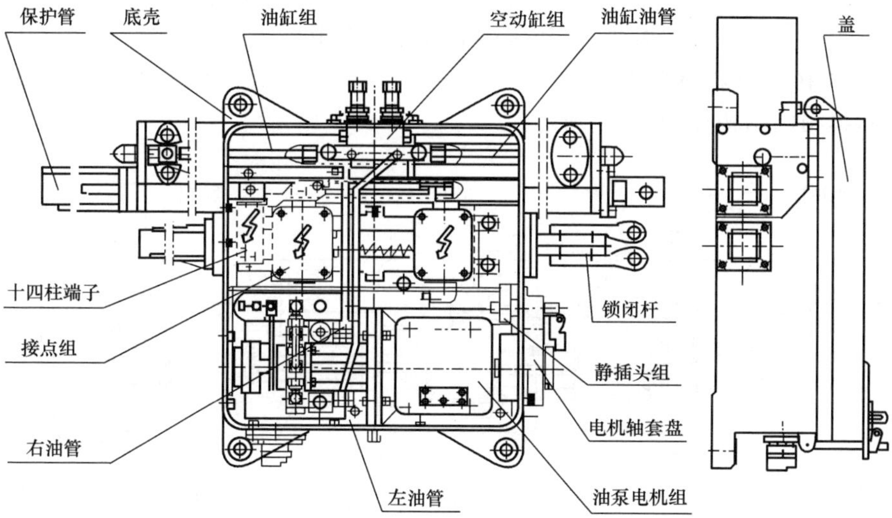

图 2.31 ZYJ7 型电液转辙机内部结构

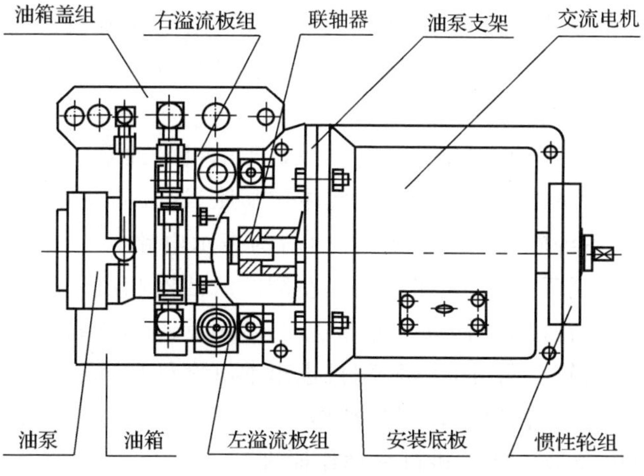

图 2.32 动力机构组成

连至空动缸、主副机油缸。

转换锁闭机构的作用是转换并锁闭动作杆在定位或反位位置。动作杆锁闭后能承受 100 kN 的轴向锁闭力，它主要由油缸、动作杆组、锁闭铁等零件组成。液压油带动油缸向左或向右动作，带动动作杆左右移动。油缸上推板将动作杆锁在定或反位位置。

锁闭表示机构主要包括接点组、锁(表示杆)闭杆等零部件，作用是正确反映尖轨位置，锁闭杆锁闭后，能承受 30 kN 以上的轴向力。

手动安全机构的作用是手摇电机扳动道岔时，可靠切断启动电源后，才能够插入手摇把。且非经人工恢复，不能接通电机启动电源。

② SH6 型转换锁闭器结构

转换锁闭结构如图 2.33 所示。

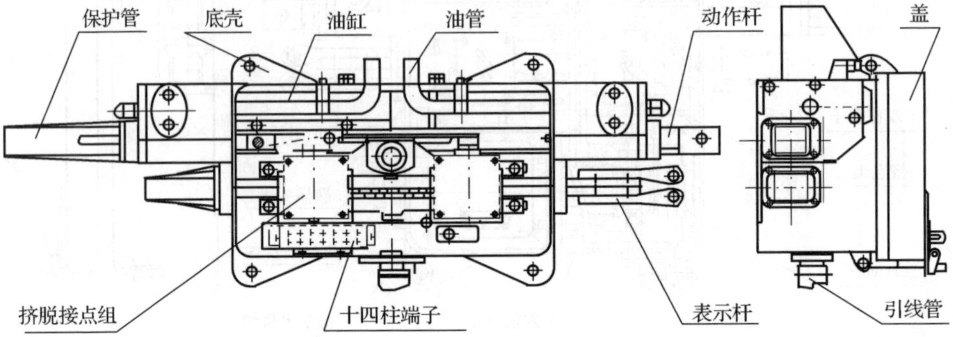

图 2.33 SH6 型转换锁闭器内部结构

挤脱表示机构由挤脱接点组、表示杆等组成，用于正确反映牵引点处尖轨状态，并且有挤岔端表示功能，出厂时动作杆轴向挤脱力调至 27.4～30.4 kN 之间。

③ 油路系统工作原理

本系统为闭式系统，原理如图 2.34 所示，当电机带油泵逆时针旋转时，油泵从油缸右侧腔吸入油，泵出的油使油缸左腔体积膨胀，油缸向左侧移动。当油缸到位停止动作时，接点系统断开启动电源，接通新的表示电路。当因故不能到位时，泵从油箱经右边单向阀吸入油，泵出的油经左侧的滤油器和溢流阀回到油箱。

反之，电机顺时针旋转时，动作情况与上述相反。为改善交流电机的启动特性，油缸并联了启动缸。另外，主机、副机进出油缸之处加装了流量调节阀，用于调节主机和副机在转换道岔时实现同步动作。

④ ZYJ7 型电动液压转辙机机械动作原理

a. 转换锁闭机构动作原理

假设左侧为定位，图 2.35 中，图(a)为定位锁闭时，图(b)为转换过程中，图(c)为反位锁闭时锁闭机构的工作原理。

电机经联轴器带动油泵顺时针方向旋转，由于活塞杆固定不动，使油缸向右动作，油缸侧面的推板接触反位锁块后，油缸继续向前移动时通过推板和反位锁块带动动作杆向右移动，同时定位锁块开始解锁。当油缸走完解锁动程后，反位锁块和定位锁块处于锁闭铁和推板的间隙内，油缸继续通过推板和反位锁块带动动作杆向右移动。当动作杆继续移动到反位锁块与锁闭铁的锁闭面将要作用时，开始进

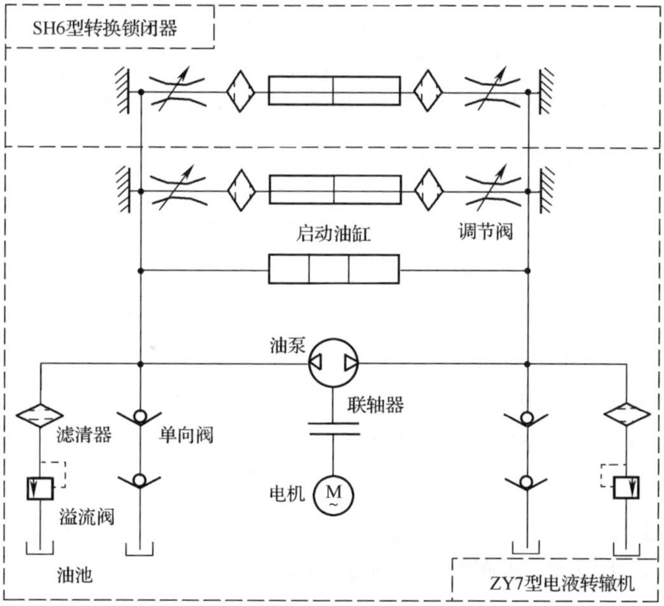

图 2.34　油路系统原理

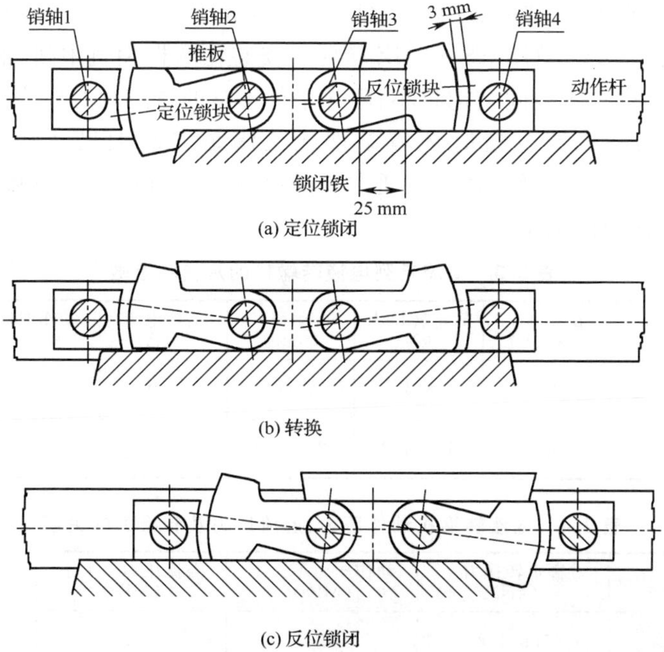

图 2.35　转换锁闭机构动作原理

入锁闭过程，继续向右移动 15.2 mm，将反位锁块推入锁闭铁的反位锁闭面，反位尖轨密贴于基本轨，此时，动作杆的行程为 7.6 mm。因此，在尖轨密贴时，动作杆上的转换力可增加一倍，当尖轨密贴于基本轨后，油缸继续向右移动，动作杆不动作，油缸侧面的推板进入反位锁块的锁闭面，进入锁闭状态。

b. 表示锁闭机构动作原理

当油缸向右移动，动作板的斜面推动接点组转换，断开原表示接点。当尖轨密贴于基本轨后，油缸继续向前移动接近锁闭时，接点组的启动片在接点组拉簧的动作下快速掉入动作板上速动片圆弧内，快速切断电源，接通反位表示，同时锁闭柱插入锁闭杆缺口内，锁闭尖轨。

c. 挤脱表示机构动作原理

挤脱表示机构表示部分的工作原理与锁闭表示机构表示部分的工作原理相同。当电液转辙机处于锁闭位时，若油缸不动，尖轨带动动作杆和表示杆向左移动时，动作杆通过锁块推动锁闭铁一起向左移动，锁闭铁顶起挤脱块，同时表示杆斜面推动检查柱向上移动，从而断开表示接点，实现挤脱断表示功能。

⑤ ZYJ7 型转辙机技术参数

目前城市轨道交通领域使用较多的转辙机有 ZYJ7＋SH6 及 ZYJ7-GZ＋SH6-GZ＋液压站两种结构，其中 ZYJ7＋SH6 是通用型号。ZYJ7-GZ＋SH6-GZ＋液压站为轨枕式结构，ZYJ7-GZ＋SH6-GZ 转辙机安装在两根尖轨中间，液压站独立在线路路肩，该结构对于空间结构狭小，限界条件不良的隧道内有较为广阔的市场空间，也有利于既有线路改造时环境条件无法满足安装大尺寸转辙机的场合。表 2.3 和表 2.4 为目前城市轨道交通常用的电液转辙机规格与参数和动作压力、溢流压力及转换力的关系。

表 2.3 交流系列电液转辙机的规格和参数

型　号	电源电压 AC 三相(V)	额定转换力 (kN)	动程 (mm)	工作电流 ≤(A)	动作时间 ≤(s)	单线电阻 ≤(Ω)
ZYJ7-B220＋140/1800＋4200	380	1.8/4.2	220/140	2.0	8.5	54
ZYJ7-GZ-220＋140/1800＋4200	380	1.8/4.2	220/140	2.0	8.5	54

表 2.4 电液转辙机动作压力、溢流压力及转换力的关系

型　号	额定转换力 (kN)	动作压力不大于 (MPa)	溢流压力不大于 (MPa)	溢流时转换力约为 (kN)
ZY(J)7-B220＋140/1800＋4200	1.8/4.2	9.5	12.5	2.7/5.5
ZY(J)7-GZ-220＋140/1800＋4200	1.8/4.2	9.5	12.5	2.7/5.5

⑥ ZYJ7 型电液转辙机电路工作原理

转辙机电路由启动电路、动作电路、表示电路组成。

a. 转辙机启动电路

ZYJ7 型电液转辙机启动电路采用分级控制方式控制道岔转换，由第一启动继电器(1DQJ)检查联锁条件，符合要求后才能励磁吸起；然后由第二启动继电器(2DQJ)控制电机的旋转方向，以决定使电机实现正转或反转；最后由交流电机转换道岔，如图 2.36 所示。

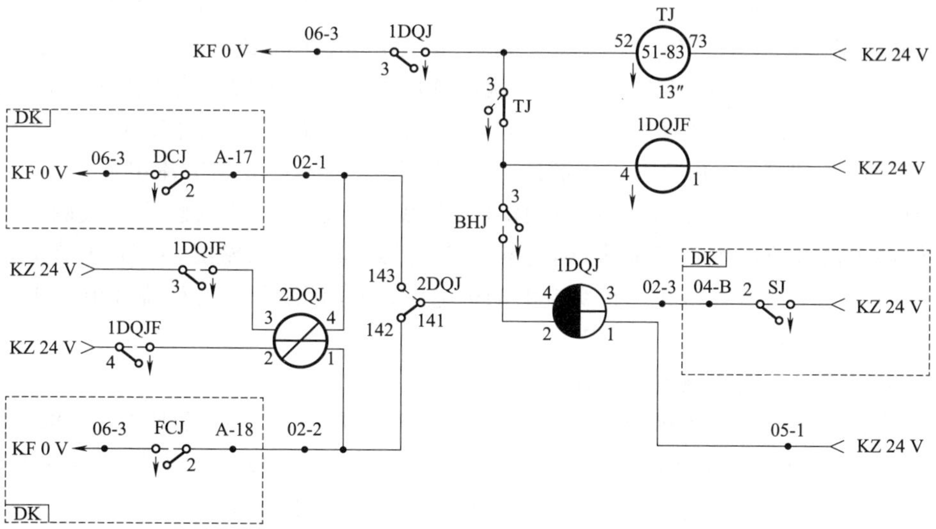

图 2.36　ZYJ7 型电液转辙机启动电路

转辙机启动电路由指令单元、执行单元与监督保护单元组成。

指令单元由锁闭继电器(SJ)、定位操纵继电器(DCJ)、反位操纵继电器(FCJ)组成，来具体反映行车或维护人员的目的。如要将道岔从定位转换到反位时，则指令单元的 FCJ 和 SJ 吸起。

执行单元由 1DQJ 组成，具体实施道岔转辙机构的动作。当指令发出后，经由指令继电器的前接点获得电源并可靠吸起，准备后续动作。而 2DQJ 则是执行单元的后续电路，在执行单元 1DQJ 吸起以后经再次检查指令(电路中串联了 FCJ 前接点)后动作，保证执行单元没有错误动作。第一启动复示继电器(1DQJF)也是执行单元的一部分，是由于三相五线制控制电路中 1DQJ 加强接点数量的不足而设置，其动作仅反映 1DQJ 的动作情况。

监督保护单元主要是为了保护转辙机内的电动机而设置，由 TJ 组成，TJ 为半导体时间继电器(JSBXC-850)，在监督保护时利用了其延时吸起的能力，一般设置为 13 s。当执行单元 1DQJ 动作后即开始计时,如果 13 s 延时吸起时间内道岔动作完毕,则 TJ 不动作,如道岔动作时间超过 13 s,则 TJ 吸起,TJ 吸起后切断经由 1DQJ1-2 线圈组成的自闭电路,使 1DQJ 失电掉下,电动机同时失电停止工作,从而达到了保护电动机的目的。

交流转辙机采用三相交流电源,供电电压为 380 V。为防止在三相交流电源断相情况下烧坏电动机,在交流转辙机控制电路中设有道岔断相保护器(DBQ)。DBQ 由三个电流互感器、桥式整流和保护继电器(BHJ)三部分组成。三个电流互感器的一次侧线圈分别串联在三相交流电路中,二次侧线圈首尾相连,经桥式整流后,输出端子接 BHJ。当三相交流电源正常供电,电动机定子绕组中三相电流流过,电流互感器工作在磁饱和状态,二次侧感应电流中的三次谐波经桥式整流后输出直流电,BHJ 由于得到直流电而吸起,用 BHJ 的接点作为道岔控制电路的条件。当道岔转换到底后,由于三相负载断开,BHJ 复原落下。三相交流电源出现断相故障时,若 B 相断电,则为 A、C 两相供电,其线电压加至电流互感器一次侧,而二次侧两电流互感器电压反向串联,互相抵消,桥式整流器无输出,使 BHJ 落下,从而断开 1DQJ 自闭电路和三相交流电动机电路,防止因断相运行而烧坏电动机。

(a)定位启动电路动作过程

● 定位启动电路继电器动作时序:

联锁发出定位操纵指令,SJ ↑—DCJ ↑—1DQJ ↑—1DQJF ↑—2DQJ 转极 ↑—DBQ 向转辙机送出 380 V 三相电源—BHJ ↑—1DQJ 的 1-2 线圈通过 BHJ 的前接点、TJ 的后接点、1DQJ 第 3 组前接点构成自闭电路。

2DQJ 转极 ↑,其反位接点断开到 BHJ ↑ 有一段时间差,期间 1DQJ 的 3-4 线圈和 1-2 线圈上均没有电,1DQJ 靠自身的缓放特性保持吸起。

道岔转换完毕,BHJ ↓—1DQJ ↓—1DQJF ↓—380 V 三相电源切断,通过 1DQJ、1DQJF 的后接点构成定位表示电路。

● 定位启动电路接通公式:

1DQJ 励磁电路:

KZ—$SJ_{22\text{-}21}$—1DQJ 线圈 3-4—$2DQJ_{141\text{-}143}$—$DCJ_{21\text{-}22}$—KF。

1DQJF 励磁电路:

KZ—1DQJF 线圈 1-4—$TJ_{33\text{-}31}$—$1DQJ_{32\text{-}31}$—KF。

2DQJ 转极电路:

KZ—$1DQJF_{31\text{-}32}$—2DQJ 线圈 3-4—$DCJ_{21\text{-}22}$—KF。

1DQJ 自闭电路:

KZ—1DQJ 线圈 1-2—$BHJ_{32\text{-}31}$—$TJ_{33\text{-}31}$—$1DQJ_{32\text{-}31}$—KF。

(b)反位启动电路动作过程

● 反位启动电路继电器动作时序：

联锁发出反位操纵指令，SJ↑—FCJ↑—1DQJ↑—1DQJF↑—2DQJ 转极↓—DBQ 向转辙机送出 380 V 三相电源—BHJ↑—1DQJ 的 1-2 线圈通过 BHJ 的前接点、TJ 的后接点、1DQJ 第 3 组前接点构成自闭电路。

2DQJ 转极↓，其定位接点断开到 BHJ↑有一段时间差，期间 1DQJ 的 3-4 线圈和 1-2 线圈上均没有电，1DQJ 靠自身的缓放特性保持吸起。

道岔转换完毕，BHJ↓—1DQJ↓—1DQJF↓—380 V 三相电源切断，通过 1DQJ、1DQJF 的后接点构成反位表示电路。

● 反位启动电路接通公式：

1DQJ 励磁电路：

KZ—$SJ_{22\text{-}21}$—1DQJ 线圈 3-4—$2DQJ_{141\text{-}142}$—$FCJ_{21\text{-}22}$—KF。

1DQJF 励磁电路：

KZ—1DQJF 线圈 1-4—$TJ_{33\text{-}31}$—$1DQJ_{32\text{-}31}$—KF。

2DQJ 转极电路：

KZ—$1DQJF_{41\text{-}42}$—2DQJ 线圈 2-1—$FCJ_{21\text{-}22}$—KF。

1DQJ 自闭电路：

KZ—1DQJ 线圈 1-2—$BHJ_{32\text{-}31}$—$TJ_{33\text{-}31}$—$1DQJ_{32\text{-}31}$—KF。

b. 转辙机动作电路

转辙机动作电路是经由 AC 380 V 供电的五线制电路，三相交流电源通过 DBQ 接入电路。利用 1DQJ 和 2DQJ 接点可实现电机的启动和改变旋转方向，1DQJ↑将三相交流电送向电机，用 2DQJ 定、反位接点来改变向电机送电的相序，从而改变电机的旋转方向。电路中转辙机动作时只经过第一牵引点的 ZYJ7，如果前机先锁闭，为此电路中还设置了续操电路，利用 1DQJ 缓放使第二牵引点的 SH6 转换到位，如图 2.37 所示。

(a)五根控制线的作用

X1 线：定、反位的启动共用线和表示共用线。

X2 线：定位启动线、定位表示线。

X3 线：反位启动线、反位表示线。

X4 线：定位表示线、反位启动线。

X5 线：定位启动线、反位表示线。

(b)定位动作电路(X1-X2-X5)接通公式

A 相—RD_1—$DBQ_{11\text{-}21}$—$1DQJ_{12\text{-}11}$—X1—HZ24 端子 1—电机线圈 U。

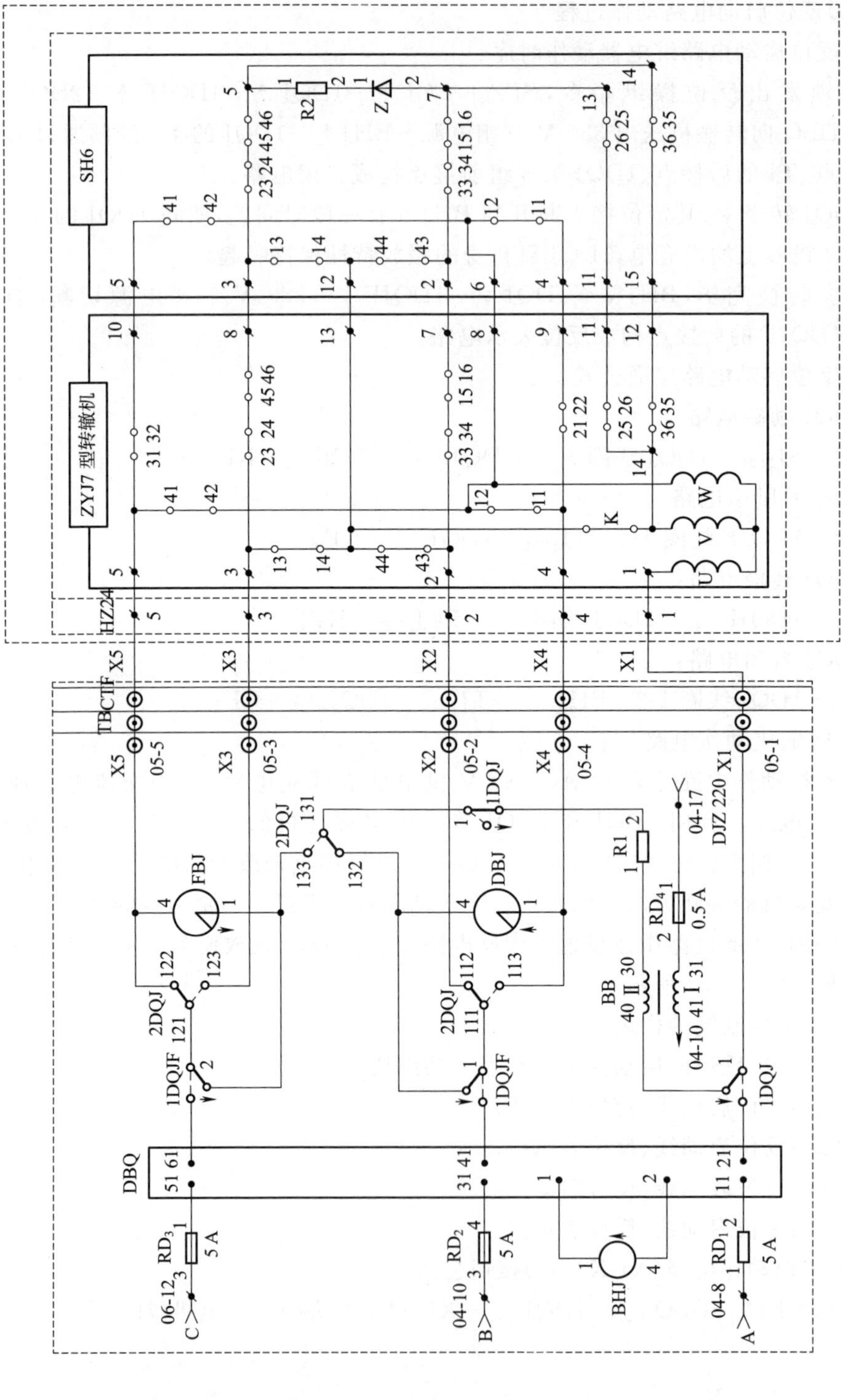

图 2.37 ZYJ7型电液转辙机动作电路

B 相—RD_2—$DBQ_{31\text{-}41}$—$1DQJF_{12\text{-}11}$—$2DQJ_{111\text{-}112}$—X2—HZ24 端子 2—43-44(前机)—K(安全接点)—电机线圈 V。

C 相—RD_1—$DBQ_{51\text{-}61}$—$1DQJF_{22\text{-}21}$—$2DQJ_{121\text{-}122}$—X5—HZ24 端子 5—41-42(前机)—电机线圈 W。

(c)定位续操电路接通公式

B 相—RD_2—$DBQ_{31\text{-}41}$—$1DQJF_{12\text{-}11}$—$2DQJ_{111\text{-}112}$—X2—HZ24 端子 2—33-34(前机)—15-16(前机)—43-44(后机)—K—电机线圈 V。

C 相—RD_3—$DBQ_{51\text{-}61}$—$1DQJF_{22\text{-}21}$—$2DQJ_{121\text{-}122}$—X5—HZ24 端子 5—31-32(前机)—41-42(后机)—电机线圈 W。

(d)反位动作电路(X1-X3-X4)接通公式

A 相—RD_1—$DBQ_{11\text{-}21}$—$1DQJ_{12\text{-}11}$—X1—HZ24 端子 1—电机线圈 U。

B 相—RD_2—$DBQ_{31\text{-}41}$—$1DQJF_{12\text{-}11}$—$2DQJ_{111\text{-}113}$—X4—HZ24 端子 4—11-12(前机)—电机线圈 W。

C 相—RD_3—$DBQ_{51\text{-}61}$—$1DQJF_{22\text{-}21}$—$2DQJ_{121\text{-}123}$—X3—HZ24 端子 3—13-14(前机)—K(安全接点)—电机线圈 V。

(e)反位续操电路接通公式

B 相—RD_2—$DBQ_{31\text{-}41}$—$1DQJF_{12\text{-}11}$—$2DQJ_{111\text{-}113}$—X4—HZ24 端子 4—21-22(前机)—11-12(后机)—电机线圈 W。

C 相—RD_3—$DBQ_{51\text{-}61}$—$1DQJF_{22\text{-}21}$—$2DQJ_{121\text{-}123}$—X3—HZ24 端子 3—23-24(前机)—45-46(前机)—13-14(后机)—K—电机线圈 V。

c. 转辙机表示电路

交流控制电路的表示电路和直流控制的有较大区别,是表示继电器与二极管并联构成的半波整流电路。

道岔转换完成后,BHJ↓—1DQJ↓—1DQJF↓—380 V 三相电源切断,通过 1DQJ、1DQJF 的后接点构成表示电路。表示电路由表示变压器、继电器、电阻、整流二极管和转辙机内的接点组成。

以定位表示为例,工作原理:当正弦交流电源为正半周时,DBJ↑,与 DBJ 线圈并联的另一条支路,因整流二极管反向截止,故电流基本为零。当正弦交流电源为负半周时,在 DBJ 和整流堆这两条支路中,整流二极管呈正向导通状态,其支路的阻抗要比 DBJ 支路的阻抗小得多,电流绝大部分经整流堆支路流过,由于 DBJ 是感性负载,表示继电器线圈电压下降过程中有反电势,阻止其电压下降,所以通过继电器线圈的电流不是典型的半波,而是一个波动的直流,因而能保证 DBJ 可靠吸起,如图 2.37 所示。

(a)定位表示电路(X1-X2-X4)接通公式

继电器支路：

BB端子40—$1DQJ_{13\text{-}11}$—X1—HZ24端子1—电机线圈U—电机线圈W—12-11(前机)—HZ24端子4—X4—DBJ线圈1-4—$2DQJ_{132\text{-}131}$—$1DQJ_{21\text{-}23}$—R1端子2-1—BB端子30。

二极管支路：

BB端子40—$1DQJ_{13\text{-}11}$—X1—HZ24端子1—电机线圈U—电机线圈V—35-36(前机)—36-35(后机)—R2端子1-2—二极管端子1-2—16-15(后机)—34-33(后机)—16-15(前机)—34-33(前机)—HZ24端子2—X2—$2DQJ_{112\text{-}111}$—$1DQJF_{11\text{-}13}$—$2DQJ_{132\text{-}131}$—$1DQJ_{21\text{-}23}$—R1端子2-1—BB端子30。

(b)反位表示电路(X1-X3-X5)接通公式

继电器支路：

BB端子40—$1DQJ_{13\text{-}11}$—X1—HZ24端子1—电机线圈U—电机线圈W—42-41(前机)—HZ24端子5—X5—FBJ线圈4-1—$2DQJ_{133\text{-}131}$—$1DQJ_{21\text{-}23}$—R1端子2-1—BB端子30。

二极管支路：

BB端子40—$1DQJ_{13\text{-}11}$—X1—HZ24端子1—电机线圈U—电机线圈V—25-26(前机)—26-25(后机)—二极管端子2-1—R2端子2-1—46-45(后机)—24-23(后机)—46-45(前机)—24-23(前机)—HZ24端子3—X3—$2DQJ_{123\text{-}121}$—$1DQJF_{21\text{-}23}$—$2DQJ_{133\text{-}131}$—$1DQJ_{21\text{-}23}$—R1端子2-1—BB端子30。

2. ZDJ9型电动转辙机

ZD(J)9系列电动转辙机是一种能适应交、直流电源的新型转辙机。它有着安全可靠的机内锁闭功能，因此既可适用于联动内锁道岔，又可适用于分动外锁道岔，既适用于单点牵引，又适用于多点牵引，安装时，既能角钢安装，又能托板安装。(以下以ZDJ9型为例进行讲述)。

(1)ZDJ9型转辙机结构

转辙机主要由电动机、减速器、摩擦联结器、滚珠丝杠、推板套、动作板、锁块、锁闭铁、接点座组成、动作杆、锁闭(表示)杆等零部件组成，结构采用模块化设计，便于维护和维修。

(2)基本工作原理

① 电动机接通电源后，电机上的小齿轮通过齿轮箱中的传动齿轮进行两级减速，把动力传递到摩擦联结器的齿轮上。

② 通过摩擦联结器中的内外摩擦片的摩擦作用，齿轮的旋转运动传递到滚珠丝杠上。滚珠丝杠把传动齿轮的旋转运动转换成与丝杠联结的推板套的水平直线运动。

③ 推板套水平直线运动，推动安装在动作杆上的锁块，在锁闭铁的辅助下使动作杆水平运动，完成道岔的锁闭功能。

ZDJ9 型转辙机有着安全可靠的内锁闭功能，在两个终点位置时锁块在推板套和锁闭铁的共同作用下实现转辙机对道岔的锁闭。

④ 挤脱及挤岔表示工作原理：

ZDJ9-B 和 D 型转辙机为可挤机型。

挤岔时，当挤脱器中的锁闭铁在动作杆上的锁块作用下，脱开挤脱柱，在锁闭铁上的凹槽推动水平顶杆，水平顶杆推动竖顶杆，竖顶杆推动动接点支架，从而切断表示，非经人工恢复锁闭铁，不可能再接通表示。

ZDJ9-A 和 C 型为两点牵引道岔第一牵引点用的不可挤型转辙机，故没有挤脱器，道岔的挤岔表示由 ZDJ9-B 和 D 型转辙机给出。

ZDJ9-B 和 D 型为两点牵引道岔第二牵引点用的转辙机，表示杆有检查尖轨密贴和挤岔断表示的功能。

⑤ ZDJ9 型交流电动转辙机主要技术参数见表 2.5。

表 2.5 ZDJ9 型交流电动转辙机主要技术参数

型号	ZDJ9-A220/2.5k ZDJ9-C220/2.5k	ZDJ9-B150/4.5k ZDJ9-D150/4.5k	型号	ZDJ9-A220/2.5k ZDJ9-C220/2.5k	ZDJ9-B150/4.5k ZDJ9-D150/4.5k
电源电压 AC 三相(V)	380	380	单线电阻(Ω)	≤54	≤54
额定转换力(kN)	2.5	4.5	挤脱力±2(kN)	—	28
动作杆动程(mm)	220	150	摩擦力±10%(kN)	3.8	6.8
锁闭杆动程(mm)	160	75	重量(kg)	182	177
工作电流(A)	≤2.0	≤2.0	适用范围	双机牵引第一牵引点，不可挤，双杆内锁	双机牵引第二牵引点，可挤，单杆内锁
动作时间(s)	≤5.8	≤5.8			

⑥ ZDJ9 型转辙机启动电路工作原理：

以定位第一、三排接点闭合为例，转辙机由定位向反位动作(反操)，道岔启动电路采用分级控制方式控制道岔转换，由第一启动继电器(1DQJ)检查联锁条件，符合要求后才能接通励磁电路，然后由第二启动继电器(2DQJ)控制交流电机的转换方向，以决定将道岔转向定位或反位，启动电路如图 2.38 所示，具体分析如下：

a. 定位启动电路接通公式

前机 1DQJ 励磁电路：

$KZ—SJ_{22\text{-}21}—1DQJ$ 线圈 3-4$—2DQJ_{141\text{-}143}—DCJ_{21\text{-}22}—KF$。

后机 1DQJ 励磁电路：

$KZ—SJ_{22\text{-}21}—1DQJ_{41\text{-}42}—1DQJ$ 线圈 3-4$—2DQJ_{141\text{-}143}—DCJ_{21\text{-}22}—KF$。

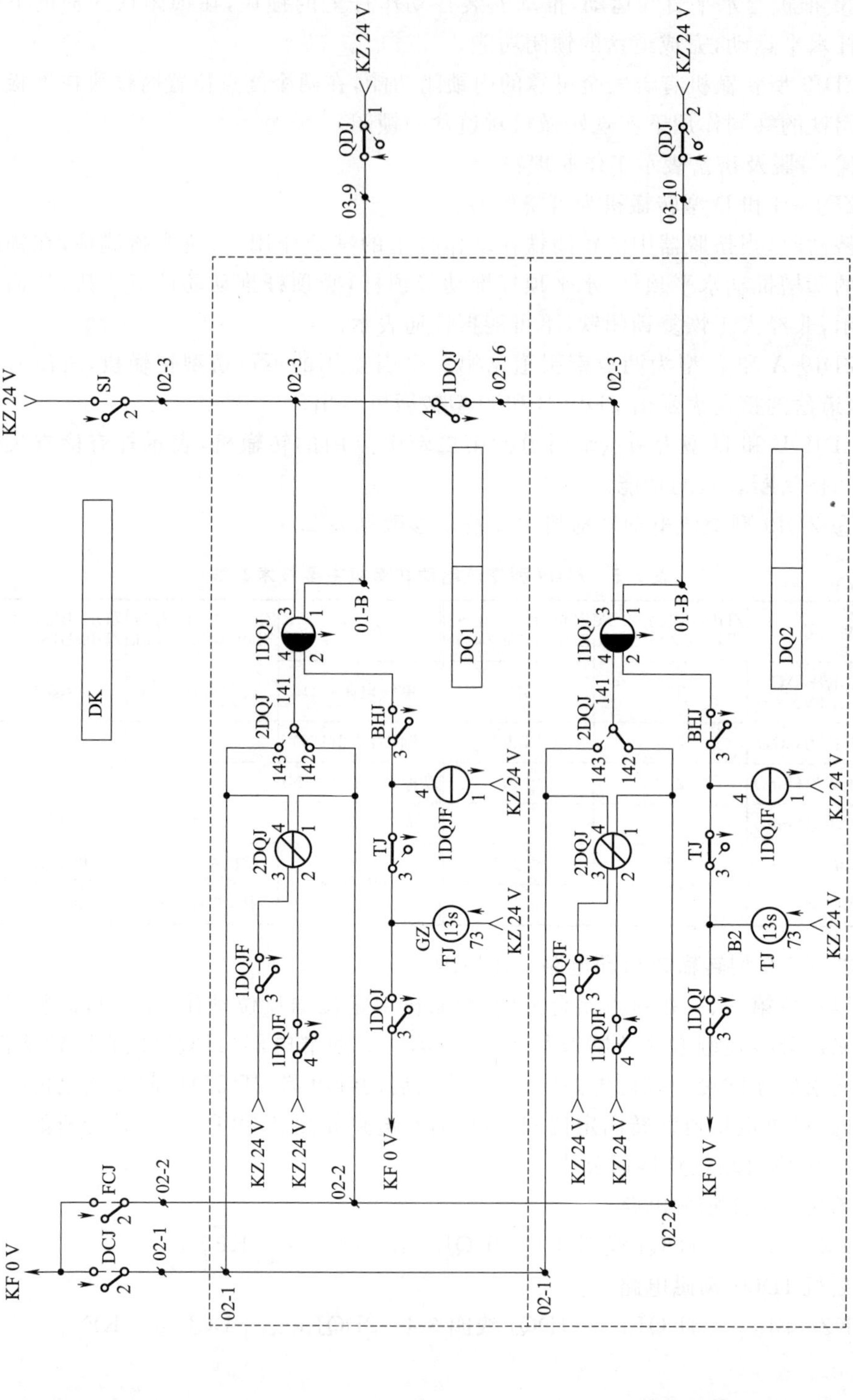

图 2.38　ZDJ9型转辙机双机启动电路

1DQJF 励磁电路(前后机相同)：

KZ—1DQJF 线圈 1-4—$TJ_{33\text{-}31}$—$1DQJ_{32\text{-}31}$—KF。

2DQJ 转极电路(前后机相同)：

KZ—$1DQJF_{31\text{-}32}$—2DQJ 线圈 3-4—$DCJ_{21\text{-}22}$—KF。

前机 1DQJ 自闭电路：

KZ—$QDJ_{11\text{-}12}$—1DQJ 线圈 1-2—$BHJ_{32\text{-}31}$—$TJ_{33\text{-}31}$—$1DQJ_{32\text{-}31}$—KF。

后机 1DQJ 自闭电路：

KZ—$QDJ_{21\text{-}22}$—1DQJ 线圈 1-2—$BHJ_{32\text{-}31}$—$TJ_{33\text{-}31}$—$1DQJ_{32\text{-}31}$—KF。

b. 反位启动电路接通公式

前机 1DQJ 励磁电路：

KZ—$SJ_{22\text{-}21}$—1DQJ 线圈 3-4—$2DQJ_{141\text{-}142}$—$FCJ_{21\text{-}22}$—KF。

后机 1DQJ 励磁电路：

KZ—$SJ_{22\text{-}21}$—$1DQJ_{41\text{-}42}$—1DQJ 线圈 3-4—$2DQJ_{141\text{-}142}$—$FCJ_{21\text{-}22}$—KF。

1DQJF 励磁电路(前后机相同)：

KZ—1DQJF 线圈 1-4—$TJ_{33\text{-}31}$—$1DQJ_{32\text{-}31}$—KF。

2DQJ 转极电路(前后机相同)：

KZ—$1DQJF_{41\text{-}42}$—2DQJ 线圈 2-1—$FCJ_{21\text{-}22}$—KF。

前机 1DQJ 自闭电路：

KZ—$QDJ_{11\text{-}12}$—1DQJ 线圈 1-2—$BHJ_{32\text{-}31}$—$TJ_{33\text{-}31}$—$1DQJ_{32\text{-}31}$—KF。

后机 1DQJ 自闭电路：

KZ—$QDJ_{21\text{-}22}$—1DQJ 线圈 1-2—$BHJ_{32\text{-}31}$—$TJ_{33\text{-}31}$—$1DQJ_{32\text{-}31}$—KF。

⑦切断继电器(QDJ)工作原理如图 2.39 所示。

切断继电器(QDJ)用于道岔启动时，如其中一台转辙机 BHJ 未吸起，通过 QDJ 切断另一台转辙机的 1DQJ 自闭电路，起到保护电机的作用。

ZBHJ 励磁电路：

KZ—ZBHJ 线圈 1-2—后机 $BHJ_{62\text{-}61}$—前机 $BHJ_{62\text{-}61}$—KF。

ZBHJ 自闭电路：

KZ—$ZBHJ_{12\text{-}11}$—ZBHJ 线圈 3-4—后机 $BHJ_{52\text{-}51}$—KF。

KZ—$ZBHJ_{12\text{-}11}$—ZBHJ 线圈 3-4—前机 $BHJ_{52\text{-}51}$—KF。

QDJ 励磁电路：

KZ—QDJ 线圈 1-2—后机 $BHJ_{43\text{-}41}$—前机 $BHJ_{43\text{-}41}$—KF。

KZ—QDJ 线圈 1-2—$ZBHJ_{62\text{-}61}$—KF。

电容 C+—QDJ 线圈 1-2—电阻 R 端子 2-1—电容 C−。

为克服 BHJ 和 ZBHJ 在吸起时产生的时间差，通过阻容元件对 QDJ 进行放

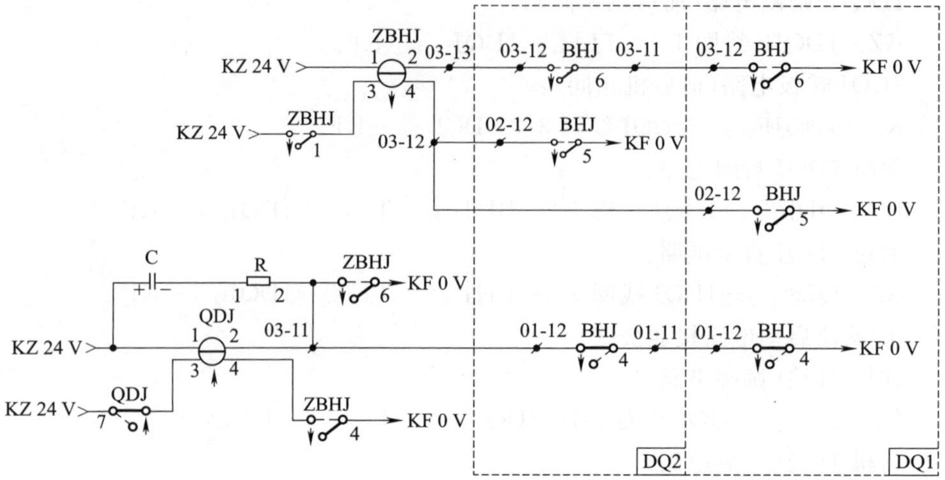

图 2.39 QDJ 工作原理

电，保证 QDJ 处于常吸状态。

QDJ 自闭电路：

KZ—$QDJ_{71\text{-}72}$—QDJ 线圈 3-4—$ZBHJ_{42\text{-}41}$—KF。

⑧ ZDJ9 型转辙机动作电路工作原理如图 2.40 所示。

a. 五根控制线的作用

X1 线：定、反位的启动共用线和表示共用线。

X2 线：定位启动线、定位表示线。

X3 线：反位启动线、反位表示线。

X4 线：定位表示线、反位启动线。

X5 线：定位启动线、反位表示线。

b. 定位动作电路(X1-X2-X5)接通公式

A 相—RD_1—$DBQ_{11\text{-}21}$—$1DQJ_{12\text{-}11}$—X1—HZ24 端子 1—电机线圈 U。

B 相—RD_2—$DBQ_{31\text{-}41}$—$1DQJF_{12\text{-}11}$—$2DQJ_{111\text{-}112}$—X2—HZ24 端子 2—43-44—K(安全接点)—电机线圈 V。

C 相—RD_3—$DBQ_{51\text{-}61}$—$1DQJF_{22\text{-}21}$—$2DQJ_{121\text{-}122}$—X5—HZ24 端子 5—41-42—电机线圈 W。

c. 反位动作电路(X1-X3-X4)接通公式

A 相—RD_1—$DBQ_{11\text{-}21}$—$1DQJ_{12\text{-}11}$—X1—HZ24 端子 1—电机线圈 U。

B 相—RD_2—$DBQ_{31\text{-}41}$—$1DQJF_{12\text{-}11}$—$2DQJ_{111\text{-}113}$—X4—HZ24 端子 4—11-12—电机线圈 W。

C 相—RD_3—$DBQ_{51\text{-}61}$—$1DQJF_{22\text{-}21}$—$2DQJ_{121\text{-}123}$—X3—HZ24 端子 3—13-14—K

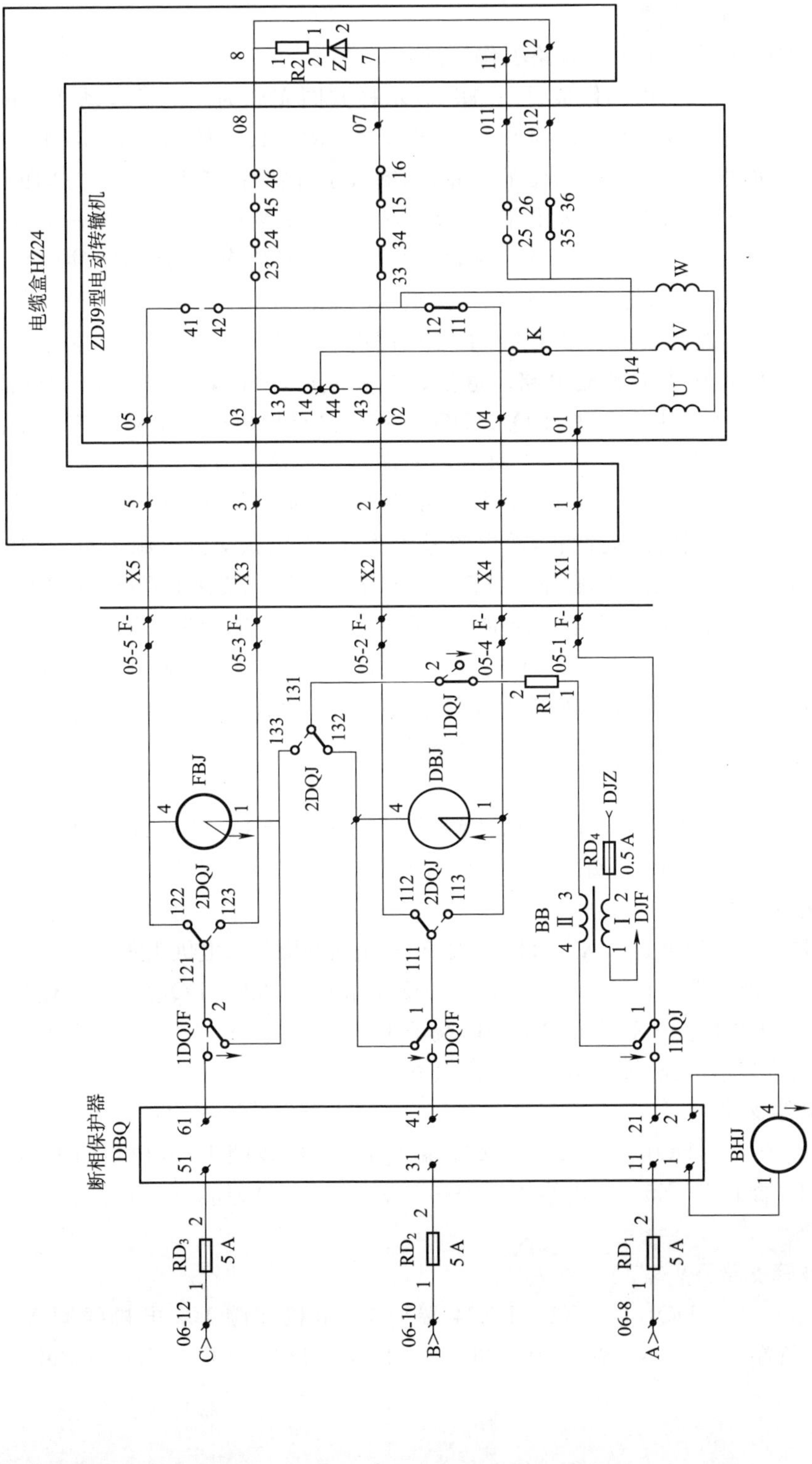

图 2.40　ZDJ9 型电动转辙机动作电路

(安全接点)—电机线圈 V。

⑨ ZDJ9 型转辙机表示电路工作原理：

转辙机表示功能由动作板、接点座、表示杆共同完成的。推板套动作的同时，安装在推板套上的动作板随着推板套一起运动。动作板开始运动后，动作板滑动面一端的斜面推动与启动片联结的滚轮，切断表示，同时接通下一转换方向的动作接点；当动作到位时，滚轮从动作板滑动面落下，动作接点断开，同时表示接点接通，给出道岔表示。在这一过程中，滚轮通过左右支架的作用，使锁闭柱(检查柱)抬起或落入锁闭(表示杆)槽内，达到检测道岔状态的作用。

交流控制电路的表示电路和直流控制电路的表示电路有较大区别，表示继电器与二极管并联构成半波整流电路。道岔转换完成后，BHJ↓—1DQJ↓—1DQJF↓—380 V 三相电源切断，通过 1DQJ、1DQJF 的后接点构成表示电路。表示电路由表示变压器、继电器、电阻、整流二极管和转辙机内的接点组成。

以定位表示为例，当正弦交流电源为正半周时，DBJ↑，与 DBJ 线圈并联的另一条支路，因整流二极管反向截止，故电流基本为零；当正弦交流电源为负半周时，在 DBJ 和整流堆这两条支路中，整流二极管呈正向导通状态，其支路的阻抗要比 DBJ 支路的阻抗小得多，电流绝大部分经整流堆支路流过，由于 DBJ 是感性负载，表示继电器线圈电压下降过程中有反电势，阻止其电压下降，所以通过继电器线圈的电流不是典型的半波，而是一个波动的直流，因而能保证 DBJ 可靠吸起，如图 2.40 所示。

a. 定位表示电路(X1-X2-X4)接通公式

继电器支路：

BB 端子 4—$1DQJ_{13\text{-}11}$—X1—HZ24 端子 1—电机线圈 U—电机线圈 W—12-11—HZ24 端子 4—X4—DBJ 线圈 1-4—$2DQJ_{132\text{-}131}$—$1DQJ_{21\text{-}23}$—R1 端子 2-1—BB 端子 3。

二极管支路：

BB 端子 4—$1DQJ_{13\text{-}11}$—X1—HZ24 端子 1—电机线圈 U—电机线圈 V—35-36—R2 端子 1-2—二极管端子 1-2—16-15—34-33—HZ24 端子 2—X2—$2DQJ_{112\text{-}111}$—$1DQJF_{11\text{-}13}$—$2DQJ_{132\text{-}131}$—$1DQJ_{21\text{-}23}$—R1 端子 2-1—BB 端子 3。

b. 反位表示电路(X1-X3-X5)接通公式

继电器支路：

BB 端子 4—$1DQJ_{13\text{-}11}$—X1—HZ24 端子 1—电机线圈 U—电机线圈 W—42-41—HZ24 端子 5—X5—FBJ 线圈 4-1—$2DQJ_{133\text{-}131}$—$1DQJ_{21\text{-}23}$—R1 端子 2-1—BB 端子 3。

二极管支路：

BB 端子 4—$1DQJ_{13\text{-}11}$—X1—HZ24 端子 1—电机线圈 U—电机线圈 V—25-26—二极管端子 2-1—R2 端子 2-1—46-45—24-23—HZ24 端子 3—X3—$2DQJ_{123\text{-}121}$—

$1DQJF_{21\text{-}23}$—$2DQJ_{133\text{-}131}$—$1DQJ_{21\text{-}23}$—R1 端子 2-1—BB 端子 3。

3. S700K 型电动转辙机

(1)S700K 型电动转辙机的主要特点

① 采用交流三相电动机,不仅从根本上解决了原直流电动转辙机必须设置整流子而引起的故障率高、使用寿命短、维修量大的不足,而且减小了控制导线截面,延长了控制距离。

② 采用直径 32 mm 的滚珠丝杠作为驱动装置,延长了转辙机的使用寿命。

③ 采用具有簧式挤脱装置的保持联结器,并选用了不可挤型零件,从根本上解决了由于挤切销劳损造成的惯性故障。

④ 采用多片干式可调摩擦联结器,经工厂调整加封,使用中无须再调整。

(2)S700K 型电动转辙机结构

S700K 电动转辙机结构如图 2.41 所示。

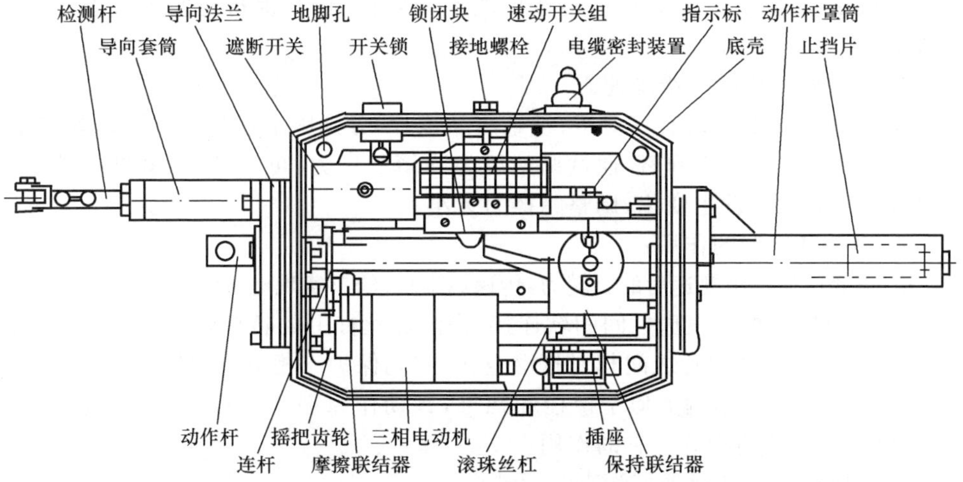

图 2.41　S700K 型电动转辙机结构

① 外壳部分主要由铸铁底壳、动作杆罩筒、导向套筒、导向法兰等四个部分组成。

② 动力传动机构主要由三相电动机、摇把齿轮、摩擦联结器、滚珠丝杠、保持联结器、动作杆等六个部分组成。

③ 检测机构主要由检测杆、叉形接头铁、速动开关组、锁闭块、锁舌、指示标等组成。

④ 安全装置组有开关锁、遮断开关、连杆、摇把孔挡板等组成。

(3)传动机构动作原理

电机转动→减速器齿轮组转动→摩擦联结器传递→滚珠丝杠转动→滚珠丝杠

上的螺母移动→操纵板的斜面将锁舌顶回(切断表示电路,构成返回时的动作电路)→锁闭块缩进(转辙机解锁)→保持联结器及动作杆移动→锁闭杆→道岔转换→带动尖轨或心轨→外表示杆移动→检测杆(机内表示杆)移动→到位后锁闭块弹出锁闭道岔→给出该道岔新的位置表示。

电动转辙机的动作大致可分为三个过程:第一为解锁过程(先断开表示,后机械解锁);第二为转换过程;第三为锁闭道岔及接通表示接点的过程(先机械锁闭,后接通表示电路)。

(4)S700K 型电动转辙机主要部件的功能与作用

① 三相电动机的三个绕组成星形接法,每相引出线均为单根多股软线。

② 齿轮组由电机齿轮、中间齿轮及摩擦联结器齿轮组成。它的作用:

a. 将电机的旋转的驱动力传递到摩擦联结器上;

b. 将电机的高速旋转降速,使旋转驱动力增大;

c. 改变减速比,以适应动程转辙机的不同转换时间,保持道岔各牵引点的同步动作;

d. 完成转辙机的一级降速。

③ 摩擦联结器内装有三对主、被金属摩擦片,分别固定在外壳和滚珠丝杠上,摩擦片的端面有一压力弹簧,通过调整压力弹簧的压力,可以使主、被摩擦片之间的摩擦结合力大小发生变化,调整摩擦力大小。

④ 摩擦联结器的作用:

a. 将变速齿轮组变速后的旋转力,传递给滚珠丝杠,实现电机的动力正常输出;

b. 实现齿轮组与滚珠杠间的软连接,当滚珠丝杠上的转换阻力大于摩擦联结器结合力时,主被摩擦片之间相对打滑空转,起到保护三相电机的作用。

⑤ 滚珠丝杠的结构类似于螺栓和螺母,其动作原理为:当滚珠丝杠旋转一圈时,螺母变化一牙的距离。它的作用:

a. 将电机的旋转运动变为直线运动;

b. 起到二级减速作用,其减速比取决于丝杠的牙距。

滚珠丝杠没有自锁作用,遇故障不能到位时,能自动退回。

在滚珠丝杠外套有推板套,推动动作杆上的锁块,进而在锁闭铁的作用下,完成转辙机的解锁、转换和锁闭动程。

(5)S700K 型电动转辙机电路原理

S700K 型电动转辙机电路原理同 ZDJ9。

4. ZD6 型电动转辙机

(1)ZD6 型电动转辙机的主要部件及其作用

ZD6 型电动转辙机结构如图 2.42 所示。

① 电动机:为转辙机提供动力,采用直流串激电动机。

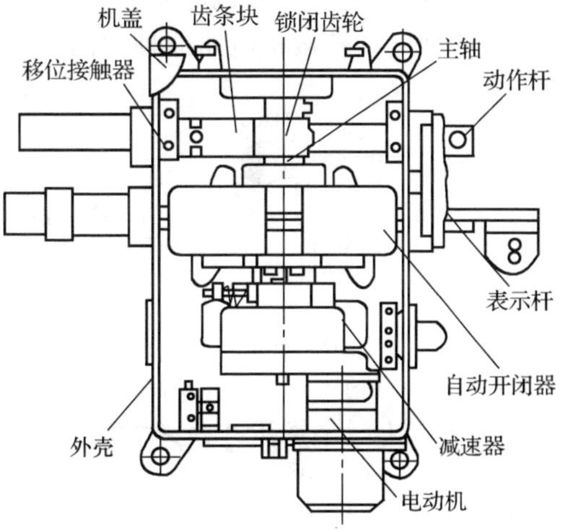

图 2.42　ZD6 型电动转辙机结构

② 减速器：降低转速以换取足够的转矩，并完成传动。由第一级齿轮、第二级行星传动式减速器组成。

③ 摩擦联结器：用弹簧和摩擦制动板组成输出轴与主轴之间的摩擦连接，以防止尖轨受阻时损坏机件。

④ 主轴：由输出轴通过启动片带动旋转，主轴上安装锁闭齿轮、由锁闭齿轮和齿条块相互动作，将转动运动变为平动运动，通过动作杆带动尖轨运动，并完成锁闭作用。

⑤ 动作杆：与齿条块之间用挤切削相连，正常动作时，齿条块带动动作杆，挤岔时，挤切削折断，动作杆与齿条块分离，避免机件损坏。

⑥ 表示杆：由前后表示杆以及两个检查块组成。随着尖轨移动，只有当尖轨密贴且锁闭后，自动开闭器的检查柱才能落入表示杆的缺口之中，接通表示电路。挤岔时，表示杆被推动，顶起检查柱，从而断开表示电路。

⑦ 移位接触器：监督挤切削的受损状态，道岔被挤或挤切削折断时，断开道岔表示电路。

⑧ 自动开闭器：由动静接点、速动爪、检查柱组成，用来表示道岔尖轨所在的位置。

⑨ 安全接点（遮断开关）：用来保证维修安全。

⑩ 外壳：固定各部件，防止内部器件受机械损坏和雨水、尘土等的侵入。

（2）ZD6 型电动转辙机整体动作过程（解锁→转换→锁闭）

① 电动机得电旋转。

② 电动机通过齿轮带动减速器。

③ 输出轴通过启动片带动主轴。

④ 锁闭齿轮随主轴逆时针方向旋转。

⑤ 拨动齿条块，使动作杆带动道岔尖轨运动。

⑥ 转换过程中，通过自动开闭器的接点完成表示。

为了满足现场重型钢轨和大号道岔的大量上道，额定负载 2 450 N 的 ZD6-A 型转辙机已不能满足要求，于是产生了其他型号的转辙机。其中 A、D、F 型可以单机使用，E、J 型配套双机使用。

(3)ZD6 型电动转辙机电路原理

ZD6 型电动转辙机电路原理如图 2.43 所示。

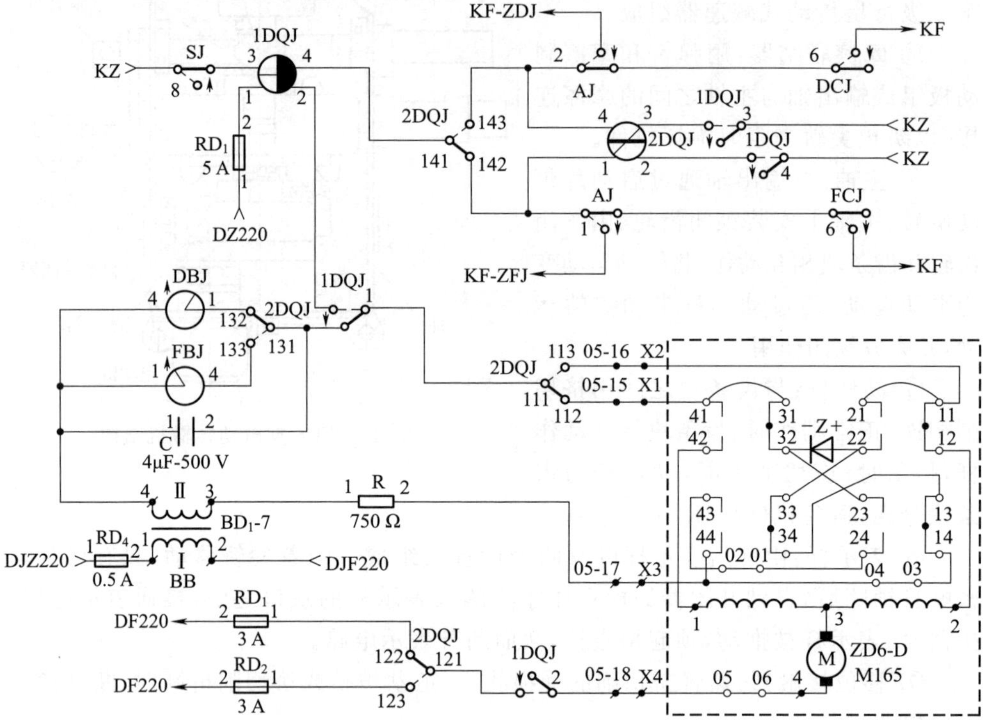

图 2.43 ZD6 型电动转辙机电路原理

① 定位至反位时电路动作顺序：

1DQJ ↑ →2DQJ 转极→电机转动→ZDQJ 自闭→转换到位→1DQJ ↓ →FBJ ↑

② 重点说明：

a. 1DQJ 自闭线圈为 1-2 线圈，为电流型，当经过大电流时方能保持自闭。

b. 在 2DQJ 转极过程中，1DQJ 由于缓放 0.45 s 的原因能保持吸起。

(3)六线制道岔控制电路工作原理

道岔控制电路由动作电动转辙机的启动电路和反映道岔实际位置的表示电路组成。道岔启动电路采用分级控制方式控制道岔转换，由第一启动继电器（1DQJ）检查联锁条件，符合要求后才能励磁吸起；然后由第二启动继电器（2DQJ）控制直流电机的旋转方向，以决定使电机转向定位或反位；A、B 机同时启动转换到位后，构通道岔表示电路，反映道岔的开通位置，如图 2.44 所示。

5. 道岔的启动顺序

A（前机）、B（B 机）同时启动转换到位锁闭后，沟通道岔表示电路。道岔的 A、

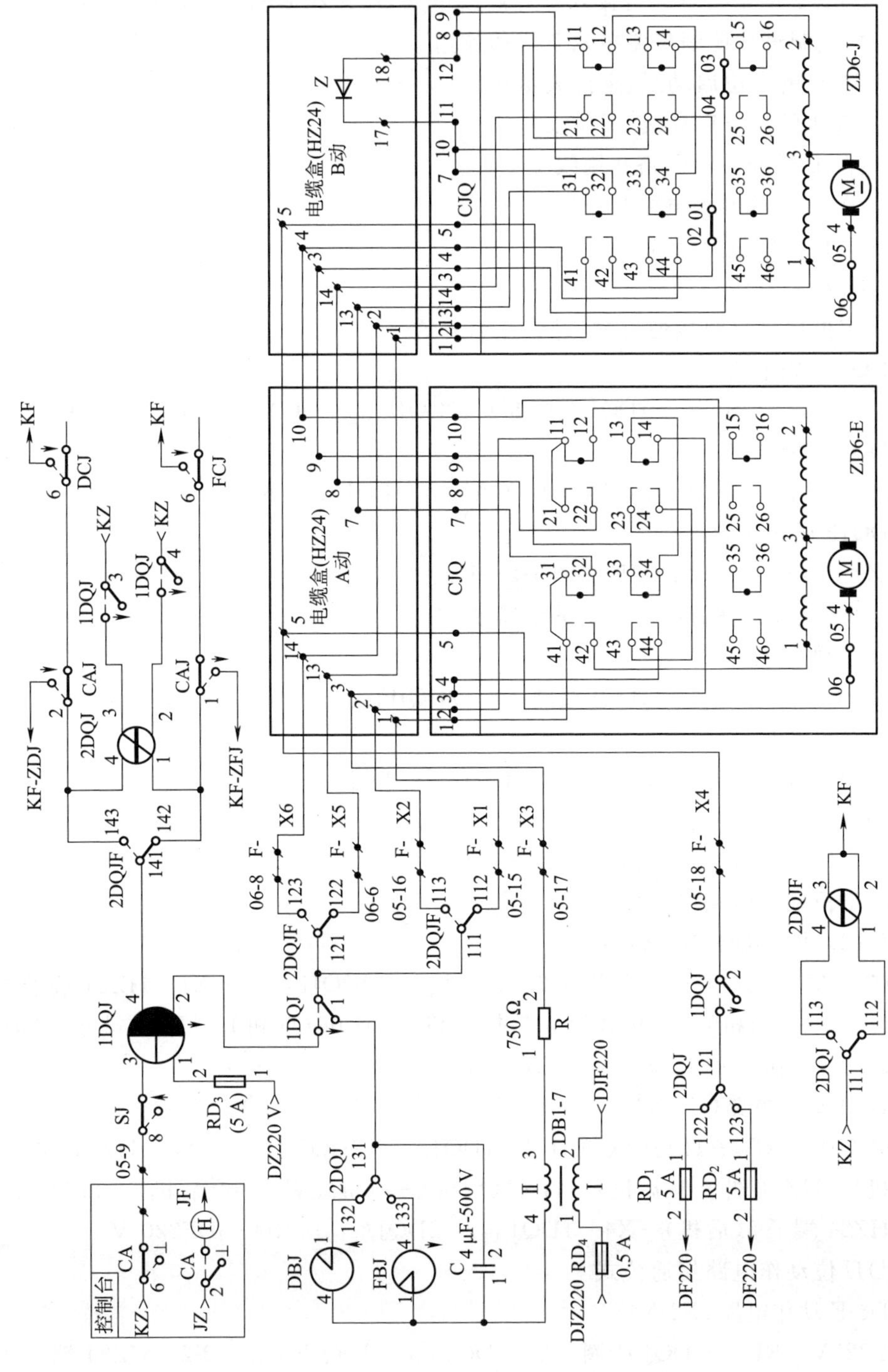

图 2.44　六线制双机单动道岔控制电路

B 机由 2DQJF 两组接点并行接入室外启动电路，A 机和 B 机同时启动。

6. 六线制道岔控制电路中六条线的作用

X1：A 机的定位启动线、定位表示线。

X2：A 机的反位启动线、反位表示线。

X3：A、B 机的表示电路共用线。

X4：A、B 机的启动电路共用线。

X5：B 机的定位启动线。

X6：B 机的反位启动线。

(1)定位启动电路接通公式(进路操纵方式)

1DQJ 励磁电路：

KZ—$CA_{61\text{-}63}$—$SJ_{81\text{-}82}$—1DQJ 线圈 3-4—$2DQJF_{141\text{-}143}$—$CAJ_{21\text{-}23}$—$DCJ_{61\text{-}62}$—KF。

2DQJ 转极电路：

KZ—$1DQJ_{31\text{-}32}$—2DQJ 线圈 3-4—$CAJ_{21\text{-}23}$—$DCJ_{61\text{-}62}$—KF。

2DQJF 转极电路：

KZ—$2DQJ_{111\text{-}112}$—2DQJF 线圈 1-2—KF。

(2)反位启动电路接通公式(进路操纵方式)

1DQJ 励磁电路：

KZ—$CA_{61\text{-}63}$—$SJ_{81\text{-}82}$—1DQJ 线圈 3-4—$2DQJF_{141\text{-}142}$—$CAJ_{11\text{-}13}$—$FCJ_{61\text{-}62}$—KF。

2DQJ 转极电路：

KZ—$1DQJ_{41\text{-}42}$—2DQJ 线圈 2-1—$CAJ_{11\text{-}13}$—$FCJ_{61\text{-}62}$—KF。

2DQJF 励磁电路：

KZ—$2DQJ_{111\text{-}113}$—2DQJF 线圈 4-3—KF。

(3)定位动作电路接通公式

ZD6-E 动作电路(X1-X4)：

DZ220V—RD_3—1DQJ 线圈 1-2—$1DQJ_{12\text{-}11}$—$2DQJF_{111\text{-}112}$—X1—HZ24 端子 1(前机)—41-42(前机)—电机线圈 1-3-4(前机)—05-06(前机)—HZ24 端子 5(前机)—X4—$1DQJ_{21\text{-}22}$—$2DQJ_{121\text{-}122}$—RD_1—DF220 V。

ZD6-J 动作电路(X5-X4)：

DZ220V—RD_3—1DQJ 线圈 1-2—$1DQJ_{12\text{-}11}$—$2DQJF_{121\text{-}122}$—X5—HZ24 端子 13(前机)—HZ24 端子 1(后机)—41-42(后机)—电机线圈 1-3-4(后机)—05-06(后机)—HZ24 端子 5(后机)—X4—$1DQJ_{21\text{-}22}$—$2DQJ_{121\text{-}122}$—RD_1—DF220 V。

(4)反位动作电路接通公式

ZD6-E 动作电路(X2-X4)：

DZ220V—RD_3—1DQJ 线圈 1-2—$1DQJ_{12\text{-}11}$—$2DQJF_{111\text{-}113}$—X2—HZ24 端子 2

(前机)—11-12(前机)—电机线圈 2-3-4(前机)—05-06(前机)—HZ24 端子 5(前机)—X4—$1DQJ_{21-22}$—$2DQJ_{121-122}$—RD_1—DF220 V。

ZD6-J 动作电路(X6-X4):

DZ220V—RD_3—1DQJ 线圈 1-2—$1DQJ_{12-11}$—$2DQJF_{121-123}$—X6—HZ24 端子 14(前机)—HZ24 端子 2(后机)—11-12(后机)—电机线圈 2-3-4(后机)—05-06(后机)—HZ24 端子 5(后机)—X4—$1DQJ_{21-22}$—$2DQJ_{121-122}$—RD_1—DF220 V。

(5)定位表示电路接通公式(X1-X3)

DB1-7 端子 3—R 端子 1-2—X3—HZ24 端子 3(前机)—14-13(前机)—34-33(前机)—HZ24 端子 9(前机)—HZ24 端子 3(后机)—04-03—14-13(后机)—34-33(后机)—Z18—Z17—32-31(后机)—HZ24 端子 13(后机)—HZ24 端子 7(前机)—32-31(前机)—41(前机)—HZ24 端子 1(前机)—X1—$2DQJF_{112-111}$—$1DQJ_{11-13}$—$2DQJ_{131-132}$—DBJ 线圈 1-4—DB1-7 端子 4。

(6)反位表示电路接通公式(X2-X3)

DB1-7 端子 4—FBJ 线圈 1-4—$2DQJ_{133-131}$—$1DQJ_{13-11}$—$2DQJF_{111-113}$—X2—HZ24 端子 2(前机)—11(前机)—21-22(前机)—HZ24 端子 8(前机)—HZ24 端子 14(后机)—21-22(后机)—Z18—Z17—23-24(后机)—01-02—43-44(后机)—HZ24 端子 4(后机)—HZ24 端子 10(前机)—23-24(前机)—43-44(前机)—HZ24 端子 3(前机)—X3—R2-1—DB1-7 端子 3。

2.5 计轴设备

2.5.1 计轴设备概述

计轴设备是一种位于轨道旁的设备,对通过它所在位置的列车轮轴进行计数。计轴设备是一种用来替代轨道电路的列车占用检测设备。

在装备 CBTC 系统的线路上,每个区间(两个站之间)划分为若干个闭塞区段。在每个闭塞区段的始端和终端都安装计轴检测设备(车轮传感器 ZP),目的是检测每个区段的占用、出清情况,其功能与轨道电路相似。计轴设备仅能检测该区段是否被车占用,不能够给出列车具体位置。计轴设备与联锁设备相连接,为进路排列提供基础信息。

如图 2.45 所示,计轴设备工作原理为通过列车车轮切割磁头(车轮传感器)磁力线产生电压值的变化来计数,数据由轨旁设备发送给室内计轴设备进行运算并将结果送至联锁设备。

计轴磁头由接收端和发送端组成,它们安装在同一根钢轨上并产生不同频率的两

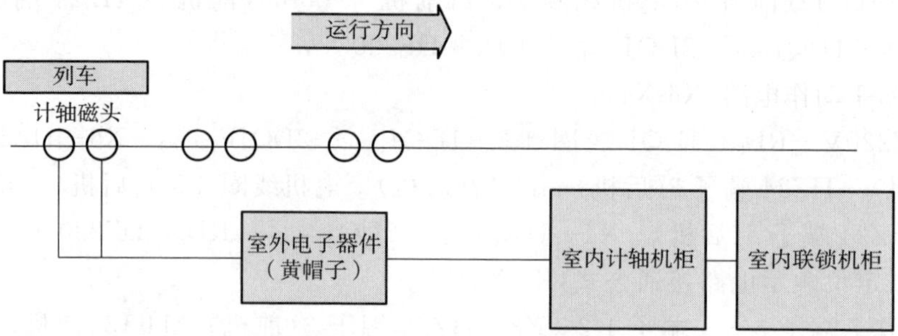

图 2.45 计轴设备工作原理

种信号，在钢轨附近形成磁场。利用这些装置就可以在计轴系统中确定是否通过轮轴以及轮轴的行驶方向。基于可靠性原因，磁头中除线圈外不存在其他电子部件。

2.5.2 泰雷兹计轴器

1. 工作原理

泰雷兹计轴器的检测是通过置于轨旁的两个车轮传感器之间的磁场干扰来实现的。泰雷兹计轴器通常用两个并排紧靠的圆来表示，这是因为泰雷兹计轴器物理形状就是类似的图形，是并排紧靠安装在轮轨旁的两个圆盘，如图 2.46 所示。

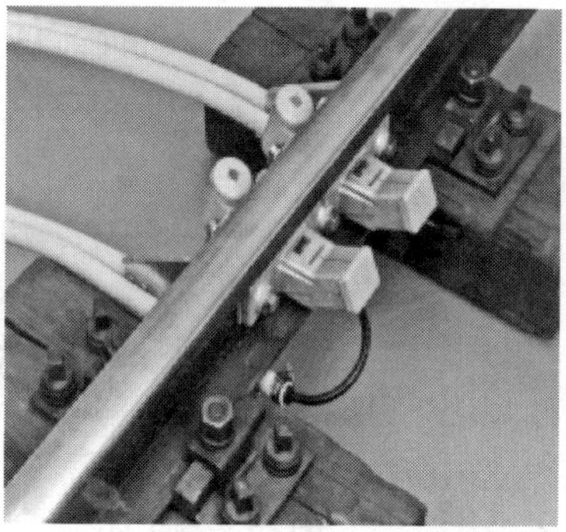

图 2.46 泰雷兹计轴器外形

计轴磁头通过物体对切割磁力产生的效果，来取得线路信息。对通过它所在位置的轮轴进行计数，计轴器还通过轮轴数的正负符号来指出轮轴通过的方向。如图 2.47 所示的 sk1 和 sk2 对应一个计轴点并列的两个磁头，两个磁头对切割磁力线的信息反馈相差 1/4 相位，室内主机通过对相位的检测来实现对轮对计数及确定行驶方向。最终将占用/空闲/受扰状态通过室内计轴主机发送至联锁系统。

2. 组成及功能

泰雷兹计轴系统由室内 ACE 主机（评估器）和室外轨旁计轴点设备组成，计轴点设备包括 SK30H 轨道磁头传感器和 ZP30H 电子盒（图 2.48）。室内主机与室外计轴点之间采用 ISDN 数据线进行通信，且电源与通信可以共线传输。每台主机最多可以检测 32 个计轴点、监控 32 个区段。

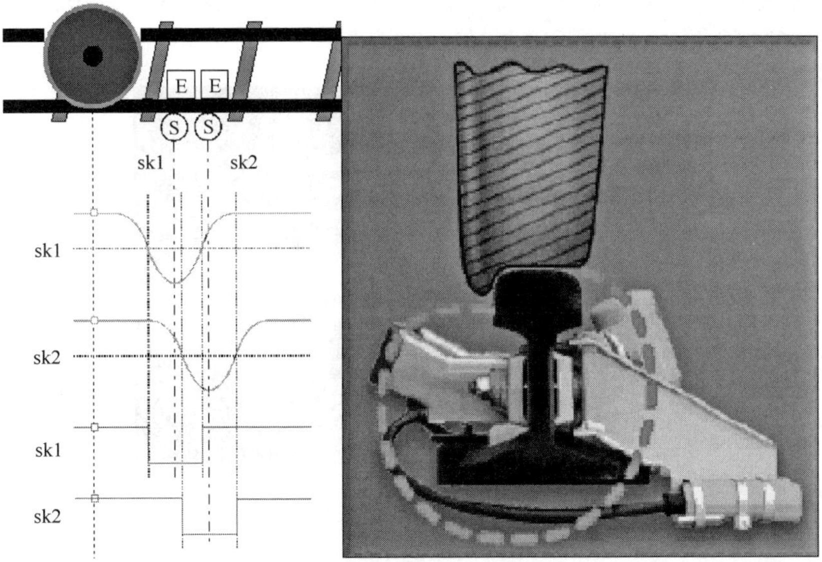

图 2.47　磁头切割磁力工作原理

图 2.48　室外计轴点组成

(1)室外设备

室外设备检测点(ZP30H)由轨道磁头传感器、电子单元 E-Es30H 及电缆组成。以下为室外主要部件介绍。

① SK30H 轨道磁头传感器

SK30H 轨道磁头传感器包括 2 套物理上分离的线圈组 sk1 和 sk2,安装在同一根钢轨上。在钢轨外侧的是两个发送线圈,在钢轨附近产生两个频率有细微差别的磁场,约 30 kHz。在钢轨内侧的是两个接收线圈,产生 2 个时间偏移的感应电压,电子盒通过这些感应电压可以判断车轮的出现和行进方向。出于可靠性的考虑,除了发送/接收磁头内的线圈外,磁头内没有其他电子器件。

② 电子单元 E-Es30H

如图 2.49 所示,电子单元 E-Es30H 因外壳为黄色,俗称“黄帽子”,它是发送磁头供电、检测和计算轮轴脉冲、监控磁头、进行自检，并向 ACE 发送包含轴数和监控信息的报文。

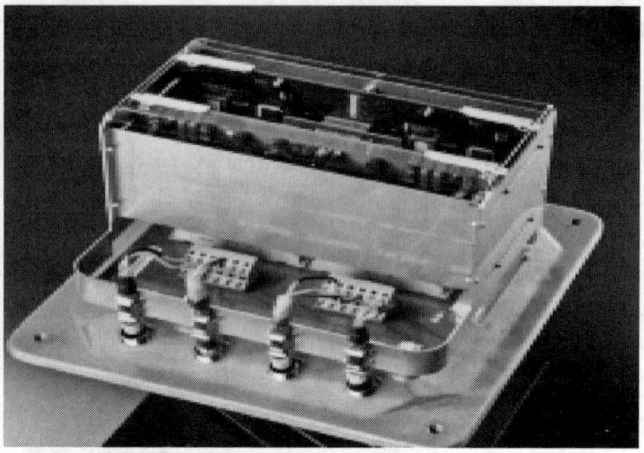

图 2.49 电子单元 E-Es30H

电子单元 E-Es30H 主要由子架、模拟板、通信板、电缆、安装支架等组成。计数、监控和报文生成功能由两个受 ACE 安全模块监控的独立微控制器执行，即模拟板和通信板。

模拟板给磁头提供信号源，处理和接收磁头的信号，转换成轮脉冲信号并送给通信板。

通信板对模拟板送来的轮脉冲进行计数，监视 EAK 及磁头的状态，将轴数信息和状态信息通过电缆发送给室内 ACE。

③ 电缆

从室内设备到轨旁设备的电源与 ACE 数据传输使用相同的 2 芯电缆。为了满足长电缆上一定程度的压降，ZP30H 能够在大范围的直流输入电压上运行。

(2)室内设备

如图 2.50 所示，室内计轴主机通过计算室外计轴区段计入及计出的轴数来判断此区段是否空闲，并将区段实时信息传递给联锁系统。主机由电源板、CPU 板(安全计算机板)、串口板、并口板组成。

① CPU 板

CPU 板是一个二取二计算机系统。通过计算机通道间交换信息可以实现基于软件对比的安全处理，交换信息后，计算机执行一个裁决程序，确定全部计算机通道是否一致。如果不一致，则执行一个安全反应，这种机制也可实现计算机同步功能。

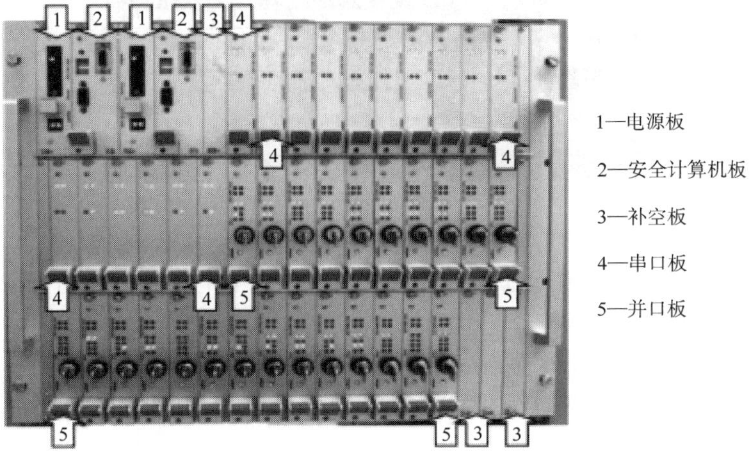

图 2.50　ACE 主机

② 串口板

轨旁计轴点发出的数据从通信板通过串口板接收至室内。这些模块是预处理板，它们对检测点到安全模块 I/O 总线的串行数据进行转换。

每个串口板被分配给一个（冗余 ACE）或两个检测点（无冗余 ACE），它占用 ACE 的一个 I/O 槽。故障引起的计轴点丢失会产生受扰状态，但是受扰仅限于该串口板上特定计轴点相关区段。

③ 并口板

列车轨道占用信息通过并口板从安全模块输出，通过面板的灯位来显示占用、出清状态。串口板和并口板是兼容的，按照要求的组合方式插入到评估器子架上的 I/O 槽中。每一区段的并口板占用一个 I/O 槽。

每个并口板为每个区段输出两个继电器接点（双断），安全模块对这些接点进行内部检查。当两个接点闭合时，轨道出清。

(3)安装与调测

① 室外安装

如图 2.51 所示，泰雷兹计轴器的磁头用 3 个螺栓安装在轨腰上，各个安装孔的垂直位置取决于钢轨剖面。可以通过调整发送磁头以使系统适应多种钢轨剖面。每个 Tx/Rx 磁头均使用 4 m 长的固定电缆安装，与电子单元连接。

发送磁头 Tx 安装在钢轨外侧，接收磁头 Rx 安装在同一根钢轨的内侧。3 个孔的共 3 根 M12 螺栓，要使用 45 N · m 扭矩的扳手进行紧固。双磁头的共 4 个 M8 螺栓，要使用 25 N · m 扭矩的扳手进行紧固。安装中要注意塑料绝缘垫的位置不要跟金属垫片混淆。

图 2.51　固定电缆

当磁头重新安装后或状态不良时要连接上便携计轴测试箱进行调整：EAK MESSABx/PEGUEx 的调节。

MESSAB1：测试箱开关置于开关位置 10(DC)设置；分别于放置和不放置仿真车轮的测量电压；在模拟板上对 R2 进行调节，使之绝对值相等，公差小于或等于 10 mV。

MESSAB2：测试开关箱置于 12(DC)位置；重复上述步骤。

PEGUE1：测试开关箱置于 11(DC)位置；测量电压；使用 PEGUE1＝MESSAB1(不含仿真)的 R1 进行调节，公差±2%。

PEGUE2：测试箱开关置于 13(DC)位置；测量电压；使用 PEGVE2＝MESSAB2(不会仿真)的 R3 进行调节，公差±2%。

最后利用模拟轮进行轨道区段清扫测试，确保磁头正向和反向计数正确。

② 室内设备

室内主机安装完后，根据室外调测进行并口板灯位状态一致性确认即可。

(4)常见故障诊断

泰雷兹计轴故障一般分为 3 类：单区段受扰、双区段受扰及区域受扰。

① 单区段受扰

一般为并口板故障，直接更换并口板即能恢复，无须预复位。此类故障对运营没有影响。

② 双区段受扰

一般为室外故障，因为一个磁头故障会导致两个区段受扰。运营期间可临时预复位，列车清扫受扰区段。此类故障对运营没有影响，但需运营结束后下区间处理。

③ 区域受扰

一般为机柜 CPU 板死机，区域故障一般会覆盖至岔区，运营期间未恢复的计轴区段道岔需取消过岔锁闭。

2.5.3　西门子计轴系统(AzS350U 型)

1. 工作原理

如图 2.52 所示，AzS350U 型计轴系统基本工作原理是：列车从监测区段的一端出发，进入区间。经过计轴点时，列车轮对切割磁力线产生感应电压，通过室外计轴点双置轮对传感器感应进出区段的车轮及其运动方向，并将感应到的信号经一系列的放大、滤波、检波、压频转换及带通滤波等处理后，经电缆传输至室内运算单元组合进行运算，最终传送至联锁设备。

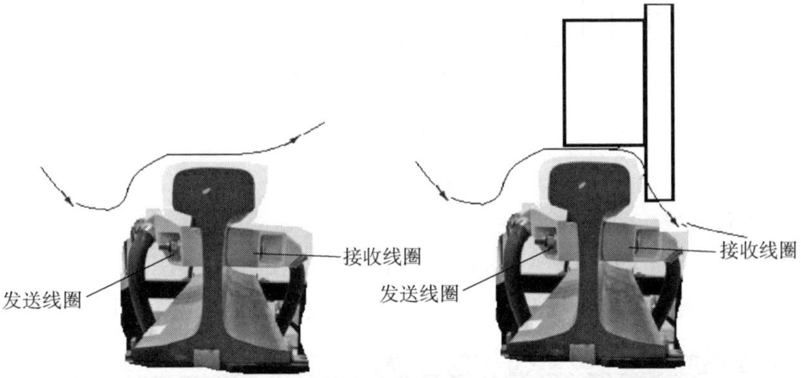

(a) 无车时　(b) 有车时

图 2.52　西门子计轴切割磁力

2. 组成及功能

AzS350U 型计轴系统主要分为室内设备和室外设备两部分。室外设备由一定数量的 ZP43 计轴点组成，包括室外电缆。室内设备由运算单元组成。

(1)室外设备

室外计轴点设备由双置传感器、连接电缆和轨道箱组成，电缆长度约 5 m。

当车轮通过传感器时将改变电磁场的磁场强度，其产生的信号通过电缆传输至室内运算单元上。

① 车轮传感器

室外计轴点每一个传感器由两个封装在一个箱体里的电子传感器组成。一个部件是安装在钢轨外侧的发送器，另一个部件是安装在钢轨内侧的接收器。发送器和接收器之间连续传输交流电压。

② 连接电缆

双置传感器和轨道箱之间通过屏蔽电缆固定连接。电缆长度约 5 m，相当于传感器和轨道箱之间最大允许的间隔。

③ 轨道箱

如图 2.53 所示，轨道箱的主要部件为：防雷接口背板、诊断插口、供电带通滤波器板、信号发生器板及计轴点复用板。

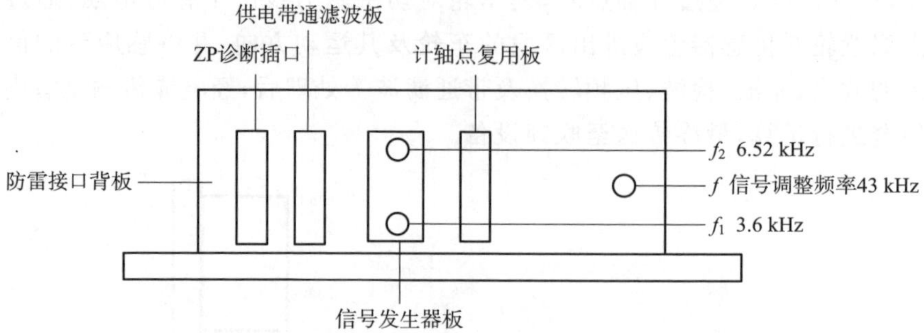

图 2.53　轨道箱结构

(2)室内设备

室内运算单元是西门子 AzS350U 型计轴系统的核心(图 2.54),所有的电路板都插在一个组匣中,对于可选的备板,若没有使用,则其位置可以用空板替代。

图 2.54　室内运算单元

① SIRIUS2 板

计轴主机与主机之间通过 SIRIUS2 板(串行数据输入输出板)连接。SIRIUS2 板提供 2 个双向串行接口用以传输数据,每一个接口都有一个 24 V 输出端。系统采用了符合故障—安全的单通道状态信息传输。

② VAU 板

VAU 板是中央处理单元,具有双通道同步运行的检查器和比较器功能。每一个 VAU 板都有监控和比较的功能,可以检查两个计算机之间的同步。故障发生时,VAU 板发出一个切断信号来切断信号与外围设备的连接。当 VAU 板检测到两个通道不同步或连续检测到一个涉及安全的错误,系统就会由硬件或者软件控制切断输出,计轴主机转换至占用状态。这个时候,就需要进行复位操作。导致故障的原因可以通过 STEU 板上的灯位点亮情况进行判断。

③ STEU 控制诊断板

STEU 板会缓存从传感器传来的信号,计轴主机每一个通道都有 STEU 板组件;STEU 板用于显示轨道区段的工作状态。如图 2.55 所示,一块 STEU 板上有

12 个灯位，每一块 STEU 板显示2 个轨道检测区段状态。

④ BLEA12 闭塞信息输入/输出板

BLEA12 板由从联锁电路中输入信息或向联锁输出信息的功能单元组成。

每一块 BLEA12 板最多能给出 4 个区段的空闲/占用信息。对空闲、占用来说，继电器都是作为双通道输出，即在 2 个通道内产生并行输出。

⑤ VESBA 放大、触发滤波板

功能如下：

a. 室内计轴主机与室外计轴点的连接；

b. 室外计轴点供电；

c. 实现室内外设备间的电气隔离，它把室外送出的两个信号 f_1、f_2 分别送入 2 个独立的通道，然后通过带通滤波、放大、整形，最后计数。

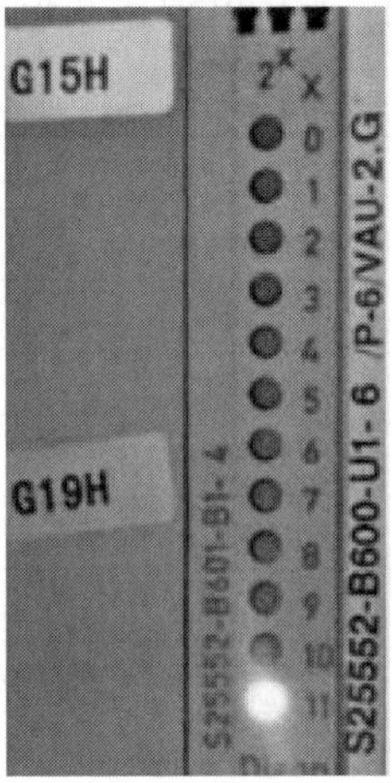

图 2.55　诊断板面板

⑥ SVK2150 电源板

SVK2150 电源板将联锁系统来的电源电压转换成所需要的电压(5 V 为计轴主机供电、70 V 为室外计轴点供电)。

(3)安装与调测

① 室外安装

车轮传感器安装于两枕木之间钢轨的轨腰处，发送器安装于钢轨外侧，接收器安装于钢轨内侧。传感器周围 0.5m 范围内不能有其他金属异物。钻孔前，用钢刷彻底清理钢轨的安装表面，并锉平安装平面上的任何凸起和毛刺。清除足够的道砟以保证列车通过时电缆不被损伤、破坏。再使用符合钢轨型号的钻套，在钢轨上钻两个直径 13 mm 的孔，并使孔两端倒角成 45°。车轮传感器的接收器和发送器用两个 M12 螺栓与两个屏蔽板固定在轨腰上，安装图示如图 2.56 所示。

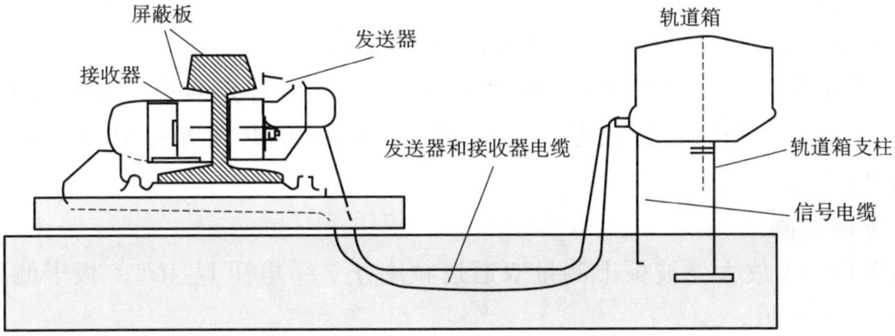

图 2.56　设备安装图示

连接电缆接线位置参考表 2.6。

表 2.6 连接电缆接线位置表

<table>
<tr><th>ZP43 TCB 内部端子</th><th colspan="3">接线说明</th></tr>
<tr><td>1</td><td>蓝</td><td rowspan="2">接收器 2</td><td rowspan="4">接收器</td></tr>
<tr><td>2</td><td>绿</td></tr>
<tr><td>3</td><td>黄</td><td rowspan="2">接收器 1</td></tr>
<tr><td>4</td><td>红</td></tr>
<tr><td>5</td><td>红</td><td>接地</td><td rowspan="5">发送器</td></tr>
<tr><td>6</td><td>黄</td><td rowspan="2">发送器 1</td></tr>
<tr><td>7</td><td>红</td></tr>
<tr><td>8</td><td>绿</td><td rowspan="2">发送器 2</td></tr>
<tr><td>9</td><td>蓝</td></tr>
<tr><td>NS+</td><td colspan="3" rowspan="2">使用计轴专用电缆与主机相连</td></tr>
<tr><td>NS−</td></tr>
<tr><td>DN</td><td colspan="3" rowspan="2">该计轴点复用时,使用计轴专用电缆与主机相连</td></tr>
<tr><td>DN</td></tr>
</table>

② 室内安装

所有进入计轴主机机柜的电缆从机柜下方进入,经过相应接线端子下方的走线槽接入端子。

③ 室外调测

参数调试工作应先从室外设备开始,步骤如下:

a. 开启主机室内电源,为计轴主机及室外所有计轴点供电。

b. 使用计轴专用工具测试车轮传感器。

注意:检测设备重新安装后必须进行重新调测。调试期间,需确保区段空闲,并没有车经过。

c. 确保车轮传感器干扰抑制区域没有金属异物。

d. 同时按压 T3、T4 按钮,直到两个通道的 L4 灯稳定点亮。等待数秒后 L3 灯闪烁,系统进入稳定运行状态。说明:若 L4 灯闪烁,必须等待 10 s 后按照步骤重新调试(图 2.57)。

④室内调测

在 VESBA 放大滤波板上测量双通道频率 f_1/f_2 电压 U_1/U_2。板卡测量孔含义如图 2.58 所示。

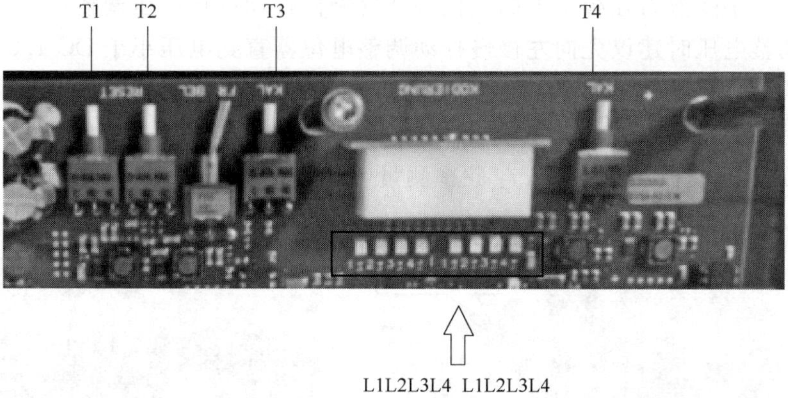

图 2.57　指示灯及按钮位置

允许范围中，通道 1：f_1 为 3.55～3.65 kHz，U_1 为 2.9～3.1 V；通道 2：f_2 为 6.43～6.62 kHz，U_2 为 2.9～3.1 V。

详细测试步骤如下：

a. 放大滤波板双通道 U_1、U_2 电压测量(图 2.58)

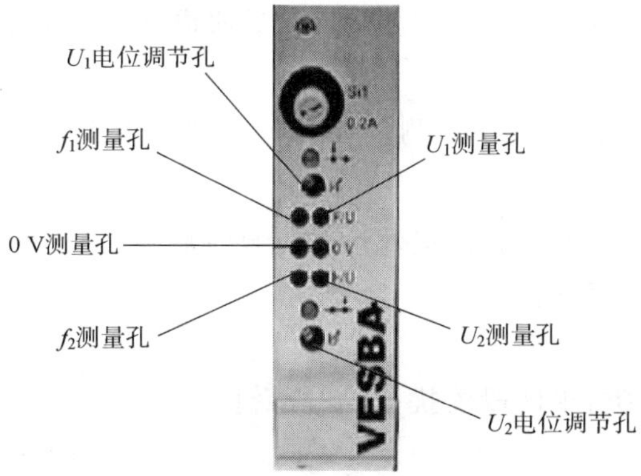

图 2.58　VESBA 测量孔含义

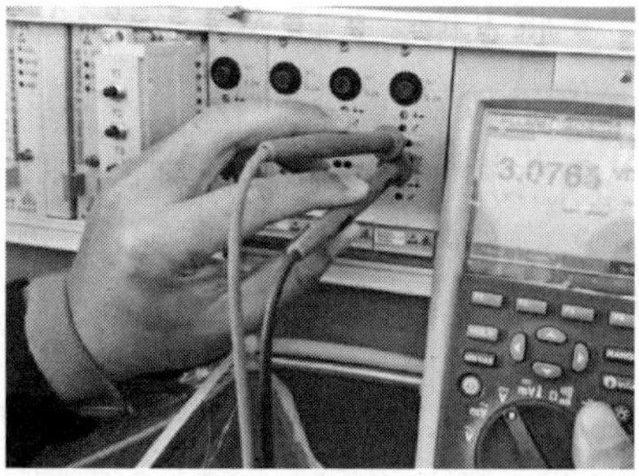

图 2.59　VESBA 板的 U_1、U_2 测量

● 将表棒一头插入 U_1 测量孔，另一头插入 0 V 测量孔，测量通道一的电压 U_1 电压值满足(DC 3.0 V±0.10 V)；

● 将表棒一头插入 U_2 测量孔，另一头插入 0 V 测量孔，测量通道二的电压 U_2 电压值满足(DC 3.0 V±0.10 V)；

● 若电压不在允许范围，应在对应通道的电位调节器处调整电压至允许范围。

● 测量调整电压后对电压数值拍照存档。

b. 放大滤波板双通道 U_1、U_2 电压调整(图 2.60)

● 用一字螺丝刀在板卡上的电位调整处慢慢拧动进行电压调整；

● 调整电压时建议先向左慢慢拧动调整电位器直到电压小于 DC 1.3 V，然后再向右慢慢拧动调整电位器将电压调整到规定值。注：新更换 VESBA 板需先调零再进行测量调整。

c. 放大滤波板双通道 f_1、f_2 频率测量（图 2.61）

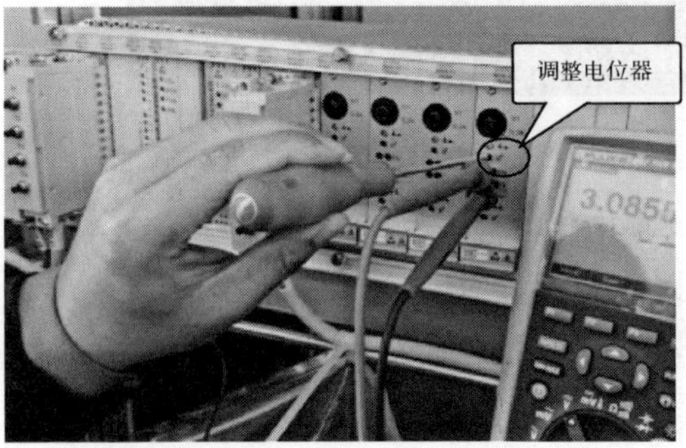

图 2.60 VESBA 的 U_1、U_2 电压调整

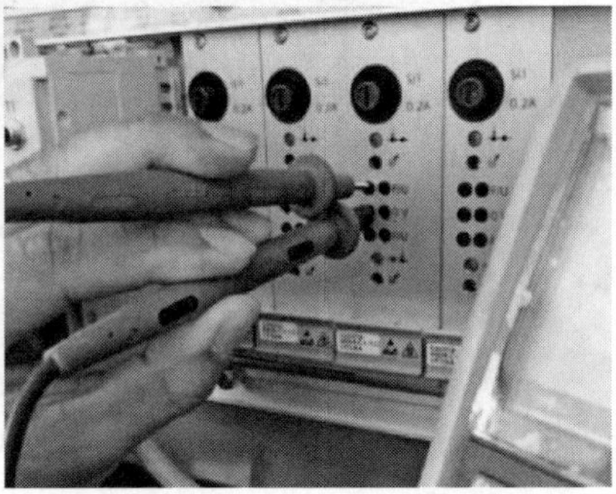

图 2.61 VESBA 的 f_1 f_2 频率测量

● 将表棒一头插入测量孔 f_1，另一头插入 0 V 测量孔，测量通道一的频率 f_1，频率值 f_1 满足 3.6 kHz±0.05 Hz；

● 将表棒一头插入测量孔 f_2，另一头插入 0 V 测量孔，测量通道二的频率 f_2，频率值 f_2 满足 6.52 kHz±0.1 Hz；

● 若频率不在允许范围内，则利用人工点进行室外计轴点复位调整；

● 测量调整频率后对频率数值拍照存档。

(4)常见故障诊断

西门子计轴器的故障一般分为 2 类：单区段受扰、双区段受扰。

① 单区段受扰

一般为闭塞信息板故障或继电器故障/震动造成。在西门子计轴系统中，单区段受扰情况不是很多，运营期间发生受扰后，应及时查看继电器码位正常并确认计轴有效性，待运营结束后更换闭塞信息板。

② 双区段受扰

双区段受扰一般为室外磁头故障、室外板卡故障或室内滤波板熔断器故障。当发生故障时，首先应该从室内设备开始排查。

观察诊断板和放大滤波板灯位状况，查看放大滤波板 U_1、U_2 灯是否点亮。如果不亮，需测量计轴点室内参数，超出范围需运营结束后去室外计轴点重置；如果灯位点亮，检查对应放大滤波板的熔断器是否烧掉。如果熔断器正常，重新安装放

大滤波板并查看 U_1、U_2 灯位是否灭灯，灭灯，即可复位；未灭灯，需运营结束后去室外更换电路板。

2.5.4　泰雷兹计轴器与西门子计轴器的应用

1. 投用分布

两种计轴器分别投用在上海地铁不同的 CBTC 信号系统中。

泰雷兹计轴器投用在上海地铁 5、6、7、8、9、11、13(部分)号线路，西门子计轴器目前投用在上海地铁 12、16 号线中。

2. 投用现状

作为 CBTC 系统后备模式下定位列车位置及行进方向，以及监测非受控列车(故障列车、轨道车等)位置的重要设备，泰雷兹计轴器及西门子计轴器在上海各条地铁线路中稳定、安全运行多年，为运营行车安全起到了重大的作用。

3. 维护工具

泰雷兹计轴器拥有实时日志分析软件，通过这个软件在中央侧远程查看计轴机柜实时信息。CPU 板、串口板、并口板的实时日志可随时下载查看，如图 2.62 所示。

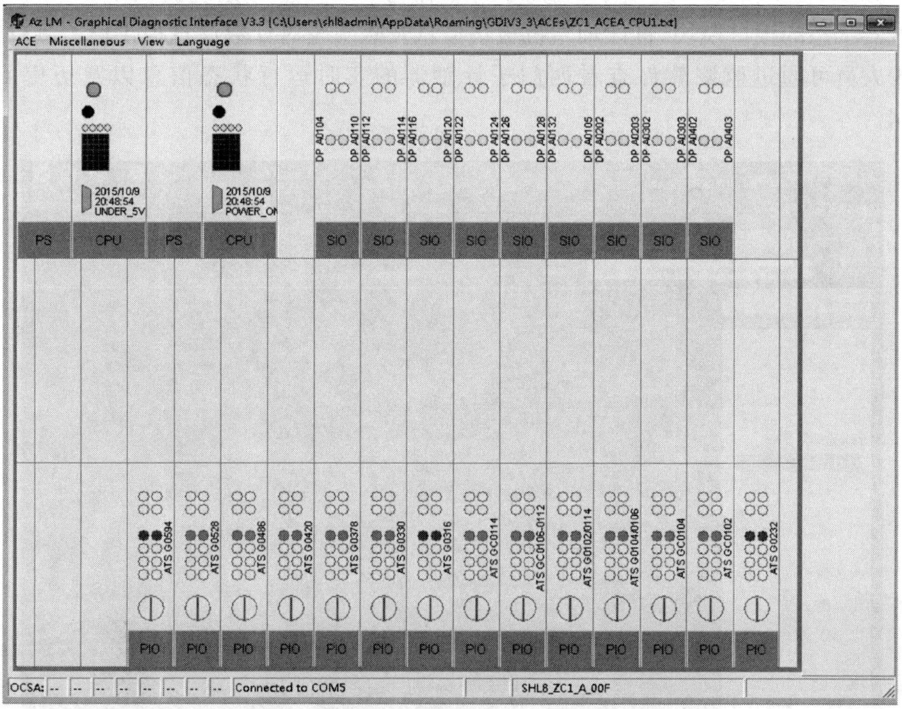

图 2.62　远程维护软件实时日志界面

设备主要以日检和故障修为主。室外磁头长期使用会出现电压漂移现象，长期漂移会导致区段受扰。每天查看计轴实时日志可以发现漂移计轴点，及时调测避免故障发生。发生故障时也可以实时查看故障日志准确定位故障，如图 2.63 所示。

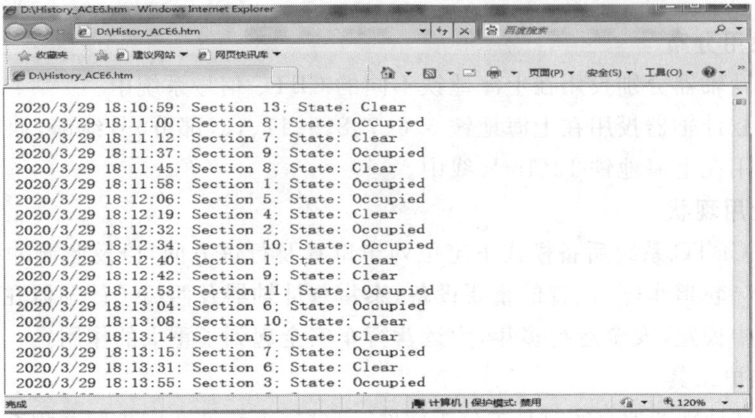

图 2.63　泰雷兹计轴器故障日志

如图 2.64 和图 2.65 所示，西门子计轴器为 CBTC 信号系统提供了一个可查询继电器状态的接口模块，将计轴主机板块信息及磁头轮对计数信息提供给监测软件，维护人员可通过监测软件查看西门子计轴器的实时运行状态信息以及历史回放数据。

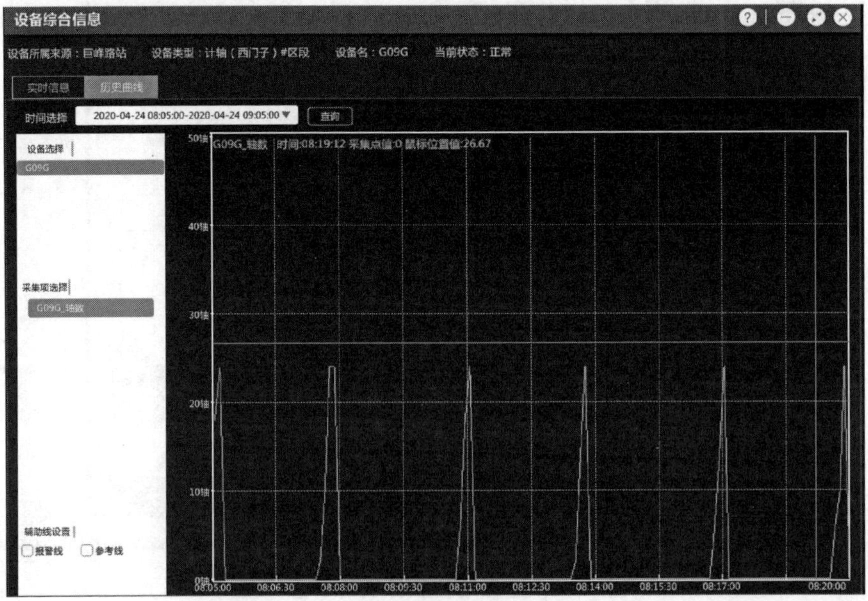

图 2.64　计轴区段轴数计数数据

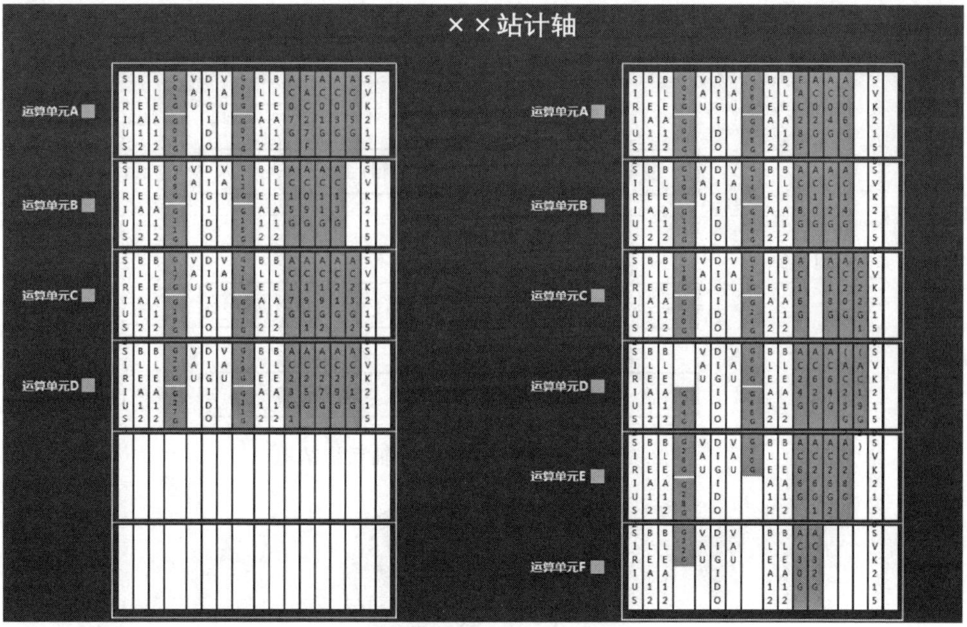

图 2.65　计轴主机状态信息显示

2.5.5　科安达计轴系统

上海地铁 17 号线 TRANAVI 信号系统采用科安达的 TAZ Ⅱ/S295 型计轴系统，作为列车位置监测设备，该计轴设备的特点是：室外车轮传感器采用单体封装设计、体积小，且无其他电子设备，所有数据处理全部集中在室内设备，室内计轴机柜采用模块化设计，每个计轴区段由一套独立的计轴运算单元控制，具有安装方便、维护简单、故障影响面小等优点。

TAZ Ⅱ/S295 型计轴系统由室外车轮传感器，室内放大板、计轴板、输出板、复零板和电源板等单元组成。其中，车轮传感器与放大板组成车轴检测单元，计轴板与输出板等组成计轴运算单元，为联锁系统提供轨道区段占用或空闲的安全开关量和识别列车运行方向功能，其结构如图 2.66 所示。

1. 工作原理

车轮传感器由相互独立、电路分离的两套传感单元电路组成。车轮跨越车轮传感器，两套传感电路分别感应出车轮轮轴信号，两路轮轴信号必须满足有先后有重叠的特征，才被认为是有效的车轮信号，如图 2.67 所示。两路轮轴信号的相位关系代表车轮的运动方向，系统以此来识别车轮运行方向。车轮传感器内部有两个单独的传感单元，每个传感器独立工作。

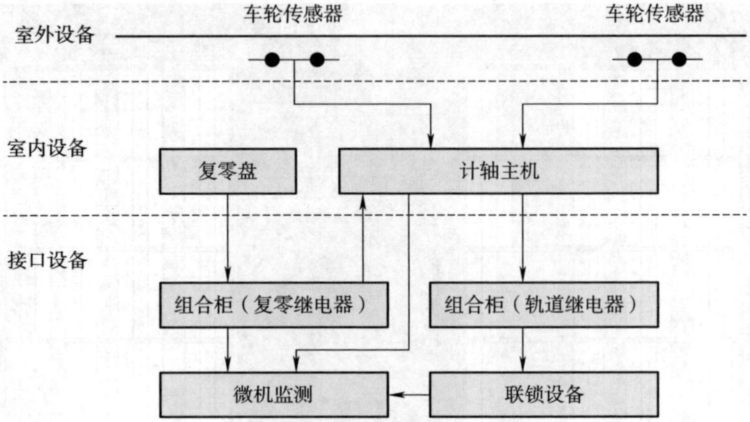

图 2.66 TAZ Ⅱ/S295 型计轴系统结构

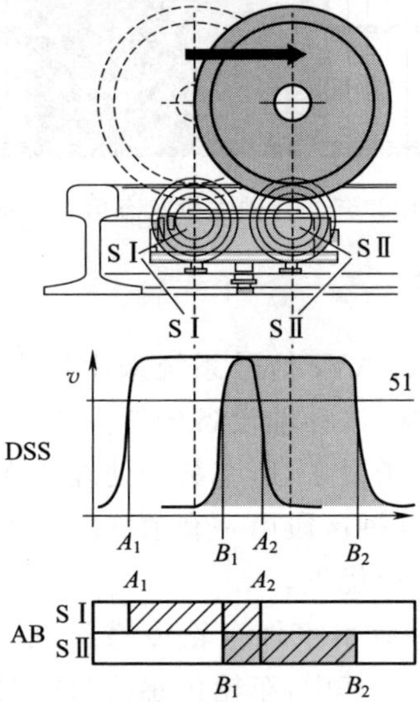

图 2.67 计轴系统工作原理

车轮驶过传感器作用区域时，车轮传感器产生轮轴信号，并将该信号输出至放大板。放大板接收到车轴传感器的轮轴信号，经放大和整形，形成轮轴脉冲，为计轴板和输出板提供工作条件。计轴板有 2 套独立的计轴运算单元，分别根据放大板传送的车轮传感器信息，判断列车行进方向，并完成经过的列车轴数计入和计出统计，当两套计轴运算单元计算结果完全相同时，才输出空闲信息给输出板。当车轮驶过车轮传感器作用区域时，车轮传感器产生的轮轴信号经电缆传输到室内的放大板，由放大板将轮轴信号放大整形为轮轴脉冲，并传送到计轴板。计轴板进行车列运行方向判别及轴数统计。计轴板的运算单元比较区段计入和计出的轴数，并确定区段占用或空闲状态，为输出板提供工作条件。

2. 计轴点分布原则

一个计轴区段的所有能够通过列车的端头都必须设置计轴点。在尽头线的末端不设置计轴点，在尽头线计轴区段，列车驶入或者驶出均通过同一个计轴点，从计轴点驶入，系统进行计入轴数统计，驶出系统计出轴数统计，只有计入计出轴数相等区段才输出空闲状态。在道岔区段，列车根据进路行驶，从一端的计轴点驶入，另一端计轴点驶出，只有两端计入和计出轴数相等，系统才输出空闲状态。在联锁边界处因是室内计轴系统完全独立，无任何的信息传输，因此为了避免出现空白盲区，计轴点的布局必须采用交叉布置方式，如图 2.68 所示。

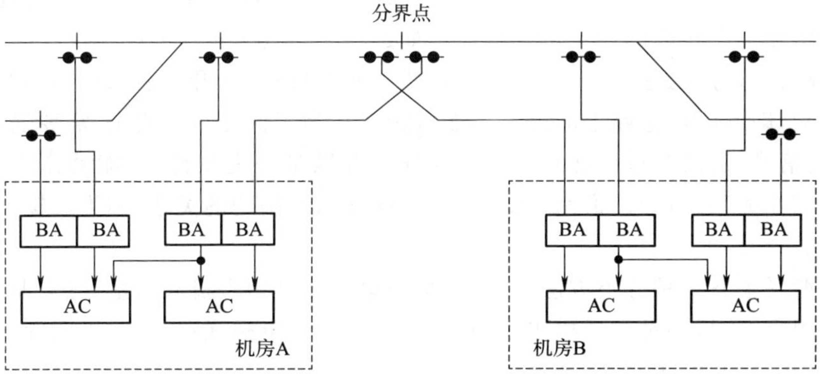

图 2.68　分界点计轴布置示意

第3章 联锁系统

联锁是铁路信号系统中保证行车安全的重要技术措施，指的是信号设备与相关因素的制约关系。广义的联锁泛指各种信号设备所存在的互相制约关系，狭义的联锁，即一般所说的联锁专指信号设备之间的制约关系。为保证行车安全，联锁关系必须十分严密。

列车和调车车列在站内运行所经过的径路，称为进路。按各道岔的不同开通方向可以构成不同的进路。列车和调车车列必须依据信号的开放而通过进路，即每条进路必须由相应的信号机来防护。如进路上的道岔位置不正确，或已有列车占用，或敌对进路已建立，有关的信号机就不能开放；信号开放后，其所防护的进路不能变动，即此时该进路上的道岔不能再转换。为了保证行车安全，需要通过技术方法，使信号、道岔和进路必须按照一定程序并满足一定条件，才能动作或建立起来一种相互关系。信号、道岔、进路之间的这种相互制约的关系，称为联锁关系，简称联锁。

一般联锁有 2 种分类方法：一是按是否集中操纵信号机和道岔，分为非集中联锁和集中联锁；另一种是根据实现的技术水平，分为机械联锁、电—机联锁、电气联锁（继电联锁）和电子联锁（计算机联锁）。

3.1 联锁基本定义

联锁是进路、道岔和信号之间的关系，因此进路可以认为是联锁的主题，通常情况下，联锁的基本工作原理是：选路—锁闭进路—开放信号—解锁。所有联锁关系，包括检查道岔位置正确、轨道电路区段空闲且锁闭、敌对近路未建立且锁闭在未建立状态，及经检查联锁关系正确后，锁闭进路、开放信号，各种解锁条件的检查都是联锁设备来完成的。

联锁的基本内容包括：

(1)防止建立会导致机车车辆相冲突的进路；

(2)必须使列车或调车车列经过的所有道岔均锁闭在与进路开通方向相符合的位置；

(3)必须使信号机的显示与所建立的进路相符。

进路上各区段空闲时才能开放信号，这是联锁最基本的技术条件之一。如果进路上有车占用，却能开放信号，则会引起列车、调车车列与原停留车冲突，这是绝对不容许的。

进路上有关道岔在规定位置才能开放信号，这是联锁最基本的条件之二。如果进路上有关道岔开通位置不对却能开放信号，则会引起列车、调车车列进入异线或挤坏道岔。信号开放后，其防护的进路上的有关道岔必须被锁闭在规定位置，而不能转换。

敌对信号未关闭时，防护该进路的信号机不能开放，这是联锁最基本的技术条件之三。否则列车或调车车列可能造成正面冲突。信号开放后，与其敌对的信号也必须被锁闭在关闭状态，不能开放。

3.2　联锁的基本功能和要求

3.2.1　联锁基本功能

(1)联锁逻辑运算：接收 ATS 或车站值班员的进路命令，进行联锁逻辑运算，实现对道岔和信号机的控制。

(2)轨道电路信息处理：处理列车检测功能的输出信息，以提高列车检测信息的完整性。

(3)进路控制：设定、锁闭和解锁进路。

(4)道岔控制：解锁、转换和锁闭道岔。

(5)信号机控制：确定信号机的显示。

3.2.2　联锁基本要求

(1)确保进路上进路、道岔、信号机的联锁，联锁条件不符时，禁止进路开通。敌对进路必须相互照查，不得同时开通。

(2)装设引导信号的信号机因故不能开放时，应通过引导信号实现列车的引导作用。

(3)应能办理列车和调车进路，根据需要设置相应的防护进路。

(4)联锁设备宜采用进路操纵方式。根据需要，联锁设备可实现车站有关进路、端站折返进路的自动排列。

(5)进路解锁宜采用分段解锁方式。锁闭的进路应能随列车正常运行自动解锁、人工办理取消进路和限时解锁，并应防止错误解锁。限时解锁时间应确保行车安全。

(6)联锁道岔应能单独操纵和进路选动。影响行车效率的联动道岔宜采用同时启动方式。

(7)车站站台及车站控制室应设站台紧急关闭按钮,站台紧急关闭按钮电路应符合故障一安全原则。

(8)联锁设备的操纵宜选用单元控制台。控制台上应设有意义明确的各种表示,用以监督线路及道岔区段占用、进路锁闭及开通、信号开放和挤岔、遥控和站控等。

(9)车站联锁主要控制项目包括:列车进路、引导进路、进路的解锁和取消、信号机关闭和开放、道岔操纵及锁闭、区间临时限速、扣车和取消、遥控和站控、站台紧急关闭和取消。

3.3 进路的锁闭和解锁

进路的锁闭和解锁是一个问题的两个方面,两者比较起来,进路解锁尤为重要。因为进路因故不锁闭,信号不开放,这是安全的,而进路解锁过程一般是在信号开放之后进行的,被锁闭的进路一旦错误解锁了,意味着进路上的道岔可以转换,敌对进路可建立。如果信号开放后,在列车或车列已接近进路的情况下,出现进路错误解锁,或当列车或车列正在进路中运行时发生了错误解锁事故,都是非常危险的,将危及行车安全。因此,对于进路解锁的重点是防止错误解锁。

如图 3.1 所示,是从 D3 至 D9 排列调车进路时,当列车顺序通过进路中各个道岔区段时,各区段解锁过程中各有关继电器的时序逻辑关系表达式。当列车占用 5DG 并出清 Ⅰ AG 时,D3XJ 失磁落下,D3 信号机关闭。当列车驶入 5DG,则 XJJ 和 QJJ 相继失磁,为 5DG 的解锁准备了条件,即使 5DG 的第一进路继电器 1LJ 励磁吸起。1LJ 吸起证明已占用 Ⅰ AG 和 5DG,当列车出清了 5DG 而占用了 3DG,则 5DG 的第二进路继电器 2LJ 励磁吸起,证明占用 3DG 并出清了 5DG。当 5DG 的 1LJ 和 2LJ 均励磁吸起,说明列车确实顺序通过了 5DG,于是使 5 号道岔的第一锁闭继电器励磁吸起,5DG 区段解锁。当列车进入 3DG 区段时,3DG 的 QJJ 随之落下,为 3DG 区段解锁准备了条件,3DG 的 1LJ 通过 5DG 的 1LJ 和 2LJ 前接点(说明 5DG 区段已解锁)而励磁吸起。当列车出清 3DG 并完全进入 9-15DG 时,3DG 的 2LJ 也励磁吸起,继而 3DG 区段的 3 号道岔锁闭继电器 2SJ 励磁吸起,3DG 区段解锁。至此由 D3 防护的进路(包括 5DG、3DG)就逐段解锁了。

进路解锁过程根据列车或车列是否驶入进路为分界,由于解锁的条件和时机的不同,有 5 种解锁方式,即取消、人工解锁、正常解锁进路、调车中途折返解锁以及故障解锁。

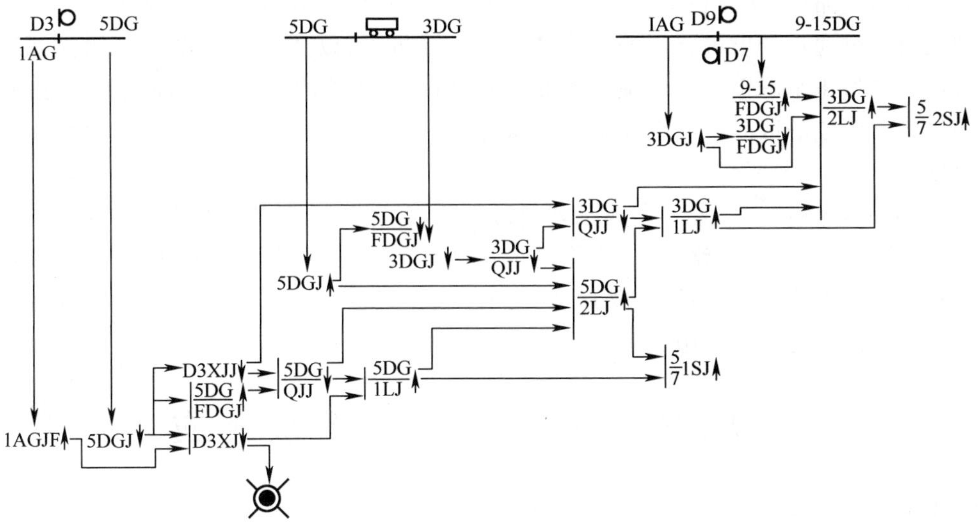

图 3.1 进路解锁的时序逻辑关系表达式

1. 列车或车列未驶入进路的解锁方式

(1)取消进路。在进路锁闭后,信号由于某种原因没有开放,或者信号已经开放而列车或车列尚未驶入接近区段时,操作人员办理取消手续解锁进路。这种解锁方式称为取消进路。

(2)人工解锁。当信号开放后,列车或车列已驶入接近区段,根据需要允许操作人员办理人工解锁手续使进路解锁,但必须从信号关闭时算起,延迟一定时间后进路才能解锁。延迟时间是司机看到禁止信号后采取制动措施能够使车停下来所需要的时间,只有停车后再使进路解锁是安全的,这种人工延时解锁方式称为人工解锁进路。人工延时解锁的延迟时间对于接车进路和正线发车进路规定延时 3 min,对于侧线发车进路和调车进路规定延时 30 s。

2. 列车或车列驶入进路的解锁方式

(1)正常解锁。正常解锁是指列车或车列通过进路中的道岔区段后,进路即自动解锁。正常解锁分为一次解锁和逐段解锁两种形式。一次解锁是指列车或车列出清了进路中全部道岔区段后,各个道岔区段同时解锁的形式。逐段解锁是指列车或车列每驶过一段道岔区段,以道岔区段逐段自动解锁的形式。逐段解锁形式有利于提高线路的利用率。

(2)调车中途折返解锁。这是调车进路的一种自动解锁方式。当进行转线调车作业时,完成整个调车作业过程,包含有牵出作业和折返作业。为牵出作业而建立的进路称为牵出进路,然后为折返作业建立的进路称为折返进路。当调车车列驶入牵出进路后，往往在牵出的中途根据折返进路信号开放车列而返回。由于车列没有完全通过牵出进路上的道岔区段而中途折返，以致牵出进路上的部分道岔区段不能按正常解锁方式解锁。为此，需要用一种特殊的解锁方式，使牵出进路上未能正常解锁的区段予以自动解锁。这种特殊的自动解锁方式称为调车中途折返解锁。

(3)故障解锁。随着列车或车列通过进路，各道岔区段应按正常解锁方式自动解锁，然而由于轨道电路故障，工作不正常，破坏了三点检查自动解锁的条件，而使进路因故障不能自动解锁，需采用特殊的由操作人员介入使进路解锁。故障解锁是以道岔区段为单位实施的。

3.4 城市轨道交通联锁系统的应用

3.4.1 继电联锁

用电气方式集中控制和监督全站的道岔、进路和信号，并实现它们之间联锁关系的设备称为电气集中联锁设备，简称电气集中。如果用继电电路来进行控制并实现联锁关系的设备，叫做继电电气集中，简称继电集中。

继电集中联锁电路曾有过多种制式，但经使用、改进和完善，6502 电气集中被认为是较好的定型电路，并在我国铁路得到广泛应用。

1. 6502 电气集中联锁的主要技术特征

6502 电气集中是组合式电路。也就是按道岔、信号机和轨道电路区段为基本单元设计成定型的单元电路，称为继电器组合，简称组合。将各种组合按站场形状拼装起来即成为组合式电路。组合式电气集中具有简化设计、加速施工、工厂预制、便于维修等优点。6502 电气集中几乎是用定型组合拼成的，只需设计少量零散电路。

6502 电气集中采用双按钮选路方式，只需按压两个进路按钮，就能转换道岔、开放信号，而且不论进路中有多少组道岔均能一次转换，简化了操作手续，提高了效率。

6502 电气集中采用逐段解锁方式。它把进路分为若干段，采用多次分段解锁的方式，即列车或调车车列出清一段解锁一段。

6502 电气集中电路动作层次清晰，各网路线和继电器用途明确。

2. 6502 电气集中的设备组成

电气集中包括室内设备和室外设备，其组成如图 3.2 所示。室内设备有控制台、区段人工解锁按钮盘、继电器组合及组合架、电源屏、分线盘等。室外设备有信号机、转辙机、轨道电路，以及连接室内外设备的电缆线路。

(1)控制台

控制台是车站值班员指挥列车运行和调车作业的控制中心，用来控制道岔的转换和信号的开放，并对进路、信号和道岔进行监督，控制台设于车站值班员室内。

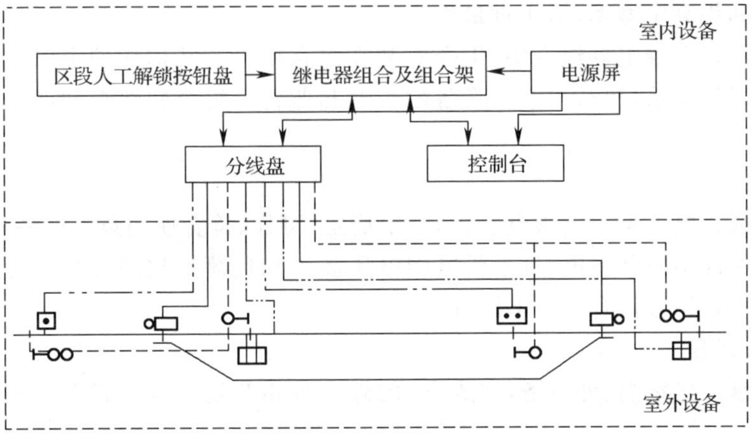

图3.2　继电集中联锁设备的组成

控制台采用单元拼凑式，由各种单元拼装而成，便于生产和站场变更时的改建。控制台上设有各种按钮和表示灯，表示灯现采用发光二极管。

(2)区段人工解锁按钮盘

区段人工解锁按钮的作用是在更换继电器、轨道电路停电恢复等情况下，使设备解锁恢复电路的正常状态；在道岔区段因故不能解锁时办理故障解锁；在取消进路时若发生不能关闭信号的情况下也可用来关闭信号。

区段人工解锁按钮盘上设有多个二位自复式带铅封的事故按钮，对应于每个道岔区段或有列车经过的无岔区段设一个。区段人工解锁按钮盘与控制台同设于控制台室内，但须与控制台隔开一定距离。操作时须一人按控制台上的按钮，另一人按区段人工解锁按钮盘上的按钮，以免单人操作而危及安全。

(3)继电器组合和组合架

用继电器构成的电气集中电路，所需的继电器少则上千多则愈万。对于由这么多继电器构成的十分复杂的逻辑电路，在长期的设计、施工、维修的实践过程中，发现电路与车站站场线路的布置形状有关，即以道岔、信号机及轨道区段为控制和监督对象。这样，就可以按信号机、道岔和轨道区段作为基本单元，设计成几种定型的单元电路，这种单元电路称为继电器组合，简称组合。6502电气集中电路是按车站信号平面图，用组合来拼接而成的。任何一个站场都可以按所布置的信号机、构成站场的道岔形状以及划分的轨道电路区段,选用相应的组合拼接起来,以组成整个站场电路。这种与站场相似的网络结构的优点有:简化电路结构,节省继电器接点,同样用途的继电器可以接在同一网路上,不用反复检查同样的条件;图形规律性强,与站场信号平面图相似,便于设计施工与维修;有利于组合单元电路的标准化和提高定型率,适于批量生产。

继电器插在继电器组合中,组合安装在组合架上。其构成的电路完成全站信号设备的联锁关系,执行对室外设备的控制和监督。组合和组合架的数量取决于车站规模。

(4)电源屏

电源屏是电气集中的供电装置,供给稳定、可靠、符合使用条件的各种交、直流电源。要保证不间断供电,且不受电网电压波动和负荷变化的影响。可根据车站规模的大小选用容量合适的电源屏。

(5)分线盘

分线盘连接室内、外设备,完成室、内外设备相互间的电气联系。分线盘设于继电器室。

(6)电缆线路

电缆线路是连接室内、外设备的传送信息通道。

3. 6502 电气集中的工作原理

6502 电气集中电路的动作层次是:先选择进路,再锁闭进路,然后开放信号,最后是解锁进路。

6502 电路是继电逻辑电路,包括网路电路和局部电路。网路电路的形状与站场形状相似。6502 电气集中的主要电路由 15 条网路线构成,其中 1～7 线为选路电路,8～15 线为执行电路。据此,可将 6502 电路分为选择组电路和执行组电路两大部分。

选择组电路由记录电路和选路网路组成,主要用来记录车站值班员按压按钮的动作,按要求自动选通所需进路,并将操作意图传给执行组电路。在记录电路中,由按钮继电器电路记录按压进路按钮的动作,由方向继电器根据所按压进路的顺序来区分进路的性质和运行方向。

选路网路包括选岔电路和开始继电器电路。在 7 条网路线中,1～6 线是道岔操纵继电器动作网路线,组成六线制选岔电路,用来在排列进路的过程中自动选出进路上的各有关道岔所需的位置;第 7 线是开始继电器励磁网路,用以检查所选进路和所排进路的一致性。进路选定后,即将车站值班员的操作意图传达到执行组电路,构成执行组的动作条件。

如图 3.3 所示，其中选择组电路的时序逻辑表达式是根据给出的信号平面图办理 D1→D5 的调车进路时画出的。

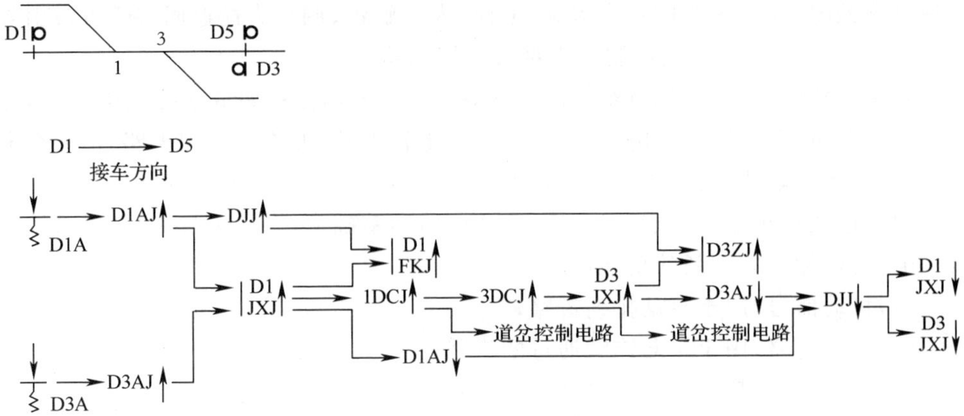

图 3.3　选择组电路的时序逻辑关系表达式

执行组电路的作用是检查所有联锁关系，包括检查进路中的道岔位置、区段空闲、未建立敌对进路，实现道岔区段锁闭和开放信号，以及检查各种解锁条件完成进路的解锁。执行组电路可分为信号检查、区段检查、信号开放、锁闭及解锁等环节。

如图 3.4 所示的执行组电路主要由 8 条网路线组成。如图 3.5 所示，其中 8 线是信号检查继电器电路，用来检查开放信号的可能性，即进路空闲、没有建立敌对进路、道岔位置正确。9 线是区段检查继电器和股道检查继电器电路，用来检查区段空闲，实现进路锁闭。10 线是区段检查继电器自闭电路，用来防止进路迎面

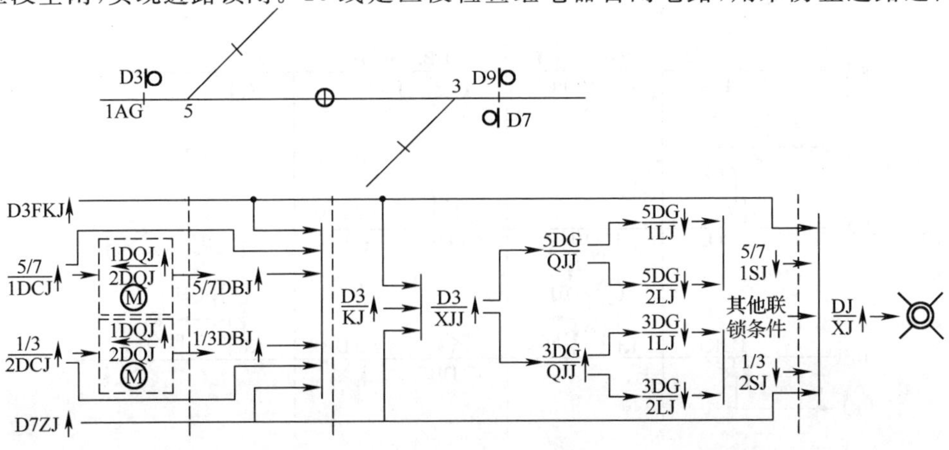

图 3.4　执行组电路的时序逻辑关系表达式

错误解锁。11线是信号继电器电路，检查进路上各区段空闲并道岔位置正确，以及迎面敌对进路检查，符合条件即可开放信号。12、13线为进路继电器网路，用来实现进路锁闭，完成进路的正常解锁、取消、人工解锁、调车中途返回解锁以及引导锁闭等。另外，14、15线是控制台光带表示灯电路。

除了8条网路线外，执行组电路还包括一些局部电路，如道岔控制电路、信号灯光控制电路、取消继电器电路、接近预告继电器电路、照查继电器电路、传递继电器电路、锁闭继电器电路，以及控制台的各种表示灯电路、报警电铃电路等。

根据地铁行车作业的需要，在原6502电路的基础上，设计了与ATP子系统的接口电路，增加了如下新的功能：

(1)自动信号，用于自动排列进路；

(2)自动进路，用于正向连续通过的进路；

(3)区间封锁，禁止列车进入某区间，用于区间维修作业等；

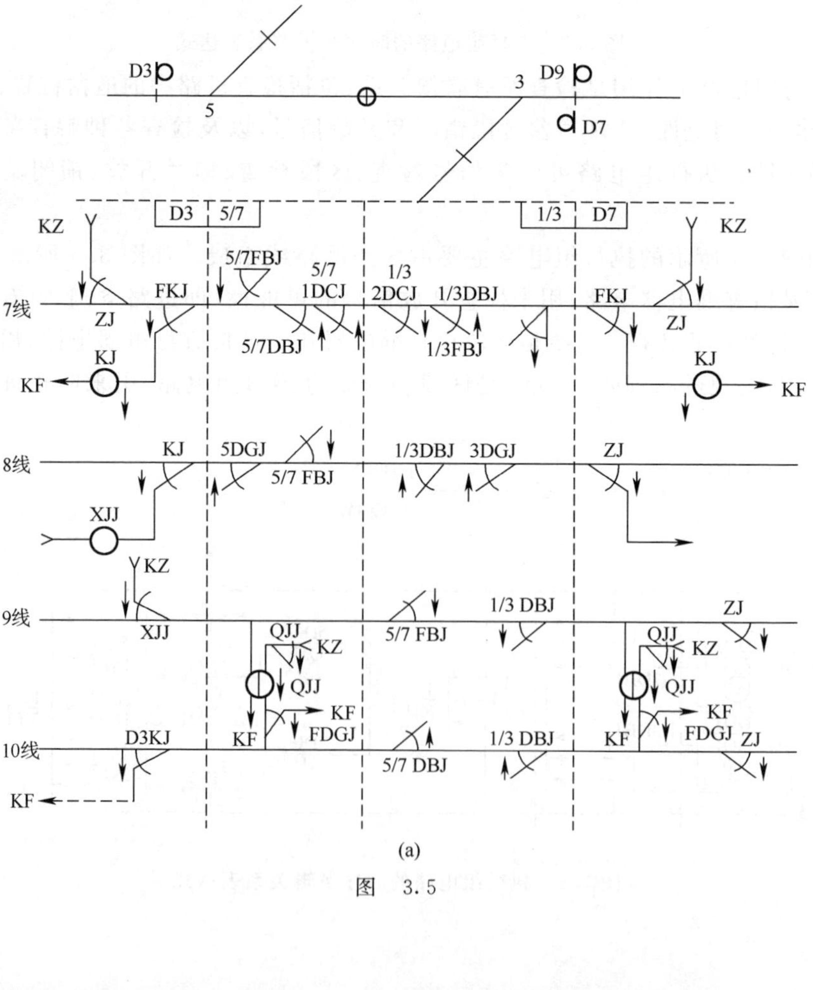

(a)

图 3.5

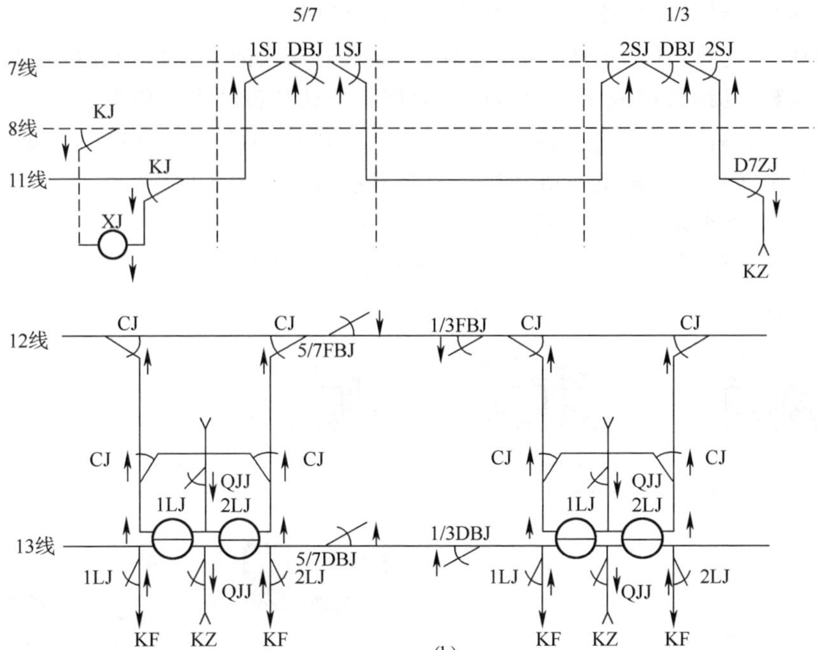

(b)

图 3.5　执行组 7～13 线的结构

(4)区间限速，限速为 45 km/h；

(5)站台紧急关闭，乘客不慎坠下站台时使用，通过安装在该站台侧的紧急关闭按钮向足够数量的轨道电路发零速度命令，使列车不能进入站台；

(6)扣车，控制列车停站时间；

(7)发车表示器，发车 5 s 前闪白光，发车时间到亮白色稳定光，列车出清站台后灭灯。

3.4.2　计算机联锁

计算机联锁是以计算机技术为核心，采用通信技术、可靠性与容错技术以及"故障—安全"技术实现车站联锁要求的实时控制系统。该系统能更完善地实现联锁功能，具有高可靠性和安全性，有友好的人机界面，良好的与其他系统联网和信息共享能力，便于设计生产、施工和维护，并具有远程故障诊断功能。

计算机联锁实现联锁控制主要是经过信息输入、联锁运算和信息输出 3 个环节。

(1)信息输入：一方面通过操作输入通道和接口接收由操作设备(控制台)产生的操作信息；另一方面通过状态输入通道和接口采集室外信号设备的状态信息，将上述两种开关量的动作变为二进制代码送入计算机。

(2)联锁运算:计算机按照联锁程序的要求对输入的信息进行分析处理和复杂的逻辑运算,其结果形成了对信号设备的控制信息和各种表示信息。

(3)信息输出:控制信息通过输出通道和接口控制道岔转换和信号变换显示,表示信息则通过表示输出通道和接口控制显示器的显示。

1. VPI型计算机联锁系统

VPI系统包括人机接口(MMI)、联锁机和系统维护台(SM),较大车站可增设值班员台(GPC),其系统结构如图3.6所示。

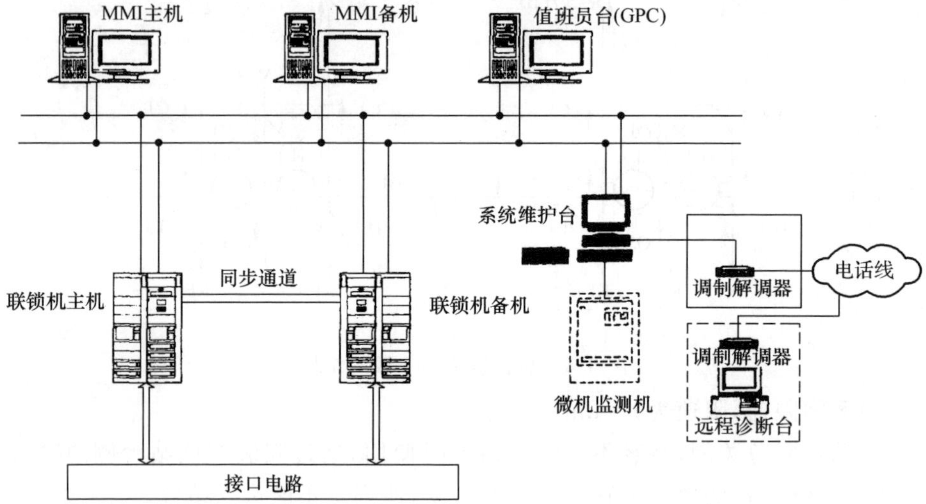

图3.6 VPI型计算机联锁系统结构

联锁机采用引进国外VPI各型印制板电路图、元器件(含接插件)、非标关键元器件制造和测试技术以及印制板布线图(胶片)等,联锁机所有安全型电路板的各导线间及各导线与地之间都能承受交流3 000 V(有效值)的高压冲击,有很强的抗干扰和抗雷害能力。VPI印制电路板上的器件符合相应条款的规定,并保证在−40 ℃~+70 ℃环境温度下正常工作。

MMI、SM、GPC等均采用工业控制计算机,性能稳定,抗恶劣环境能力强,技术支持有保证,硬件升级方便灵活,子系统通过冗余网络构成Client/Server体系结构,实现硬件资源的合理配置,信息资源的充分共享,整个系统工作协调统一,保证控显功能正确实施。

(1)人机接口(MMI)

采用OS/2(或WINDOWS NT)操作系统,两套配置完全相同的MMI形成特有的双机热备人机对话层，提高了系统的可靠性。主MMI为系统的服务器，用于办理进路等操作控制，并向MMI等客户机提供共享信息。MMI还可提供语音提示和报警。

MMI的主要功能有：办理进路、取消进路、人工解锁进路、重复开放信号、区段事故解锁、办理引导进路、引导总锁闭、办理封锁、解除封锁、道岔单操、道岔单锁、道岔解锁、联锁功能预检查等。

(2)系统维护台(SM)

SM采用WINDOWS NT操作系统，其主要功能有：记录系统的操作与控制；诊断系统各模块工作；与调度监督/DMIS系统联网接口；作为微机监测的车站机，完成对室内外信号设备的监测、记录和报警。

(3)值班员台(GPC)

GPC采用OS/2(或WINDOWS NT)操作系统，界面与MMI完全相同，为车站值员提供车站作业情况的实时显示。

(4)VPI联锁机

① VPI联锁机的硬件

VPI联锁机硬件组成如图3.7所示，CPU/PD板是联锁机的核心，它通过总线(MAINCPUBUS)与安全型继电器驱动器板(VRD)、输入/输出总线接口板(I/OBUS)、安全型串行控制器板(VSC)、电码系统模拟器扩展板CSEX(用于非安全型通信和逻辑处理)进行数据交换；安全型输入板(DI)和安全型单断输出板(SBO)经VRD板实时安全校验后，接收CPU/PD板的输入、输出命令；VSC板用于与相邻的VPI系统进行安全型通信，而非安全输入/输出板(NVI/NVO)则接收CSEX板的采集、驱动命令。CSEX板可与调度集中/调度监督接口。

VPI的软件采用结构化、模块化设计方法，主要组成部分有：

a. 安全型子任务软件。安全型子任务软件驻留在VPI的CPU/PD板的EPROM内，不随具体的应用环境而变化。这一软件实际上是VPI的安全型操作系统。

b. 诊断软件。诊断软件驻留在VPI联锁机CPU/PD板的EPROM内，不随具体的应用环境而变化。

c. 安全型应用软件。通过原铁道部计算机联锁软件制式测试的安全型应用软件(联锁软件)以及描述站型特征的软件，经VPI-CAA软件包编译后，形成两个不同版本的软件，分别被固化在CPU/PD板的两个EPROM内。相异版本软件、经安全认证的编译和固化技术，符合有关的国际标准。

② 联锁机的故障—安全

VPI是信号公司设计的专用于铁路信号联锁控制的专利产品，采用了多重故

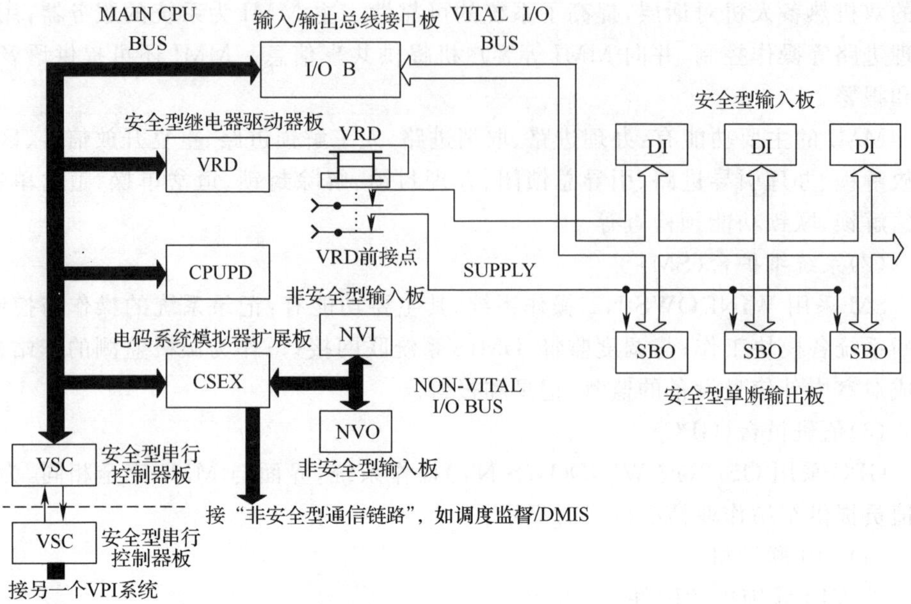

图 3.7　VPI 型联锁机硬件组成

障—安全技术，获得了国际上的安全认证。根据欧洲标准 EN 50129 的定义，VPI 综合运用了“组合故障—安全”“反应故障—安全”和“固有故障—安全”技术，其结构如图 3.8 所示。

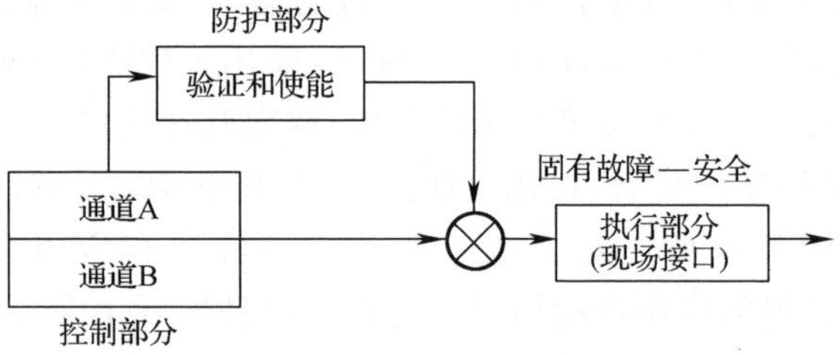

图 3.8　故障—安全结构

a. 联锁机从硬件上分通道 A 和通道 B 两部分进行联锁运算。对同一信号设备，在通道 A 和通道 B 中采用了独立相异的两组编码来表示，运行各自独立的软件，使联锁机从硬件到软件均构成二取二的“组合故障—安全”体系结构。

b. 在联锁运算采用二取二模式的基础上，通道 A 和通道 B 每执行一行程序，均分别构成校核字的一部分被实时地送到以 VRD 板为核心的独立的安全检测防护部分进行校核，以监督系统完好，且每行程序均得到正确执行。VRD 板还对各安全型输出端口进行实时动态校核（校核周期为 50 ms），确保防护电路在系统可能发生错误输出之前即切断输出通道的电流，以实现故障—安全目的。在这里，VPI 系统应用了“反应故障—安全”技术。

c. VPI 系统中的 VRD 板、DI 板、SBO 板以及 SBO 板中的 AOCD(无电流检测器)等元器件，都像安全型继电器一样具有“固有故障—安全”特性。

参照 EN50129 标准，VPI 是部分采用了“固有故障—安全”电路，部分采用了二取二的“组合故障—安全”技术，又采用了“反应故障—安全”技术的综合安全系统。

③ 联锁机的可靠性

VPI 印制电路板上的器件符合 MIL-HDBK-217 和 REV. D-1 关于大规模集成电路器件美国军用标准强制条款的规定，因此，VPI 系统联锁机可以在 −40 ℃～+70 ℃情况下正常工作。安全型输入板(D1)由一个金属氧化物变阻器 MOV 和一个 56 Ω/1 W 的电阻器提供瞬时保护。这个 MOV 可以处理 1 700 V、3.6 W、峰值电流为 30 A 的瞬态干扰。MOV 通常与输入电路并联，使 MOV 能为瞬态过程提供通路从而使电路板上的其他部分免受损坏；安全型输入和安全型输出的每一种状态都用 32 bit 来表达，大大增强了系统的抗干扰能力；在安全型输出板(SBO)上也装有 MOV，对各端口提供瞬态保护；抗供电电源干扰方面，分设了多个滤波器，以防止电源噪声和外部电磁干扰(EMI)进入 VPI 系统。

④ VPI 系统的双机热备设计

a. 锁机双机热备；

b. MMI 双机热备；

c. 双网冗余；

d. 任一联锁机和 MMI 正常，应保证系统自动重组，使系统仍可继续工作；

e. 可手动或自动切换。

2. MICROLOKⅡ型计算机联锁系统

(1)系统概述

MICROLOKⅡ型计算机联锁设备至少安装 2 个冗余单元，其中一对 MICROLOK 负责处理 AF-904 轨道电路，另一对负责联锁操作。

MICROLOKⅡ型联锁控制系统(以下简称 MICROLOKⅡ)的显著优点是它是一个多重目的的地面联锁设备的监控系统。系统功能如下：

① 直接控制地面信号。

② 监视道岔位置。

③ 控制电动转辙机。

④ 利用钢轨通信。

⑤ 监视占用和故障。

⑥ 产生机车信号/载波码。

⑦ 与控制线的通信接口。

⑧ 非安全控制器逻辑。

⑨ 地面信号和道岔的局部控制。

⑩ 非安全/与远程办公室的电码线通信。

⑪ 与兼容系统的安全串行通信。

MICROLOKⅡ通过使用特殊硬件结构来实现这些功能，通过使用应用逻辑软件来定义工作结构。

(2)设备组成及其基本功能

MICROLOKⅡ的硬件组成包括以下 11 个部分。

① 插板柜(图 3.9)。

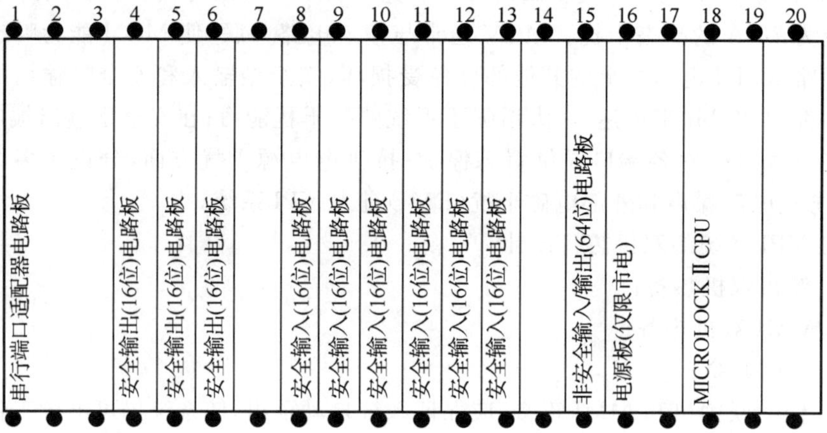

图 3.9 MICROLOK Ⅱ插板柜

插板柜包括以下模块：

• 负责监视、控制、诊断和数据记录的综合系统的安全 CPU。
• 安全联锁功能的执行和应用逻辑。
• 执行和应用逻辑，用于非安全控制/通信功能。
• 道岔机构、探照式色灯机构和信号灯的安全输出通道。
• 道岔和探照式色灯机构的安全输入通道。
• 局部控制台(LCP)、非安全控制和显示的非安全 I/O 通道。
• 与远程系统通信的安全串行数据 I/O 通道。
• 非安全编码线通信的非安全串行 I/O 通道。
• 应用逻辑和执行软件加载及修改的串行 I/O 通道。

• 用户控制/显示，用于系统现场配置和存取诊断码。

• 机车信号载波生成和轨道电路上电码的编码电路。

• 在线单元局部控制台。

② 安全隔离继电器：安全断电继电器或"VCOR"，实现 CPU 控制下通断安全输出电路的电池电源。

③ 市电监视：该系统通过一个断电继电器监视市电供电，对任何市电故障，它都提供一个非安全显示。

④ 电码轨道电路和机车信号接口。

• 用于电码轨道电路信号接收和轨道电码输出到钢轨的接口板。

• 用于以各种载波频率输出的机车信号的接口板。

• 快速分路模块，用于使电码轨道电路检测响应时间最小。

⑤ 电路隔离和防护。

• 一隔离模块，用于双断型安全输出电路隔离。

• 浪涌防护/隔离单元，用于非安全串行通信线。

• 一个串行通信适配器板，用于防护与远程系统的安全串行链路。

⑥ CPU 板。

• 监视来自安全输入板、电码轨道电路板、非安全输入板及编码系统接口板的外部表示信息。

• 处理安全外部表示信息和应用软件中定义的执行逻辑。

• 驱动应用程序要求的安全输出板。

• 监视和控制串行通信口(与其他控制器连接)。

• 对单个的安全输入和输出通道进行故障测试。

• 监视系统内部运行故障并响应检测到的故障。

• 通过插板柜电源板和一个外部的 VCOR 继电器去控制安全输出板的电源，它是一种故障—安全功能。

• 在用户可存取存储器中记录系统故障和进路事件。

• 响应 CPU 板前板开关输入及执行相应显示。

• 与一台便携式 PC 机共同用于系统诊断操作、应用逻辑编程和执行软件升级。

CPU 板由 68332 微处理器控制，其工作速率为 21 MHz，它包括 2 KB 的快速内存储器 RAM。大多数内部操作为 32 位宽度，同时所有外部总线周期为 16 或 8 位宽度。一个独立的 2 MHz 时钟用来动作 6800 类型的外围设备。

执行和应用软件被存储在四个快速 EPROM 中，容量为 8 MB。快速 EPROM 允许使用一台 LAPTOPPC 机(连接在 CPU 板前板串行口)直接处理软件。板上提供的跳线用来使快速 EPROM 可以编程或不可编程，以及用来选择所要求的编程电压。

CPU 板还提供了两层独立的快速固态 RAM(SRAM)，容量总计为 128 KB，用来处理安全数据。事件和错误存储在四层 256 KB 低电平 SRAM 中。错误/事件存储器由一个电容维护，它能实现 4 h 短期 RAM 防护。

CPU 板设计成合并 PCMCIA 内存卡模块，以便存储 RAM 型数据。实时时针基于 32.768 振荡器。同一个阻—容网络被快速 SRAM 用于支持这一设备。CPU 板含有 5 个串行数据口，其中 4 个串行口用来与外部安全和非安全系统通信。第五个串行数据口与一台 PC 机连接，用 9 芯接头连接到 CPU 板的前板上。在特殊地点 CPU 板是唯一的 I/O 板。CPU 板上有两个小的数字文字式显示提供菜单，使无须连接 LAPTOPPC 就能观测信息和研究问题。这两个菜单是“复位”(Reset)和“在线”(On-Line)，将在下文讨论。

⑦ 标准安全输出印刷电路板。

MICROLOKⅡ标准安全输出板把 CPU 的安全输出送到外部继电器线圈和类似的负载。两块板提供 16 路独立输出，01 板处额定 12 V 输出，同时 02 板处理额定 24 V 输出。

输出由“高边”软件控制的开关控制，“高边”开关用来连接电源(＋)到输出。每个输出由多路开关防护，其功能相当于一个电路断路器。当达到过电流断开点(接近 0.75 A)时，多路开关变为高阻。当额外的负载或短路消除后，开关恢复为正常的低阻。

电源(－)短路使多路开关断开，引起 VCOR 落下，因此保护了系统中所有相关的安全输出电路。系统以同样的方式响应电源(＋)短路，把它作为一种错误输出，这种情况也使 VCOR 继电器落下。

⑧ 非安全双极输出印刷电路板。

非安全双极输出电路板能使 MICROLOKⅡ驱动双极输出，如探照式色灯信号机构。该板提供 12 位独立输出，12 位输出通道在 24 对实际输出的控制下改变极性，交替确定的线对改变物理输出的极性。

在板子的前面有两个 LED 用来指示物理输出，用黄色和绿色分别表示极性。黄色表示标准极性，绿色表示相反极性。如果没有线对确定，则输出和相应的 LED 关闭。非安全双极输出板的输出防护与 B 口或 N 口的意外连接，也防护电路短路。如果一对实际输出被确定，则一个警告信息记录在 CPU 存储器中，且输出保持关闭。重要的一点是这块板是非安全板，所以它不能用于驱动一个安全继电器。

⑨ 混合安全输入/输出板。

混合安全输入/输出板提供同一类型的输出通道作为标准安全输出板，和同一类型的输入通道作为安全输入板。这块板通常用于较小规模的 MICROLOKⅡ应用，即它不要求一块板上的全部 16 个通道。混合安全输入/输出板包括 8 个输出通道和 8 个输入通道。使用混合安全输入/输出板省去了对独立标准安全输出板和安全输入板的需要。

⑩ 非安全输入/输出 PC 板。

非安全输入/输出印刷电路板能使 MICROLOKⅡ系统产生和监视非安全离散输入和输出。有 2 种形式的非安全输入/输出 PC 板可以应用。

部件号为 N17006101 的板提供 MICROLOKⅡ的 CPU 与局控板(在线 LCP 或远程单元)之间必需的输入/输出接口。这块板由两组独立的并行 I/O 线组成，分别位于独立前面和后面边缘接头。前面的 48 芯接头提供用 LCP 接口的 16 位输入和 24 位输出，后面 48 芯接头(插板柜后板)提供 16 位输入和 8 位输出用于外部电路。部件号为 N17006101 的板被安装在局控板后面，前板不可见。

部件号为 N17061501 的输入/输出板仅用于外部输入/输出电路，并通过其后面的 96 芯接头提供 32 位输入和 32 位输出。使用多路开关来防护外部电路，多路开关的功能类似于电路断开器。当超过过电流断开点时(约 0.75 A)，多路开关变为高阻；当额外负载或短路消除后，多路开关恢复为低阻。每种板子上的两个输出都由 5.0 A 熔丝防护。这些输出电路用于控制最大值为 25W 的表示灯。所有输入响应电压为 DC 6～30 V。非安全输入/输出板使用 IC 门来缓冲输入和晶体管场效应以便驱动输出。

⑪ 电源供电 PC 板。

部件编号为 N16600301 的电源板提供两个可调整的输出电压，用于动作 MICROLOKⅡ系统的插板柜电路。电源板完成如下功能：

• 把外部供电电压(DC 9.5～16 V)转化为可调整的输出电压±12 V 和±5 V，用于动作系统插板柜内部电路。

• 为外部的连接设备提供一个隔离电源。

• 在 CPU 板控制下，励磁 VCOR 继电器。

注意：该板的最小启动电压为 DC 11.5 V。

在 MICROLOKⅡ系统故障—安全设计中，电源板起重要作用。只要由 CPU 进行不间断诊断测试检测到无内部或外部系统故障发生，则 MICROLOKⅡ的 CPU 板输出 250 Hz 检测信号给电源板。如检测到故障，则没有检测信号发送到电源板。这时电源取消 VCOR 继电器线圈 400 Ω 的自闭电压，使系统所有的安全输出取消。

可调电压±12 V和±5 V通过插板柜后板总线供给系统所有插板柜印刷电路板，两个电压用于电源板组成部分及电路。电源板的12 V输出不作为任何安全或非安全输出的电源，而使用外部电池电源。可选的MICROLOKⅡ断电继电器用来检测市电（商业用电）的故障，作为MICROLOKⅡ系统的电池充电器使用。该继电器的输出可以和一个非安全或安全输入相连接。

（3）MICROLOKⅡ的安全原理

① VCOR概念

VCOR是MICROLOKⅡ的安全切断继电器，VCOR控制系统的所有安全输出电源。VCOR的接点控制所有插板安全输出的电池电源的供给，如道岔机构继电器。VCOR继电器在插板柜CPU板微处理器的控制下，完成对MICROLOKⅡ内部电路和外部电路接口的不间断诊断。这些诊断包括监视与外部电路相联系的接口点处所有安全输入和输出通道。微处理器对影响安全失效的响应是命令插板柜电源板取消VCOR线圈的DC供电。因此VCOR落下，前接点断开，则不能供给安全输出板电源，这种故障—安全功能使与MICROLOKⅡ系统相关的联锁设备故障而处于最受限制的状态。

CPU板被用于所有MICROLOKⅡ应用中，该板的通用功能包括通过插板柜电源板和一个外部VCOR继电器控制安全输出的电源（故障—安全功能）。一种US&S生产的安全偏置继电器PN-150B用作VCOR。其他需要的部件包括一个400 Ω的线圈和6FB接点，由低电压前接点和后接点组成。VCOR的设计包括双电源和回路，以消除电压降。

② 故障—安全概念

在MICROLOKⅡ系统的故障—安全设计中，CPU板起着关键的作用。CPU通过插板柜电源及一个外部VCOR继电器控制安全输出的电源来确保故障—安全工作。诊断检测失效会导致删除电源板的检测信号，这时电源板删除VCOR继电器线圈（400 Ω）的自闭电压，导致删除系统所有安全输出的电源。

（4）串行通信

系统的基本要素之一是电路隔离和防护，系统的串行通信适配器板提供安全串行链接的防护。当一个MICROLOKⅡ系统必须与另一个处于不同设备室或设备箱中的系统通信时，要采用串行通信适配器板。该板把串行信号转换为20个电流环电平，确保外部电压的瞬变不会影响两室之间的串行通信信号。

MICROLOKⅡ系统可以配置为和一个远程非安全编码系统通信，该编码系统负责处理联锁与中央控制室通信。对大多数编码系统应用来说，该功能由一个安装在插板柜上的编码系统接口印刷电路板及用串行通信线连接的一个串行隔离器单元来完成。编码系统接口印刷电路板在功能上与用于US&SGENISYS-2000

系统中的增强型控制器印刷电路板相同。MICROLOK Ⅱ 与 US&SGENISYS 或 GENISYS-2000 设备的通信可直接通过 MICROLOK Ⅱ 的 CPU 板，或使用一编码系统接口 PC 板来实现。当 CPU 板用来管理接口时，编写的 CPU 应用逻辑软件去支持 GENISYS 或 GENISYS-2000 接口的要求。另外，CPU 板的四个串行 I/O 口之一用来与远程基于 GENISYS 系统的通信链接。

串行链接隔离器板被设计成能防护 MICROLOK Ⅱ 的 CPU 板或编码系统接口 PCB 与编码系统之间的非安全串行通信线电压的瞬变。该板有两种类型可用。

A 类板（N17002201）工作电压为 DC 9.5～16.2 V，实现 CPU 或编码系统板与串行线或调制解调器之间的隔离。如果需要，该板也能提供隔离的＋12 V 和－12 V给调制解调器供电。

B 类串行链接隔离器板用于 ATCS 应用（该板的部件号随后被指定），该单元转换和调整信号的大小以便与平衡的 RS-485 和不平衡的 RS-423 串行口兼容。

两类板都安装在插板柜架的背板底部，每一模型都包括两个 25 芯“D”（雌）接头，用于 MICROLOK Ⅱ 和外部串行通信线的接口，同时包括 6 个电源接线端子。端子对 J1 提供输入电源给板子，同时端子对 J2 和 J3 提供隔离的 12 V 输出给外部调制解调器。通过端子对 J2 和 J3 串联，可产生一个 24 V 的输出。

3. VPI2 型计算机联锁系统

VPI2 为安全型计算机联锁系统，整套系统为全进口产品，与轨旁设备接口采用国产继电器接口，系统组成如图 3.10 所示。该系统用于接收和发送联锁信息以及控制信号设备，这些信息包括：轨道电路、信号机、道岔位置等安全信息以及 DOT（列车方向）、DI（发车表示灯）等非安全信息。

VPI2 型计算机联锁系统为热备冗余的系统，在任何时候主备倒换不会影响设备的正常使用。VPI2 型计算机联锁系统由逻辑运算子系统（SLE）、安全输入/输出单元、切换管理子系统（SSW）和诊断维护子系统（SDM）组成。

（1）逻辑运算子系统

逻辑运算子系统主要负责计算联锁变量，校验安全变量的输出，处理各模块及网络间的信息传输。其分为五部分：主处理模块（MAIN）、重校验模块（RECHK）、安全通信模块（VOCOM）、安全电源驱动与控制模块（EVPD）和非安全 I/O 模块（NVIO）。

① 主处理模块（MAIN）

主处理模块要由 ECPU3 板、ESYMOD 板和 EIONT 板组成。ECUP3 是主模块的核心，它负责计算和存储来自不同模块的信息，ESYMOD 与 ECUP3 固定在同一块板子上用于检测逻辑单元（N/R）是否同步，EIONT 板是与安全输入板的一个接口。

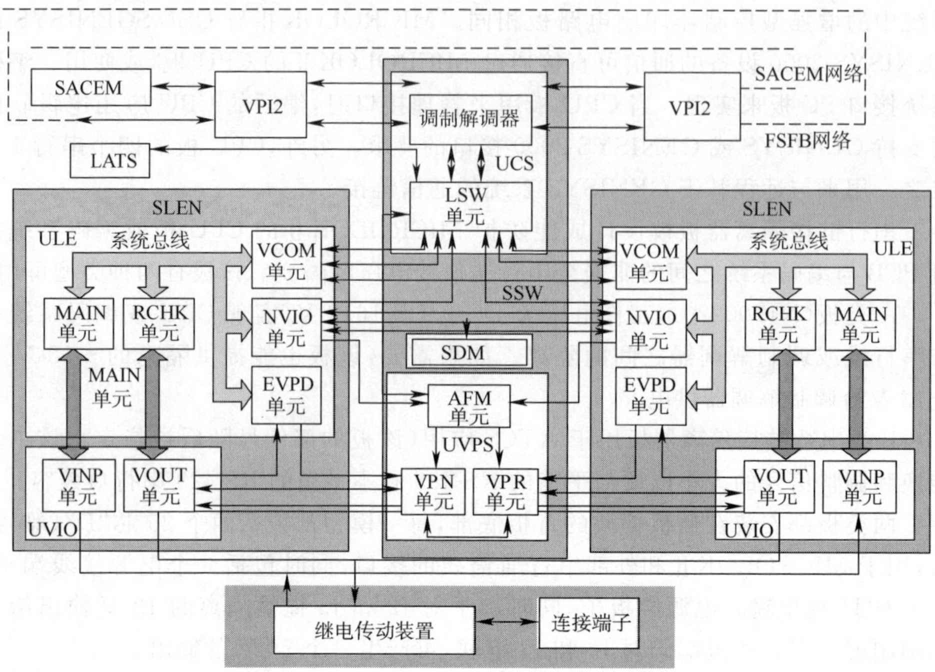

图 3.10　VPI2 型计算机联锁系统的组成

主处理模块的功能如下：

- 本地安全输入的读取；
- 从邻站安全信息输入；
- 布尔代数方程计算；
- 将计算结果分发给安全输出模块或非安全输入输出；
- 向安全驱动模块发送校验码；
- 主备逻辑单元同步。

② 重校验模块(RECHK)

重校验模块主要由 ECUP2 板和 EIOINT 板组成。ECUP2 负责把主模块的计算结果输出到安全输出单元并检查输出状态是否与原命令一致，EIOINT 是 ECUP2 与安全输出的接口。

重校验模块的功能如下：

- 本地安全输出；
- 本地安全输出的检查；
- 安全输出的再次检查；
- 将检查字返还给主模块。

③ 安全通信模块(VOCOM)

安全通信模块由三块 EHICOM 板构成,它们的分别连接 ATC 网络、主备冗余检测网(N/R)和联锁网络(FSFB),用来交换信息和数据。

安全通信模块的功能如下：

- EHICOM ATC:VPI2 与轨旁 SACEM 之间的通信；
- EHICOM N/R:主备 VPI2 之间的通信；
- EHICOM FSFB:全线 VPI2 网络之间的通信。

④ 安全电源驱动与控制模块

安全电源驱动与控制模块由 EVPD 板组成,其任务是给安全输出提供故障—安全电源,在确认逻辑单元与校验模块的输出结果一致后允许安全电源向输出板提供输出电能,确保输出的安全一致性。

安全电源驱动与控制模块具有输出检查与允许输出安全信号的功能。

⑤ 非安全输入/输出(I/O)模块(NVIO)

非安全输入/输出模块由 ECUP1 板、EHICOM DMS 板、E32INP 板和 E32OUT 板组成。ECUP1 是本模块的核心,处理从 E32INP 来的非安全信息并将处理好的非安全信息输出到非安全输出板,EHICOM DMS 是 VPI2 与 LATS 之间的通信板,E32OUT 用于输出非安全数据。

非安全 I/O 模块(NVIO)的功能如下：

- 本地非安全输入的读取；
- 本地安全输出；
- 与诊断系统的通信(SDM)；
- 主备 VPI2 之间的非安全信息的通信；
- 与 LATS 的通信以及处理来自 LATS 的远程控制；
- 主备 VPI2 的自动或人工切换。

(2)安全输入/输出单元

安全输入/输出单元由安全输入模块(VINP)和安全输出模块(VOUT)组成,负责室外信息的输入,和向室外设备输出控制命令。

① 安全输入模块(VINP)

安全输入模块由 EIOBUF 板和 EVIN16 板组成,EVIN16 板提供 16 路独立的安全输入通道,通过光电隔离装置与外界输入隔离。EIOBUF 是 ECUP3 与 EVIN16 通信的接口板,将多个输入板的数据译码后发送给主处理模块。

② 安全输出模块(VOUT)

安全输出模块由 EIOBUF 板、EOVCM 板和 EDBO16 板组成。ECUP2 的安全输出信息发给 EIOBUF 译码后传送给 EDBO16 板,最终输出给室内继电器。

(3)切换管理子系统

① 电源切换

切换管理子系统用于提供安全输出电压,提供自动倒切控制,由 VP 板、AOVD 板和 AFM 板组成,VP 板功能为:检查与确认 EVPD 模块的电源是否允许;本地安全输出的重新检查。VP 板提供 12 V 电压,AOVD 板用于监控 VP,AOVD 通过故障—安全电路检测 VP 的状态并给逻辑运算子系统提供信息。AFM 板的功能为:自动以及人工切换联锁主/备机(自动切换是由 LATS 来的命令控制)。

② 通信切换

通信切换主要负责各网络中的主备冗余通道的切换,保证全线中联锁设备间的通信。其由 SUP_AL5 电源板、SUP_AL15 电源板、ELH 切换板、CRSA2 调制解调器组成。其中 SUP_AL5 和 SUP_AL15 分别提供 5 V 和 15 V 直流电源。ELH 板用于各网络 A/B 网络之间的转换,将所有的通信接口连接到正在工作的 ULE。3 块 ELH 分别对应 ATC 网络,FSFB 网络和 LATS。CRSA2 用于将信息解调为可工作信号,4 块 CRSA2 调制解调器板,分别用于连接 FSFB(A)、ATC(A)、FSFB(B)、ATC(B)网络线路。每个网络分别有两块调制解调单元。

(4)诊断维护子系统

诊断维护子系统主要用于 VPI2 系统的诊断与维护,其由一台工控机和显示器组成,它从 VPI2 系统收集各种变量信息并以图形化形式来显示,方便了维护人员的诊断。

诊断维护子系统的功能如下:

• 存储 VPI2 内不同模块产生的诊断信息和报警。

• 存储来自现场设备的基本诊断信息和报警(信号机的主灯丝完整性、转辙机的运转、综合电源 1/2、屏蔽门的强迫控制、站台紧急按钮)。这些信息为 VPI2 的输入。

• 存储 VPI2 的控制、显示和运行数据。

• 为维修人员查找和修复故障提供文本数字的和图形支持。

• 提供有关道岔运行的总次数和信号机点亮的总小时数这些简单的预防性诊断信息。

• 提供用于离线分析的存储文件的下载工具或通过本地打印机打印这些文件。

(5)VPI2 网络

为了保证全线行车的安全、可靠,全线的 VPI2 设备以及 SECEM 设备必须连接在网络上,以保证相邻区域信息的传输,穿越管理边界。整个系统可分成 FSFB

网络(NET1)、ATC(NET0)网络、SECEM网络。

① FSFB网络

FSFB网络为联锁网络,是用于各个VPI2机之间传输联锁安全信息。由于联锁的设计要求,在保证行车安全的同时需要检查下一个联锁区段的安全信息,这些信息都是通过FSFB网络来传输。一旦网络瘫痪,则无法向这一VPI区域办理进路,并在MMI显示双向箭头。

全线VPI2机的网络通过光纤和光纤调制解调器相连,在FSFB网络上通过双冗余技术保证网络传输安全可靠。

② SACEM网络

SECEM网络主要用于传输进路地图和行车安全相关的信息。全线的SECEM网络通过光千和光千调制解调器相连,在SECEM网络上通过双冗余技术(即网络连接分为A、B两个网络)保证网络传输安全可靠。

③ ATC网络

ATC网络主要用于一个SECEM区域内的VPI2与SECEM相连,将联锁信息和进路信息相连,从而达到列车安全运行的目的。全线的ATC网络通过光纤和光纤调制解调器相连,且一个SECEM区域中的所有VPI2机和SECEM光纤调制解调器相连。在SECEM网络上通过双冗余技术保证网络传输安全可靠,即网络连接分为A、B两个网络。

4. iLOCK型计算机联锁系统

(1)系统概述

iLOCK型计算机联锁系统是一种"故障—安全"的安全型联锁系统,系统是以微处理器为基础的计算机联锁信号控制系统。

iLOCK型计算机联锁系统的联锁机采用二乘二取二双CPU作为核心控制器,在VLE安全结构基础上,设有独立于双CPU核心控制器的安全校验模块,iLOCK计算机联锁系统具有"I/O端口50 ms周期独立相异校核字动态测试""独立计时器""双通道相异软件""固有故障—安全""组合故障—安全""反应故障—安全"等可编程安全系统设计技术,保证了系统的高安全性。

iLOCK型计算机联锁采用先进的FSFB2(Fail-Safe Field Bus)故障—安全现场总线技术与ATC系统紧密结合,使其与ATC系统的组网方式简洁,保证数据交换的安全性和实时性。

iLOCK计算机联锁系统采用双系并行控制的二乘二取二联锁计算机、双网通信,采用逻辑上环网连接。采用模块隔离技术,各子系统内部切换不影响其他子系统正常工作,即任何一个联锁计算机或网络设备不能正常工作,系统通过自动重组后,仍可继续正常工作,不会导致其他子系统无故切换。

iLOCK 型计算机联锁系统具有自诊断功能,故障定位到板级,输入/输出板故障定位到具体位。用户可通过观察指示灯或者在 SDM 上点击“诊断维护电子向导”等多种方式进行故障处理。

iLOCK 型计算机联锁系统的结构如图 3.11 所示。

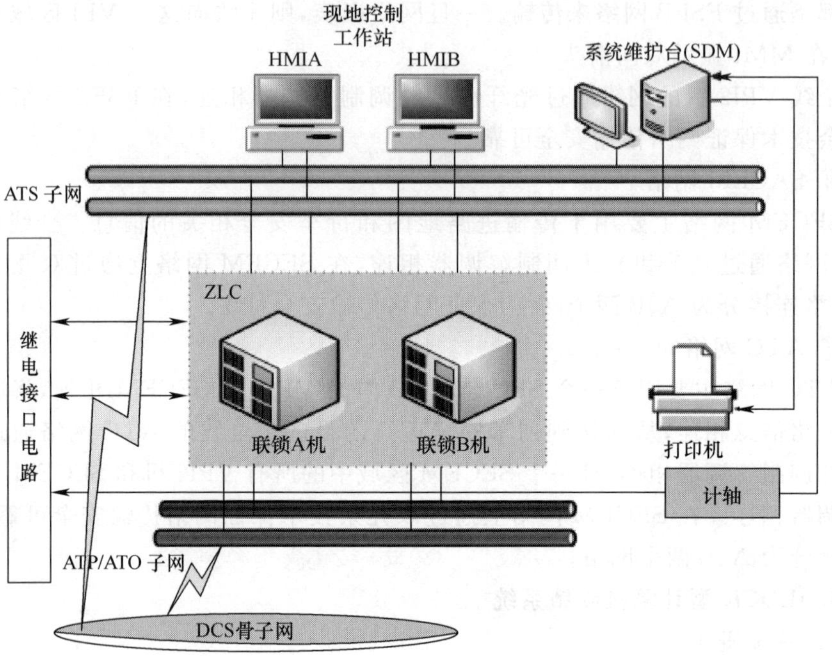

图 3.11 设备集中站 iLOCK 型计算机联锁系统结构

每个设备集中站的配置如下:

① 设置一套双系热冗余的二乘二取二联锁系统,负责完成管辖区域内的所有联锁功能,及与轨旁 ZC 和车载 CC 之间的接口和数据传输。该设备布置在设备集中站的信号机房内。

② 配置 2 层冗余的通信传输结构,一层为联锁系统与 ATS 子系统、系统维护台及现地控制工作站之间的信息交换提供网络传输通道;一层为联锁系统与车载 CC 和轨旁 ZC 之间的信息交换提供网络传输通道。上述传输设备均安置在信号机房的网络机架内。

③ 设置一套热冗余的现地控制工作站(HMI)。车站值班员的操作命令(如进路办理、单操道岔、开放引导进路等所有的联锁操作)经 HMI 处理后送给联锁系统;联锁系统把联锁运算后的相关表示信息(信号机状态、道岔位置、区段状态等)送至 HMI 上显示。该设备布置在综控员室的综合控制台上。

④ 设置一个系统维护台(SDM),负责完成本设备集中站所辖车站的联锁诊断和故障记录等,并把相应的信息内容通过网络送至维修中心。该设备布置在信号机房内的维护操作台面上。

⑤ 其他接口设备。

(2)iLOCK 型计算机联锁系统原理

联锁计算机是一种基于 NISAL 技术,带独立"故障—安全"校验 CPU 的硬件安全冗余车站联锁控制系统,其逻辑电路由安全型逻辑组成:它把传统的由继电器实现的联锁逻辑和控制逻辑"写"成一系列逻辑表达式(即布尔表达式),这些逻辑表达式的正确实施就是通过数字集成安全保证逻辑(Numerically Integrated Safety Assurance Logic,NISAL)技术来保证的。NISAL 技术的运用使得联锁计算机具有"故障—安全"特性。同时,NISAL 是一种安全型逻辑,并且在基本逻辑(即联锁逻辑)以外运行,因此 NISAL 提供的是一种独立的安全校核。

(3)典型机架结构和联锁机的硬件组成

如图 3.12 所示为典型的联锁机系统硬件结构。

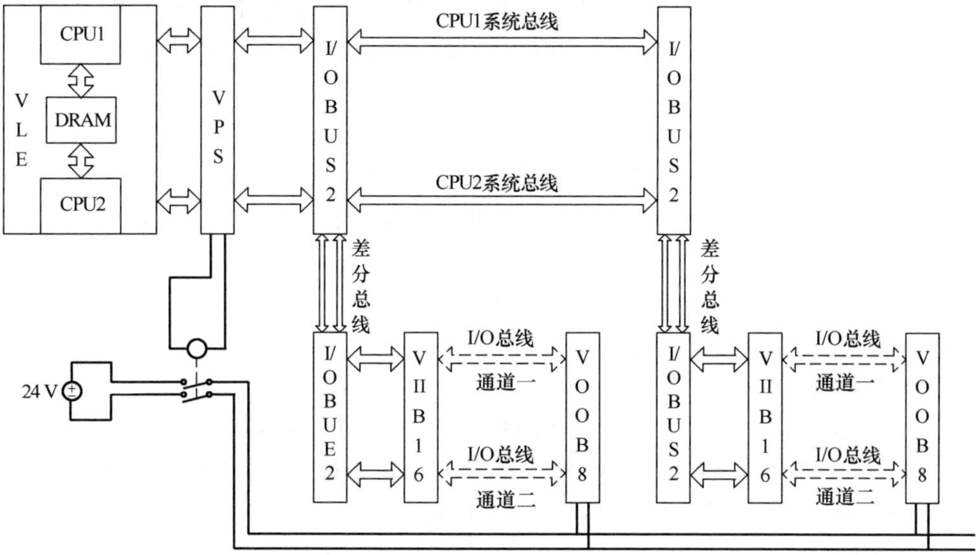

图 3.12　联锁机系统硬件结构

联锁机使用双 CPU 独立运算,两个 CPU 运算采用的数据互不相同,这些数据包括安全采集数据、安全输出数据、安全通信数据和中间数据,它们都是通过冗余编码选择而得。两个 CPU 分别进行一个通道的运算,两个 CPU 之间具有数据比较、同步比较、结果比较等联系,只有运算结果相同时,才允许输出。

两个 CPU 内都不会存储有关安全性的任何真值,安全采集数据是通过每个主周期采集得到，安全输出数据由布尔表达式运算得到，所有的安全数据在本周期内使用完毕后就会被清除。

① VLE 板

VLE 板是整个联锁系统的安全核心之一。它执行各种与联锁相关的逻辑操作，包括输入输出地址控制；将系统启动的信息及故障信息传送给维护诊断子系统等。VLE 板采用了高性能的嵌入式计算机板，具有高集成度和大运算能力的特点，并时刻接受安全校验板的安全监督，保证了系统的安全稳定。

VLE 板上的芯片分为系统芯片和应用芯片。系统芯片中写入的是系统软件。应用芯片中写入的是应用软件，应用软件由应用工程师在 BOOL-CAD 软件包的支持下，以满足不通联锁车站的数据和联锁规则要求。应用软件必须经 CAA 软件包编译检查、生成 iLOCK 系统专用的应用数据（ADS）后才能被系统所接受执行。

② VPS 板

VPS 板是 iLOCK 系统的安全型动态监视机构，独立于 VLE 板面对系统进行全面的安全检查。iLOCK 系统通过安全检查后励磁一个安全型继电器 VRD，用以证明系统自检正常。当发现系统有错误时，VRD 继电器立即失磁，将会切断 iLOCK 所有的安全型输出的电源。

③ I/OBUS2 板

I/OBUS2 板是 VLE 板和输入输出板交换信息的通道，每块 I/OBUS2 板上设置一块鉴别芯片，供 VLE 板正确识别 I/OBUS2 板。I/OBUS2 板功能如下：

- 采集输入板的状态；
- 控制输出板的输出；
- 传送输出口状态校验信息。

④ I/OBE2 板

输入/输出总线接口板（I/OBUS2）板与输入/输出总线接口缓冲板（I/OBE2）配合工作，共同完成系统对输入/输出的控制。每个输入/输出机箱设置 1 块 I/OBE2 板，每个 I/O 机箱可以放置 13 块 I/O 板。

⑤ VIIB 板

VIIB 板又称安全型双采输入板。每块输入板包含有 16 个安全输入口，安全型双采输入板的电路使联锁机能安全地检测每一个输入的状态。

对应 16 路输入，每路输入均有一个 LED 指示灯，在输入接通时，指示灯亮。

⑥ VOOB 板

VLE 板通过 VOOB 板产生输出信号，驱动接口设备，并且系统能时时检测 VOOB 板输出的正确性，输出与实际驱动的一致性。作为双断输出板，VOOB 板为二取二系统的两个 CPU 分别提供正负电控制对象。每块 VOOB 板有 8 对输出，每对输出设一个正电输出和一个负电输出对应一个有效输出。每对输出端口设一个指示灯，当正电和负电输出同时有效时，相应的指示灯点亮。

VLE 板采用双 CPU 进行运算，对同一信号设备，在 CPU1 和 CPU2 中采用了独立相异的二组编码来表示，运行各自独立的软件，使联锁机从硬件到软件均构成二取二的“组合故障—安全”体系结构。

第4章 基于轨道电路的列车自动控制系统及其应用

基于传统轨道电路的自动闭塞称为固定闭塞ATC系统,闭塞分区按线路条件经牵引计算来确定,一旦划定将固定不变。列车以闭塞分区为最小行车间隔,ATC系统根据这一特点实现行车指挥和列车运行的自动控制。固定闭塞ATC系统又可分为速度码模式和目标距离码模式。

1. 速度码模式(台阶式)

速度码模式因闭塞分区长度的设计受限于最不利线路条件和最低列车性能,不利于提高线路运输效率。固定闭塞速度码模式ATC是基于普通音频轨道电路,轨道电路传输信息量少,对应每个闭塞分区只能传送一个信息代码,从控制方式可分成入口控制和出口控制两种,从轨道电路类型划分可分为有绝缘和无绝缘轨道电路两种。

以出口防护方式为例,轨道电路传输的信息即该区段所规定的出口速度命令码,当列车运行的出口速度大于本区段的出口命令码所规定的速度时,车载设备便对列车实施惩罚性制动,以保证列车运行的安全。由于列车监控采用出口检查方式,为保证列车安全追踪运行,需要一个完整的闭塞分区作为列车的安全保护距离,限制了线路通过能力的进一步提高。

2. 目标距离码模式(曲线式)

目标距离码模式一般采用音频数字轨道电路或音频轨道电路加电缆环线或音频轨道电路加应答器,具有较大的信息传输量和较强的抗干扰能力。通过音频数字轨道电路发送设备或应答器向车载设备提供目标速度、目标距离、线路状态(曲线半径、坡道等数据)等信息,车载设备结合固定的车辆性能数据计算出适合于列车运行的目标距离速度模式曲线(最终形成一段曲线控制方式),保证列车在目标距离速度模式曲线下有序运行。这种模式不仅增强了列车运行的舒适度,而且列车追踪运行的最小安全间隔缩短为安全保护距离,有利于提高线路的通过能力。

4.1 速度码模式(台阶式)ATC系统

4.1.1 系统概述

系统采用集中站控制结构,并受CATS(设置在运行控制中心的ATS设备)中央控制。CATS与集中站(或车辆段)之间借助于通信系统的PCM通道,通过数据传输系统(DTS)交换信息。在通常情况下,控制中心根据列车运行时刻表,通过LATS向集中站发送控制命令,经系统处理后再通过轨旁设备执行,排列进路和开放信号,向列车发送ATP速度命令和开、关门命令等。同时轨旁设备将列车位置、车号、道岔位置、信号机状态等表示信息反馈到CATS,CATS根据这些表示信息对停站时间、运行等级等进行自动或人工接入调整。

4.1.2　列车自动监控子系统(ATS)

ATS系统与列车自动防护系统(ATP)和列车自动驾驶(ATO)系统一起组成了列车自动控制系统(ATC)。ATS作为列车自动控制系统的一个重要组成部分,主要用于监督和控制列车的运行。ATS系统的设备主要分布在运营控制中心、主要设备站及停车场。设置在运行控制中心的ATS设备简称为CATS,设置在车站的ATS设备简称LATS。

1. ATS系统基本功能

(1)列车描述功能

通过处理由信号和联锁系统发送的数据对网络中运行的所有列车的位置及识别号数据进行汇总。该功能通过动态模拟图进行列车运行综合图的数据处理,模拟显示图在操作员控制台彩色显示屏上显示,并在模拟显示盘上显示。列车描述模拟图由ATS获得的数据更新,把实时相关信息提供给线路操作员以便监控和指挥列车的运行。

(2)自动进路设置(ARS)

该功能允许自动控制进路,该功能可通过自动通过进路、自动调度进路及ID自动触发进路来进行自动进路的设置。任何情况下,操作员都有可能为非计划的和紧急列车运行人工控制进路。

(3)时刻表管理

时刻表定义了列车运行,完成一个运营日内正常运行条件下的运营。系统提供了10类基本时刻表。用户可选择其一作为工作日、周六、周日或假日时使用的时刻表。时刻表是由时刻表人机接口设备进行在线和离线管理的。

① 离线管理:时刻表工具通过一个图解用户界面,建立和修改时刻表。

② 在线管理:时刻表工具允许监控列车循环运行并调整和修改计划列车的运行(如增加一趟车,取消一趟车,修改停车时间)。

(4)运行调整

列车的运行调整也就是运行图的调整,列车的运行时间应与时刻表中定义的列车运行的理论时间相一致,此时间用于列车的正常运行。发车命令将通过每个站台的列车发车表示器传达给列车司机。

如果列车运行干扰较小时，ATS运行调整功能自动调整停留时间和列车性能，或只调整两者之一，来恢复时刻表运行。如果列车运行混乱时，ATS运行调整功能会向操作员提供人工方法，调整和修改计划内列车运行，从而恢复运营。

(5)线路监督和报警控制

监督信号设备状态并管理报警确认。

(6)人工控制

当有非计划列车、降级模式或有紧急情况时，该功能允许操作员人工控制进路和信号设备。操作员也可扣车，并在任何时候结束扣车，也可决定跳停的车站。

(7)旅客信息系统

ATS根据正在使用的时间表，向旅客信息系统提供实时数据。这些数据根据现行时刻表的更新情况而更新，这些信息来自管理运行时间表的CATS。

(8)回放

回放功能可由操作员执行，来回放系统记录的事件、报警及以前的运行情况。操作员在维护工作站上启动回放软件，输入回放时间范围并启动回放，就可以在他的操作台上看到数据库的记录。系统能记录全天的运行数据，记录的回放数据可以转存到软盘或CD-Rom上，提供不同的回放速度。

(9)LATS主要完成自动进路的办理，列车停站时间的计时，操作控制中心(OCC)与联锁设备及TWC设备之间的数据传输。

2. ATS系统结构

列车自动监控系统是按分布式结构建立的。该结构分布于操作控制中心和主要设备站。ATS结构为提供最大利用率的冗余网络分布式结构。LATS通过MODEM与CATS连接。

ATS由多层次系统组成，在OCC的中央ATS是较高层的，在车站的车站DTS是较底层的。中心与车站、车辆段通过MODEM经由通信通道进行连接。

(1)OCC内ATS的主要设备及其功能

所有工作站都运行相同的程序，主要完成ATS操作功能，结构如图4.1所示。

① 2个调度员工作站：以调度员权限登录，主要用于调度员对列车运行的控制与监视；

② 1个主调度员工作站：以主任调度员权限登录，主要用于主任调度员对列车运行的监控；

③ 1个维护员工作站：以维护员权限登录，主要用于维护员进行日常的ATS维护工作；

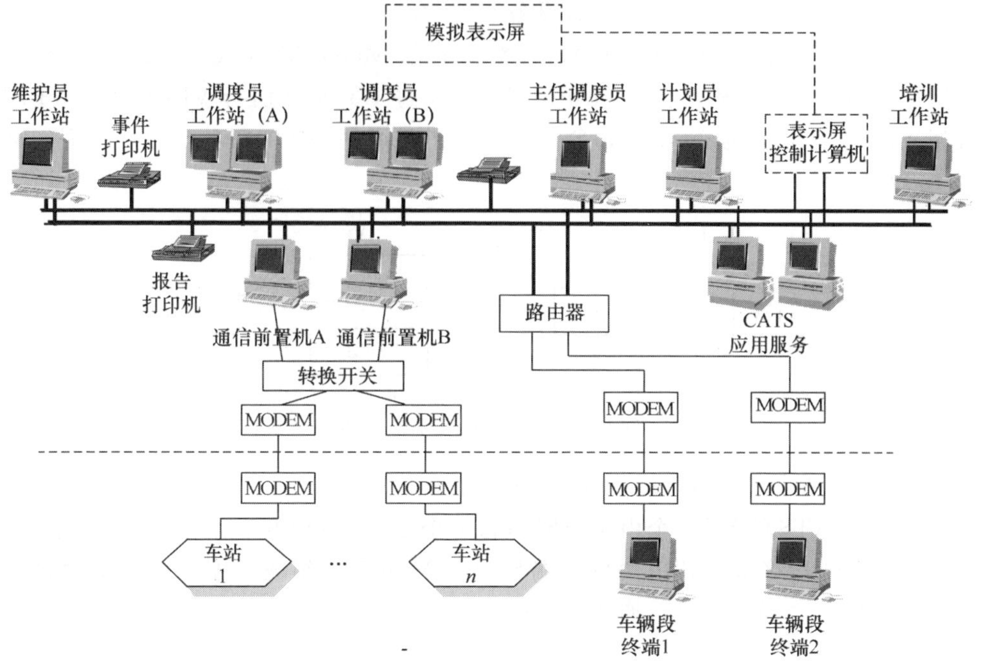

图 4.1　ATS 结构

④ 1 个计划员工作站：以计划员权限登录，主要用于计划员进行列车运行计划的离线编辑；

⑤ 1 个培训员工作站：以培训员权限登录，主要用于对调度员及相关人员的 ATS 操作培训；

⑥ 2 个应用服务器：一台主用，另一台热备，主要用于系统各项功能的处理，数据库的使用，自动调整功能的运算等；

⑦ 2 台通信前置机(FEP)：一台主用，另一台热备，主要用于同车站 LATS 通信，它将调度员的控制命令发送给 LATS 并接收车站发来的表示信息，它还与时钟系统连接，接收来自时钟系统的实时钟信息；

⑧ 1 个大屏控制器用于控制大屏的显示；

⑨ 两套冗余的交换机(一套为主，另一套热备)用于网络通信；

⑩ 路由器用于中心到车辆段的网络通信；

⑪ 事件打印机用于事件打印；

⑫ 报告打印机用于报告打印；

⑬ 开关切换单元主要用于进行通信前置机双机切换。

(2)每个主要设备站内的 ATS 设备及其功能

1 个 LATS 系统由 1 台 DTM 设备与 1 台 MODEM 组成,如图 4.2 所示,LATS 由一台 DTM 和一台 MODEM 组成,通过 DTM 分别与 VPIA 机和 VPIB 机相连。网络结构为车站 LATS 与 OCC 之间通过 MODEM 点对点通信,如图 4.3 所示。

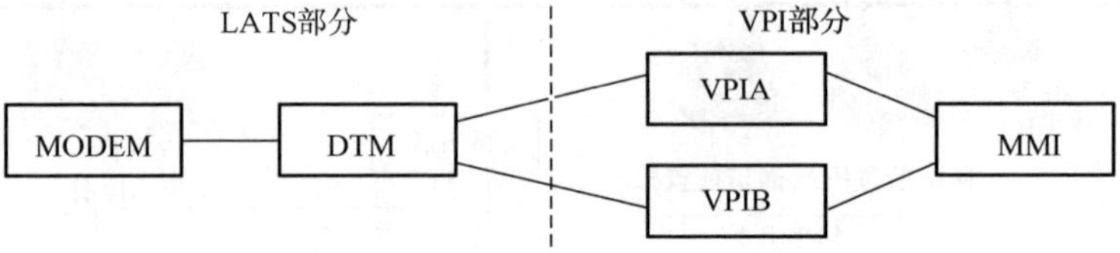

图 4.2　车站 LATS 系统结构

(3)停车场或车辆段区域内的 ATS 设备及其功能

由 2 个 ATS 终端(每个由 1 个屏幕和 1 个键盘组成)和 2 个车站 DTS 组成。停车场或车辆段终端设备由两台终端与两台 MODEM 组成。停车场或车辆段终端设备与 OCC 之间的通信,如图 4.4 所示。

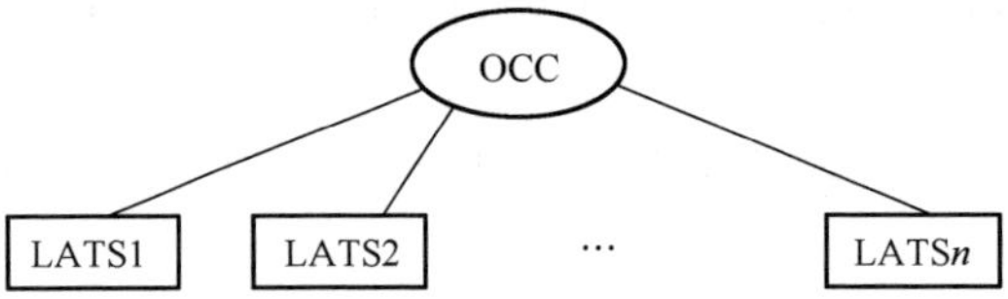

图 4.3　车站 LATS 与 OCC 的网络结构

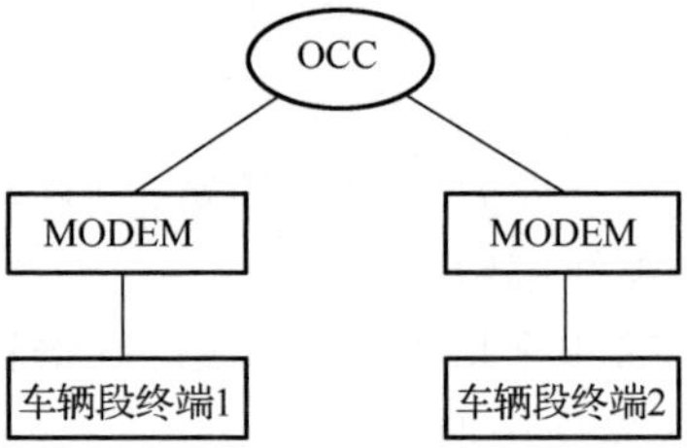

图 4.4　车辆段终端与 OCC 的网络结构

ATS 子系统是由地面 ATS 子系统、车载 ATS 子系统、控制中心 ATS 子系统构成,该系统执行的功能是自动进路排列,调整运行时刻表,通过 TWC 系统作为控制中心与列车之间的通信链路,建立通信联系。

4.1.3　列车自动防护子系统(ATP)

1. ATP 子系统概述

ATP 是确保行车安全、缩短行车间隔、提高行车效率的重要设备,它是 ATC 系统的核心和关键。

为了确保行车安全和高通过能力,ATP 子系统采用自动闭塞方式,将轨道线路通过音频轨道电路分成若干个闭塞分区,轨道电路内有列车检测信号的发送、接收设备以及机车信号的发送设备，一般除了在道岔区段设置信号机外，正线上其他地方不设信号机。列车根据从轨道电路接收到的 ATP 速度命令运行。列车只要遵循此目标速度运行，就能保证后续列车与先行列车之间的安全间隔距离，实现超速防护。在联锁区段，ATP 子系统以联锁方式，保证列车只有在进路锁闭，相应的道岔被锁在正确的位置的情况，才允许通过。当对安全制动距离所要求的前方轨道电路出清时，就向列车发送适当的速度命令，若超速则系统实施全常用制动或紧急制动来保证行车安全。

ATP 子系统提供确保列车安全运行的安全功能。ATP 子系统提供的功能如下：机车信号的接收、速度检测、超速防护、制动保证、车门控制、零速检测和无意移动防护。此外还具有退溜防护和用于提高 ATC 系统可用度的冗余特征。

当列车配备了自动或手动操作时，ATP 子系统将防止列车运行在一个不安全的速度和防止车门打开时列车移动。

2. 室外（轨旁音频轨道电路）设备

(1)阻抗连接器(BOND)

调谐阻抗连接变压器，采用无电气隔开的自然衰耗传输设计，它包括一个带有 4 个次级线圈的变压器。阻抗连接器安装并固定在两根铁轨的中间，其中中心抽头可用于跨接另一条线路或牵引变电站之牵引回路。另外两个阻抗连接器可背靠背地安装在一起。

所有的阻抗连接器外表都一样，只是电力特性和应用有所不同。阻抗连接器通过连到阻抗连接器 J 杆的 BOND 线而接到钢轨上，如图 4.5 所示。

阻抗连接器用双绞线通过连接盒连到信号设备室(SER)，该双绞线导线为 2CTW14 号的音频缆线。

① 发送—接收阻抗连接器

阻抗连接器是一个单耦合装置，它为钢轨中的直流列车牵引电流提供了一个低阻抗电器，使得各种功能可同时执行。这些功能如下：

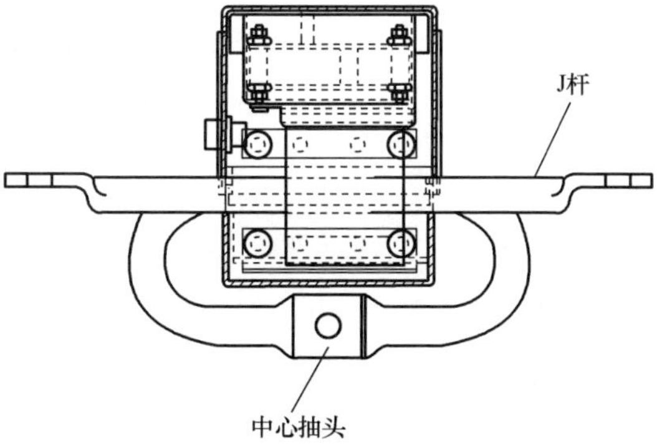

图 4.5　阻抗连接器安装结构(俯视图)

a. 将钢轨区分成不同的轨道电路区段。

b. 发送和接收列车检测信号。

c. 发送机车信号。

d. 实现 TWC 车地通信。

e. 平衡两条线路之间的牵引电流。

f. 为牵引变电站牵引回流提供连接平衡点。

轨道中的阻抗连接器除了在阻抗连接器所调谐的频率处阻抗很高外，其他时候的阻抗都很低，而其用 2 个或多个电容器调谐每个次级线圈来提高阻抗，且每个次级线圈都调谐到特定频率并对其他频率都呈现相对低的阻抗。4 个调谐电路串联相连，因此在共振频率下，调谐电路有相当大的电压降，而在其他频率下却没有电压，轨道线圈电感性地耦合到调谐次级线圈。随后，次级线圈里磁通量的变化在轨道上感应电压，反之亦然，如图 4.6 所示为典型阻抗连接器的架构，具有发送—接收阻抗连接器的特性。

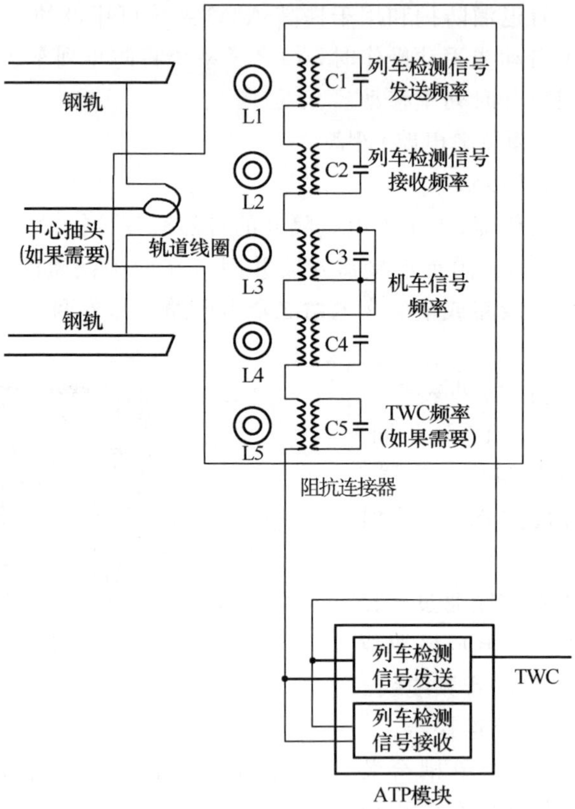

图 4.6 典型阻抗连接器的架构

g. 列车检测信号发送频率。

SER 的 ATP 模块产生的列车检测发送信号送入串联连接的调谐电路。线圈 L1 和电容器 C1 为列车检测发送频率形成一个平行共振电路，可将列车检测信号发送频率耦合到轨道线圈。因为轨道线圈连到钢轨上，在钢轨上产生的电流将随着调谐电路上的信号而变化。

h. 列车检测信号接收频率。

线圈 L2 和电容器 C2 形成一个传输频率调谐为列车检测信号接收频率的串联共振调谐电路。列车检测信号通过轨道线圈的电流变化而产生磁通量不定的磁场，因而在线圈 L2 上感应一个电压降(在 L2 上感应的电压降是频率与列车检测信号接收频率相同的 AC 信号)。

i. 机车信号发送频率。

由线圈 L3 和电容器 C3、C4 组成的共振电路为机车信号发送频率被调谐为 2 250 Hz。线圈 L3 和 L4 通过在轨道线圈感应一个电压来耦合 SER 的信号，两个线圈用于保证相邻轨道回路有足够大的机车信号，其中一个线圈远远长于另一个。因为轨道线圈连在钢轨上，钢轨上所产生的电流将随着施于调谐电路的信号而变化。电流变化引起钢轨周围的磁通量变化，再由装于列车前轴的车载接收线圈来检测磁通量的变化。

j. TWC 频率。

线圈 L5 和电容器 C5 传输频率被调谐到 9 650 Hz 的 TWC 频率，以进行列车对轨旁 SER 或从 SER 的 ATP 发送器到列车之间的车—地通信。

表 4.1 列出了 8 个阻抗连接器的列车检测信号频率、机车信号频率和 TWC 频率。

表 4.1　阻抗连接器频率表

30859-008 GR××	列车检测发送频率(Hz)	列车检测接收频率(Hz)	机车信号发送频率(Hz)	TWC 频率(Hz)
60	2 625	4 275	2 250	NONE
61	2 925	3 375	2 250	NONE
62	3 375	2 625	2 250	NONE
63	4 275	2 925	2 250	NONE
64	2 625	4 275	2 250	9 650
65	2 925	3 375	2 250	9 650
66	3 375	2 625	2 250	9 650
67	4 275	2 925	2 250	9 650

② 接收—接收阻抗连接器(双收 BOND)

阻抗连接器用在联锁区，从两个方向接收列车检测信号的接收—接收阻抗连接器在硬件结构上与以上所述的发送—接收阻抗连接器相同。联锁区的接收—接收阻抗连接器(或发送—接收阻抗连接器)必须使用 AC 耦合单元将一个电容器与轨道线圈串连以防止牵引电流通过阻抗连接器。表 4.2 列出了 4 个接收—接收阻抗连接器的频率。

表 4.2　接收—接收阻抗连接器频率表

30859-008 GR××	列车检测接收频率(Hz)	列车检测接收频率(Hz)
69	2 625	3 375
70	2 625	4 275
71	2 925	3 375
72	2 925	4 275

(2)AC 耦合单元

因为钢轨上的牵引回流可能是二个极性之一,发光二极管 CR1 和 CR2 分流背靠背相连的电容器中,其中一个电容器一旦安装好,AC 耦合单元用插在 J 杆之间的绝缘器连到中央抽头的螺栓上,这使得耦合单元与 J 杆串联连接。图 4.7 表示了 AC 耦合单元 TP1 和 TP2 连有 J 杆。AC 耦合单元安装在靠近阻抗连接器的一个小型防水封闭不锈钢箱盒里,电路如图 4.8 所示。

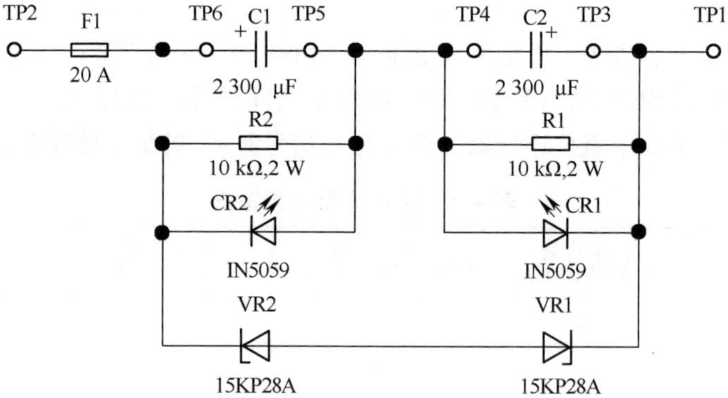

图 4.7　AC 耦合单元电路

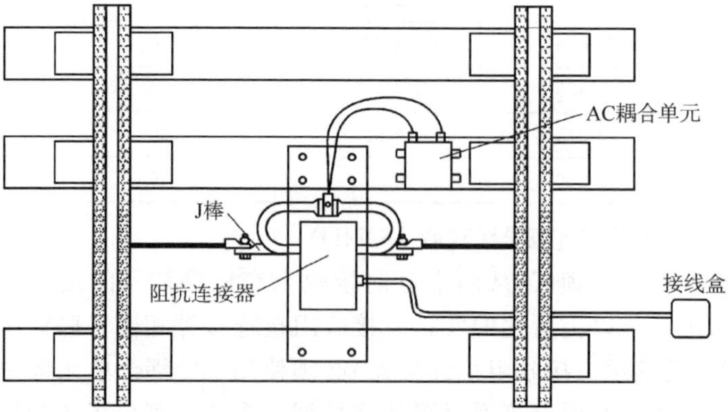

图 4.8　AC 耦合单元安装示意

(3)终端接收器

终端接收器只是用于两个列车检测信号的接收或一个单收,如图4.9所示显示了两个ATP模块与终端接收器的连接图。

终端接收器由一个带有组件板的连接盒组成,它与终端接收板连至相应的轨道电路。终端接收器装于靠近钢轨(9 m之内)的轨道电路接收端的地方,它既可安装在墙上,也可安装在轨道旁,如图4.10所示。

表4.3所示列出了8个终端接收器的列车检测信号接收频率。

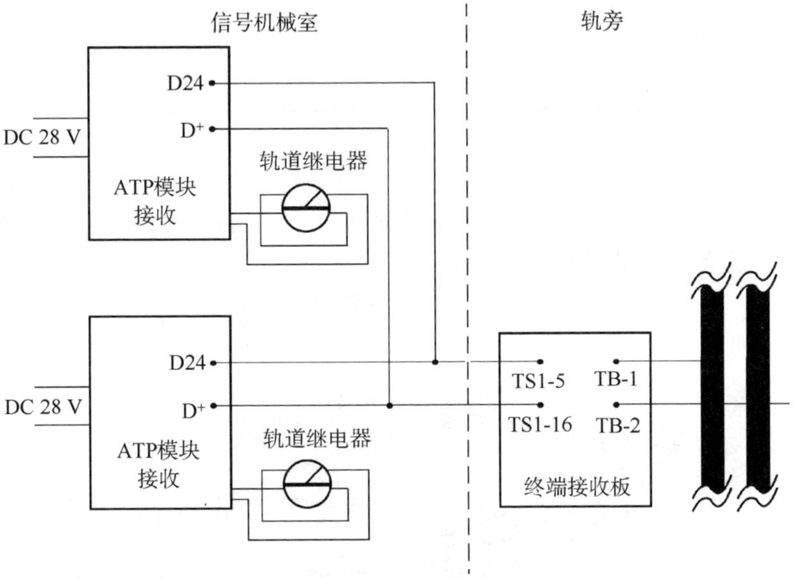

图4.9　ATP模块与终端接收器的连接

(a)安装在墙上　　(b)安装在轨道旁

图4.10　ATP模块与终端接收器的连接

表 4.3 列车检测信号接收频率

59473-509 GR××	列车检测接收频率(Hz)	列车检测接收频率(Hz)
65	2 625	4 275
67	2 625	3 375
69	2 925	3 375
71	2 925	4 275
73	2 625	
75	4 275	
77	2 925	
79	3 375	

(4)4 英尺环线

4 英尺(137 cm×122 cm)环线用于在道岔联锁区发送列车检测信号和机车信号,而列车检测信号由道岔联锁区中间的接收—接收阻抗连接器接收。如图 4.11 所示是一个完整的 4 英尺环线结构。

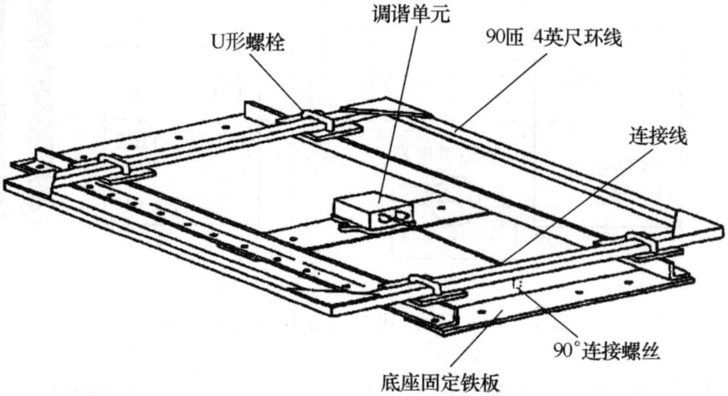

图 4.11 4 英尺环线结构

4 英尺环线分为既发送列车检测信号又发送机车信号和只发送机车信号,它们的区别在于线圈的匝数不同。前者由 90 匝的 AWG16 号铜线绕成,后者则是由 30 匝的 AWG16 号铜线绕成。绕成的线圈被铺设在三边玻璃纤维通道中。

(5)调谐单元

将来自于轨旁 ATP 模块产生的列车检测信号和机车信号经过一个变压器分别传送至相应的 4 英尺环线上,如图 4.12 所示。

(6)长环线

长环线安装在道岔联锁区内的工频轨道电路上,如图 4.13 所示,以提供机车

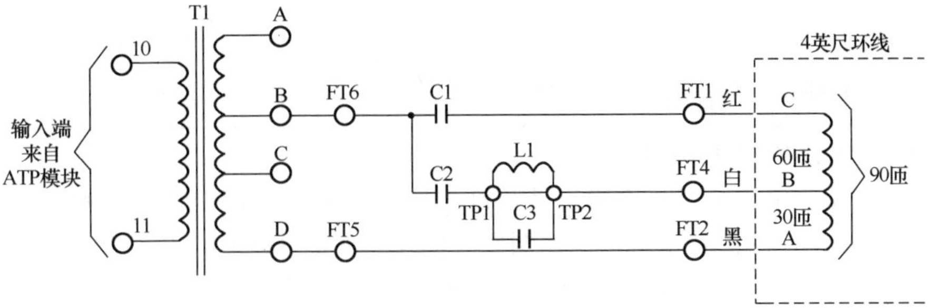

图 4.12　调谐单元

信号。长环线直接将机车信号传到列车接收器线圈而不是传到钢轨上，长环线由铺设在以钉夹固定在枕木上抗油合成橡胶管内的 AWG8 号电线构成，其长度与道岔联锁区轨道相等，但大约每 30.48 m 要交错一次（如果区内轨道短于 100 英尺，也应至少交错一次电路）以防机车信号被引入钢轨或轨道间的连接处。

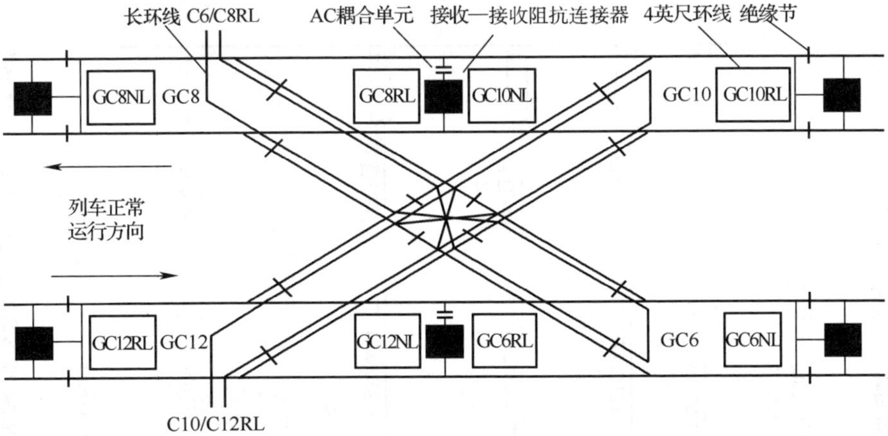

图 4.13　典型的交叉渡线道岔联锁区架构

表 4.4 说明了在典型交叉渡线道岔联锁区中，各阻抗连接器、4 英尺环线、长环线的名称及其功能。

表 4.4　典型的交叉渡线道岔联锁区各部件功能

名　称	功　能	参考设备
4 英尺环线（58290-33GR3）	在道岔联锁区内既发送列车检测信号也发送机车信号	GC8NL、GC10RL、GC12RL、GC6NL
4 英尺环线（58290-33GR2）	在道岔联锁区内只发送机车信号	GC8RL、GC10NL、GC12NL、GC6RL
长环线	在交叉渡线上传送机车信号	C10/C12R、C6/C8R

续上表

名　称	功　能	参考设备
接收—接收阻抗连接器	在道岔联锁区内接收列车检测信号	GC8/GC10、GC12/GC6

3. 室内设备(ATP 模块)

ATP 模块由两个列车检测信号及机车信号发生器和两个列车检测信号接收器组成。列车检测信号是由两个调制码率(2 Hz 或 3 Hz)中的 1 个去调制 4 个载频(2 625 Hz、2 925 Hz、3 375 Hz、4 275 Hz)中的 1 个载频。机车信号是由 9 个调制码率(3.00 Hz、4.5 Hz、5.54 Hz、6.83 Hz、8.31 Hz、10.10 Hz、12.43 Hz、15.30 Hz、18.14 Hz)中的一个调制 2 250 Hz 的载频。

ATP 模块有两套发送器和接收器板,如图 4.14 所示包含两个独立的列车检测信号及机车信号发送器和两个列车检测信号接收器,此模块用于两个独立的轨道电路。这些 PC 板上设有用于帮助维护人员排除故障和调节的 PC 板,使其正常运行的测试点、LED 指示器、开关和电位计,硬件组成如下。

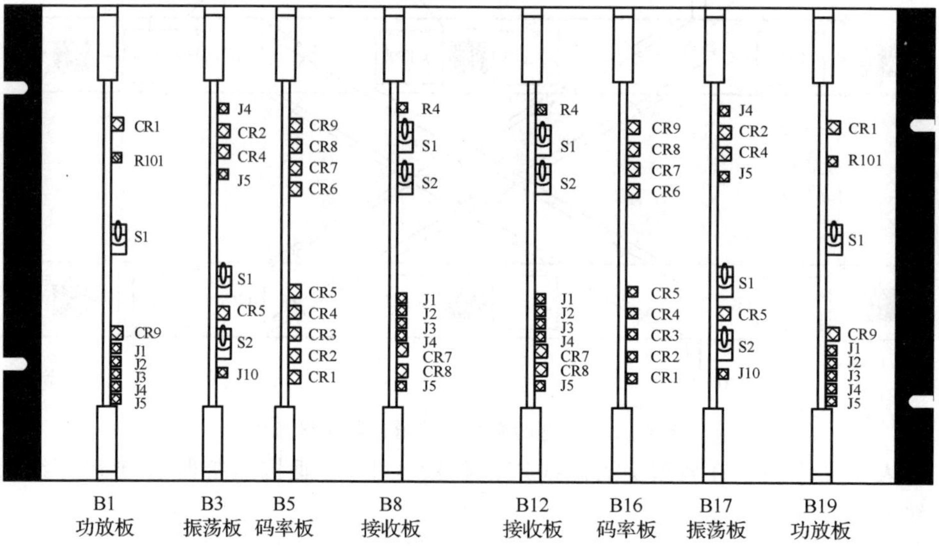

图 4.14　ATP 模块组成

(1)功放板 B1/B19

功放板是由一个电源放大器和两个后侧面板安装的组件(一个输出变压器和一个 100 W 电阻组成)。功放板的输入是组合后的缓冲放大器的输出,见表 4.5。

表 4.5 功放板 B1/B19 各元件功能

元件名称	功能说明
CR1	功放板输出指示器
R101	CR1 的开断值调节
S1	功放板电源开关 ON/OFF(向上是 ON)
CR9	DC+28 V 电源指示器(在 DC22 V 下熄火)
J1	功放板输入测试孔
J2	公共测试孔
J3	DC+28 V 测试孔
J4	功放板输出测试孔
J5	功放板输出测试孔

功放板上有推拉式电源输出级驱动变压器。输出变压器升高电压为 7∶1,最高到 126 V 有效值。125 Ω 的电阻作为阻抗匹配网络,被加到输出变压器的次级线圈输出阻抗,提供 200 Ω 的模块阻抗。

功放板能提供 60 W 的连续输出电源。功放板上有一个电源开关和两个 LED 指示器。其中一个 LED 指示器显示电源是 ON 且电压超过 22 V,另一个 LED 显示功放板正在输送电源到输出。

当调整轨道电路时,可用功放板上的电位器(R101)来调节功放板输出 LED 上的电压以适应所选择的电流输出百分比。

(2)振荡板 B3/B17

振荡板提供列车检测信号载频和调制频率及机车信号载频,列车检测信号载频和调制频率总是接通的,而机车信号载频则必须符合相应的外部速度控制逻辑,见表 4.6。

表 4.6 振荡板 B3/B17 各元件功能

元件名称	功能说明
J4	公共测试孔
CR2	机车信号发送指示器
CR4	列车检测信号发送指示器
J5	机车信号码率测试孔
S1	机车信号测试开关(STEADY/NORMAL/OFF TRAIN)
CR5	列车检测信号码率指示器
S2	列车检测信号开关(STEADY/NORMAL/OFF TRACK)
J10	列车检测信号码率测试孔

载频发生器是耦合振荡器。当使用外部码率时，调制器是施密特触发器，用以提供抗噪度。

振荡板上的列车检测信号测试开关是一个三位开关。中间位置是正常使用位置，向上位置用于禁止调制频率而只保留载频，向下位置则是关掉载频。

故障—安全带通滤波器使适当频率的载频通过，同时减弱（滤掉）由码率的快速上升及下降多次所引起的边带频率。

缓冲放大器是互补型故障—安全放大器，它的最大放大倍数是8。一旦电路发生任何故障，放大倍数就不会增加。

输出变压器有多抽头降压次级线圈，使得最大输出电压的一定百分比电压被送到线圈。这些抽头可提供最大输出的5%、10%、15%、25%、30%、40%、60%、85%、90%和100%的电平电源。缓冲放大器上有1个LED指示器以显示运行状态。

机车信号电路功能与列车检测信号电路的功能完全相似，不同之处仅在于：

① 载频振荡器不直接连到DC+28 V电源总线上，相反，它的DC+28 V电源是由外部速度控制逻辑提供的。

② 调制载频的码率是由码率板通过速度选择逻辑确定的。

两个缓冲放大器，列车检测信号和机车信号是以串联方式连接在一起的。它们的联合输出被馈送到功放板。

同列车检测信号测试开关一样，机车信号也有一个三位测试开关。中间位置是正常使用位置，向上位置用于禁止调制频率而只保留载频，向下位置则是关掉载频。

机车信号载频缓冲器也有LED指示器，以显示运行状态。

振荡板还带有一套附加电路以注入TWC信号与机车信号和列车检测信号缓冲放大器串联。因此，加到功放板的信号是在沿着轨道发送的适当电平百分率下操作的列车检测信号、机车信号和TWC信号的组合。

(3)码率板B5/B16

码率板最多能产生9个码率频率。所有的发生器都相同，其基本电路是一个移相振荡器。移相振荡器实际是在操作放大器反馈回路中使用了一个移相网络。鉴于安全的考虑，此放大器由分立元件构成。振荡器正弦波输出被传送到电压比较整形电路，码率板各元件功能见表4.7。

表4.7 码率板B5/B16各元件功能

元件名称	功能说明(速度限制)	码　率
CR9	77 km/h	18.14 Hz

续上表

元件名称	功能说明	码　率
CR8	65 km/h	15.30 Hz
CR7	55 km/h	12.43 Hz
CR6	45 km/h	10.10 Hz
CR5	30 km/h	8.31 Hz
CR4	20 km/h	6.83 Hz
CR3	开右门	5.54 Hz
CR2	开左门	4.5 Hz
CR1	10 km/h	3.00 Hz

当轨道逻辑输出 DC+28 V 到选定频率的码率发生器时，机车码率就被选定了。只有选定的频率的码率发生器才接通电源。每个码率发生器都有 LED 指示器以显示哪一码率被接通。

(4)接收板 B8/B12

ATP 接收器是一块接收板，它包含一个电源 ON/OFF 开关。当输入端与一特定的轨道电路接收器的频率相吻合时，线圈接收的信号输出送到故障—安全窄带通滤波器，此信号会通过一个含有放大倍数调节以精调分路灵敏度到一确切值的互补放大器。调节此放大倍数值使跨接在接收器轨道之间的线圈绕组的 0.15 分流器正好断开轨道继电器，接收板各元件功能见表 4.8。

表 4.8　接收板 B8/B12 各元件功能

元件名称	功能说明	元件名称	功能说明
R4	放大器放大倍数调节（顺时针调大）	J3	DC+28 V 测试孔
S1	接收板电源开关 ON/OFF（向上为 ON）	J4	继电器驱动输出(+)测试孔
S2	接收板测试开关（向上为正常工作，向下为测试）	CR7	继电器驱动指示器
J1	放大器输出测试孔	CR8	电平检测指示器
J2	放大器输入测试孔	J5	公共测试孔

放大器的输出被解调，再送至仅让特定轨道电路的码率通过的故障—安全带通滤波器。此滤波器的输出传送到仅当输入最高值及最低值超出原先确定的值有输出的故障—安全电平检测器。此电平检测器的输出再送到继电器驱动，另一电容器被充电。如果发生故障，让接收器的输入短路。电容器的充电、放电过程即被中断，此电路断开。

在两个 LED 指示器中，一个是电平检测器的指示器，另一个是继电器驱动器的指示器。

用接收板边上的测试开关和测试孔可测试接收器的放大倍数。

4. 联锁设备

(1)控制台：采用GRS公司生产的控制台，放置在集中站的车站控制室内。

(2)电源屏：采用国产电源屏，向ATP架、停车模块架、数传模块架(DTM)等提供电源。

(3)组合架：采用国产AX系列继电器及其组合架。

(4)信号机：采用国产的地铁专用矮型透镜式色灯信号机。

(5)转辙机：采用国产的ZD6型电动转辙机和ZYJ7-GZ型液压转辙机。

(6)轨道电路：在正线除了道岔的有关区段采用国产50 Hz相敏轨道电路外，其他均采用GRS公司的音频无绝缘轨道电路。

4.1.4 列车自动运行子系统(ATO)

ATO模块(图4.15)包含两套完全相同的PC板，各用于一个车站的一侧站台轨道，此模块用于程序停车。ATO模块包含两个独立电路，用于发送8M标志线圈载波(14.351 kHz)和AA对位天线载波(13.235 kHz)，及接收和译码由码率调制的载波(21.945 kHz)。每一个电路通过模块后的插入耦合器与它们相应的站台轨旁天线相连。

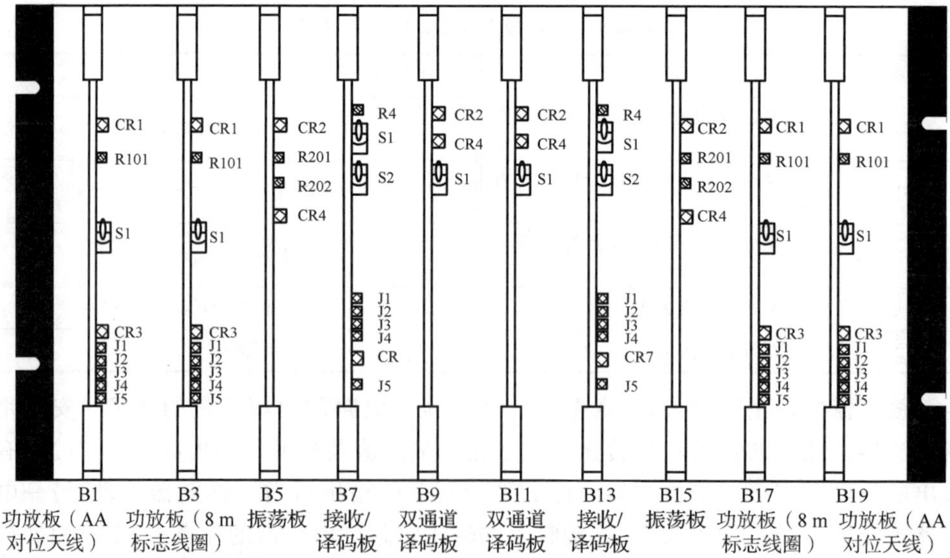

图4.15 ATO模块组成

停车模块没有控制 DC+28 V 电源的开关，DC+28 V 连续地加在功放板上。ATO 模块有两套 PC 板，这些 PC 板上设有用于帮助维护人员排除故障和调节 PC 板、使其正常运行的测试点、LED 指示器、开关和电位计。

1. 硬件组成

此模块由 10 块 PC 板和装在铝制卡壳内的母板组成。2 个变压器输出板装在模块支架上。一块可拆式的有机玻璃前板保护这些 PC 板。每个部件的输入和输出都是通过 2 个装在模块背后专用的 28 针电流型 M 连接器进行的。所有 PC 板和输入、输出连接器都有机械键保护，以防止错误的插入。对于一侧站台，基本由以下 PC 板组成：

(1)功放板(AA 对位天线)

功放板用于接收来自振荡板 AA 对位天线信号的载波，将信号强度放大至适当的幅度，各元件功能见表 4.9。

表 4.9　功放板(AA 对位天线)各元件功能

元件名称	功能说明	元件名称	功能说明
CR1	功放板输出指示器	J1	功放板输入测试孔
R101	CR1 的开断值调节	J2	公共测试孔
S1	功放板电源开关 ON/OFF(向上是 ON)	J3	DC+28 V 测试孔
CR3	DC+28 V 电源指示器(在 DC22 V 下熄火)	J4	功放板输出测试孔
		J5	功放板输出测试孔

(2)功放板(8 m 标志线圈)

功放板接收来自振荡板 8 m 标志线圈信号的载波，将信号强度放大至适当的幅度，各元件功能见表 4.10。

表 4.10　功放板(8 m 标志线圈)各元件功能

元件名称	功能说明	元件名称	功能说明
CR1	功放板输出指示器	J1	功放板输入测试孔
R101	CR1 的开断值调节	J2	公共测试孔
S1	功放板电源开关 ON/OFF(向上是 ON)	J3	DC+28 V 测试孔
CR3	DC+28 V 电源指示器(在 DC22 V 下熄火)	J4	功放板输出测试孔
		J5	功放板输出测试孔

(3)振荡板

振荡板用于产生 AA 对位天线(13.235 kHz)和 8 m 标志线圈(14.351 kHz)两种载波频率，各元件功能见表 4.11。

表 4.11 振荡板各元件功能

元件名称	功 能 说 明
CR2	AA 对位天线信号发送指示器
R201	AA 对位天线信号发送调整(顺时针调大,逆时针调小)
R202	8 m 标志线圈信号发送调整(顺时针调大,逆时针调小)
CR4	8 m 标志线圈信号发送指示器

(4)接收/译码板

接收/译码板用于接收以码率调制的 21.945 kHz 载波,各元件功能见表 4.12。

表 4.12 接收/译码板各元件功能

元件名称	功 能 说 明
R4	放大器放大倍数调节(顺时针调大)
S1	接收/译码板电源开关 ON/OFF(向上为 ON)
S2	接收/译码板测试开关(向上为正常工作,向下为测试)
J1	放大器输出测试孔
J2	放大器输入测试孔
J3	DC+28 V 测试孔
J4	继电器驱动输出(+)测试孔
CR7	列车停稳信息指示器
J5	公共测试孔

(5)双通道译码板

双通道译码板用于接收以码率调制的 21.945 kHz 载波,各元件功能见表 4.13。

表 4.13 双通道译码板各元件功能

元件名称	功 能 说 明
CR2	8 车车长信息指示器
CR4	6 车车长信息指示器
S1	双通道译码板电源开关 ON/OFF(向上为 ON)

(6)标志线圈

标志线圈通过在特定频率下谐振给通行列车上的车载列车控制设备提供滑行和停站信息。标志线圈由分别距离车站站台标准停车位置 350 m 和 150 m 的两对标志线圈和一个 25 m 的标志线圈、一个 8 m 标志线圈及 AA 对位天线组成。惰行线圈由位于车站站台外的一对标志线圈组成。

其中,350 m 标志线圈、150 m 标志线圈、25 m 标志线圈和惰行线圈为无源线圈，8 m 标志线圈和 AA 对位天线为由有源线圈。

每个无源标志线圈都由连到固定电容器或可变调谐器的封闭线圈组导线组成。无源标志线圈被安装在非金属保护盖壳内，再整个安装于两轨中间。

固定频率电容单元用于调谐无源标志线圈到正确频率。每个无缘标志线圈的共振频率由与它相连的调谐器决定，它根据此频率传输特定的信息，见表 4.14。

表 4.14　无源标志线圈频率设计信息表

无源标志线圈	频率号	设计频率	电容单元 38700-001 Gr. 2 至 8
350 m 线圈 1	F3	110 kHz	03
350 m 线圈 2	F6	140 kHz	06
150 m 线圈 1	F4	120 kHz	04
150 m 线圈 2	F7	150 kHz	07
25 m	F8	160 kHz	08
惰行线圈 1	F2	100 kHz	02
惰行线圈 2	F5	130 kHz	05

2. 程序停车

列车在 ATO 模式下，其停车过程称为程序停车，也称为“台阶式制动”停车方式。

3. 列车车门(站台安全门)开、关门控制

(1)列车车门(站台安全门)开门控制

当列车进入站台轨道区段，相应的 AA 对位天线和 8 m 标志线圈开始发送 13.235 kHz 和 14.351 kHz 的对位停车信号。车载对位天线收到 F1 信号(13.235 kHz)，告知车载 ATO 系统，车辆已正确地在站台对位，车载 ATO 系统将指令常用全制动并生成一个列车停稳信息给车载 ATP 系统。车载 ATP 系统收到列车停稳信息后，施加常用全制动，并确认列车是在“0”速。此时如上述条件满足，车载 ATP 系统将生成一个列车停稳信号给车载 ATO 系统，车载 ATO 系统将此信息进行调制(77 Hz 调制的 21.945 kHz 载频)后，通过车载对位天线向站台 AA 对位天线发送。

站台 AA 对位天线收到此信号后，送轨旁 ATO 的停车模块接收/译码板译出此信息，使相应的列车停站继电器(TB-6-8CAR)励磁吸起，并将取消发送轨道电路的速度码，改发根据车站结构而允许的相应站台侧的开门码。

车载 ATP 设备检测并译出开门码后将励磁相应的允许开门继电器(EDL/EDR)。这些安全接点和车辆门控电路接口，以提供相应的提示(点亮车辆相应侧的开门表示灯)，列车司机必须按压正确的门控按钮来打开车门。

在列车司机正确按压门控按钮的同时，指示车门打开的车辆控制电路中接点将提供给车载 ATP 系统安全输入板一个左门或右门(LDO/RDO)已经打开的信息。如这个信息和车载 ATP 的门控继电器状态相符，则车载 ATO 系统将停发列车停稳位信息而改发 6 车或 8 车信息(115 Hz/171 Hz 调制的 21.945 kHz 载频)，在站台 AA 对位天线接收到此信号后，送轨旁 ATO 停车模块双通道译码板译出此信息后，将励磁 ATO 停车模块相应的 6 车继电器(6CAR)或 8 车继电器(8CAR)，并通过这些继电器来控制打开站台相应车长的屏蔽门。

(2)列车车门(屏蔽门)关门控制

当到达列车停站时间 5 s 前，轨旁 ATP 系统将停发开门码，同时轨旁发车表示器闪光，提示列车司机可以关闭车门。列车司机按压相应的关门按钮后，列车停发 6 车或 8 车信息，使轨旁 ATO 停车模块的 6 车继电器(6CAR)或 8 车继电器(8CAR)失磁落下，并通过这些继电器来控制关闭站台相应车长的屏蔽门，同时车辆门控制电路启动车门关闭程序。

车门全部关闭并锁闭，车载 ATP 系统将使 SBR 吸起，车载 ATO 系统收到车门关闭信息，当站台屏蔽门也全部关闭并锁闭后，列车再次收到由轨旁发送的速度码，此时 ATO 发车表示灯以 1 Hz 频率闪光，通知列车司机 ATO 发车。当发车表示器点稳定光时，列车司机按压 ATO 发车按钮，ATO 表示灯由闪光变为稳定光，列车起动。

4.1.5 车载 ATC 子系统

1. 车载 ATC 子系统概述

车载 ATC 系统包括列车自动防护(ATP)、列车自动驾驶(ATO)、列车自动监控(ATS)三个子系统。

ATP 子系统是由车载 ATP 子系统及轨旁 ATP 子系统构成，实现安全运行以及为保持安全的电动列车间隔和电动列车按结构限速运行而强制限速。以相互联锁方式，轨旁 ATP 系统保证只在进路可以应用并且道岔锁在正确位置的，才能允许通过联锁区。与轨旁 ATC 系统连在一起运行，车载 ATP 子系统用于防护列车由于设备故障、列车司机对区段速度限制或者应用制动的适当比例的失误引起的非安全情况。车载 ATP 子系统正确地响应地面生成的 ATP 命令，保护电动列车，使电动列车避免由设备故障或电动列车驾驶员失误所引起的不安全状态。车载 ATP 子系统提供的功能是机车信号的接收并译码、超速防护、制动保证、自动车门控制和无意识移动的保护。

ATO 子系统是由轨旁 ATO 子系统和车载 ATO 子系统构成，该系统执行由电动列车驾驶员所执行的典型功能。使电动列车平稳加速到已收到的速度命令规定的速度运行，调整并保持在该速度上运行，通过安装在站内的无源和有源线圈使电动列车平稳停靠在车站的正确位置。电动列车速度控制的限制是有两个因素中的一个决定：ATP 速度命令（由 ATS 运行等级命令修改）或 ATO 车站停车曲线的速度。电动列车响应这两个速度中的最低速度。

ATS 子系统是由轨旁 ATS 子系统、车载 ATS 子系统、控制中心 ATS 子系统构成，该系统执行的功能是自动进路排列和调整运行时刻表，通过 TWC 系统作为控制中心与电动列车之间的通信链路，建立通信联系。

2. 设备安装位置

GRS 公司的车载 ATC 系统是按 6 节车厢或 8 节车厢编组运行来设计的，A 车为无动力的拖车，带有半自动车钩的单驾驶员室车辆，半自动车钩用来连接 B 车或 C 车。B 车为带有受电弓的动车，C 车是不带受电弓的动车，B 车与 C 车是通过半永久性的牵引杆连接在一起。列车组的第一节车厢和最后一节车厢总是 A 型车厢，编组中其余车辆均由 B 车和 C 车配对构成并连挂在一起，可向任何可能的方向运行。

ATC 机架、速度计、ADU 显示单元和机车信号测试面板都安装在 A 车驾驶室里。速度传感器、ATP/TWC 接收线圈、TWC 发送天线、定位天线和标志器检测天线都安装在 A 车车厢下面，车载设备安装位置如图 4.16 所示。

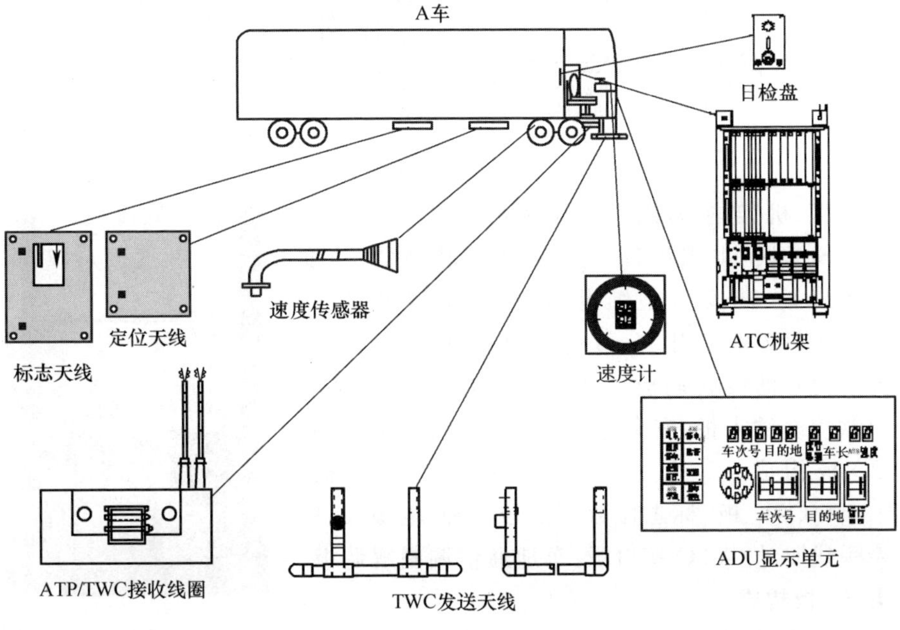

图 4.16　车载设备安装位置

3. 设备组成

(1)ATC机架

ATC机架是车载系统的主要组成部分。减震机架安装在A型车厢司机室内的一个带锁的设备中。减震装置与机架是电绝缘的,因此用所提供的接地线连接机架和车辆本身,上锁设备是由具有不锈钢前盖的钢盒作为外保护,ATC机械装置的总电源功耗大约是50 W。ATC机架正视图和背视图如图4.17所示,ATC机架实物如图4.18所示。

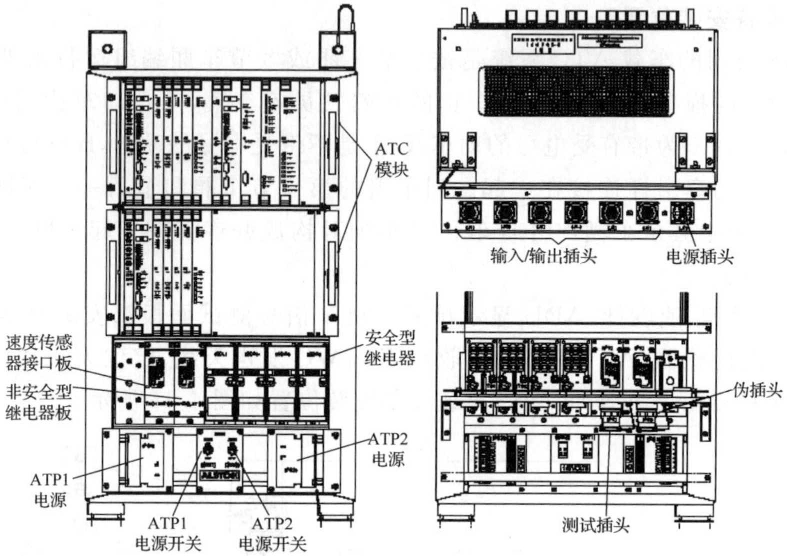

图4.17 ATC机架正视图、背视图

在ATC机架内安装有主用和备用ATP模块、ATO/ATS模块、主用和备用直流/直流转换器、速度传感器接口板、非安全型继电器板、安全型继电器、ATP1和ATP2电源开关。每套ATP模块有VCFD安全机车信号滤波解调板、ATP CPU板、2块安全输出板、2块安全输入板、安全电源控制/电源板(VPC)共7块PC板构成。一套ATO/ATS模块由测试板、ATO/ATS CPU板、标志器数字信号处理/电源板、P-Line牵引线驱动/ATO接口板、车地通信调制解调板,共5块PC板构成。

图4.18 ATC机架实物

2套ATP模块和1套ATO/ATS模块共构成3

种工况：

工况 1：ATP1 模块得电工作，ATP2 模块无电，ATO 模块与 ATP1 模块进行信息交换。

工况 2：ATP2 模块得电工作，ATP1 模块无电，ATO 模块与 ATP2 模块进行信息交换。

工况 3：ATP1 和 ATP2 并联工作，ATP1 与 ATP2 模块都得电，ATO 模块与 ATP1 模块和 ATP2 模块中先得电工作的模块进行信息交换。另一模块热机备用，若同时得电则 ATP1 模块优先工作。当主用 ATP 模块出现故障时，备用 ATP 模块自动替代主用模块与 ATO 模块进行信息交换。

(2)ATP 模块

ATC 系统模块机笼位于安全型继电器、速度传感器板电源板和非安全继电器板的上方，共有 2 个模块机笼，其中最上层机笼为 ATP1 和 ATO/ATS 模块(图 4.19)，第 2 个机笼为 ATP2 模块。

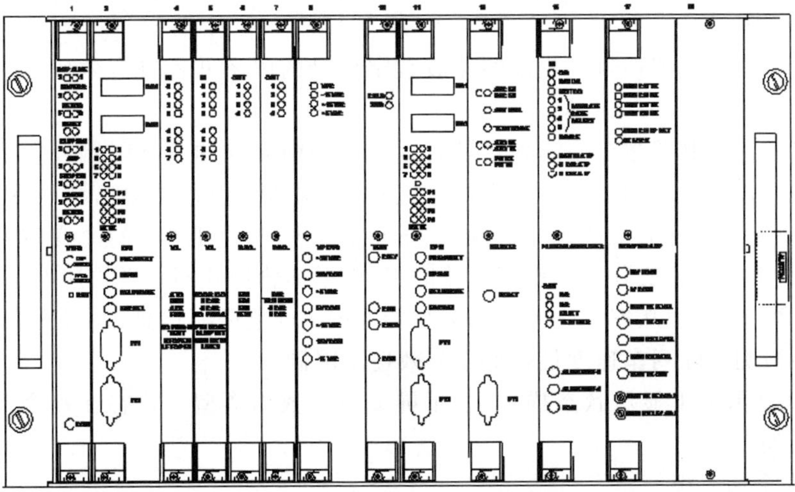

图 4.19　ATC 系统模块 1(ATP1、ATO/ATS)

① 安全型机车滤波/解调板(VCFD)

安全型机车滤波/解调板(VCFD),使用数字信号处理(DSP)技术实现滤波和解调机车信号。VCFD板的主要功能是接收和处理ATP/TWC接收线圈从钢轨上接收到的机车信号(2 250 Hz载波频率调制的速度限制命令),机车信号处理所接收到信号的等级和解调载波频率。完成这个功能主要是用了两个分立的运算法则,DSP运算法则和FPGA运算法则。

② ATP CPU板

ATP CPU板有3个主要功能:系统处理器、安全码率译码器和数字超速控制器。ATP CPU与ATO、ATS子系统、ADU、与VCFD有通信接口。

系统处理器是一个根据系统输入状态决定输出的安全布尔表达式程序。它处理系统中各个不同模块的通信,并作为系统信息的消化点。系统处理器的功能如下:安全地决定系统输入状态;运行安全定时器;运行周期时间检查程序以检验数字超速控制器功能使用周期时间;根据外部输入、安全定时器状态和检验安全速度估计布尔表达式;根据布尔表达式设置输出;建立并发送校验字以保持安全电源输出供电。

安全码率译码器通过接收线圈接收数字信号的码率并检查有效码是否存在,然后决定码率。

数字超速控制器主要检测列车是否运行在当前允许的速度限制或以下,并检测列车是否移动。使用以下功能来执行检测:根据速度传感器输出脉冲计算得到速度信息;速度信息通常考虑噪声泄漏,车轮滑动和一些可忽略的改变;检验系统周期时间;根据车轮实际尺寸设置车轮磨损;根据车轮尺寸调整平均速度信息从而决定实际列车速度;从安全码率译码器功能上产生速度限制信息;通过安全码率译码器功能检测实际列车速度是否低于有效速度限制。

LED显示屏1显示状态描述,显示屏2显示数据类型。状态在每个PREV/NEXT转换时改变。

③ 安全输入板

安全输入板有8个光电隔离输入,每套ATP系统有2块安全输出板,安全输入板安全地与ATP CPU板的数字电路接口,输入电路检测到输入端子上有DC电压,将它转换成主处理系统可使用的电压,如果安全继电器的线圈励磁,其前接点将闭合。同样的方式,如果电压输出到输入端子上,该输入电路在主处理系统的状态将显示“真”或“ON”。

④ 安全输出板

安全输出板有4个光电隔离输出,每套ATP系统有2块安全输出板,分别用于安全地控制EDR、EDL、SBR和EBR继电器,以及测试板输出、列车停稳和列车长度信息。每个输出都装有一个LED灯以帮助发现并修理故障和维护，当ATP CPU板写入相应的输出时，LED被点亮。

⑤ 安全电源控制/电源板(VPC)

VPC板为安全输出板提供故障—安全、电气隔离的DC 28 V电源。ATP CPU每100 ms提供32位校验字至VPC板。使用两个唯一的校验字，并且每100 ms交替。一个正确的校验字允许VPC微控制器提供100 ms，7.246 kHz方波，此频率驱动调谐转换器。信号经整流滤波成直流电给100 kHz振荡器供电，振荡器驱动变压器耦合的电源转换器。电源转换器产生一个非调整滤波直流电压和一个调整的直流电压，此即为安全输出板的供电电压。

如果VPC/PS板从ATP CPU没有或接收到非正确的校验字，即表明系统故障，转换器停止工作，VPC电压去除，这导致所有的安全性输出变为限制状态(无输出)。

在VPC板上还叠加了一块数字制动保障单元子板(DBAU)，其作用为制动施加时安全地测量减速率，DBAU产生一个校核字到ATP CPU。如果制动保证码率没有获得则产生一个失败的校核字，如果制动保证码率获得则产生一个正确的校核字。当ATP CPU认可一个超速条件时，它监控DBAU的响应。如果在3.4 s内没有检测到DBAU输出，ATP CPU产生一个紧急制动命令，作为一个安全检查，无论车门何时打开，都将检查DBAU的输出。当车门打开时，DBAU输出显示一个DBAU故障，当这种情况出现时，施加紧急制动。在自动和手动模式下，制动保证子系统和超速防护子系统都将一起工作，当没达到最小制动率时，DBAU每100 ms就传送一个特定的32位校核字给ATO CPU板。

(3)ATO/ATS模块

① 测试板

测试板用于日检测试，测试板电路能产生用于测试机车信号接收系统的码率和测试超速防护系统的速度传感信号。

面板上设置2个LED和4个测试孔：

a. 测试孔用于检查测试板产生的机车信号；

b. LED提供可视的DC 28 V电源状态和机车信号电路的功能。

② ATO CPU板

ATO CPU板在非安全输入/输出的功能中起中心作用，它完成的功能包括列车停稳、牵引效果计算、TWC通信处理和FIMS通信等非安全控制。

LED显示屏1显示状态描述，显示屏2显示数据类型，状态在每个PREV/NEXT转换时改变。

③ 标志器数字信号处理/电源板(MARKER 电源板)

MARKER 电源板处理车载标志天线检测到的轨旁无源标志器信息,用于启动程序停车和修正车站停车的距离,并向 ATO CPU 传送接收到的轨旁标志器的频率。

④ P-Line 牵引线驱动板

P-Line 板在自动模式时,通过 P-Line、BR 和 DR 来控制牵引/制动系统,控制输出到定位天线的列车停稳(安全)的编码信号,控制故障和测试标志器输出,接收和处理 8 m 标志器 (14.351 kHz)和定位天线 (13.235 kHz)的信息,产生诊断检查定位天线和 ATP/TWC 接收线圈的“ 测试标志器”信号(14 kHz)(诊断检查而回读 P-Line 电流值)。

非安全输入/输出控制信号来自 ATO 的 CPU 板,安全停稳信号输入(列车停稳,6 车和 8 车)来自 ATP 输出。

⑤ 车地通信调制解调板

车地通信(TWC)系统采用半双工通信,使用车载 TWC 发送天线感应到钢轨上。该板包含下列功能:主通道发送功能发送数据到轨旁、主通道接收功能从轨旁接收数据、FPGA 控制发送器和接收器,同 ATO CPU 板的 TWC 功能接口。列车和轨旁之间以 110 Bd/s 的移频键控方式发送数据,中心频率为 9 650 Hz,上边频为 9 800 Hz,下边频为 9 500 Hz。

(4)ATC 机架内其他电气部件

① 速度传感器接口板

速度传感器接口板位于非安全型继电器板的左边,它提供了从速度传感器到 ATP 的 CPU 板的输入接口,速度传感器接口板实物如图 4.20 所示。

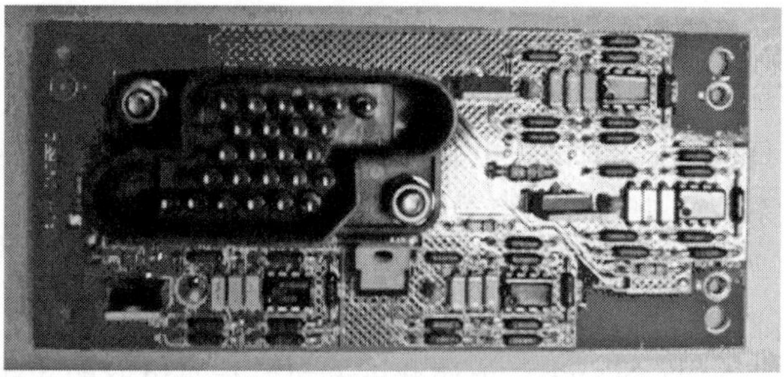

图 4.20 速度传感器接口板实物

② 非安全型继电器板

非安全型继电器板上装有 3 个非安全型继电器 DR、BR 和 FAULT。牵引继电器(DR)和制动继电器(BR)为 ATO 子系统在自动列车驾驶期间产生的动力控制信号提供一个与车辆动力控制单元的接口。FAULT 继电器提供一个车辆故障表示系统的接口，警告列车操作员 ATC 系统中出现故障。致使这个继电器落下的 ATC 故障为以下几种：速度传感器信号不正确、牵引时在 5 s 内没有检测到速度、ATO 与 MANUAL 安全输入冲突、6 车与 8 车安全输入冲突、开门与关门安全输入冲突和失去 ATC 电源。非安全型继电器板实物如图 4.21 所示。

图 4.21　非安全型继电器板实物

③ 安全型继电器

机架内有 4 个安全型继电器，左侧开门使能继电器(EDL)、右侧开门使能继电器(EDR)、全常用制动继电器(SBR)和紧急制动继电器(EBR)。这些继电器提供 ATC 系统与车辆的接口。

④ 直流/直流转换器

它将车辆的标称值 DC 110 V 电池电压转换成 DC 28 V 以供给 ATC 系统的电子设备。电源的输入电压范围是 DC 20 V 到 DC 140 V。

(5)车体内 ATC 外围设备

① 速度计

如图 4.22 所示，速度计以两种方式显示实际速度和命令速度，一个 2 位字母/数字显示和两个以 1 km/h 为增量的曲线 LED。LED 的外环指示实际速度，命令速度显示在 LED 的内环上，每个环由 100 个独立的 LED 组成，每个 LED 代表 1 km/h。这个 2 位显示表示实际速度从 0 到 99 km/h。速度计具备了可调节 LED 亮暗的功能，每个 A 型车厢都有一个速度计，位于驾驶室司机控制台上速度计在任何操作模式下都有效。

② 状态显示单元(ADU)

如图 4.23 所示，状态显示单元(ADU)位于驾驶室司机控制台的左边，ADU 是 ATC 系统和司机之间的接口。它可以显示 ATS 速度、车次号、目的地、运行等级、车长及其他可视指示和超速告警声音。ATC 系统通过 RS-485 通信串口每 100 ms更新一次 ADU，ADU 响应接收到的数据并发送任何更新到 ATC 系统，ADU 包括以下控制和显示。

图 4.22 速度计

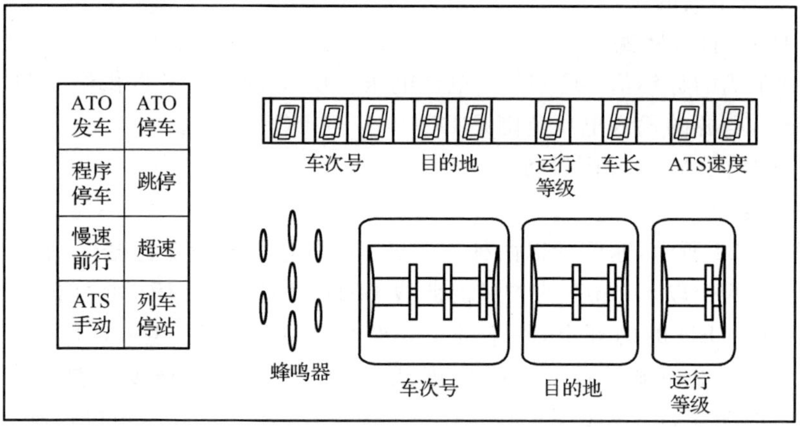

图 4.23 状态显示单元(ADU)

a. ATO 发车按钮/指示器

它是一个内置绿色指示器的自复式按钮,当 ATO 模式建立并收到一个非零的 ATP 限速时,以 1 Hz 的频率闪烁,按压这个按钮列车发车且指示器由闪变成稳定。当列车车门在预定的停站位置打开时,指示器灭;在车门关闭和收到一个非零的限速后,指示器又开始闪烁。按压这个按钮列车发车指示器由闪变成稳定。

如果 ATP 限速在两个站间变成 0 km/h,将施加全常用制动直至列车完全停车，该指示器仍保持稳定。当ATP变成一个非零限速时，列车不需要按压这个按钮就会自动恢复运行。

ATO发车按钮在ATO模式下只能工作，在ATO以外的其他模式下按压这个按钮是无效的。

b. ATO停止按钮/指示器

它是一个内置白色指示器的按钮，被用于停止ATO运行，当列车运行时按下这个按钮，ATO系统将启动全常用制动直到列车完全停止。按下这个按钮将导致ATO发车指示器灭，此按钮将保持点亮直到再次按下此按钮。此按钮不是一个安全的功能，如果遇到紧急情况或由于安全原因必需停车时不能用此功能。

c. 程序停车表示灯

它是一个蓝色表示灯，当列车收到一个有效的车站程序停车标志(350 m/150 m)且正在处理车站停车时，程序停车表示灯将被点亮，ATO系统将启动程序停车程序。当列车程序停车结束或程序停站被取消时程序停车表示灯将熄灭。

d. 跳停按钮/指示器

它是一个内置黄色指示器的按钮开关。按下此按钮将使指示器点亮且下一个或当前程序停车取消。如果通过ATS子系统收到中央的跳停命令，这个指示器将点亮且下一个程序停站取消，当检测到车站对位线圈并通过时这个指示器将灭灯。在ATO以外的其他模式下这个指示器不亮且按压这个按钮无效。

e. 慢速前行(close-in)表示灯

它是一个黄色表示灯，用于在人工ATP模式下，无码区段的列车运行。一旦ATC系统工作在慢速前行模式，该表示灯将被点亮。当列车车速超过20 km/h时，该灯将闪烁，同时超速红灯点亮，蜂鸣器发出告警声，直到列停稳司机将牵引手柄放到制动位后该表示灯恢复稳定光。

f. 超速表示灯

当列车速度超过ATP命令的速度限制时，一个红色表示灯点亮，这个表示灯在ATP切除模式下不起作用。

g. ATS手动按钮/指示器

它是一个内置黄色指示器的按钮，用于驾驶员设置ATS信息。按下这个按钮将使指示器点亮且车载ATS子系统收到来自车载指示器面板的ATS数据而不是来自中央的。

h. 列车停稳按钮/指示器

它是一个内置绿色指示器的按钮。在人工模式下，当车载定位天线和轨旁定位天线对准时，这个停稳指示器将点亮。一旦按下这个点亮的按钮将开始打开车门操作。

i. ATS 信息显示器

共有 9 个 LED 用于显示当前储存在 ATS 子系统发送缓存中的 ATS 数据。3 个用于显示车次号，2 个用于显示目的地号，1 个用于显示运行等级，1 个用于显示车长，2 个用于显示 ATS 限速。

j. 蜂鸣器(报警器)

在人工 ATP 模式和慢速前行模式下，车速超过 ATP 限速时，蜂鸣器提供一个声响报警声。在人工 ATP 模式下，当驾驶员拉主控制手柄到全常用制动位，确认超速条件，则报警声消失。在慢速前行模式下，需直到列车停稳报警声才消失。在人工 ATP 模式中，当 ATP 限速码率从 0 km/h 到任何非零限速码率变化时，生成 2 s 的报警一声。在 ATO 模式或 ATP 切除模式时，报警器不起作用。

k. ATS 设置开关

ATS 设置开关是一列 6 个拇指轮式开关，可以人工设置 ATS 信息，3 个拇指轮式开关用于车次号设置，2 个拇指轮式开关用于电动客车目的地设置，1 个拇指轮式开关用于运行等级设置。所有开关均有 10 个位置，表示 0～9。运行等级设置 1～4 的位置有效，任何其他位置的设置，ATO 子系统将默认为运行等级 1。

③ 日检测试盘

日检测试盘用于电动列车在投入运营之前测试车载 ATC 设备机车信号的接收译码，超速防护和 TWC 车地通信等功能。日检测程序固化在车载 ATC 系统内，日检测可在任何无轨旁信息的轨道上进行。

该测试盘安装于司机室测试人员容易接触到的地方，测试盘上有进行测试功能的 TEST 钥匙，一个可选择模拟码率的开关及 ATP 选择开关(并联、ATP1、ATP2)，还有两个产生超速信号和降低限速速度信号电平的按钮。该测试工作应该分别对 A 车 ATC 设备两套 ATP 系统进行。ATP 选择开关只有处于 ATP1 或 ATP2 方式时，测试工作才能进行。

(6)车体外 ATC 设备

① ATP/TWC 接收线圈

该线圈是用来接收轨旁 ATP 限速，车门控制命令以及轨旁 TWC 信息，在该线圈组内有两组线圈，包括一个宽带接收线圈和一个测试线圈。线圈被安装于每辆 A 车的下面，第一车轴前方，每辆 A 车有 2 个，串联接法。

② TWC 发送线圈

TWC 发送线圈将车载信息向钢轨发送，这些轨道信号传送至和该 BOND 相连的轨旁 TWC 调制解调器。TWC 发送天线是一个 10 匝的绕组，装在 PVC 塑胶管里。发送线圈被安装每辆 A 车的第一车轴前方，每辆 A 车有一个。

③ 定位天线

定位天线用于检测地面有源标志器发送的信息，并且在列车对位停稳时发送停稳信息和车长信号，车长信息用于控制是开启 6 车还是 8 车屏蔽门。每辆 A 车有一个对位天线安装在车辆的纵向中心线。

④ 标志器天线

标志器天线结构如图 4.24 所示，用来检测地面无源标志线圈，地面无源标志线圈的信息被用来启动列车程序停车，并校对列车程序停车曲线。标志器天线内包含两个重叠线圈，封装成一个信号单元。通过两根屏蔽电缆连接到标志器数字信号处理/电源板，线圈正面有一个调零铁板用于调整线圈耦合度。每辆 A 有一个车标志器天线安装在车辆纵向中心线。

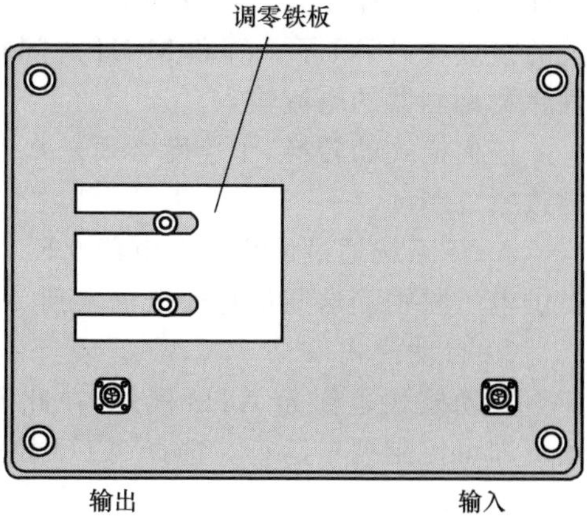

图 4.24　标志器天线结构

⑤ 速度传感器

速度传感器用来测量列车车速，ATC 系统使用速度传感器的输入获得列车实际列车速度及所运行距离的信息，这些信息被送到 ATP 和 ATO 子系统。为了提供冗余的 ATP 操作，一般 A 车的轴 1 和轴 4 上都装有一根速度传感器(直流车安装在 2/3 轴)，每根速度传感器提供两个独立的、电气绝缘的输出通道用于以安全的方式确定列车速度，每个通道相位差为 90°。ATC 系统定义车速在 3 km/h 以下为零速。

速度传感器由感应头、比较电路、中间电平产生电路、放大电路组成。当测速齿轮旋转时，传感器将产生频率 $f(\mathrm{Hz})=n(\mathrm{r/m})\times P/60$($n$ 为转速，P 为齿轮齿数)的方波信号，供 ATC 系统对机车速度进行采样检测。

4. 设备功能描述

(1)ATC 操作模式

GRS 公司的 ATC 系统提供两个运营操作模式：自动模式和手动模式。手动模式提供一个慢速前行(close-in)的功能，慢速前行模式可以使列车在 ATP 保护下进行无码区间运行。此外还提供了 ATP 切除模式和日检测试模式。

① 模式选择

模式选择具有机械和电气联锁装置以防止无意间将开关由自动操作置向手动操作。机械联锁功能是通过使用位于驾驶室控制台上的模式方向手柄(MDH)实现的，MDH 包括以下四个位置：OFF 零位、ATO 向前、手动向前、手动后退。

当处于 OFF 和 ATO 向前位置时，MDH 机械地锁住主控制器手柄(MCH)。这样可以防止操作人员在自动操作模式时操作 MCH 而越过 ATO 子系统。此开关的接点在 ATO 子系统和 MCH 之间转换控制牵引制动列车线(DR & BR)和车辆脉宽调制器的电流输入。

任何模式的转换，车速度必须是 0。如果列车速度不是 0，而改变操作模式，将导致紧急制动。

ATC 系统通过由列车继电器 9 K 1 和 2 K 11 产生的 MDH 自动/手动的接点提供电气联锁。这些信息安全输入到 ATP 子系统从而决定操作模式。

② 自动模式

自动模式也称为 ATO 模式，在此模式中，ATO 子系统在列车司机最少的干预下即可控制列车运行。选择 ATO 模式是通过司机将 MDH 放在 ATO 向前位置来实现的。

③ 手动模式

手动模式是 ATC 系统的降级模式。在这种模式下中，列车司机控制列车运行，ATP 子系统负责系统安全。手动模式的选择是通过将 MDH 置于手动向前位置，同时使用全常用制动来实现的。

④ 慢速向前

慢速前行操作允许列车运行在无速度码的区域内，只有在手动操作时才能用此操作模式。模式方向手柄必须在手动向前位置，主控制器手柄在全常用制动位置。当所有这些条件满足时，ADU 上的慢速前行灯将亮。

在慢速前行模式下，允许司机以最高 20 km/h 的速度开动列车。如果列车速度超过限速，超速指示灯发亮，警报声响起，慢速前行指示灯闪亮。司机必须在 3 s 内把主控制器手柄置于全常用制动位置直到列车速度为 0。当列车完全停止后，警报消失，超速指示器熄灭且慢速前行模式指示灯常亮。如果司机未能在超速条件下采取这些动作，全常用制动仍然将被施加。

⑤ 手动后退

当 MDH 在手动后退位置时，可使用手动后退，允许司机手动控制列车运行在反方向。在这个模式下，ATP 速度限制指示器显示 9 km/h，但是超速防护更严格，这个模式下列车速度不能超过 10 km/h。

⑥ ATP 切除模式

在 ATP 故障的情况下进入 ATP 切除模式。在这个模式下，司机全权控制列车并负责列车运行，ATC 系统仍然上电，但超速防护不起作用。ATP 切除开关将甩开紧急制动继电器与 ATC 设备的接点。

⑦ 日检测试模式

在列车开始投入运营之前，车载 ATC 设备必须进行发车测试以确保功能正常。ATC 日检盘上的 ATP 选择开关必须位于 ATP1 或者 ATP2 位置，列车须停在无码钢轨上，日检测试盘钥匙开关必须在测试位置。然后根据规定程序的手动步骤即可开始核实速率解码、超速检测、最小信号阈值检测、TWC 发送和接收。

⑧ 故障指示

这是一个列车可用的电压释放接点，当 ATC 系统运行时这个接点是断开的。以下 ATC 故障将导致继电器落下：速度传感器无响应，加牵引后 5 s 未检测到速度，ATO 模式和手动模式的安全输入冲突，6 车和 8 车安全输入冲突，开关门安全输入冲突和 ATC 失电。

(2)ATP 子系统功能

ATP 子系统提供确保列车安全运行的安全功能，具体为机车信号的接收、超速防护、制动保证、零速检测、ATO 模式车门控制、手动模式车门控制、无意移动防护和退溜防护。ATP 子系统还具有退溜防护和用于提高 ATC 系统可用度的冗余功能。

当列车配备了自动或手动操作时，ATP 子系统将防止列车运行在一个不安全的速度和车门打开时列车移动。

① 机车信号的接收

机车信号接收子系统用于所有的 ATC 模式，轨旁的机车信号信息通过 ATP 接收线圈耦合到列车上。ATC 系统通过过滤、放大、确认和解码这些信号为速度限制信息，图 4.25 为机车信号接收流程。

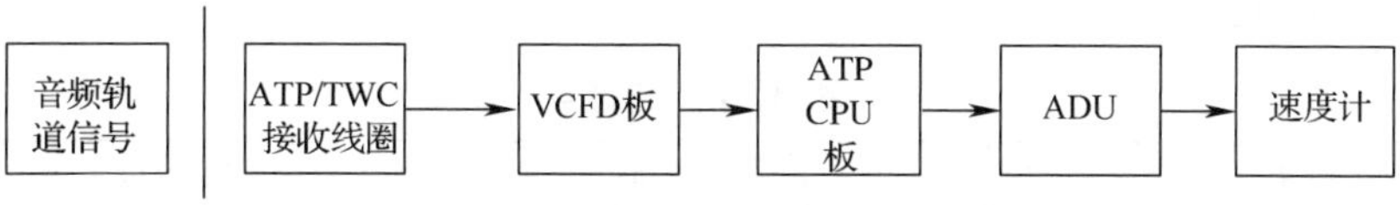

图 4.25　机车信号接收流程

列车收到的速度命令是以 2 250 Hz 为载频的调幅波形式出现的，这个调制码率与 ATP 命令的载波一致。没有轨旁速度命令被认为是 0 速限，总共有 9 个不同的码率用于控制系统操作，7 个码率用于传输速度命令，2 个码率用于车门控制。表 4.15 列出了所有的码率和它们相应的功能。

表 4.15　ATP 码率及相应功能

码　率	功　能	码　率	功　能
3.0 Hz	10 km/h	10.10 Hz	45 km/h
4.5 Hz	开左门	12.43 Hz	55 km/h
5.54 Hz	开右门	15.30 Hz	65 km/h
6.83 Hz	20 km/h	18.14 Hz	77 km/h
8.31 Hz	30 km/h		

② 超速防护

超速防护功能用于确保列车不超出闭塞设计的安全制动距离限制，ATP CPU板是超速防护的核心。这块板上的管理功能部分接收来自同一块板上的系统处理器的速度限制信息。实际列车速度信息是来自于双通道速度传感器，与从系统处理器接收到的限速进行比较。如果列车速度超过速度限制门限，形成超速情况，将使ATC系统的安全继电器SBR落下，使列车失去牵引；如果列车运行在自动控制模式下，速度调整子系统将启用常用制动。在手动操作下，司机必须确认使用全常用制动，图4.26为超速防护原理，表4.16列出了ATP速度命令和相应的超速点。

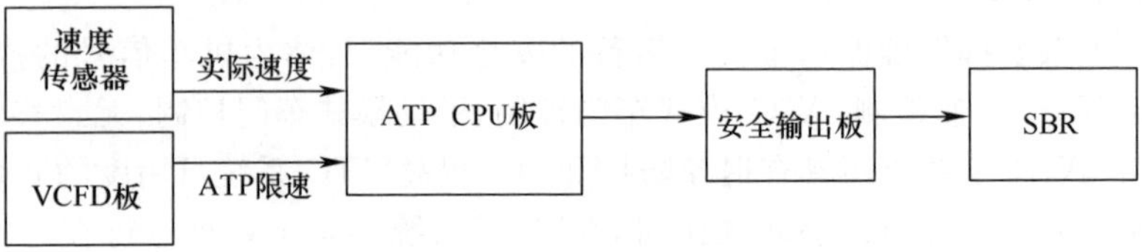

图4.26 超速防护原理

为了确保测量的准确度，可以进行车轮磨损的补偿。允许的车轮尺寸最大为840 mm，最小为770 mm。为了保证安全操作，默认的设置为最大车轮尺寸。轮径磨耗设定值，以每5 mm增量，总计15个设定值进行调整。通过使用PTU可以设定车轮轮径值。

表4.16 超速点

码率(Hz)	速限(km/h)	超速点(km/h)
0	20	20
3.0	10	11
6.83	20	23
8.31	30	33
10.10	45	48
12.43	55	58
15.30	65	68
18.14	77	80

如果车辆在超速后3.4 s内没有检测到所需的最小制动率，在自动或手动模式下的任何超速条件都将导致制动，保证子系统产生紧急制动。

在手动模式下，当列车速度超过超速点时，超速指示器红灯点亮且蜂鸣器发出告警声。在自动模式下超速时超速指示器红灯点亮，但无告警声。

③ 制动保证

制动保证功能是验证车辆在测出超速状态3.4 s内，电动列车在以最小

0.715 m/s 的减速率降低车速。如果在规定时间内未达到最小制动率，ATP CPU 将命令紧急制动。一旦紧急制动被启动，它将一直作用到列车完全停止。

减速率是由数字制动保证单元（DBAU）感应到的。DBAU 是位于 ATP 模块上安全电源控制器（VPC）板的一块子板。DBAU 产生一个校核字到 ATP CPU。如果制动保证码率没有获得则产生一个失败的校核字，如果制动保证码率获得则产生一个正确的校核字。当 ATP CPU 认可一个超速条件时，它监控 DBAU 的响应。如果在 3.4 s 内没有检测到 DBAU 输出，ATP CPU 产生一个紧急制动命令。如图 4.27 所示为制动保证原理。

作为一个安全检查，无论车门何时打开，都将检查 DBAU 的输出。当车门打开时，DBAU 输出显示一个 DBAU 故障时，施加紧急制动。在自动和手动模式下，制动保证子系统和超速防护子系统都将一起工作。

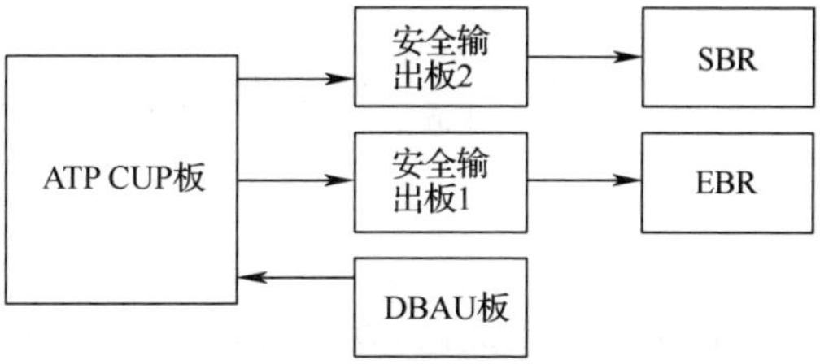

图 4.27　制动保证原理

④ 零速检测

当列车速度低于 3 km/h 时，ATP 提供一个零速故障—安全检测。零速检测是由 ATP CPU 板上的 DOC 来执行的。只要实际列车速度低于零速设置点，一个对应零速情况的唯一校验字被送回系统 CPU。零速检测信息用于车门使能控制功能，验证列车在使用惩罚性制动后停止，提供制动保证的检查和其他系统功能。

⑤ ATO 模式车门控制

ATC 系统在 ATO 停站完成后能自动进行车门控制。列车开门动作时序如下：列车定位天线检测到由站台定位天线发射的 F1 信号（13 235 Hz），ATO 系统确认列车已停在车站站台正确位置。ATO 系统将发出全常用制动命令并产生一个列车停车信号给 ATP 系统。ATP 系统收到列车停车信号后，施加全常用制动，并核实列车是否在零速。此时若所有条件都满足，ATP 产生一个安全列车停车信号命令给 ATO 子系统，ATO 子系统通过列车定位天线产生一个列车停稳信号给轨旁（调制在 77 Hz 上的 21 945 Hz 载波）。站台定位天线接收器检测和解码信号，从而励磁轨旁列车停车继电器。停发速度码率，改发左开门码率 CR-1（调制在 4.5 Hz 上的 2 250 Hz 载波）或右开门码率 CR-2（调制在 5.54 Hz 上的 2 250 Hz 载波）到轨道电路上（这取决于车站结构）。如图 4.28 所示为车门控制原理。

车载 ATP 设备检测并解码来自钢轨的码率并励磁相应的 ATP 继电器，开左门或者开右门。这些安全继电器的接点与列车车门控制电路相联系（车门控制电

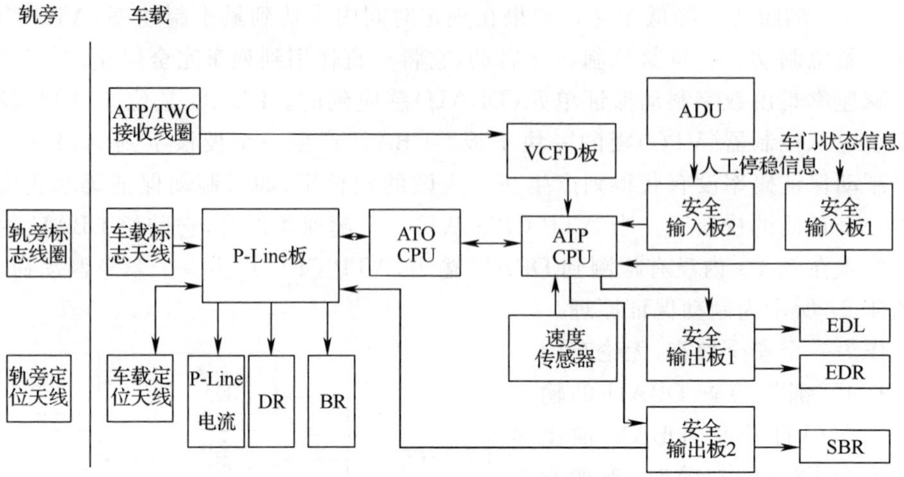

图 4.28 车门控制原理

路由车辆制造厂家提供)以在驾驶室控制台上给出适当提示和点亮车门开门指示器。驾驶员按下车门控制按钮来发出开门命令。

车门控制电路指示开左门或开右门的安全接点将被建立,并发出信号到 ATP 系统。如果此信号与开左门或开右门继电器的信号一致,则 ATO 系统将停发对位信息改发 6 车或 8 车信息(21 945 Hz 载频 115 Hz/171 Hz 调制),在站台对位天线接收到此信息译码,站台屏蔽门继电器吸起,打开相应站台屏蔽门。

列车关门动作时序如下:停站时间到,轨旁 ATP 系统停发开门码率,发车表示器闪光,此时驾驶员按压相应的关门按钮,车辆门控制电路启动车门关闭程序。当车门和站台屏蔽门全部关闭并锁定,轨旁改发限速码率。车载 ATP 系统将使 SBR 吸起,车载 ATO 系统收到车门关闭信息后,ADU 上 ATO 发车表示灯以 1 Hz频率闪光。通知驾驶员可 ATO 发车。当发车表示器点稳定光时,驾驶员按压 ATO 发车按钮,电动客车出发,ATO 表示灯由闪光变为稳定光。

⑥ 手动模式车门控制

驾驶员必须人工将列车定位停车在车站。当 ADU 上停稳表示灯点亮时,列车已正确地在车站站台对位停车,此时驾驶员必须将主控制器手柄放在常用全制动位,再按压 ADU 上停稳按钮,向轨旁发送列车停稳信息,此后的操作与自动模式相同。

当停车时间到,轨旁 ATP 系统停发开门码率,发车表示器闪光,以提醒驾驶员关闭车门。当车门和站台屏蔽门全部关闭并锁定,轨旁改发限速码率。车载 ATP 系统译出限速码率后,将产生一个 2 s 报警声,车载 ATP 系统将使 SBR 吸起,允许驾驶员开车运行。

⑦ 无意识移动防护

无意识移动防护用于防止列车在自动操作模式或手动模式下的移动。如果 ATP 子系统没有收到码率，将使用全常用制动将列车停下来。如果列车在停站时无意识移动且超过超速点（大约 3 km/h）而没有制动保障，则紧急制动系统开始工作。

⑧ 退溜防护

非安全退溜防护由自动和手动模式下的超速防护系统提供。每根速度传感器的两个通道被配置成具有 90°相角的输出信号。此信号被超速 CPU 接收到并且和模式方向手柄的位置一起处理以确保列车运行在所选的方向上。如果检测到运行方向是错误的，将产生紧急制动。

(3)ATO 子系统功能

ATO 子系统一般执行由驾驶员所履行的非安全功能，控制列车运行将车速调节到一个参考速度运行，并执行程序车站停车。

① 速度调整

速度调整是通过采用闭环控制技术来实现的。它按照 ATP 速度命令，ATS 运行等级或停站曲线速度中的最低参考速度控制列车速度。列车速度被保持在参考速度之下，0 到 5 km/h 的控制范围内。如图 4.29 所示为牵引和速度调整原理图。

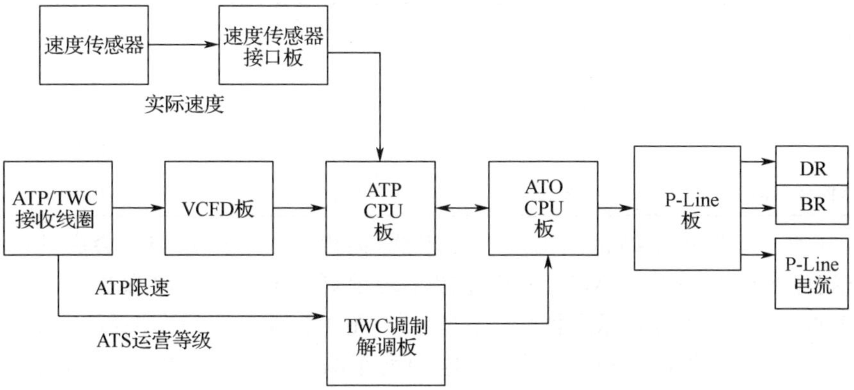

图 4.29　牵引和速度调整原理

② 牵引系统

ATO 与车辆牵引控制系统的接口由两条列车线（DR 和 BR）与 P-Line 驱动器组成。列车线的励磁直接为列车推进控制系统供电（正牵引力）、制动（负牵引力）或惰行（零牵引力）。列车线励磁状态见表 4.17。

表 4.17 列车线励磁状态

运行状态	DR	BR
牵引	1	1
惰行	0	1
制动(故障情况)	1	0
制动	0	0

注:1 表示继电器接点闭合,励磁列车线;0 表示继电器接点断开,列车线失磁。

P-Line 驱动器的工作电流从 2 mA(零牵引或零制动)线性增长到 100%牵引或 100%制动时的 20 mA。

③ 程序停车

程序车站停车利用轨旁设备,在离车站站台一定距离定位安装的标志线圈系统来完成相应功能。

车载标志线圈进入轨旁标志线圈的磁场,引起车载放大滤波电路的振荡。振荡频率是由轨旁的标志线圈确定的,每个轨旁标志线圈是调谐在不同频率。它们是于离车载站台某个已知距离相符。

表 4.18 列出了每个调谐线圈的频率,图 4.30 为程序停车原理。

表 4.18 调谐线圈频率

信标类型	频率 (kHz)	信标类型	频率 (kHz)
最外端线圈(350 m)	F3-110;F6 -140	惰行 1	F2-100
		惰行 2	F5-130
中间线圈(150 m)	F4-120;F7-150	8 m 线圈	F11-14.4
内端线圈(25 m)	F8-160	列车停站	F12-13.2

当电动列车接近车站检测出外方标志器(离停车点 350 m)时,会启动电动列车的车站停车曲线并点亮 ADU 上程序停车表示灯。电动列车将根据中间标志器(离停车点 150 m)和内方标志器(离停车点 25 m)更新车站停车曲线。当电动列车的车载对位天线检出 8 m 标志器时,电动列车的减速率将调整使电动列车以比较低的速度运行,一旦电动列车的对位天线检测到车站的对位天线发送的(13.2 kHz)信息,ATO 系统将施加全常用制动,控制电动列车精确定位停车。此时程序停车表示灯熄灭,同时启动车门打开程序。

如果存在一个有效的跳停,跳停指示灯将点亮,程序停车灯就不会亮,标志线圈输入会被忽略,列车将在 ATO/ATS 速度命令下继续运行,跳停也可以通过司机按压 ADU 上的调停按钮来实现。当经过最近一个轨旁对位天线以后跳停功能执行完毕,ADU 上的跳停灯熄灭。

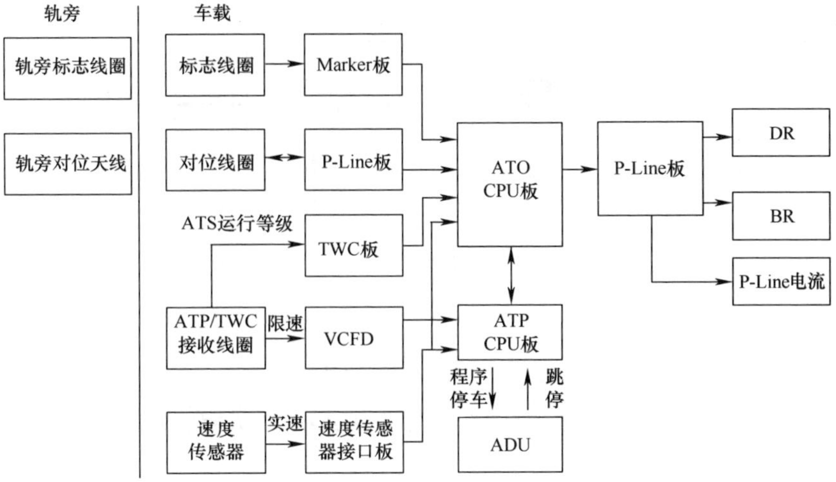

图 4.30　程序停车原理

④ 惰行模式

惰行模式的好处就是省电。在 ATO 模式中收到中央设置的运行等级 2 时或司机通过 ADU 设置后，由 ATS 子系统输入到 ATO 子系统时惰行模式开始生效。当惰行模式有效时，列车一旦检测到惰行线圈，ATO 子系统不再加牵引进行惰行，直到检测到停站曲线或列车速度降到 30 km/h。

(4)ATS 子系统功能

ATS 子系统是列车和地面设备之间的双向数据交换系统，其目的在于由中央控制设备进行调度、停车、排列进路和监控。为数据提供传输媒介的 ATS 子系统部分称为车地通信系统(TWC)。

① TWC

列车和地面之间的非安全通信是由车地通信系统(TWC)实施的。TWC 输出是一个移频键控(FSK)调制的，110 bit/s 的数据信息，9 650 Hz 载频，9 800 Hz 空位。

车载 TWC 子系统接收来自 ATO/ATS CPU 的并行格式数据，然后以串行格式向轨旁 TWC 模块发送。来自车载板的串行数据由电源放大器放大后，用于驱动 TWC 发送线圈，发送线圈里的信号在运行钢轨上感应出一个电流，由轨旁系统感应到，图 4.31 为 TWC 原理。

TWC 数据由轨旁系统经过钢轨传送到 ATP/TWC 接收线圈上，接收到的信号被滤波再送到车载 TWC 板的接收电路，在这里轨旁数据被解码。

② 车地通信

列车和轨旁之间的 TWC 子系统运行在“主—从”方式，每次只有一个 TWC 发

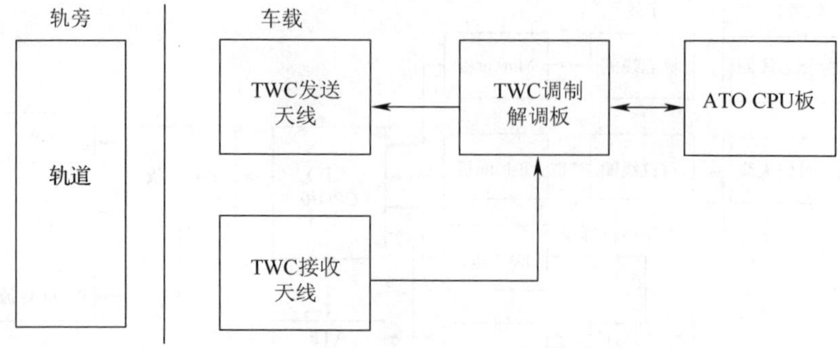

图 4.31 TWC 原理

送。车载 TWC 通过在发射"短信息"和在等待从轨旁 TWC 的反应时的"听"的模式之间交替起"主"设备的角色。并不是所有的轨旁模块都有 TWC 接收器,如果在 200 ms 内没收到轨旁的响应,重复发送短信息,此短信息包含列车目的地编号。

列车将重复发送短信息直到中央 ATS 回送一个响应信息,一旦列车收到轨旁的响应信息,它将送出一个长信息。

送到中央 ATS 的目的地编号(短信息)与时刻表数据及列车行进记录相比较。带有与遵循时刻表有关的数据和命令的响应信息被送回到 TWC 模块,此信息再通过 TWC 送给列车以响应下一个列车到轨旁信息。响应信息只在要求更正时刻表(跳过停站或改变运行等级)或列车目的地或运行号改变时,才会被发送出。

响应信息有以下几种:

- 列车目的地号;
- 列车运行号;
- ATS 运行等级;
- 跳停。

在接收到从轨旁响应或确认信息后,列车发送一个包含下列数据的长信息:

- 目的地;
- 运行号;
- 列车长度;
- 列车停车;
- 列车准备;
- 列车车门开启;
- 移动检测;
- 手动/自动;
- ATP 切除。

③ 运营等级

改变列车的运行等级可用两种方式来实现：来自轨旁响应信息中的中央控制至车载 ATO/ATS 的 CPU 命令，或车载系统通过运行等级开关手动设定。表 4.19 列出了所提供的 3 种运行等级。

表 4.19　运行等级

运行等级	速限(km/h)	ATS 速限(km/h)(参考速度是 ATP 速限的 75%)
1	—	参考速度与 ATP 速度相同，列车加速度为最大值
2	—	参考速度与 ATP 速度相同，列车加速度为最大值，惰行模式
3	80	57
	65	48
	55	41
	45	33
	30	30
	20	20
	80	50
	65	42
	55	35
	45	29
	30	19
	20	13

④ 跳停

从轨旁到车载 ATS 的一位数字命令使得列车跳过目前停站或下一个停站。此命令可在发出列车停车信号之前任何时候被接收(板上)。跳停也可由列车司机在 ATO 模式时按下跳停按钮来产生，按下按钮或收到轨旁命令会取消一个停站操作过程。

4.2　目标距离码模式 ATC 系统

4.2.1　系统概述

本节介绍的 ATC 系统应用于上海轨道交通 2 号线，该系统为线路上运行的列车提供安全有效的控制，包括与安全相关的操作，以保护列车和车站占用，防止列车相撞和对列车及沿线设备及设施的损坏。ATC 系统允许相邻列车以最小的运行间隔运行、以最短的时间进站出站，允许乘客及时上下车，并及时进行操作，通过以上这些方式来优化系统效率。

目标距离码模式 ATC 系统基于 AF-904 无绝缘音频轨道电路系统，用于列车检测和机车信号传送。通过安全和非安全微处理器，使用 MICROLOK Ⅱ 联锁系统来实现安全和非安全的轨旁逻辑，使用 MicroCab 车载设备来实现车载列车自动控制。轨旁信号系统包括信号传输系统(DTS)，DTS 在轨旁设备室和控制中心之间传输命令和指令。正线区段的设计行车追踪间隔为 100 s，还满足联锁及其他接口对轨道电路分界点的要求。运行间隔 120 s，正向运行提供 ATP/ATO 功能，反向运行提供 ATP 功能。

4.2.2 列车自动控制系统(ATC)

列车控制是确保轨道快速运输车辆，进行安全和有效运行的管理程序。ATC 将现代设计、工程学及自动化应用于本程序，以促进该目标的实现。ATC 综合了车载、轨旁、控制中心以及列车上执行运输管理和控制功能的硬件、软件和人为因素。

运输管理与控制包含了涉及广泛应用和优先级的多种功能。在 ATC 中，这些功能被划分为不同的功能层次：

(1)列车防护——防止碰撞和脱轨；

(2)列车驾驶——控制列车运行和站点停靠；

(3)列车监控——根据时刻表指挥列车运行；

(4)通信——系统各部分间的信息交换。

每个层次功能与其他各层次功能在一定程度上保持独立。然而，为形成一个综合实时控制系统，控制中心的计算机将在必要时对各项功能进行协调。每一层次对应三个子系统：ATS、ATO 和 ATP。通常，各子系统分别完成 ATC 系统的如下工作：

列车自动监控(ATS)——ATS 包含非安全相关功能。ATS 充当控制中心与轨旁站点之间的功能联系。ATS 系统功能包括车辆自动调度、自动进路、时刻表控制、区间速度限制及出站抑制开始等功能。

列车自动运行(ATO)——ATO 同样包含非安全关功能。ATO 功能包括车辆运行控制(ATP 限制内)、程控停靠、车门开启请求、停留控制、自动进路开始、车辆识别、站台和车辆关门请求、性能变更、列车就绪、发车测试及车况监控等功能。对于在车速低于 ATP 系统规定的最大安全速度时激活的功能，ATO 系统可对其进行自动控制，并确保平稳高效的列车运行。

列车自动防护(ATP)——ATP 包含安全或安全相关功能。ATP 系统借助故障—安全概念，协助实现安全系统运行。ATP 强制实行速度限制，确保安全的列车间隔以及列车行驶符合轨道限速。ATP 功能包括联锁控制、列车检测、车速选择、速度限制、轨道电路占用检测、紧急停车系统、停靠、方向控制、出站抑制及列车间隔等功能。

在联锁区(包含轨道交叉网络的站点),ATP 可通过联锁系统确保列车仅在进路明确无占用的情况下通过,并确保道岔锁闭于所需位置。

4.2.3　轨旁 ATC 系统

轨旁 ATC 功能应包括:

(1)停靠;

(2)目的地/进路控制;

(3)发车测试;

(4)方向控制;

(5)紧急停站;

(6)联锁控制;

(7)性能变更;

(8)程控停站;

(9)站台屏蔽门控制;

(10)速度控制(限制);

(11)列车检测;

(12)列车间隔;

(13)区间速度限制。

1. 联锁系统

联锁系统以含有插接型中央处理器(CPU)逻辑和接口电路板(PCB)的冗余电子机笼为基础。联锁系统使用冗余配置的机笼,每个机笼包含一个有安全逻辑功能的 CPU PCB ,一个为串行连接 AF-904 单元和电源 PCB 的串行连接继电器,机笼剩余的插槽被用于其他 I/O。这些部件由工厂设计的执行软件和用户自定义应用软件编程,并安装在信号设备室。

2. 列车检测

列车检测是对车辆占用时轨道电路情况的测定。通过协调所有轨道电路占用情况以及每一占用车辆,可确定各车辆在运输系统中的位置。ATC 系统利用轨道占用指示(由轨道电路向其发出)追踪所有车辆位置,该信息还可用于其他功能和操作,包括在 NVLE 和控制中心屏幕上显示轨道线路。

各 AF-904 系统主要用于监控轨道电路状态,从轨道电路一端发出 FM 音频载波信号。轨道电路另一端设置接收电路对该信号进行监控,若附近无列车经过,接收电路可接收到相同波幅信号。

当列车接近轨道电路时,车轮和车轴分流开始对所接收信号的幅度产生影响,随着发射机与车轮间距的减少,该信号幅度也随之递减。可通过预设幅度阈值,确定列车与发射机间距达到多少时，由 AF-904 控制器宣布轨道电路被占用。当信号降至阈值以下时，轨道电路被占用，控制器将向 MICROLOK 系统发送适当指示。

当分流列车跨越两个相邻轨道电路时，两个轨道电路均显示被占用。当列车出清轨道电路时，信号传输幅度升至阈值以上，AF-904 控制器显示轨道电路未被占用。相邻轨道电路采用不同传输频率，以防止信号间相互干扰。当幅度增加超过电源（功率）信号水平时，该信号将失效，该水平便为轨道电路的传输上限。

3. PF 轨道电路

PF 轨道电路的设计旨在解决渡线和道岔处相邻轨道电路的接近性问题。PF 轨道电路发送电流流经某个轨段（采用轨道绝缘节与相邻轨道隔离），从而确定轨道电路界限。通过变压器向轨道电路一端钢轨施用交流电压，并在轨道电路另一端设置继电器。如轨道上无列车分流，则电路保持完整且流经钢轨的交流电将启动轨道电路继电器。此时连接于轨道电路的继电器吸合，表明轨道电路未被占用。如有列车占用轨道电路，列车车轴对钢轨进行分流，转移继电器电流，此时继电器释放，表明轨道被占用。

4. 列车间隔

列车间隔是对运输系统中前后相邻的列车速度和安全距离进行维护的过程。根据客观条件，通过设置适当车速可实现上述功能。这种条件可分为两类：物理特性和交通状况。速度数据逻辑可维护物理特性，并对各个轨道电路的交通状况进行监控。

物理特性包括等级、曲率、轨道长度和具体通过速度等因素。考虑到特定轨道电路的上述静态物理条件，并基于理想的交通状况，车辆在轨道电路的各个位置均存在最大安全速度。

交通状况是指当前速度、轨道占用、进路排列（通过联锁系统）、速度限制和紧急停车等因素。在物理条件所确定的最大安全速度限制内，对应每一潜在交通状况均存在最大安全速度。

轨道电路的静态和物理状况可根据速度数据逻辑进行编辑，各个轨道电路向速度数据逻辑报告交通状况（关于轨道占用及障碍）。速度数据逻辑将物理条件信息与轨道电路报告的交通状况结合起来，可确定在具体综合条件下的最大安全速度。速度数据逻辑持续传输轨道电路各个位置的目标速度和线路速度，以及时反映交通状况。根据上述速度数据，车辆可维持适当的运行间距。

5. 轨旁站点控制

轨旁站点控制包括对通过站点控制区的车辆进路选择进行管理并设置相应停留时间。在正常情况下，由中心 ATS 控制所有轨旁站点，以达到集中控制的最高效率。但是,基于维护、紧急情况或其他不可预测之需要,轨旁站点的控制权可从OCC转移至轨旁站点,并由调度员或维护人员从本地ATC用户接口对通过站点列车的进路选择进行控制。

6. 进路控制

(1)进路请求

在ATC系统中,任何车辆在运行前均需选择一条进路。进路源于进路请求,可通过选择运输线路轨段的进站和出站点建立进路请求。进路可短可长,既可位于相距数米的两个相邻信号机之间,也可位于相距数千米的站点之间(其间包含多个站点和联锁区)。在列车驶入某进路之前,须对进路进行障碍(如列车)或其他冲突情况进行检查,如某个已建立的进路使用请求进路的部分或全部。由控制进路各个轨段的联锁控制逻辑执行这些检查。

若无冲突,联锁逻辑将执行下列操作:

① 设置可用轨段的方向。

② 确定是否需要转换请求进路中的任何转辙机,如有必要,可生成转辙机指令将其转换至适当位置。

③ 电子锁闭进路。

④ 向列车提供许可信号显示和速度数据。

当全部进路检查、方向设置、转辙机定位和闭锁以及许可信号传输均完毕后,该进路即被建立。列车在既定进路运行时,该进路的已通过轨段可用于其他待定进路请求。如有必要,可取消已建立的进路。

(2)进路模式

根据既定时刻表控制列车在运输系统中的性能与行进可实现高效进路选择。由于ATC时间安排、调度、列车性能和轨旁控制均为自动过程,因此可将三者集成为一个全自动综合进路模式。需要人力介入时,可采用手动进路模式。

(3)自动生成进路请求

目的地/进路控制可自动生成进路请求,并主要由控制中心实现该功能。但是,若控制中心停机或轨旁与控制中心的通信联系中断,则轨旁非安全逻辑控制器可根据目的地ID(通过车地通信获得该ID)自行生成进路请求。或者由本地控制点的维护人员手动输入进路请求。如果控制中心和轨旁非安全逻辑控制器同时停机,则轨旁联锁控制器可根据临近轨道电路在常规方向的占用情况生成进路请求。

7. 追踪

在正线上,道岔设置通常用于确保排列直通进路穿越联锁区。当连续列车以正常轨道方向经由同一轨道进出各个联锁区域时,每辆列车通过联锁区域后,列车的进路选择控制电路将自动重置(关闭)。

在列车进站—出站模式中，针对每条轨道每一常规进路的自动选择功能，可消除每辆列车过后均需请求正常进路（通过正线联锁）的单调工作，该特性称为追踪。可针对每个联锁区域的正常方向进站信号，在控制点（控制中心或 NVLE）手动选择或取消追踪功能。若选择追踪，则当列车离开进路后将立即自动选择直通进路。

8. 进路区段解锁

进路区段解锁是对列车经过后的可用区段进行的自动渐进解锁。

9. 进路抑制

（1）出站抑制

出站抑制是一种由控制点启动的软件功能，可防止选择出站已被抑制的进路，NVLE 用户接口和控制中心可显示出站抑制状态。

（2）轨道闭塞

轨道闭塞是由控制中心启动的软件功能，可避免选择两个联锁区域之间的特定轨道作为列车进路，进而防止向闭塞区段提供有效许可，在闭塞区段两端设置出站抑制可实现该功能。控制中心和 NVLE 用户接口可显示自动闭锁功能状态及闭锁区域当前占用状态。

（3）方向锁闭

方向锁闭功能可建立和锁闭联锁区之间的运行方向，进而防止在该轨道区段设置对向进路。运行方向未锁闭时，可对其进行变更。如果轨段未被占用并且任何联锁区域均未排列或锁闭进入该段的进路，则该轨段可解锁。具有以下情形之一的，轨道区段的运行方向将锁闭。

① 该区段的轨道电路被占用；

② 存在进入该区段的方向请求；

③ 已对进入该区段的开放进路执行了接近或时间锁闭。

任一联锁区对进入该区段的进路进行排列并锁闭后，方向控制（软件）将电子锁闭该方向，以防区段另一端联锁区请求和排列对向进路。

10. 自动进路选择与终端模式操作

对于具有多种折返选择的折返站，向自动进路选择逻辑提供的潜在进路仅限于与单程折返策略（取决于终端模式）相符的进路。三种潜在折返策略均对应一种终端模式。

（1）在终端模式Ⅰ中，两条轨道优先采用渡线进路。

（2）在终端模式Ⅱ中，仅采用直通进路。

（3）在终端模式Ⅲ中，仅采用渡线进路。

无论采用何种模式，当接近轨道被占用时，将根据首个信号在区内轨道自动请求进路。

在模式Ⅰ中，通向区外轨道的渡线进路将自动进行正常方向请求（若首个信号为自动模式，预告接近轨道被占用而站台轨道未被占用）。如果站台轨道被占用，则直通进路将自动进行正常方向请求（若首个信号为自动模式，预告接近轨道被占用而站台轨道未被占用）。

在模式Ⅱ中，直通进路将自动进行正常方向请求（若首个信号为自动模式，预告接近轨道被占用而站台轨道未被占用）。

在模式Ⅲ中，渡线进路将自动进行正常方向请求（若首个信号为自动模式，预告接近轨道被占用而站台轨道未被占用）。

可在控制点（控制中心或 NVLE）针对每个终端站点选择终端运行模式。

11. 信号控制

信号逻辑功能和方向逻辑功能可确保列车在整个系统中安全运行。这些功能可使列车在条件允许时通过转折点，并提供了列车在站点间的运行方式，以及在条件允许时改变列车运行方向，尤其方向功能可防止在整个系统中发生对向或敌对列车运行情况。信号功能旨在提供系统中列车运行的请求方法，以及在批准任何列车运行前进行必要的安全检查。信号逻辑功能包含上海市轨道交通系统所用联锁系统应用软件中最广泛和最全面的功能逻辑表。这些信号逻辑功能分属以下类别：

（1）进路开放信号；

（2）进路请求；

（3）进路检查；

（4）安全接近；

（5）接近锁闭；

（6）追踪；

（7）追踪取消信号；

（8）引导请求；

（9）自动默认进路；

（10）信号控制电路。

12. 自动程控停靠（停站）

车辆进入轨道电路时，非安全轨旁通信将向车辆控制逻辑提供站点信息，该站点信息包括目标距离（停车前的行驶距离）。并且在车辆停靠制动过程中，该距离信息可随时更新，车辆控制逻辑利用该目标距离以及其他信息确定列车的速度和加速度。

用于站台的自动程控停靠主要由车辆控制逻辑执行，并与轨旁设备紧密配合以确定列车在轨道电路中的位置。列车通过 TWC 环线交叉点的精准停车，将执行机读测距。当列车通过 TWC 环线交叉点时，反向磁场将相互抵消，并造成信号丢失。车辆控制逻辑可记录环线交叉点的数量和间距。通过计算检测到的环线交叉点，列车可确定在轨道电路中的准确位置。

使用该功能时，列车必须发送一个估计到达时间(ETA)。轨旁 TWC 在收到 ETA 后，将切换至连续传输模式(CTM)。当轨旁系统处于 CTM 模式时，车辆可准确探测每一环线交叉点，进而确定列车在轨道电路中所处位置。轨旁设备对 ETA 时间进行倒计时，并在该时间结束后回切至半双工(双向)通信。

轨旁 TWC 子系统可根据控制中心要求或进路要求，向车辆传输非安全跳停指令，该跳停指令在终端站禁用(必须停靠)。当选定存车线(TWC 轨道电路，而非车站站台)作为列车停靠终点时，ATC 将通过目的地 ID 对此进行确认，并将列车停靠在相应轨道电路边界内。

13. 发车表示器

发车表示器可显示车辆停留结束前的剩余秒数，其时间信息来自 ATC 系统数据。该时间信息(向列车驾驶员提供)从车辆停留结束前 15 s 开始倒计时，当发车表示器显示剩余时间为零时，列车驾驶员将按下关门按钮，待所有其他检测完毕后，列车将驶离车站。

14. 站台安全门控制

对于设有站台安全门的车站，列车将在停靠后与轨旁系统进行通信，以确保根据列车长度打开相应的站台安全门。之后，轨旁 ATP 将与站台安全门系统进行通信，并由后者准确开启和关闭安全门。

当车辆正确停靠后，车载 ATC 将向轨旁 ATP 发送安全无线信息，请求根据列车长度(4 车厢、6 车辆或 8 车厢列车)开启相应的安全门。同时，车载 ATC 将启动一个计时器，设置车门开启的滞后时间。轨旁 ATP 检查并确认所有条件均满足后，将向站台安全门(PSD)控制器发送信息，请求开启相应的站台安全门。之后，待列车停留时间结束后，驾驶员将按下关门按钮，由车载 ATC 向轨旁设备发送信息，请求关闭站台安全门。列车仅在收到由轨旁设备发送的门已关闭通知后，方能驶离车站。

15. 车地无线通信(PSD 数据)

对于配备了站台安全门的站台，进站列车应向轨旁系统通知其车厢数量以确保打开正确的站台安全门。该信息将通过安全无线连接从列车移动无线电发送至轨旁接入点。

当列车进站时，移动无线电设备(MR)将搜索由接入点(AP)持续发出的信标信号。MR 在检测到一定强度信标信号后，将请求与 AP 进行联系。AP 向 MR 请求认证信息，若认证信息符合要求，则初始化过程结束。MR 和 AP 将相互配合，在车载 ATC 和轨旁联锁系统之间传递信息。

列车停止后，车载ATC将向负责本区域的联锁系统发送信息，该信息向轨旁系统通知列车停靠状态并说明车厢数量。当驾驶员按下开门按钮时，车载ATC将该开门请求发送至联锁系统，并由后者命令站台安全门系统针对指定列车长度打开相应安全门。同时，车载ATC将设置计时器，以便打开与站台安全门相对应的车门，在列车前往下个站点之前将进行类似通信。

在列车停留结束前9 s时，控制中心将向列车发送信号，提醒驾驶员做好发车准备。当驾驶员按下关门按钮时，车载ATC将向联锁系统发送站台安全门关闭请求，并设置关闭车门计时器。待站台安全门关闭后，由联锁系统通知车载ATC开启ADU发车指示灯，此时，驾驶员可按下发车按钮，列车将驶离车站(如果其他所有条件均满足)。

联锁系统和车载ATC之间通过联锁系统对等协议进行通信，通过传输网络级的用户数据报协议/互联网协议(UDP/IP)和数据链路级的以太网帧封装传输上述信息。无线电传输应遵守IEEE 802.11标准和带冲突避免的载波侦听多路访问(CSMACA)媒介访问方法。上述机制可提高数据传输的可靠性，采用密码块链接消息认证码协议(CCMP)—高级加密标准(AES)对所有消息进行加密，使其更显安全。

如果无线链路出现通信故障，可通过站台安全门本地控制面板手动操作站台安全门，若列车未能从轨旁系统收到关门和锁闭信号，则驾驶员可操作机车旁路开关使列车驶离本站。

每个AP均与控制中心的两个接入控制器(AC)保持连接，AC仅用于管理AP，而不接收任何信息，所有消息均直接在AP和轨旁站点MR之间进行传输。处于停靠位置的列车采用移动无线电通信方式，通过车站接入点与轨旁系统进行通信，对该过程予以说明。接入点与联锁系统相连，并由联锁系统与PSD控制器进行通信，如图4.32所示。

16. 紧急站点停靠

紧急站台停靠(ESS)可防止列车进入或运行于某一站台轨道电路，并可在按下紧急停车按钮后阻止列车接近。

按下紧急站台停靠按钮后，联锁控制逻辑将检测到这一情况。之后，联锁控制逻辑将锁定状态，向NVLE发送指示，并将所有接近列车的速度均设为零以实施紧急停车。紧急站台停靠可通过NVLE重置，必要时，由ESS停止的列车可依照严格的操作规程实施相应车辆功能(Close-in模式和ATC旁路)移动列车。

17. 道岔控制

由联锁联锁系统的联锁控制逻辑执行道岔控制，道岔控制包括对联锁转辙机位置进行监督和控制。针对联锁区的每个渡线，安装安全继电器道岔控制和指示

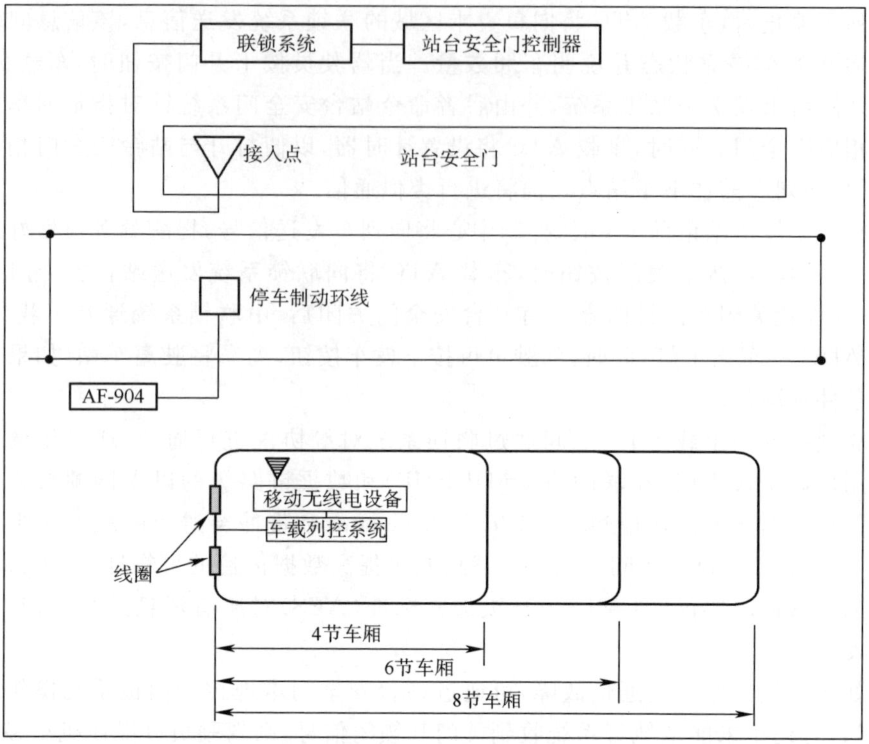

图 4.32 联锁系统与 PSD 通信原理

电路，用以控制和指示转辙机位置。

每个渡线两端各设置一台 ZDJ9 型电动转辙机，使用三开 ZYJ7 型电液转辙机对位于 CXZ 站点的存车轨道道岔进行操作。对于 ZDJ9，其典型道岔控制和指示电路由 NWZR 和 RWZR 继电器的触点闭合进行控制，而后者直接受控于联锁系统输出端。进而，NWZR 和 RWZR 继电器触点可控制 WPR 和 WR 继电器。最终，由 WPR 和 WR 继电器触点以正确极性向转辙机电机施加三相 220 V 交流电，从而使轨道道岔点转向既定方向。

路径通电用 WPR 和 WR 继电器包括下列部分：

(1)NWZR 和 RWZR 继电器的前、后触点；

(2)道岔锁(LR)继电器的前触点(当道岔电子解锁时由联锁系统 LR 输出端对其通电)。

当渡线由当前岔路排列转向直线排列时，NWZR 继电器通电而 RWZR 继电器断电。当渡线由当前直路排列转向岔路排列时，RWZR 继电器通电而 NWZ 继电器断电。由此，当道岔锁解锁(LR 通电)并允许道岔运行时，通电路径以指定极性贯穿 LR 继电器前触点至 NWZR 和 RWZR 继电器线圈，从而对 WR 或 WPR 继电器通电。极性取决于 NWZR 和 RWZR 继电器状态。由 WR 和 WPR 继电器触点向转辙机发动机施用三相 220 V 交流电。

可通过控制点(控制中心或 NVLE)根据轨旁运行模式对转辙机进行控制。道岔在移动前应处于解锁位置。当要求道岔处于常规位置时,控制点将向联锁系统发送道岔请求。并在条件允许时向道岔发出指令使其转向常规位置。道岔处于常规位置后,将向 NVLE 和控制中心发送常规道岔指示,可通过相同方法将道岔转向相反方向。

持续检查道岔请求和道岔位置的对应性,若发现任何不符之处,则给予警报指示。向列车发出许可后,如发生错误导致道岔请求与位置不符,则应立即撤回许可并将道岔移回最大限制状态。若转辙机发生卡塞,可通过道岔恢复环线将道岔恢复至初始位置。接近锁闭、检查锁闭和进路锁闭功能可确保道岔锁闭的实施,并使联锁 MICROLOK 的道岔锁闭继电器电路失效。

18. 信号灯显示

联锁区信号机可针对已建立进路和轨道占用状况,向列车驾驶员直观反映相关列车的运行状态。由联锁逻辑基于进路(针对联锁区接近列车建立)安全考虑,决定信号灯的显示。

19. 性能调整(运营等级)

性能调整由控制中心的应用逻辑执行。列车每次停靠客运站点时,都将列车标识(ID)发送至控制中心,控制中心计算机基于轨道占用数据从终端站点开始对列车的行进状况进行跟踪(控制中心从每个 SER 的轨旁 ATP 设备获取轨道占用信息,从而实现列车追踪)。列车在客运站点发送列车 ID 后,控制中心将列车 ID 与区段闭塞情况相联系,并对车站内与车站间的每辆列车进行跟踪。当列车对其到站情况进行报告后(通过发送列车 ID),控制中心计算机将对照列车时刻表检查其到站时间。如果列车到站时间超出时刻表公差,则控制中心计算机将确定执行何种自动策略或驾驶员警报,即列车减速、加速或控制站点停留时间。性能变更命令通过 TWC 系统向列车传输。

20. 超速防护

机车应用保留电路由联锁系统的应用逻辑执行。机车应用自闭电路可基于轨道电路的占用情况,针对通过联锁区的列车,适当激活或禁用速度数据传输。当列车到达联锁区时,如果进路未予开放和锁闭,则机车应用保留电路将针对联锁区轨道电路禁用速度数据。当进路开放并锁闭时,机车应用保留电路将立即激活速度数据。

“速度激活”状态建立后,将通过一系列条件进行维护,如道岔位置、超限警报等。随着列车驶入联锁区,首个轨道电路将被占用,并进而启动进路取消电路。然而，只要列车尚未出清首个轨道电路，速度数据传输将仍旧保持激活或“保留”状态。

当列车占用第二个轨道电路时，首个轨道电路的“速度数据”将立即禁用。这种方式可确保，当后续列车紧随第一辆列车占用联锁区前方接近轨道电路时，不会因其 ATP 天线探入首个联锁区轨道电路上方而意外收到速度数据（第二辆列车可能仅分流接近轨道电路，但其 ATP 天线悬于相邻轨道电路上方）。

21. 轨旁数据通信

（1）安全轨旁数据通信

① 联锁逻辑与轨道电路模块间。

② 速度数据逻辑与轨道电路模块间。

③ 联锁逻辑与速度数据逻辑间。

④ 联锁逻辑与车载设备间。

⑤ 联锁逻辑与相邻位置联锁逻辑单元间。

（2）非安全轨旁数据通信

① 非安全逻辑单元与联锁逻辑间。

② 非安全逻辑单元与非安全车地通信链路间。

③ 非安全逻辑单元与相邻站点非安全逻辑单元间。

④ 非安全逻辑单元与控制中心。

4.2.4 车载 ATC 系统

1. 系统结构

MicroCabⅡ车载设备是指车载列车自动控制系统，车载 ATC 系统组成如图 4.33 所示，该系统执行列车自动防护、列车自动运行和车地双向通信等功能。基于微处理器的车载系统包括一个 MicroCabⅡ机架（安装 ATP 和 ATO 子系统）、一个状态显示单元、一个状态显示单元辅助面板、一个车—地双向通信天线、两个 MR 天线、两个 ATP 接收线圈和两个独立的速度传感器。该系统也提供到车辆的列车线、逻辑、串行接口的内部连接。

每一个列车自动控制系统仅仅根据来自线地控制的命令以及来自驾驶员在相同驾驶室内控制台上的输入来执行相关的操作。车载系统由两套冗余配置的 ATP 子系统、一个 ATO 子系统和一套 TWC 子系统组成，车地通信设备是车载 ATO 子系统的一部分。仅在相应的拖车处于激活状态（工作状态）下，车载 ATC 系统才可以控制列车运行。系统有一个端到端的列车联锁逻辑制约关系，其目的是防止由于不止一个带驾驶室的拖车处于接通状态，导致列车误动（无论车载 ATC 系统被激活或者被旁路）。

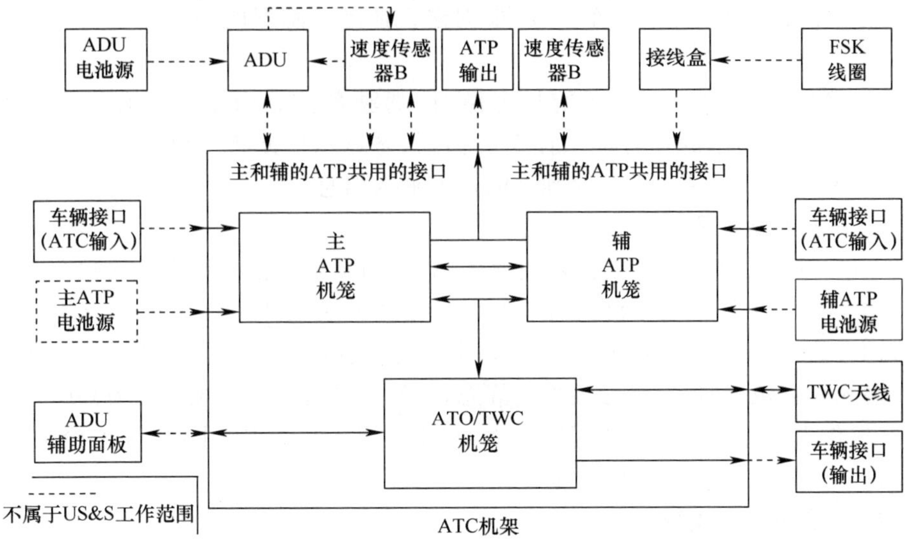

图 4.33　车载 ATC 系统组成

ATC 系统执行安全功能和非安全功能，ATP 子系统执行关键的或与安全相关的系统功能，ATO 子系统执行非安全或非关键的功能。所有安全功能的正确执行是保证车载 ATC 系统安全控制列车运行的要求，一旦丧失这种安全保证，受影响的相关 ATC 系统将会被禁止控制列车，直到车载 ATC 系统被人工恢复。

2. 运行模式

ATC 系统支持自动模式(ATO 模式)、人工模式(ATP 模式)、ATC 关闭模式三种运行模式。在有 ATP 防护的人工模式中，慢速前行和退行也可以使用，ATC 系统也可以被旁路。对于所有的运行模式而言，任何时候都要求有驾驶员在现场，这些运行模式如下所述：

(1)自动模式(ATO)：处于激活状态下的该运行模式提供站间自动列车运行，列车的速度控制和车站停车由 ATO 子系统完成。

(2)人工模式(ATP)：处于激活状态下的该运行模式提供站间人工列车运行。列车驾驶员控制列车的所有操作，慢速前行和后退运行也可以在此模式下使用。

(3)慢速前行模式(停车然后继续向前行驶)：停车然后继续前进的运行模式是指列车在失去有效的机车信号条件下停车，车载 ATC 系统允许列车在一个低限速条件下继续向前行驶，随时准备停车。

(4)后退模式：这种模式提供列车在线路相反方向上以一个很低的限速实施后退运行。

(5)关闭模式：关闭模式是指相应司机室内 ATC 系统被关闭时的被动模式，

状态显示单元将仅仅显示列车速度，根据来自速度传感器的一路独立的速度输入信息。

(6)旁路模式：当 ATC 系统被旁路时，驾驶员控制列车的所有操作。车载 ATP 将不会对列车的运行提供任何防护，状态显示单元将仅仅显示列车当前速度，通过来自速度传感器的一路独立的速度输入信息。

3. 车辆参数配置

ATC 系统的特色之一是能够更改辅 ATP 机架前端面板输入存储到车载 EEPROM 存储器中的车辆参数。前端面板的拨码开关被用来以菜单的形式输入三种车辆参数：车辆 ID、两套轮径设置(每个速度传感器各一套)以及列车编组数字。

输入配置数据时，车辆必须处于静态，操作人员必须将系统设置为 OFF 模式。然后，操作人员必须将配置数据输入到 ATP 主机(主 ATP)中，并人工检验 ATP 从机(辅 ATP)中设置相同的配置数据。

4. 轨道电路配置数据

ATC 系统将所有轨道电路的轨道电路配置数据存储在系统中，这些数据包括轨道电路 ID、下一段轨道电路 ID、轨道电路长度、棒的类型(S 棒、I 棒、O 棒)、坡度和标高等。

5. 系统电源

ATC 系统接收来自车载蓄电池的直流电源。对于 ATC 机架而言，要求有两路独立的电源输入，每路电源输入供给两套 ATP 系统中的一套。采用内部并联的方式对 ATO 子系统供电，状态显示单元接收来自独立电池的供电。为了列车的运行，状态显示单元提供一个速度显示器，如果需要的话，该速度显示器将独立于 ATC 机架。ATC 系统的额定工作电压为直流 110 V，车载 ATC 系统内部的直流/直流变压器，将车辆蓄电池供给的直流 110 V 电压转换为 ATO、ATP 以及状态显示单元正常工作所需要的规定电压。

6. 主时钟

对于整个 ATC 系统而言，在控制中心的主时钟系统是一个单一的独立时间信息源。车载 ATC 系统使用来自主时钟的信息，以确保所有显示的数据、列车信息和事件记录是与主时钟同步的正确信息，车载 ATC 系统通过车地通信子系统接口到主时钟系统。

4.2.5 列车自动防护(ATP)子系统

1. 基本描述

一般来说，列车自动控制系统的所有涉及安全的功能全部归为 ATP 子系统的功能范围。ATP 子系统是一个冗余配置的子系统且具有故障自动切换的能力，

ATP子系统包含一个主ATP单元和一个备用ATP单元。主/备ATP单元与所有的转换开关、控制、电源和外部通信接口并行连接，从而实现系统的冗余配置。ATP接收线圈、状态显示单元、速度传感器都并行连接到每一个ATP单元。对机架上的每个ATP单元持续供给电源，保证两个ATP单元全部处于工作状态。如果主ATP单元的输出被励磁接通，那么备用ATP单元的输出就会被失磁切断；如果主ATP单元故障，只有当列车完全停稳后，备用ATP单元才会自动接管相应的工作。

列车两端的ATP必须被联锁，在同一时刻只允许列车一端的ATP子系统处于在线工作状态，以避免列车两端的ATP子系统同时工作。列车提供安全锁闭功能，如果列车敌对端的ATP子系统已经被激活，那么到ATP子系统的关键输入将被切断。

在ATC系统中，ATP将执行下列主要功能：

(1)机车信号的采集和解码功能；

(2)列车速度和位置判定；

(3)安全超速防护；

(4)安全制动和牵引控制；

(5)停车；

(6)安全门控；

(7)列车定位和方向控制；

(8)ATP运行模式；

(9)ATC驾驶员接口；

(10)永久列车ID；

(11)不慎脱钩检测；

(12)安全与非安全通信。

2. 通信

(1)与车辆间的安全通信

ATC通过AF-904系统接收来自轨旁的指令，具备无线安全车地通信功能。它与ATC的接口是FSK接收线圈，该线圈安装在列车拖车头部下方第一组车轮前方。

当车辆穿过机车信号覆盖区域，每一条轨道电路持续地从轨旁传输安全数字数据。数据信息通过S-BOND在每一条轨道电路末端被耦合到钢轨中，然后接收线圈接收到经过车载ATP解码的数字数据。每一条轨道电路传输数据时所采用的载波频率都与相邻轨道电路的不同。车辆方面，ATC将过滤器调整至正确的频率，允许车辆只能接收当前轨道电路的数据。

该通信方式中的一个变量被用于车辆的安全停车上，停车环线位于站台远端附近的钢轨之间（相对于到达车辆而言）传输 FSK 接收线圈可探测到的载波信号。

移动无线通信连接是另一种用于站台安全门（PSD）控制的安全通信方式。列车已经在站台安全停稳时，车辆使用安全无线连接将与门相关指示信息和指令发送到轨旁，控制站台安全门的开关。同时，轨旁也采用这个连接反馈 PSD 状态信息。主 ATP 与辅 ATP 间的 ATP 接口也是一种安全通信方式，主 ATP 为 ATP 主机，持续向 ATP 从机——辅 ATP 发送车辆参数；辅 ATP 持续地向主 ATP 发送 ATP 从机的运行数据。

（2）与车辆间的非安全通信

ATP 与 ADU 之间的连接为非安全串行通信连接，被用来在 ADU 显示面板上显示与车辆运行相关的指示信息以及从 ADU 获取指令（发车按钮）和事件。ATP 与 ATO 之间的连接也为非安全串行通信连接，被用来在 ATO 模式下向 ATO 发送速度指令以调整车速，并向 ATO 发送 ATP 状态和警报信息，这些信息会被 ATO 转发到中心。该连接也被用来接收 ATO 发出的源自中心的指令。

3. 机车信号的接收和解码

（1）轨道电路

轨道电路为轨旁提供列车当前位置检测和向列车传送行车控制命令，轨道电路将为车载 ATP 提供计算列车当前安全限制速度的所需的重要信息。跨接在相邻轨道电路间的 S-BOND 为判定列车当前位置提供参考点，轨道电路信号的门限电平将作为判定列车进入下一轨道电路的依据。

（2）车载信号信息

经过移频键控方式调制的数字形式的安全信息通过轨道电路被传送到列车，然后通过车载 ATP 解码，8 个载频从 9.5 kHz 至 16.5 kHz，频间距为 1 kHz。车载 ATP 系统通过将 3 个数字滤波器设定到 3 个不同的相应频段上，第一个数字滤波器得到相应轨道电路载频的信号，第二个数字滤波器得到下一段轨道电路载频的信号，车载 ATP 在上一段轨道电路上将会得到邻近的下一段轨道电路的载频提示。每个信息中包含线路速度、目标速度、目标距离、轨道电路编号、下一段轨道电路载频和门控命令。

车载 ATP 通过安装在拖车头部下方第一组车轮前方的车载 ATP 线圈接收来自轨旁的安全信息，接收线圈通过感应钢轨上的信号电流并将机车信号提供给移频键控接收器，移频键控接收器执行载频选择和移频键控解调。机车信号的检测电平被校准到上述预先设定的电平值，该电平值基于额定钢轨电流设定，从而实现轨道电路信号的检测。将解调的数据传送到 FSK 控制器，信息被解码和验证，一旦信息被确认有效，该信息将会立即被发送到安全逻辑 CPU。

(3)车载信号丢失

车载 ATP 在使用已经被确认的最新解码的机车信号之前，两个连续且相同的新信息必须被接收到。只要采集的信息真实有效且连续地被车载 ATP 接收，机车信号就会被连续地传送到车载 ATP 进行处理。

如果一个有序的信息被证明是有效的(循环冗余校验、与/或不一样的内容)，最终解码的信息将会被保留至安全计时器 2.75 s 计时时间到，或该机车信号信息被更新(在当前的频率下或解码得到的下一轨道电路频率)。如果机车信号在该 2.75 s 时间间隔内被解码，新的数据信息将会被传送到车载 ATP 进行处理，然后列车将会根据所显示的行车指令继续前进。

如果安全计时器时间到，一个“机车信号丢失”消息被告知，此时所有零速信息将会被发送给车载 ATP 进行处理。车载 ATP 做出的反应是实施列车制动停车。一旦列车停稳后，列车将会原地等待，直到接收到刚刚丢失的同样载频条件下的机车信号，在最终有效的机车信号数据中也将显示下一段轨道电路的载频。

4. 列车速度和位置判定

判定列车的运行速度和列车位置是车载 ATP 保障行车安全的重要功能。

(1)速度传感器

车载 ATP 使用两个光电速度传感器——EOSS A 和 EOSS B，两个速度传感器对于防止不常见且无法检测到的故障而言是非常必要的，应用两套独立的速度传感器设备是为了减少犯相同错误的可能性。速度传感器被安装在独立的车轴上，电源被分别供给，同时车载 ATP 的速度信息是通过不同的方式得到的。车载 ATP 使用 EOSS A 的一个输出通道和 EOSS B 的一个输出通道，将速度信息传至两个独立的计数器以判定列车的实际速度。作为车载 ATO 的速度信息来源，车载 ATP 也缓存所有三个 EOSS B 通道对车载 ATO 的累计输出。速度传感器的探测装置可以稳定地检测到 1 km/h 以及更高速度的列车运行。

速度传感器被用来判定下面的列车运动参数：

①列车速度；

②列车运行方向；

③已走行距离；

④空转/打滑；

⑤轮径磨损；

⑥后溜/爬行；

⑦停车。

在车载 ATP 中提供的逻辑性被用作证明在每次实施动力牵引时每一个速度传感器工作正常。在实施动力牵引后的规定时间内，相应列车的运动状态必须被检测到。该选定的时间间隔应尽可能地短，但依然能够避免任何由于故障引发的错误显示。在规定的时间间隔内，如果在相应的列车运行方向上没有检测到允许的列车运动状态，车载 ATP 将会实施全常用制动。

(2)列车速度判定

两个速度传感器可以安全地判定列车的实际速度，来自两个速度传感器的输出信号是基于轮轴转数里程的脉冲信号。车载 ATP 通过列车车轮的直径将这些脉冲信号转换成直线距离，通过计算单位时间内的脉冲信号获得列车的实际运行速度。

列车从静止状态加速到 24 km/h 的允许误差范围规定在±0.5 km/h 内，当列车的运行速度等于或大于 24 km/h，列车检测速度的误差范围规定在±1 km/h。这些速度误差包含轮径补偿、采样速率、脉冲同步、平均速度以及速度分析判定等方面的误差。

① 轮径补偿

在车载 ATP 中提供轮径补偿的功能是为了正确地判定列车的实际运行速度。系统输入车轮的直径，将其作为精确计算列车走行距离和速度的计算工具。该车轮直径的安全输入设置是可以调节的，轮径安全输入调节范围为直径 840 mm 至 770 mm 的车轮，以 10 mm 的增量进行调节。因为上海地铁 2 号线列车自动控制系统配置了冗余的车载 ATP 子系统，操作人员必须对车载主 ATP 单元进行轮径补偿设置，并确认相同的数据被正确输入进备用车载 ATP 单元。一旦车轮直径被输入进每个 ATP 单元，该车轮直径数据将一直保留直到经过授权的维护人员将其更改为止。每个车载 ATP 单元上的轮径补偿输入调节开关被放置在一个密封锁闭的箱子内，只有被授权的系统维护人员才能通过此调节开关更新车轮磨损补偿数据。由资深的维护人员将每一个速度传感器安装在列车轮轴上，同时需要设置与该轮轴相对应的车轮直径。

在车站停车过程中，由 ATO 执行动态的车轮测试。动态车轮测试结果和轮径补偿设置间的误差如果大于 10 mm，该误差将会被记录进 ATC 系统并通过车地通信系统发出报警。即使车轮动态测试结果比设定的数据大，车载 ATO 将使用维护人员设定的车轮直径计算列车速度并实施车站停车。如果列车轮径补偿的设置不能被安全地认定为有效数据，ATP 将使用最大的车轮尺寸。

② 零速

零速是指可靠检测到的列车最小运动速度，趋零速度是安全可靠地保证列车停车的若干条件中的一个，零速为 0.4 km/h。

③ 后溜/爬行检测

后溜/爬行被定义为在向后或向前方向上未经授权的列车非法移动。即使当列车已经实施了制动并且已经处于非运动状态,ATP 系统仍然继续累计来自速度传感器的脉冲信号。车载 ATP 根据列车的位置,对任何检测到的速度脉冲信息做出响应。在站内,列车在门控使能状态下以大于趋零速度非授权移动超过 75 mm,系统将立即实施紧急制动;在正线,如果检测到的列车非授权移动未超过 500 mm,系统将不会采取制动措施,如果检测到的列车非授权移动已经超过 500 mm,系统会立即实施不可取消的紧急制动。

系统应安全可靠地保证列车不会发生后溜或爬行动作,一旦发生此类事件,必须立即实施制动停车。

④ 空转/打滑

车载 ATP 具有检测到列车的空转和打滑的能力。当列车行驶一段距离后,两个速度传感器分别计算的列车走行距离的误差大于某个设定的允许值时,空转/打滑现象及被检测出来。当不正常的速变化被检测到时,也可以判定发生车轮空转/打滑现象,根据这种空转/打滑现象存在时间长短,决定采取何种措施。如果该现象存在的时间超过规定的时间要求,那么系统将立即实施不可取消的紧急制动。当车载 ATC 尝试重新启动牵引时(速度传感器此时的速度显示为零),启动过程中如果发生严重的空转/打滑现象将引发速度传感器对列车实际运动状态的错误判断,此时系统将立即实施不可取消的紧急停车。

⑤ 速度传感器信号丢失

因为一个单独的速度传感器的自身故障引发速度信息丢失现象被视为一种打滑现象,车载 ATP 对空转/打滑现象的处理措施及系统实施不可取消的紧急制动。当列车自动控制系统试图重新启动牵引(此时速度传感器的速度显示为零),如果来自速度传感器的信息被永久丢失,将造成无法对列车的运动状态做出判断,系统将实施一个不可撤销的紧急停车。对于两个速度传感器同时发生速度信息丢失的现象,视为列车的严重打滑情况。

(3)列车位置判定

列车必须以安全的方式判定列车位置,系统采用定位被列车当前占用的轨道电路在上海地铁 2 号线全线当中的位置方式来判定列车当前位置。车载 ATP 从接收的来自轨旁的机车信号中识别被占用轨道电路的编号、方向控制数据,车载系统检查轨道电路 ID 的排列次序与列车运行方向一致。相邻轨道电路间的电气绝缘节作为判断列车位置的参考点,列车间的安全追踪间隔,速度限制防护和站台门控都要求系统安全可靠地判定列车行走位置和运行方向。

列车从一段轨道电路进入临近的另一段轨道电路时,列车须驶过相邻轨道电路间的 S-BOND,车载系统将识别“过绝缘节”信息,为列车位置的判定提供参考点,S-BOND 作为每段轨道电路的分界点。为了精确地计算出列车的实际位置,

S-BOND 的安装必须严格按照 USS 的全线轨道电路闭塞设计图纸的要求进行布置，并保证其位置误差在下列范围内：

① ±0.99 m；

② 与站台中心的误差范围是±0.10 m。

根据车载数据库中存储的轨道电路信息表，车载 ATP 通过接收到的轨道电路信息进行“过绝缘节”检查，下列功能检查将会被执行：

轨道电路顺序——接收到的轨道电路 ID 必须依照预期的顺序依次接收，并接收来自道岔区段敷设环线的机车信号，否则系统将实施不可缓解的紧急制动。

方位改变——轨道电路的电气绝缘节必须被列车可靠地识别，列车的方向比特位必须被切换到反方向(ATP 内部变化)。列车当前的运行方向(机车信号方向控制位)必须被同步切换到反向。

5. 安全超速防护

(1)确定当前速度限制

ATP 连续监测列车的当前速度，并且与几个不同来源的限制速度进行比较。速度限制由 ATP 子系统通过列车所遵循的速度—距离模式曲线来执行，速度—距离模式曲线是基于安全制动距离模式构建的。

车载 ATP 接收器从轨道电路接收来自轨旁的机车信号，从中获得线路速度、目标速度和目标距离信息。线路速度是在控制线路区域内的列车最大允许速度；目标速度是列车到达线路控制终端时预计达到的速度；目标距离是列车达到目标速度所要走行的距离，这要参考当前的轨道电路的始端。ATP 根据这些信息计算出超速限制(OSL)、控制速度限制(CSL)和控制速度(CS)。根据 ATP 存储器中的地理数据信息库，对这些计算的速度限制要进一步修正，以保证列车能够安全地满足即将到来的下一个目标速度的要求。

系统在人工(ATP)模式时，操作员可选择 ADU 的慢速前行模式(停车然后继续前进)操作。在无有效的机车信号被接收到的情况下，人工请求慢速前行模式，列车速度将被限制在 20 km/h。一旦接收到有效非零速度命令后，该有效非零速度命令将取代 20 km/h 速度限制。慢速前行模式(停车然后继续前进)是非安全功能，但是，20 km/h 速度限制应该被安全地强制执行。

后退运行也可在人工(ATP)模式中被实施，ATP 将允许司机随机地实施后退行驶，但后退速度必须在限制速度为 10 km/h 条件下。

(2)超速判定

当列车速度超过当前速度限制时就判定是超速。列车一超过当前速度限制，ATP 将实施全常用制动，在列车速度超过超速限制前控制住列车。当列车超过超速限制 (控制速度限制＋ 2.5 km/h)，安全紧急制动电路失磁落下，断开列车紧急制动环路,紧急制动被不可取消地实施。当列车速度减小到满足一个较低限速要求时,ATP系统将提供一个平滑的降速变化过程,同时也将进一步减小列车尚未达到的限速值。

(3)跳停时的站台速度限制

当列车需要在一个车站跳停,继续行驶至下一车站站台,ATP被要求控制车辆速度,确保整列车(从车头到车尾)车速不要超过站台限速,这就叫作“回看”。ATP在以下跳停情况下应执行“回看”。

① 中心通过TWC通信发出跳停指令,列车此时处于ATO模式;

② 非运营DID要求跳停,列车此时处于ATO模式;

③ 若列车不在该站停车,根据列车在ATP模式下的速度跳停。

因为中心跳停指令或ATO模式下的DID而发生跳停时,ATP对ATO进行限制,控制速度不超过站台轨道电路设置的CSL,直到整列车离开站台。当在ATP模式下发生跳停,ATP根据站台限速来设置限速和ADU警报速度,直到整列车离开站台。操作人员应按照ADU上的限速指示来调整车速。

6. 安全制动和非安全牵引控制

正常(非紧急)情况下,ATP应用任何制动或牵引控制是为了保证列车的停车要求。车站停车作为向乘客提供上下车服务的一部分,ATP通过安全速度传感器来判定列车的速度处于趋零速度以下。它检查被实施的常用制动显示完全可靠。等到规定时间期满后,列车被可靠地确认已经安全停车,车门将被允许打开。通过用一个最大的参数值取代车载标准信号发生器的输入以及断开制动命令列车线的方法来设置全常用制动。摩擦制动持续地被监督,以确保在安全停车保持过程中,既保证摩擦制动被可靠地实施又保证无任何故障发生。如果任意故障被确认发生了,不可取消的紧急制动将会被实施。当允许ATP结束该安全停车作业的条件满足时,车载ATP解除了全常用制动的输出,使摩擦制动被缓解。

在执行扣车作业实施过程中(无论是可释放的扣车或不可释放的扣车),列车必须被禁止移动。在可释放和不可释放的扣车作业实施过程中,全常用制动将会被实施。若需要紧急停车,ATP启动全常用制动,使用安全的速度传感器确保全常用制动率,如果全常用制动率失效,ATP将会切断牵引,同时启动紧急制动。

尽管ATP是安全设备,但列车的牵引和常用制动系统不是安全的。尽管全常用制动的命令是由ATP发出的,但由于这个原因,全常用制动不应该被看作是一个安全功能。ATP控制紧急制动,紧急制动系统自身是安全的,因此,仅仅在必要的时候,ATP通过实施紧急制动,保证列车被安全控制。

(1)可靠的全常用制动停车(制动保证)

可靠的全常用制动停车(BAFS)是指在没有实施不可撤销的紧急制动的条件

下，通过实施全常用制动使列车停车。该功能与列车的一次模式速度距离模式曲线的限制方法相互协调工作，共通完成典型ATP的可靠制动保证功能。在必要的情况下，实施紧急制动，ATP计算和保证可靠制动时间(3.5 s)内，制动性能满足或超过可靠制动率的要求。如果列车满足ATC的所有要求，在正常情况下或降级条件下运行时，紧急制动将不会被应用。轨旁也可以通过去除所有发给列车的速度命令来启动一个紧急情况下的全常用制动停车。选定的可靠制动减速度是0.636 m/s^2。

(2)紧急停车

设计基于一次模式速度距离曲线的控制系统应尽可能地减少车载ATP实施紧急制动的可能性。如果由于一些原因，使得列车当前的运行速度大于控制限制速度，ATP请求实施可靠的全常用制动停车。实施全常用制动的条件包括：

① 丢失机车信号(超过2.75 s后制动将被实施)；

② 线路速度和目标速度都跳变为零(紧急停车系统指示，制动被立刻实施)；

③ 限制速度突然减小(制动被立刻实施)；

④ ATO系统失效(仅在自动模式下)；

⑤ 检查轨旁和列车内部方向逻辑之间的方向错误。

当ATP命令实施全常用制动时，它监测制动率并返回持续有效的超速限制。如果由于某种原因列车超过了这个超速限制或不能满足可靠制动率的要求，仅在此时ATP将请求实施紧急制动。

不可恢复的紧急制动(UEB)——紧急制动将被持续实施直到列车停车。ATP设备通过断开相应的控制输出(仅通过ATC旁路模式切断相应的控制输出)来防止列车的运动直到ATC被重新启动。此时，通过转换过来的备用ATP单元可以在此刻对列车实施控制。

不可恢复的紧急停车(UES)——全常用制动被实施，如果未能达到可靠的制动率，系统将会追加紧急制动直到列车停车。ATP设备通过隔离控制输出(仅仅通过旁路ATC来实现控制输出的隔离)来防止列车的移动直到ATC被重新启动。此时，通过转换的备用ATP单元将可以对列车实施控制。

不可取消的紧急制动(IEB)——紧急制动将被持续实施直到列车停车。列车停车后，如果紧急制动条件消除，ATP将允许列车移动。

不可取消的紧急停车(IES)——全常用制动将被实施，如果全常用制动未能满足预期的保证制动率，系统将会追加紧急制动直到列车停车。列车停车后，如果紧急制动条件消除，ATP将允许列车移动。

可取消的紧急停车(RES)——全常用制动将被实施，如果施加的全常用制动未能达到预期的制动减速率，系统将追加实施不可取消的紧急制动。如果紧急制动条件消除，对于仍然运行的列车而言，全常用制动进程可以被取消，当这种情况发生时，列车可以继续按照当前的速度曲线运行。

在 ATO 模式下，根据具体的事件，一旦列车停稳，ATP 可以执行两种可能的扣车作业。

不可释放的扣车——这是一种在停车后对列车施加的强制零速度状态。当列车收到一个已经在从商业运营中去除的目的地 ID 时（通过 ATO 设定），不可释放的扣车将可能发生，它必须由司机来解除。在自动 ATO 模式下，司机通过按压状态显示单元上的发车按钮来解除扣车。但对于大多数的 ATP 故障状态而言（如无机车信号或无效的机车信号数据），不能通过按压状态显示单元上的发车按钮来释放列车。

可以释放的扣车——一个非紧急制动导致的列车停车，主要由于进路的原因，通过车载 ATO 决定对列车强制实施一个零速度状态。通过 ATS(TWC)命令或按压状态显示单元的发车按钮可以解除扣车。

7. 进站停车

列车进站停车，在打开车门上下乘客之前，列车必须完成与车站站台停车位置的精确对位，这种列车精确对位作业被称为停车。停车信号通过机车信号提供，它告知车载 ATP 列车到达车站的站台区域。为了安全地打开车门，在 ATP 允许相应的门控制之前，列车必须安全可靠地完成列车停车作业。

(1)传统停车

传统停车指示信息通过机车信号来显示，告知 ATP 列车位于正线和西延伸段沿线车站站台。停车位发送到站台轨道电路，若一些相邻的出站轨道未被占用，还会发送到这些轨道电路上。出站停车位允许列车在站台轨道的末端接收停车位信息。该信息位告知车辆其是否已经出清入站轨道以及是否用来允许在这些轨道上开门。

(2)安全停车

安全停车涉及东延伸和西延伸各站的轨旁和车辆功能两个方面。停车的过程是列车的接收线圈、FSK 接收器以及车载 ATP 探测到 AF-904 停车环线的过程。AF-904 停车环线安装在首节车厢所停地点的两条轨道之间。该环线传输的机车信号载波频率只有在车辆位于环线正上方时才能被车辆的接收线圈探测到。该环线的载波频率与用来区别当前轨道电路和下一段轨道电路的载波频率不同。

当列车进入站台轨道电路，ATP 发出指令，让 FSK 接收器将自身的三个频道之一调整到相应频率(F0～F7)，以便能够判定列车是否位于停车环线的正上方。这个不会对当前和稍后将要用来接收机车信号的频道产生任何影响。

列车已经进入站台轨道电路并接近停车曲线末端时，列车的移动速度足够慢以使列车控制逻辑可以在其到达停车位置后马上令其停车。在停车并且调整到适当停车环线频率的 FSK 接收器频道接收到较强的信号电平时，车载 ATP 在出现安全停车信号后通过数据无线通信接口告知轨旁列车已经停稳，并闪烁 ADU 限速状态单元告知司机相同信息。

若列车尚未停稳，车载 ATP 不会使能车门打开。对于有站台安全门的站台来说，停车时让首节车厢总是停在同一个位置很重要。这样可以确保站台安全门与车门对齐以及让 PSD 系统根据列车长度打开相应的安全门。

若列车停在停车窗口之内，安全停车+(82±5) cm 到-(82±5) cm 逻辑可以允许开门(假设其他要求都满足)。所有东延伸和西延伸车站的站内停车误差分别为 ATO 模式下的±25 cm 和 ATP 模式下的±50 cm。

(3)内部停车

在折返站时，车辆入站车头关闭钥匙、出站车头钥匙开启后，由于激活端的 FSK 接收线圈可能不在安全停车环线的正上方，所以激活的 ATC 系统可能无法收到停车指示信息。如果存在以下情况，则 ATP 认为车辆已实现内部停车以在激活端建立运行方向和门使能：

①在换车头前列车就已在折返站站台停稳，且门已经打开。

②换车头后，ATP 接收到的机车信号里含有新的运行方向信息。

在换车头后，若列车无法以传统或安全方式停稳，则 ATP 宣布列车将以人工的方式停车。

(4)越出站台的恢复

如果列车越出了站台轨道电路区域，使得车辆不能与轨旁 TWC 环线实现正确对位，或者列车冒进了离去区段轨道电路，这些事件都被视作列车越出站台，此时，在上述任何一种情况下，列车都未完成正确停车。ATO 根据计算出的目标距离，得知发生列车越出站台事件并将此通知轨旁。

此时，ATP 将不能发出开门命令，而是将列车未完成正确停车的消息传送给 ATO。即使 ATO 知道了发生了列车站台越界事件，ATO 对该事件的纠正措施也是有限的，因为在 ATO 模式下列车不允许退行；如果 ATO 这么做，那么就会使列车向违反规定的运行方向移动。在这种情况下列车所采取的措施是受当前操作模式决定的。在自动(ATO)模式下，列车可以被释放并继续行进至下一站；在人工(ATP)模式下，操作员可以实施后退操作来重新实现列车与 TWC 环线的正确对位。

在人工模式下，当列车从离去区段的轨道电路返回到站台轨道电路时可能会出现丢失机车信号的情况。这是因为移频键控接收器不在再接收站台轨道电路信号，它被调谐到接收站台离去区段的轨道电路信息。当列车被重新定位时，如果

ADU上的机车信号显示器熄灭，司机必须实施慢速前行模式运行列车，使列车重新建立对本区段轨道电路机车信号的接收并使列车向前移动。在慢速前行模式下，车载移频键控接收器将扫描信号频率，以恢复与站台轨道电路之间的机车信号联系。

此外，当列车后退时，会丢失列车方位。在返回站台并重新建立机车信号的接收后，如果轨旁TWC没有提供停车指令，那么位于站台区域的列车不能自动判定列车方位。没有确定正确的列车方位时，ATP不能发出开门命令。因此，在列车越过站台事件恢复后，可以通过请求门控旁路来打开车门。直到列车发车跨过轨道电路S-BOND后，列车才能重新建立正确的方位。

(5)未达站台恢复

在程序车站停车过程中，当列车未到达站台区域时，即发生列车未到达站台规定位置的现象。在自动(ATO)模式下，ATO将继续加速，将列车停泊位置调整到规定的停车点。未到站台事件的恢复是ATO的功能。

8. 安全门控

安全门控是一个安全的ATP保证功能。在所有为乘客上下车提供服务的情况下，ATP应该确保车门的正确控制，除非门控被旁路或者ATC被旁路。正常的安门搭控仅考虑进站停车，对于非正常的强制开门情况，系统将其按照非正常的ATP运行保证功能来进行处理。

(1)一般门控

ATP可以控制门控使能。当列车到达车站，完全停稳，以及列车与站台(停车)对位正确时，ATP将发出打开车门的门控使能。来自站台轨道电路的停车比特信息将通知车载ATP，列车目前停靠在站台区域。在任何模式下，门控操作必需驾驶员人工完成。开门操作和关门操作总是必须由驾驶员通过按压驾驶员控制台上的开门和关门按钮来完成。

在正常情况下，车载ATC将确保列车没有移动和对列车施加制动，同时检查停车信息和站台方位信息，然后车载ATC发出门控使能命令，使列车驾驶员可以打开车门，在车站内的列车门控使能将保持到轨旁允许释放列车为止。

对于列车开门的顺序，车载ATP在判定可以安全打开车门后，ATP选择打开列车一侧的车门，并发出该侧车门相应的门控使能。无论ATP系统发出右门使能或左门使能，都是由列车运行方位和当地的车站信息和轨道数据决定的。根据相应的门控使能，驾驶员可以打开或关闭系统预期的车门。

当停站倒计时结束，ATP将自动取消门控使能信号并在ADU上显示停站时间期满，提示驾驶员关闭车门，准备发车。一旦车载ATP取消门控使能命令，驾驶员将关闭所有车门直到列车停靠到下一车站或驾驶员实施门控旁路功能。当所有车辆门控循环功能被开始实施时，驾驶员仅能够重新开启尚未正确关闭的车门。

在停站倒计时满之前，去除门控使能的命令也可以通过人工请求实施。在自动(ATO)模式下，当操作员按压 ADU 的“列车出发”按钮时，ATP 将解除门控使能。一旦车门关闭，为了使列车发车，驾驶员必须第二次按压“列车发车”按钮。在人工(ATP)模式下，无论操作员何时将运行模式/方向控制器扳动到牵引位置然后再扳回至非牵引位置，ATP 都将能够解除门控使能命令。一旦门被关闭，如果 ATP 判定可以安全发车，驾驶员可以控制列车前进。

(2)非计划开门

如果在车辆运动过程中，车门被强制打开，ATC 将作出反应，使用自动模式(ATO)和人工模式(ATP)下的 FSB 让列车停下。

若车门不能自动使能，可以采用人工的办法，叫作门使能旁路。司机必须在开门/关门前把门使能开关转到旁路的位置才能在门无法自动使能的情况下开门/关门。ATP 会将此类事件记录在日志中，并在门使能旁路时应用 IES。发车时，司机必须将门使能旁路开关打回到正常位置，这样才能撤销 IES。

9. 站台安全门控制

(1)正常站台安全门控制

在有站台安全门的站台上，到站的车辆需告知轨旁列车编组类型以打开相应个数的安全门。该信息通过车载 MR 与轨旁 AP 之间的安全无线连接进行传达。数据无线通信从接收到机车信号信息中的站台轨道电路开始(基本上就是列车进入站台轨道电路的时候)。在建立了对等无线通信连接后，车载 ATP 将开始发送列车编组信息、停车状态(真或假)以及 PSD 控制信息(显示开门/关门的方向和时间)。

只要列车在站台停车后安全停稳，并且司机按下了打开车门的按钮，车载 ATP 就向轨旁联锁发出指令，命令轨旁站台安全门系统打开与列车编组相符的安全门。站台安全门与车门应同时打开。当站台安全门不再关闭和锁定，轨旁联锁通知车载 ATP 站台安全门已打开。

发车倒计时结束后，中心控制系统向列车发出信号，提示司机准备发车。司机按下关门按钮后，车载 ATP 请求轨旁联锁关闭站台安全门，然后车门与站台安全门同时关闭。当站台安全门被关闭和锁定，联锁系统通知车载 ATP 站台安全门已关闭，然后才会允许列车开动。车门和站台安全门都关闭后，司机才能按下发车按钮(自动 ATO 模式)或将主控制器转到牵引位置(人工 ATP 模式)，然后列车离开该车站(若所有其他条件都满足的话)。联锁系统与车载 ATP 通过联锁系统对等协议互相通信。

(2)非正常站台安全门控制

若无线连接发生通信故障，车载 ATP 应通过闪烁 ADU 上的星号提醒司机通信故障。车门使能后，司机应使用站台上的PSD键开关打开站台安全门，然后再打开车门。当发车倒计时结束且车门取消使能，司机应使用站台上的PSD键开关关闭站台安全门，然后再关闭车门。

在这种情况下，车载ATP无法接收轨旁发出的PSD关闭和锁定信号，所以司机必须将门使能旁路开关转到旁路位置，来模拟轨旁的PSD关闭和锁定输入，让列车能够驶离车站。

10. 车辆释放和初次运行测试

(1)车辆释放判定

若以下条件被满足，则认为车辆已准备释放：

① 车门已关闭和锁定。

② 站台安全门已关闭和锁定。

③ 没有使用可缓解/不可缓解的扣车操作。

④ 没有应用FSB或EB。

⑤ 若列车不处于慢速前行或退行模式下，应收到有效的机车信号。

⑥ 限速必须允许车辆开动。

在ATO模式下，ATP一定会收到ATO发出的准备发车指示信息；司机必须按下ADU上的发车按钮。在ATP、慢速前行和退行模式下，司机必须将主控制器转到牵引的位置，然后主控制器指示牵引。

(2)运行初始化检查

运行初始化时，ATP执行以下检查项：

① 摩擦制动已经缓解。

② 速度传感器开始生成脉冲。

③ 速度传感器开始生成有效的运行方向。

若以上检查项均未通过，则ATP应用不可取消的紧急停车(IES)。

11. 列车运行方向和方向控制

(1)列车运行方向判定

轨旁设备向列车连续发送方向信息，列车应按照其轨道电路信息中所包含的方向控制命令运行。为使车载ATP能够正确地识别来自轨旁信息中的方向命令，车载ATP必须确定列车自身方位。“列车方位”是一个指定的列车终端所面对的方向。一旦列车方位被建立，列车在成功地完成停车作业后，车载ATP将发出门控使能命令，允许打开车门。

当列车被初始化进入任意一种运行模式(自动模式或人工模式)时，在站台轨道电路或车辆段转换轨处，列车保持正确的静态停车，列车能够自动确认方位(通过机车信号轨道电路ID)。如果列车方位不能够被自动确认，那么只能在列车进入下一轨道电路时确定列车方位。在人工模式和自动模式下，列车可以在没有判定列车方位的情况下动车，但车门将保持锁闭直到列车方位被判定。司机在开动列车时必须要知道正确的运行方向。

ATP 将一直保持列车的方位信息，除非 ATP 被完全断电、切换到 ATC 关闭模式、设置到旁路模式或在 ATP 人工模式下请求实施后退运行。因此，列车方位的判定并不是正常操作列车的必要条件。例如，如果列车在非站台区域实施紧急制动，只要没有断电，列车方位信息将一直保持，在紧急状态解除后，列车能够继续正常运行。

(2)方向控制

列车有三种与之相匹配的运行方向：相对于轨旁的运行方向(东或西)、相对于列车方位的方向(当前的列车头部—带驾驶室的拖车)和牵引系统方向(前进或后退)。ATP 执行方向计算并向 ATO 提供正确运行方向和牵引方向。

(3)方向保证

方向命令作为 AF-904 型轨道电路数据的一部分由轨旁发送给列车。车载 ATP 连续地解读这些命令，并进行安全检查，以确定列车运行方向正确。列车西行时，车载 ATP 接收一定序列的轨道电路 ID；反之，列车向东行驶时，接收相反序列的轨道电路 ID。轨道电路 ID 序列与方向命令有冲突时，ATP 将执行不可恢复紧急停车。同样，除了渡线道岔区段或存车线以外，一旦车载 ATP 接收到的机车信号中没有有效的方向信息(东向/西向比特位相同)，车载 ATP 将实施不可取消的紧急停车。

12. 运行的 ATP 模式

车辆的运行彼此之间是相互独立的，并且每辆车都可以在多种模式下运行。每辆车都有三种基本的运行模式，可以用司机驾驶台上的模式 /运行方向手柄和主控手柄的组合来选择，ATC 也可以被旁路掉。可以运行的 ATC 模式如下：

自动运行模式(ATO)：ATP 和 ATO 运行模式下的自动运行。

人工运行模式(ATP)：ATP 运行模式下的人工操作。当车辆处于 ATP 模式，可以执行慢速前行和退行运行。慢速前行模式通过使用 ADU 上的按钮来启动。

关闭模式：ATC 输出与车辆线相互隔离。

旁路模式；不使用 ATP 或 ATO 模式时的人工操作。

车辆的 ATC 运行模式可以随时由管理员更改。在停车或行车期间，运行模式都可以在车辆通电时进行更改。但是，如果在行车期间更改运行模式，ATP 子系统会让列车先进入 IES(不可取消的紧急制动)状态，然后再更新运行模式，此时才允许车辆根据刚选择的运行模式继续前进。

运行模式以来自车辆的五种输入为基础：车头激活(CAB ON)、自动模式

(ATO MODE)、人工模式(ATP MODE)、前进(FWD)和后退(REV)。CAB ON 输入来自司机驾驶台上的司机钥匙开关，输入 ATO MODE、ATP MODE 和 REV 均来自司机驾驶台上的模式/运行方向开关。键开关有两个位置：OFF 和 ON。模式/运行方向开关有四个位置：ATC、Manual Forward、Neutral(0 位)和 Manual Reverse。

(1)自动运行模式(ATO)

在此种模式下，ATP 执行包括超速防护、紧急停车、门控使能等操作，车载 ATP 从 ATO 接收停站倒计时满及其他要求。尽管车门锁闭和非锁闭功能(门控使能/门控未使能)依然由车载 ATP 控制，但车门的开启和关闭操作是由驾驶员直接控制的。同样，在自动模式下，司机按压在 ADU 上的发车按钮实施车站发车。

当车载 ATP 已经判定系统被正确配置为 ATO 运行模式时，车载 ATP 向 ATO 发送模式选择信息和启动命令。车载 ATO 使用永久存储在车载数据库中的车站信息和轨道信息，对列车实施车站程序停车。

(2)人工模式(ATP)

在人工模式下，车载 ATP 子系统进行超速保护，紧急停车，门控使能等所有操作。在自动模式下 ATP 仍然执行这些功能，车载 ATP 与 ATO 之间进行有限的通信。尽管车门的锁闭和非锁闭(门控使能/门控未使能)依然由 ATP 控制，但车门的开启和关闭操作是由驾驶员来控制的，车载 ATO 与轨旁 NVLE/控制中心之间，仅仅完成有关进路显示和时刻表的通信。列车的速度控制，站台停车，以及其他功能都由司机进行控制。驾驶员严格按照固定在状态显示单元上的速度曲线显示器的指示，对列车进行控制，慢速前行模式(停车然后继续前进)和后退操作在人工模式下可以被实施。

(3)慢速前行模式(停车然后继续前进)

在 ATP 人工模式下，司机通过按压状态显示单元上的慢速前行按钮启动慢速前行模式。使用慢速前行模式是为了避免列车由于丢失来自轨道电路的有效限速数据或零速限制数据而停滞，该功能只能在严格遵守操作守则条件下，且获得中心操作人员的许可后才能执行。

当 ATP 接收的线路速度和目标速度指令均为零，慢速前行功能就用制动施加确保其速度不超过 20 km/h+2.5 km/h，将实际车速进行安全地限制。若车速超过了 22.5 km/h 或制动保障率达不到要求，IES 会被应用。慢速前行模式下，只有在接收不到机车信号时，车辆会一直搜索下一段轨道电路的频率。下列事件之一发生时，慢速前行模式会被终止：

① 从轨道电路接收到有效的速度码(非 0 km/h)；

② 发生超速；

③ 司机再次按下慢速前行按钮；

④ ATP 发生故障或断电。

慢速前行运行必须从当前运行的 ATC 单元通过 ADU 上的按钮发出请求。请求慢速前行是一项非安全功能，但是 20 km/h 的限速是安全强制执行的。ADU 上有一个指示灯用来显示 ATC 单元已接受该请求。若没有收到任何有效的机车信号，机车信号的灯不会点亮。

(4)退行模式

退行运行只能在人工(ATP)模式下进行。司机把驾驶台上的车辆运行模式/发车开关转到退行(REV)位置就可以进入该模式。在退行模式期间，ATP 将车速限制在安全的 10 km/h。若发现超速，车辆会施放不可撤销的紧急制动(IES)。该功能应由司机根据严格的操作守则和来自中心操作人员的许可后实施。

(5)关闭模式

在这种模式下，ATP 不工作。通过断开接口电路，ATC 系统可自动与列车实现电气隔离。列车司机通过关闭相应驾驶室内的钥匙，从而关闭了该钥匙所控制的 ATC 系统，此时列车进入 ATC 系统关闭模式。在关闭模式下，由于该驾驶室内的控制台不工作，司机无法在本地驾驶室操控列车。只要保持对 ATC 系统的供电，除了数字式速度表和数字指针式速度表为列车提供基本的速度计功能外，ADU 上的其他指示器均熄灭。

(6)旁路模式

如果司机选择了 ATC 旁路模式，或者通过其他方法运行了旁路模式，司机将对列车运行负全部责任。在旁路模式下，驾驶员在严格遵守操作准则的情况下能够在本地驾驶室内驾驶列车。随着车载 ATP 设备被旁路，ATP 设备不提供超速保护。通过断开与车辆的接口电路，ATC 系统与列车实现电气隔离。如果旁路模式已经被实施，在 ADU 上的 ATC 旁路指示灯会被点亮。而在关闭模式下，ADU 仅仅为列车基本的运行提供列车数字速度表显示和数字环式速度表显示。

13. 故障切换到辅 ATP

(1)主机与从机状态的初始化

系统启动或重启，或主机反馈输入中断时，主 ATP 立刻进行建立主机控制的程序。辅 ATP 在预定时间过后开始进行建立主机控制程序。假设主机控制采用主/从继电器的协议如下：

ATP 检查主机核对输入。若主机核对输入为低位，那么 ATP 进行故障切换，否则将继续检查主机反馈输入；若主机反馈输入为低位(未激活)，则 ATP 将其主/从安全继电器设置为主机位置。否则，将进行故障切换。

当 ATP 将其主/从继电器设置为主机位置(主机反馈输入此时为高位,而主机核对输入为低位),则 ATP 认为其为主机。ATP 允许主机反馈输入有足够的处理周期变为高位,并允许主机核对输入有足够的处理周期变为低位以处理延迟和瞬变电流。若在一定时间内没有进行以上检查,ATC 将进行故障切换。

ATP 在所有处理过程中持续监视主机反馈和主机核对输入。一旦主机反馈输入变为低位(未激活)或主机核对输入变为高位(未激活),ATP 将执行 UES,然后将其主机控制安全继电器设置为从机(失磁),最后进行故障切换。

主 ATP 每个周期定期与从机通信,该通信提供的是主机发生故障时从机顺利接管控制所必需的信息。与从机之间的通信丢失将由从机发送故障报告给 ATO。ATP 从机以类似 OFF 模式的形式作为备用在运行,持续在 OFF 模式下将可判定的重大故障和非重大故障向 ATP 主机报告。

(2)因故障切换而发生控制转移

若主 ATP 突然发生故障,其主/从安全继电器会转到从机(未激活)位置,允许从 ATP 通过以下步骤变为主机:故障切换至从 ATP 只能在停车时进行。

当从 ATP 探测到主机反馈变为未激活,即主 ATP 交出控制权或发生故障,在确认停车后,从 ATP 将其主/从安全继电器转为主机位置。当主机反馈输入变为高位(未激活)且主机核对输入变为低位(未激活),从机便承担起了控制功能。从 ATP 用由原先运行的 ATP 接收到的安全信息(轮径和 PVID)来承担起控制功能。

14. 连挂检测/反应

ATP 的子系统能够检测一列车与另一列车的连挂(非安全显示),如果 ATP 检测到两列车之间的连挂,ATC 系统将采取不可取消的紧急停车以防止列车继续前进。如需要使列车移动,司机必须通过 ATP 旁路开关切换,使列车进入旁路模式。因为 ATP 系统无法保护一列未知长度的列车,所以由司机将列车的运行模式切换进入旁路模式的行为是非常必要的。因此,人工连挂和列车牵引应在 ATC 旁路模式下,由司机根据“驾驶员操作规程”实施,此时司机应该对列车运行安全负全部责任。连挂检测被认为是 ATC 系统的故障情况,如果发生列车连挂情况时,它将被记录到运行事件日志中。

15. 驾驶员接口

操作员控制台和状态显示单元(ADU)以及状态显示单元辅助面板构成了驾驶员与车载 ATC 之间的接口。除了状态显示单元辅助面板以外,车载 ATP 子系统提供到驾驶员控制台和状态显示单元的通信和信号接口。

(1)驾驶员控制台

ATC 系统从列车操作员控制台接收控制输入信息,所有控制信息同时被输入到冗余配置的 ATP 单元中。每个 ATP 为来自各个控制台的命令提供了一个独立的输入。

(2)状态显示单元

ADU 提供了显示器、指示灯、报警器和按键，帮助驾驶员监控 ATP 和 ATO 的功能运行情况，如图 4.34 所示，ADU 的所有控制和指示都是非安全的。无论列车处于何种运营模式，ADU 均以数显或指针两种模式反映列车真实行驶速度。数字速度表显示速度范围为 0～99 km/h，指针速度表是一个由两种颜色的发光二极管组成的模拟指针环，每个发光二极管代表 1.25 km/h。绿色 LED 表示列车当前速度，而红色 LED 显示当前允许的线路速度。列车的目标速度、达到目标速度时走的距离以及至开始实施制动之间的间隔时间也都将显示。一旦超速，ADU 内部的报警器会发出持续蜂鸣报警。在全自动或人工模式下，状态显示单元从 ATP 接收速度信息，当 ATP 被旁路或者它无法与 ADU 进行通信时，ADU 将根据直接从 EOSS B 传来的速度信号，计算并显示列车当前的运行速度。

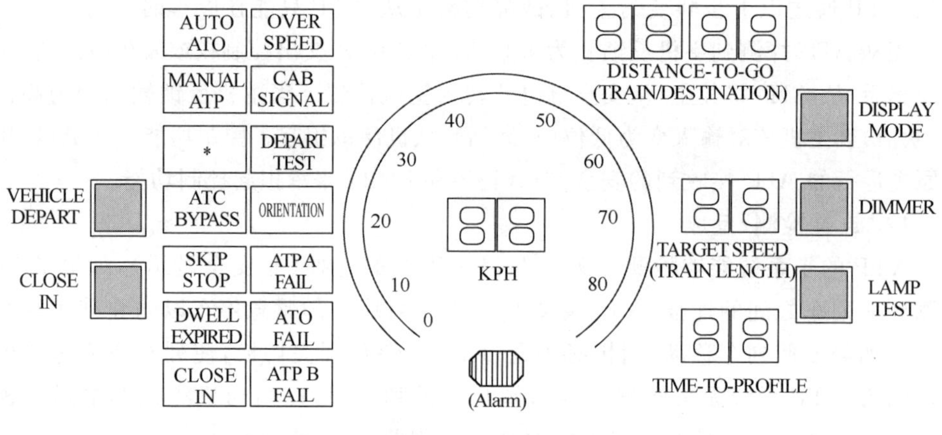

图 4.34 状态显示单元（ADU）

① ADU 电源

ADU 电源是一个独立的组件，将标称电池电源转换为适当的电压以满足 ADU 供电需求，同时该电源也提供给速度传感器 EOSS B 的一个信道，ADU 的电池电源必须独立于 ATC 机架。独立的电源可以持续向 ADU 和速度传感器供电，这样即使 ATC 机架未通电、未安装或不可使用，ADU 也一样可以当作速度计使用。

② 状态显示单元辅助面板

附加的工作参数可以通过状态显示单元辅助面板输入进车载 ATC 系统。

16. 车辆的永久性ID

车辆具有的永久性ID(PVID)用来对列车进行识别。车辆识别是非常重要的,它是独立于车载ATP系统中的印刷电路板。每个列车的永久列车ID数据被存储在EEPROM中,并且是ATC机架的一个永久的部分。如果ATC机架被更换,那么新的机架一定要按照相关流程编入该永久列车ID号码。车辆ID是车地通信中列车ID的一部分,并且被TWC用来进行列车ID追踪,相同的车辆ID被编入两个拖车各自ATC系统的主ATP和备ATP。

4.2.6　列车自动运行(ATO)子系统

1. 基本描述

列车自动运行(ATO)子系统执行ATC系统的非安全列车自动运行/监督的功能。在列车运行过程中,ATO子系统执行其指定的功能,同时它还完成与ATP的数据交换。在人工ATP模式条件下,ATO的一些功能受到限制。

2. 通信

(1)ATP通信

ATO通过一个串行通信链接与ATP交换数据。ATO到ATP有两个串行通信端口,一个到主ATP,一个到辅ATP。辅ATP接收到的数据包括速度调节的速度命令、ATP状态以及告警,这些数据通过TWC传输到控制中心。发送至ATP的数据包括来自控制中心的与发车相关的数据和命令。控制中心初始化系统时间,并通过TWC链接发送到ATO,然后通过ATO-ATP链接传输到ATP。每次ATP进入TWC环线时更新主时钟系统。

(2)车地通信

在选定的轨旁特定区域,通过车地通信(TWC)系统,完成轨旁ATC系统和车载ATO之间的非安全数据的发送和接收。TWC系统提供双向通信。通过安装在列车上的TWC天线,列车完成与轨旁之间的信息发送和接收。通过使用位于站台区域、车辆段或转换轨以及和存车线间的TWC环线,轨旁可以发送和接收信息。

列车与轨旁之间的通信具有主、备关系。车载TWC在与轨旁通信过程中起主导作用并激活与轨旁的通信。轨旁控制中心可以询问列车的状态、诊断信息、命令列车执行自检测或其他功能。从轨旁到列车,TWC系统被用来实施非安全控制功能,如连续传输(CTM)模式、列车编号、目的地等。从列车到轨旁,TWC系统被用来传递状态数据,如列车编号、告警、车长等信息。CTM模式帮助列车检测停站位置的变更,一旦开启CTM模式,ATO进入一种通信模式,在CTM模式结束前,仅能接收来自轨旁的信息。

(3)TCMS 通信

通过 TCMS 通信,ATC 会将旅客信息,如当前车站、下一车站、目的地车站以及到下一车站的距离传输到列车控制和监视系统(TCMS),然后显示在安装在列车车厢的监视器上。ATO 与 TCMS 监视系统之间的通信具有主、备关系。ATO 是备用的,这意味着它仅在从 TCMS 接收到信息时作出响应。ATO 与 TCMS 之间交换两种类型数据:初始化要求/响应信息以及状态要求/响应信息。

3. 与列车速度和位置相关的 ATO 功能

因为 ATO 对列车牵引制动系统的控制必须服从于 ATP 和控制中心给出的限制条件,判定列车的速度和列车的位置既是 ATO 的重要功能,又是 ATP 的安全功能。

(1)判定列车速度和走行距离

① 速度传感器

ATO 从速度传感器 EOSS B 每 100 ms 接收一次转速计脉冲。ATO 使用 EOSS B 的总计输出作为速度源估算列车的运行参数,这些参数包括列车实际速度、空转/打滑、已走行距离和零速(列车停车)。

速度传感器输出的是脉冲信号,脉冲数与车轮转动走行的距离成比例。ATO 利用当前已知车轮直径的转动把这些脉冲信号转换直线距离,从而计算出列车的已走行距离。列车的速度由 ATO 通过计算单位时间内累计产生的脉冲数来得到。

② 轮径确认和轮径补偿

每次进站停车,ATO 计算列车速度和走行距离。ATO 根据车轮直径和速度传感器的累计脉冲来计算列车的速度和已走行距离。车载 ATP 预先设置了车轮直径(ATO 使用该数据)后,将该轮径数据发给 ATO,这个列车轮径数值是由维护人员设置。因为轮径尺寸是 ATO 计算列车当前速度和已走行距离的关键参数,ATO 在每次停站过程中都要考虑车轮磨损情况,然后 ATO 会计算出列车轮径尺寸。ATO 读取里程表中存储的每个站停轨道电路信息,据此判定当前车轮当前直径。这里应特别指出,里程表包括敷设在每个停靠车站站台区域的 TWC 环线每个交叉点的固定距离信息。利用 TWC 环线交叉点位置信息,ATO 可以动态地计算轮径尺寸。

ATP 用来计算列车的速度和走行距离的轮径尺寸是由维护人员人工设置的。ATP 将该轮径数据传输给 ATO,如果由 ATO 计算的轮径尺寸与维护人员输入的轮径尺寸误差在 10 mm 以上,ATO 系统会记录该误差并在列车的每个停靠车站 TWC 发出报警。在这种情况下,ATO 继续使用 ATP 系统发送过来的轮径尺寸计算列车速度。

③ 零速判定

零速的判定或无移动速度的判定既是一个独立的 ATO 功能又是 ATP 的功能。ATP 利用两个速度传感器来判定列车速度是否为零。根据在大于一个 ATO 计算周期时间内累计的速度传感器 EOSS B 脉冲，如果 ATO 计算的速度小于列车的趋零速度限制(0.4 km/h)，并且没检测到空转/打滑的现象，那么 ATO 可以确定列车当前速度为零。

④ 速度改变和空转/打滑的判定

ATP 监督速度传感器输入的一致性，当 ATP 检测到非正常的速度变化或者两个速度传感器信息差异过大时，ATP 将给出一个特殊的表示。这些情况下的任一种都被表示为空转、打滑或者速度传感器信号可能丢失。一旦 ATP 检测到空转或打滑的情况，ATP 将向 ATO 传输一个指示。

当 ATO 从 ATP 收到空转或打滑信息时，ATO 使用最近的有效速度信息作为列车当前速度，并且继续采用同前面一样的牵引或制动模式。当列车越过轨道电路绝缘节时，列车的位置将被修正，这可确保列车在打滑期间可以继续实施程序停车。如果空转/打滑情况持续 3 s，ATO 将产生空转打滑报警。空转打滑时间超过 3.5 s 将导致 ATP 实施紧急制动。如果 ATP 检测到空转打滑的情况发生，ATP 将向 ATO 传输空转/打滑的指示，ATO 将通过 TWC 向轨旁输出一个空转/打滑的指示。

如果 ATO 检测到 ATP 已经设置的空转打滑指示，ATO 将不能实施程序站停模式，此时，ATO 将牵引制动系统设为惰行模式。在惰行模式下，ATO 将设置牵引级别为默认的惰行级别。ATO 将要求列车保持惰行模式，直到空转打滑的现象消除。在惰行模式下，ATO 将使用 0.556 m/s^2 的制动率实施车站停车。

(2)判定列车位置

列车安全间隔、速度限制防护和站台车门控制等都要求车载 ATC 知道其在系统中所处的确切位置和相对于当前占用的轨道电路的走行方向。ATO 利用轨道电路闭塞分区分界处的中断信号、TWC 的相位交叉信号、列车方向和来自 ATP 的轨道电路 ID 来判定列车的位置和走行方向。

当列车越过轨道电路的分界处，ATP 通过处理器向 ATO 发送一个过 S-BON 信号。ATO 收到后从 ATP 更新当前列车所在的轨道电路 ID，ATO 可以估算列车相对轨道电路 S-BOND 的位置。ATO 通过对照轨道电路数据列表以及累计速度传感器脉冲的方式来计算列车越过轨道 S-BOND 节后已走行的距离，ATO 也可以计算出列车到达下一停车点所要走行的距离。

在站台轨道电路区域，当列车收到 TWC 的相位交叉信号时，ATO 将更新列车相对已知 TWC 交叉点的位置，然后计算出列车到达站台停车点所要走行的距离。

4. 速度调整

(1)速度调整和保持

ATP 基于当前列车和系统条件，通过控制曲线来确定列车的控制速度。ATP 连续的向 ATO 发送更新的控制速度信息，ATO 以当前的控制速度动态调节列车速度。

列车控制速度通常比 ATP 计算的限制速度低 2.5 km/h，并有一个 5 km/h(加上或减去 2.5 km/h)的速度控制窗。一旦 ATO 从 ATP 收到了控制速度，它将要求实施牵引作用把列车加速到该控制速度。通过控制加速率来满足平滑运行的要求，ATO 通过要求实施牵引或制动，使列车达到要求的控车速度。ATO 子系统通过到列车牵引系统 P 线输出要求牵引或制动。

由 ATP 提供的速度可以是当前的线路限速也可以是来自 ATP 制动曲线的速度，ATP 提供的当前线路限速可以被设置为一个临时速度限制。ATP 基于全线线路限制条件、所选择的轨道电路区段限制条件或指定的列车限制条件来确定临时速度限制。ATO 子系统通过计算响应延迟和其他的由列车牵引制动系统施加的限制作用，使乘客得到了最佳的舒适度，最小列车的颠簸，确保列车速度从高速平滑地降到低速或停车。

ATO 执行抖动限制制动，以达到常用制动减速率并保持减速，直到制动率上的抖动限制制动点，缓和地接近车站。抖动制动完成后，ATO 使列车持续减速，直到列车最终停下。速度的调节或保持也同样减少能量消耗，减少牵引、惰行和制动间的循环转换，缩短运行时间，防止列车失控条件下的加速。ATO 保持对加速和减速率命令以及实际的列车加速和减速率的监控。如果错误持续了一段时间，ATO 将判定 ATO 系统发生故障，并向 ATP 告警，实施不可恢复的紧急停车。

(2)运行等级

列车通过 TWC 接收来自轨旁的由控制中心列车自动控制(中央 ATC)制定的运行等级。运行等级信息包括速度限制、加速、减速限制命令和程序减速，中央 ATC 的行车调整算法规则生成这些信息。

每个列车运行等级都能和一个特定的行车策略有关，如减少全线运营的能源消耗、增强列车晚点恢复能力。为了减少数据传输，一张列车运行等级图表被存储在车载 ATC 中。为修改该运行等级表的数据，中央 ATC 可以通过向列车发送命令来修正运行等级数据。车载 ATO 在列车停车和发车期间使用这些命令数据。车载 ATO 系统根据接收到的运行等级信息来修改程序停车曲线。然而，列车的实际速度或加速/减速要服从于 ATP 子系统安全施加地速度限制，因此，运行等级数据中的速度限制、加速/减速限制都与安全无关，表 4.20 定义了 6 种运行等级。

表 4.20　列车运行等级

运行等级	速度限制	加速命令(m/s^2)	程序减速(车站制动索引)
1	最大	1.0	1
2	90%（ATO 曲线速度）	1.0	1
3	80%（ATO 曲线速度）	1.0	1
4	70%（ATO 曲线速度）	0.75	5
5	60 km/h	0.75	5
6	40 km/h	1.0	1

除了以上 6 种运行等级外，ATO 子系统提供了一种惰行模式。当惰行模式被请求实施后，此模式只有在列车运行等级在 1～5，并且列车的目标速度必须大于 40 km/h条件下才能生效。在目标速度超过 40 km/h 的情况下，ATO 可以切除牵引电源来实施惰行，等当前速度比运行等级数据中规定的列车速度小 11 km/h 时，ATO 将重新恢复牵引，使列车加速到规定的速度，上述牵引/惰行过程可以循环实施。

5. 程序进站停车

(1)正常的站内停车

列车根据进路实施站台停车，ATO 子系统在进路上的每个车站完成程序站停，除非轨旁命令跳停或指定某些车站为停车点。自动程序停车仅在正向运行时被实施。通过应用轨道 ID，轨道电路闭塞分界点和站台区域的 TWC 环线的交叉点来实现车站精确停车。轨道 ID 用来确定停车曲线的正确的起点，轨道电路闭塞分界点和轨旁 TWC 天线交叉点提供了距离的划分，此距离划分实现了所要求的精确定位。如果在车站区域安装安全停站环线，远端的安全停站环线发出的停站信号可以用作另一个位置标志，确保停站精度。

当列车进入某个预先设定为信标的接近站台区段轨道电路时，列车开始实施程序停车。当停车曲线被建立时，ATO 将根据列车的速度，列车额定制动率，以及距离达停车点的距离变化和坡度变化来计算列车制动曲线，ATO 将依照此列车制动曲线来调整列车牵引和制动。额定的制动率曲线是一个列车最大常用制动率的百分比，此额定制动率能够以 10%为增量调节，可调整总幅度为 50%。列车通过 TWC 环线接收来自轨旁 ATO 设备制动率的调节数据，该功能将对列车的额定制动率进行动态调节，以满足非正常钢轨条件下的要求。

在程序停车期间，为帮助列车精确定位，在站台区域范围的 TWC 环线每过一段固定间隔作一次相位交叉。环线交叉点为列车 TWC 接收器提供了一个零信号表示。环线交叉被设定在站台中心处以及距离站台终端若干固定距离的位置处。

六节编组和八节编组的列车将能够正确地完成进站停车作业。对于东延伸和西延伸的车站，站台目标停车位置是指列车停在站台轨道电路远端，FSK 接收线圈在安全停车环线上，列车车门与站台安全门正确对位。对于所有东延伸和西延伸的站内停车，在正常的运营条件下，停车位置误差为±25 cm。既有线(正线和西延伸)的停站位置仍为停靠列车的中心应位于站台轨道电路±50 cm 的区域范围。即使车站停车曲线由于某种原因被中断，车载 ATO 仍尽可能将列车停在程序停车位置。当从 ATP 接收到零速度限制或者接收到比预期速度限制更低的速度限制的情况下，停车误差为±1m。

一旦列车停下，ATO 将强制实施制动(为常用制动的 70%)来防止列车的移动。如果列车没有冒出站台区域，但是 ATP 不能判定列车与站台实现正确对位，ATP 将禁止打开车门并要求司机采取措施。

(2)车站停车曲线

车站停车曲线包含 3 个阶段：匀速、动态制动和最终制动。在匀速阶段，ATO 计算当前列车速度，并预先确定车站停车制动率、等级和列车制动系统参数，从而确定从何处开始减速。在动态制动阶段，ATO 利用更新的目标距离值和当前速度计算要求的动态制动率。在最终的制动阶段，ATO 采用一个固定的制动率使列车停在目标位置。

(3)未达停车点停车

在正常条件下，进站停车曲线将使列车停靠在目标位置。在非正常条件下，如果列车已经进入站台区域，但列车没有到达指定停车点就已经停车，ATO 将不会移动列车位置，而是向控制中心发送未达停车点停车的告警。如果列车尚未进入站台区域就已经停车，那么，ATO 将根据来自 ATP 的控制速度移动列车。

(4)越过停车点停车

由于列车越过站台轨道电路并且车门不再与站台安全门对位(在东延伸/西延伸车站)，或列车进入出站轨道电路，则会发生越过停车点停车。任何一种情况下，列车都没有完成停车。ATO 将基于它所计算的目标距离和停车状态知道越过停车点停车，并向控制中心发送越过停车点停车告警。ATP 将不能实施开门使能。列车在自动模式不能后退。

(5)跳停

车载 ATO 子系统在前一车站通过 TWC 子系统可以接收到在下一车站跳停的命令。在列车完成程序车站停车前，TWC 子系统也可以向列车传输由中央

ATC 下发的本站跳停命令。列车将不会在本站停靠，它会继续前进通过本站。如果列车在进站停车过程中收到跳停命令，ATO 将点亮在状态显示单元上的跳停指示灯，通知司机列车不在本站停靠。在这种情况下，列车继续在 ATP 控制速度下实施速度调控。在车站被跳停之前，通过任意 TWC 环线，可以取消跳停命令。然而，在被跳停车站的 TWC 环线上，本站的跳停命令或下一站的跳停命令都不能被取消。

(6)折返

ATO 将自动完成折返作业。ATO 通过利用过绝缘节信息和来自 EOSS B 的速度传感器输入信息，自动驾驶列车进入折返区并完成车站停车。由于在存车线 TWC 交叉点不可用，停车精度将发生变化。要求司机关闭列车当前驾驶室内的系统电源，然后接通并初始化列车折返端驾驶室内的系统电源，ATO 通过 TWC 从轨旁设备得到车站信息。然后，ATO 驾驶列车驶向第一个车站并在该站完成精确进站停车作业。

一些存车线没有 TWC 环线，意味着列车在存车线不能从轨旁接收到车站信息。ATO 打开列车折返端司机室的电源后，提供默认的目的地 ID998。这种情况下 ATO 驾驶列车驶向第一个车站并在该站完成目的地 ID998 的精确进站停车作业。

在车站内可进行折返操作，ATO 在折返车站执行正常的站内停车。在打开列车折返端司机室电源后，ATO 从轨旁接收车站信息。

6. 车站发车

为实现站台自动发车功能，一些特定条件必须满足，ATO 要求下列条件应该被满足：

(1)ATO 和 ATP 之间的有效通信(如无链路故障)；

(2)有效的目的地 ID(包括 998，从 TWC 接收或人工输入)；

(3)有效的轨道电路 ID(从 ATP 获得)；

(4)有效的驾驶员 ID；

(5)非零速度设定，从 ATP 获得(依靠各种安全检查，没有 ATP 可释放或不可释放的扣车情况发生以及状态显示单元上的发车按钮被按压)；

(6)有效的行车方向—东/西 (从 ATP 获得)；

(7)在发车测试过程中未检测到错误；

(8)列车在站台轨道电路上或轨道电路允许发车。

7. 扣车

扣车是一种使列车停稳后保持零速的状态。有两种扣车方式，可释放和不可释放。两种扣车方式都禁止列车的移动。当系统通过 TWC 接收到“关门命令”

时，扣车将禁止状态显示单元上的停站倒计时显示器闪烁。

(1)设置扣车

ATO通过向ATP请求实施或去除扣车命令来控制一个可释放的扣车。在下列情况下，ATO请求可释放的扣车：

① 一个TWC信息命令请求一个可释放的扣车；

② 列车到达单向进路目的地(站台或存车线)；

③ 列车收到的一个为"999"目的地ID。

如果列车在持有一个运营DID后，又收到一个非运营的DID。如果在列车运行过程中要求实施扣车，ATO将继续控车并在下一个车站程序停车位置处实施扣车。

(2)解除扣车

在下列任何一种条件下，一个可释放的扣车可以被解除：

① TWC或ATP产生的"扣车释放"输入被请求；

② "999"或"998"目的ID被有效的目的ID所替代。

ATP产生的"扣车释放"是指司机已按下了位于列车状态显示单元的发车按钮。在中央ATC系统的某种故障条件下(如无机车信号)，不能通过按压发车按钮来释放扣车。

8. 门控

在自动或人工模式下，允许门控使能和去除门控使能命令被执行。正常运行时，一旦ATP接收到停站指示，将实施门控使能。当ATP通过TWC从ATO接收到要求时，将去除门控使能。如果TWC通信被中断，车载ATC在停站倒计时(对特殊站)期满后就去除门控使能，ATP仅负责实施门控使能或去除门控使能。根据上海地铁2号线全部车辆的规定，车门的开启和关闭操作必须由驾驶员通过按压车辆控制台上的开门和关门按钮来完成。

(1)停站开门倒计时

停车开门倒计时是列车在车站停车开门的时间。默认的开门停车倒计时是根据具体车站情况来设定的，上海地铁公司的系统规格书将定义全线各个站的默认停站倒计时时间。通过轨旁NVLE，控制中心发送停站倒计时满控制给轨旁TWC，通知车载ATP何时关门。如果控制中心与轨旁之间的通信联系正常，控制中心会发送关车门信号。按照规定，如果发生了车辆和轨旁TWC之间的通信故障，车载ATP有一个与默认停站倒计时时间相对应的备用停站时间。当ATO接收到来自于轨旁TWC的停站倒计时满的信息后，该信息被要求发送给ATP，车载ATP将关闭车门然后结束站台停车作业。

为了扣留在本站已经打开车门的停泊列车，控制中心可以延长该车的停站倒计时时间，从而延缓列车离开本站的时间。

(2)关门阻塞和门控循环

在由驾驶员人工控制开门和关门的过程中，对于任何关门阻塞或一个已经存在的关门阻塞情况，ATC 系统不会实施任何车门循环开闭操作。为了满足上海地铁 2 号线列车门控循环操作，一旦停站倒计时满，ATC 去除门控使能(不管是否显示车门关闭)。随着门控使能被去除，驾驶员关闭车门，同时对于那些尚未关闭的车门，驾驶员可以实施车门循环开闭操作，直到所有车门被关上并锁闭。

9. 目的地 ID 操作

在 ATO 控制下，控制中心能够命令列车从一段轨道电路(始端)运动到另一段轨道电路(终端)。列车按照一条进路运动，包括始发站、中间站和终点站。目的地 ID 将作为中心系统设计的一部分，目的是区分不同的列车进路。为了启动 ATO 的自动驾驶，TWC 必须为列车确定一个有效的目的地。ATO 用这个目的地 ID 来识别自己的进路，这意味着到每一个可能的目的地只有一条进路。每条进路的关键特性是为列车指定进路的始端和终端轨道电路 ID，在进路列表中定义了每一辆列车的有效的目的地 ID 信息。如果列车接收到一个新的但无效的目的地 ID 信息(该目的地 ID 没有在进路表中被定义)，那么这个新的目的地 ID 将被拒绝。车辆将保留原来的目的地 ID，如果新的目的地 ID 有效，ATO 将获取进路表中被定义的与新进路有关的数据。

在正常运行(自动模式)时，列车将根据进路表中定义的进路，从进路的始端运行到进路的终端，根据车站停车表中定义的沿线停靠车站要求，列车在该进路中各个沿线车站实施进站停车。一旦列车进入目的地轨道电路，如果列车停稳，车门将被使能。当列车沿着非环线进路到达目的地时，列车用一个无效的 ID 来替代原来的目的地 ID。这样列车将保持扣车状态直到它接收到新的目的地 ID 或由操作员在人工控制下使列车运动。TWC 在本站不必起作用，在自动模式和人工模式下，ATO 允许通过状态显示单元辅助面板上的目的地指轮开关改变进路信息。由司机或者轨旁 TWC 系统设置的最终进路被编程写进车载 ATC。

10. 其他 ATO 功能

(1)列车 ID

ATO 通过 TWC 通信从控制中心接收列车 ID 数据。列车 ID 数据包括固定值和可变值。固定值是永久不变的三位数字，每一列车有唯一的永久车辆 ID。可变部分包括追踪 ID、目的地 ID 和运行修正数据三方面内容。ATO 只接受与列车 PVID 匹配的列车识别数据或包含零 PVID 的数据。ATO 在每一个 TWC 环线向轨旁传输列车 ID。

(2)轨道数据库

ATO将停站和速度调节需要的轨道配置数据保存到轨道数据库。保存的轨道数据包括车站、折返站、交叉点位置、等级信息和进路信息。轨道数据库是应用软件,并与ATP子系统共享。这个软件被加载到主/辅ATP CUP板和ATO CPU板上。

(3)ADU辅助面板

两个ATC工作参数通过ADU辅助面板输入到ATO:目的地ID和司机ID。参数值通过面板上相应的指轮开关来选择,然后按确认键,将设定的参数值输入系统。

4.2.7 列车自动监控(ATS)子系统

中央ATS和NVLE系统由为用户设计的监控轨道交通运营的集成化硬件与软件组成。工作站调度人员可以根据交互的跟踪图查看系统的当前状态,而且可以使用该系统来控制实际运行中的列车与装置。通过该系统,调度人员能够监测出列车间的行进速度,并采取适当措施防止列车在站台处出现诸如堵塞的性能问题。列车调度人员能够监视并修改列车时间表、接收报警、同列车与乘客通信、记录系统活动并生成报告。

列车控制和相关功能的执行由列车调度人员采用USS软件(称之为中央ATS应用程序)。该应用程序和操作系统(Linux)可在工作站和服务器网络中运行。

控制室包括调度人员用的3个工作站和总调度员用的1个工作站。除控制室外,操作控制中心还包括维护人员设备室。上述控制室与设备室包含其他工作站、服务器、通信设备和电源接头。除操作控制中心的设备外,两台NVLE服务器放置于沿传输路径上的每个信号设备室(SER)中。如有必要,NVLE服务器能够使操作控制中心(OCC)对现场站台控制室(SCR)中的人员进行远程控制。SCR处的操作员能够利用与NVLE相连的计算机工作站控制本地装置。NVLE机器本身位于SCR附近处的信号设备室中(SER)。

1. 列车跟踪功能

列车跟踪(TTT)通过使用跟踪指示、车地通信(TWC)列车信息、调度员命令和车辆调整(VR)功能执行生成、删除和移动列车的操作。它维持永久车次号的当前位置并在系统内跟踪该标识,一个永久车次号(PVID)是有设置在每个列车车载ATC中的一个固定的列车标识。所有PVID都保存在系统数据库文件中,是事先已知的信息。随着新的列车加入,旧的列车退役,系统配置工具(SCT)被用来在系统数据库中更新PVID。任何不在数据库中的PVID将被忽略,与该无效的PVID

相关的信息也将被忽略。为了列车跟踪目的设置的跟踪标识符(TID)与某个列车相关。

中央ATS系统提供显示系统中所有列车以及与其相关的列车标识的站场图。一般来说,系统中的所有占用都会由一个列车标识与其相关,显示的列车标识一般是其编入到运行图进路中的TID。如果列车没有相关的TID,那么就使用PVID。TTT连续监视跟踪指示,TWC列车消息,调度员命令和车辆调整请求,从而为每列车生成TID,同时在系统中更新这些TID和PVID的位置。

VR与TTT接口以便能够根据运行图要求修改跟踪数据。当一列车准备好投入运营,VR要求为该列车输入一个TID。当列车完成其运营,VR要求TTT删除TID,将列车标识还原为该列车的PVID。

在车辆段的出口有TWC环线,如果VR还没有为车辆设置TID,TWC将显示表示列车标识的PVID。在正常运营中,列车进入正线就会同时具有TID和PVID,列车标识会显示TID,调度员还可以将TID置于一个轨道上。列车的所有信息都可以通过列车菜单取得,可以通过点击列车详细显示。

在正常运行条件下,对车辆的探测和跟踪,包括任何维护车辆,都是自动进行,不需要调度员的任何介入。ATS调度员可以采用人工操作在系统中加入与维护车辆PVID相关的TID,并且不在运行图中。

如果在非正常情况下有多列车占用同一段轨道,TTT保持它们正确的次序。如果一列车由轨道左端进入轨道,然后进行折返从左端离去,系统能够正确跟踪它。另外,当多列车占用同一轨道时,只显示第一个进入该轨道的列车标识。随着列车离开该轨道,列车标识会更新以显示下一个进入该轨道的列车。

2. TWC指示功能

在每个站台和存车线装有TWC线圈,因此TWC命令和新的指示只有在这些特定的轨道电路才可行。一旦接收到报警指示(在TWC环线上),就会产生一条报警消息(在系统行为数据库列表中)。在每条TWC消息中都会收到车辆诊断信息,调度员可以利用列车详情表查看当前的控制状态以及过去的显示状态,包括当前报警和诊断信息。

3. 利用轨道占用/出清状态跟踪列车

在具有信号的区域,列车通过接收轨道电路信息指示行车。当一个轨道区段占用意味着已经接收到该区段一列或多列车临近,第一列离开这个区段占用下一个区段。TTT保存列车进入轨道的顺序并利用该信息来确定下一个离开该轨道的列车。例如(给出列车A、B和轨道1、2、3),如果列车A从轨道1进入轨道2,列车B从轨道3进入轨道2,只有轨道2占用,当轨道3占用时,表明列车B进入其中。列车A仍然在轨道2中。

4. 目的地号功能

车辆根据它们的目的地号(DID)在线路上运行。DID确定车辆将要去的目的地,为了到达特定的目的地应该开放哪条进路,列车在自动(ATO/ATP)驾驶模式下在运行到目的地的过程中将在哪些车站停车。进路决定了列车经过的道岔位置和信号机的开放,中心ATC车辆调整功能和自动故障转换功能逻辑利用由DID确定的进路自动扳动道岔和开放信号,保证车辆(在MICROLOK Ⅱ系统的控制下)在正线轨道及车辆段和正线之间的轨道上运行。车辆保存一系列有效的目的地号来确定停车的车站,车辆不保存与目的地号相关的进路数据,因此不确定到达目的地的进路。车辆ATC仅通过TWC向轨旁报告编好的目的地号(DID),按照运行方向沿着办理好的进路一直运行到目的地。目的地号分为两大类,循环进路或终点进路、运营进路或非运营进路。

(1)循环进路或终点进路DID

一个DID确定一个目的地车站,车辆将从当前车站按进路运行到DID目的地车站。当处于循环进路DID类型时,DID会确定两个目的地车站。当到达第一个目的地,第二个车站就成为新的目的地车站;当到达第二个目的地,第一个车站就成为新的目的地车站。车辆在两个目的地之间进行循环运行,两个目的地中的第一个在实施该DID时由运行方向确定。当处于终点进路DID类型时,车辆在到达目的地车站时会将其自身的DID设为“99”,然后在设置新的DID之前不再运行。

(2)运营进路或非运营进路DID

当处于自动驾驶模式,如果输入了运营DID那么车辆将在车站停车,如果输入了非运营DID那么车辆在任何车站都不停车。退出运营服务通常按照运行图在非运营DID到达车辆段转换轨时自动发生。如果车辆原来具有运营DID,然后收到一个新的非运营DID,这表明车辆将要退出运营服务。车辆于是实施一个可缓解停放制动。列车调度员此时就可以检查车上的乘客都已下车,然后驶入车辆段。当试图退出运营时,列车调度员口头通知中心调度员。

5. 正常运行的自动车辆调整

中央ATS车辆调整(VR)功能负责系统的自动运行。中央ATS系统支持正线上的三种车辆运行模式,其中两种模式是自动模式,一种是人工模式,VR负责自动运行模式。这些模式如下所述。

(1)时刻表调整导致VR自动控制列车运行来最小化偏离事先计划好的运行图的程度。在该模式下,根据运行图要求改变目的地号和跟踪ID。如果车辆落后,运行图会给出报警,这是正常的运行模式。

(2)间隔调整导致VR自动控制列车运行来均衡列车达到每个正线站台的间隔。在该模式下,不再向车辆分配新的目的地号,取而代之的是采用循环进路 ID 来保证列车的连续运行。这是在线路出现干扰或故障时的后备运行模式。

(3)无调整功能禁止在正线和车辆段转换轨上的所有 VR 功能,列车调度员处理列车的所有进路和停站控制。

VR 负责自动开放信号,调整运行等级,控制每一列具有目的地号的车辆的停站时间,除非车辆或车站不是自动的。显示在站台信息显示屏上的下一车辆出发时间是基于 VR 计划和设定好的出发时间。为了达到系统的自动化,VR 按照运行图要求从车辆段请求新的车辆投入运营。无论正线的运行模式,如果运行图要求车辆从车辆段出发进入正线,那么车辆就必须按照计划好的时间达到车辆段转换轨然后运行到正线。中央 ATS 系统的车辆调整功能通过两种方式确保所有自动运行的列车按运行图或运行间隔行车:第一,通过修改列车运行等级;第二,如果运行等级修改不充分,则通过自动调整车站停站时间。

车辆调整功能自动从一个可以设置的事先确定的列车运行等级范围中选择一个满足运行图的等级,或者在下一个车站到车站的连接中弥补列车的任何延迟。高运行等级包括较高的加速度或减速度,以及到达下一车站的较高的正常运营速度。如果列车落后运行图的时间达到需要修改停站时间的程度,车辆调整功能自动减少下一站的停站时间来弥补部分或全部的延迟时间。在任何情况下,车站停站时间都不能减少到小于每个车站事先设定的最小停站时间。列车运行等级的提高和停站时间的减少在随后的每个车站实施直至列车总的延迟被弥补或者列车调度员修改运行图。如果列车提前于运行图,车辆调整功能首先降低列车运行等级,然后延长车站停站时间直到列车满足运行图要求。

列车调度员可以通过两种方式来影响 VR 实施的站台停车时间。第一种方式是修改站台的最大和最小停站时间范围。第二种方式是调度员设定站台的确定的停车时间。在正常条件下,VR 不会让列车的停站时间少于最小值或设定的具体时间,除非前方出现异常情况,这将导致列车不能到达下一停站。这些情况包括:

① 到达下一停站之前的轨道封锁。

② 列车在到达下一停站或之前抛锚。

③ 列车调度员对前方列车或下一停站列车实施了扣留或人工模式。

④ 车辆调整延长了停在下一站的列车的停站时间。

⑤ 在下一停站或之前实施了紧急停车。

⑥ 下一停站的车站紧急停车按钮被按下。

仅当列车停在站台而前方出现异常情况时,车辆调整功能才会禁止列车从站台出发。如果列车已经开始发车,此时前方的异常情况不能导致列车停车。任何由于异常情况被车辆调整功能禁止从车站发车的列车会一直停在车站，保持车门开启。这是通过无限期延长停站时间而非实施列车停放功能来达到。只要异常情况没有清除，列车不会从站台出发，直至列车调度员人工实施关闭车门命令。当车门关闭，车辆调整终止停站时间，然后列车从车站出发。如果禁止发车的异常情况清除，车辆调整功能就会自动的终止停站时间。

VR 通过在先来先服务的基础上自动交替地使用双方向轨道区段来支持单独跟踪区域。删除单独跟踪时，列车调度员应该首先删除与该单独跟踪相关的轨道封锁，并且让所有列车按“错误”方向移出单独跟踪区域。列车调度员能够将单个车辆或车站（信号和站台）设置成人工模式。当处于人工模式时，列车调度员对信号开放和停站控制拥有完整的控制。

在运行图调整时，VR 不断尝试确定（列车）跟踪 ID 的实际位置和运行图规定的位置之间的最接近匹配。如果在运行图中找不到（列车）跟踪 ID，VR 就仅根据目的地号为车辆办理进路，同时 VR 控制停站和运行等级来避免运行图上列车之间的冲突。为了到达运行模式目标，VR 赋予具有运营目的地号的车辆的优先级比具有非运营目的地号的车辆的优先级要高。另外，运行图车辆的优先级比非运行图车辆的优先级高。

6. 防护进路功能

为使 ATC 系统满足列车之间最小运行间隔的目的，若旁边联锁被占用，轨旁联锁逻辑目前仍允许列车进入车站。控制该自动程序的规则被称为“防护进路逻辑”，是轨旁控制软件的一部分。“防护进路”解释了即便列车没有排列进路，一些道岔仍然可以自动移动至定位，所以调度员需要了解“防护进路”。“防护进路”是全自动控制，不需要调度员作任何操作。联锁位于线路末端，执行标准的终端模式进行折返转换。

如果没有列车占用联锁或折返轨道，西向列车可全速达到车站占据整个站台，如图 4.35 所示，X12 信号机将开放，排列进路至 X2 或 X6 进行折返，进路经过 C12 反位道岔。

但是如果有列车占用联锁或折返轨道，站台末端的 X12 停车信号机意味着列车不能全速达到，必须停靠在乘客无法下车的中间站台。列车需要等待联锁开放，停稳后方可开门，即使这样，防护进路逻辑可使列车全速到达车站并占用整个站台。列车到达之前，防护进路逻辑移动 C12 道岔至定位并锁闭，这就是“防护进路逻辑”。“防护进路逻辑”扩大了列车允许进入区域，该区域扩展为经过停车信号机、通过道岔进入未占用轨道。

列车无意图进入该轨道，但是它可以为列车提供更长的安全制动距离。这就意味着列车可以更快地到达和停稳在站台上。一旦列车停下并停稳在站台轨道电

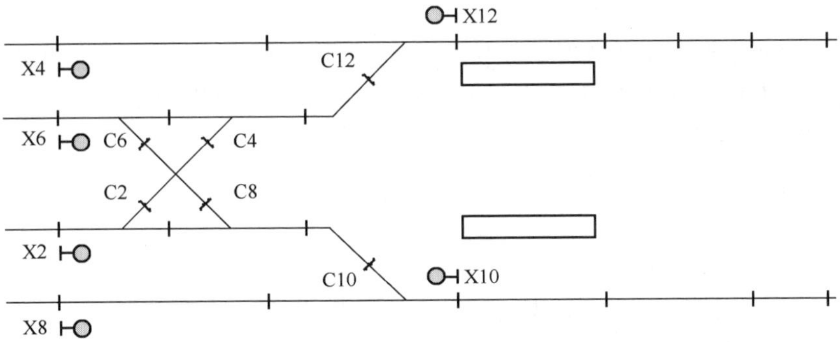

图 4.35　典型的折返区域

路上，联锁系统将解锁 C12 道岔允许其他排列其他进路。NVLE 软件包括特定逻辑防止道岔失真表示，道岔失真表示的产生通常由于无指令请求道岔移动。

4.2.8　硬件

1. 处理器和磁盘

(1)计算机类型

中央 ATS 和 NVLE 系统由 5 类计算机组成，具体如下：

① 系统(主机)服务器；

② 数据库服务器；

③ 通信服务器；

④ 工作站，一组包括调度员、培训、维护和站台控制工作站的计算机，有时将上述工作站称之为控制服务器；

⑤ NVLE(非安全逻辑模拟器)服务器。

2. 服务器和工作站

(1)系统服务器

两个系统服务器会提供正常与备用系统，以便执行诸如车辆调整与时间表之类的各种列车自动控制功能。此外，服务器也会存储全部连续运行的数据并实现对不同功能的后台处理。

(2)数据库服务器

关系数据库管理系统(Sybase)在系统的两个数据库服务器上运行并管理系统的四个关系数据库，上述数据库用于存储系统操作可在报告中检索的记录数据。

(3)通信服务器

两个通信服务器可运行软件，以管理同现场设备以及外部系统(如超级马赛克)之间进行的通信。

(4)调度员工作站(控制服务器)

提供有4个调度员工作站,其中,3个为列车调度员所用,1个为总调度员所用。调度员根据交互轨道图对系统进行监视,该设备也允许调度员向现场发出控制命令,并接收来自现场设备的指示。上述工作站备有两个监控器。某些时候,上述工作站指的是控制服务器。

(5)培训工作站

培训工作站能够为培训目的模拟控制系统,运行任务回放程序,运行软件配置工具软件和运行配置永久时间表的软件。具有两个监控器的培训工作站也可用作调度员工作站,但前提是上述工作站中有一个发生故障。

(6)维护用工作站

维护服务器将提供系统管理员访问系统,以便维护与监测系统。该工作站只设有一个监控器。

(7)时间表编辑工作站

单一监控器编辑工作站有助于编辑时间表。

(8)NVLE服务器

NVLE服务器可与中心控制器和其他现场设备进行通信。现场设备具体包括MICROLOKⅡ控制器(控制道岔、信号和其他现场设备)和TWC(车地通信)系统。此外,NVLE服务器也可采用光纤网络直接同邻近站台处的NVLE通信。这种通信是非安全的。在同一网络中,MICROLOKⅡ装置也可同邻近的联锁系统装置通信,这种通信是安全的。

(9)站台控制工作站

上述工作站会向用户提供NVLE机器接口。系统会显示局部控制区和站台任意一侧的轨道图。本地调度员能够监视轨道图上所示区域的状况。通常情况下,局部控制区中的装置由中心站进行控制。但是,局部调度员能够请求进行局部控制,而且中心能够授权控制。紧急情况下,局部调度员未经中心授权也可对位置进行控制。

3. 网络配置

主要的ATS LAN由两个称之为“e0”和“e1”的冗余网络组成。每台计算机同这两个网络相连。每个网络中具有一个10/100 M以太网交换机。上述“星形”网络会在节点、单一网络电缆发生故障、网络重新配置或网络更换时继续运行。对于冗余而言,需要两个网络,而且这两个网络都应处于运行状态,并可随时在处理器之间进行通信。

此外,存在两个向数据库服务器之间提供连接的小型“网络”。该网络称之为“e2”和“e3”,终端服务器用于同其他设备提供的不同外部系统进行串行通信。外部系统具体包括无线电调度系统、广播系统、消防报警系统、乘客指南系统、建筑物自动化系统和 SCADA 系统。

4. 数据传输系统(DTS)

数据传输系统(DTS)可向轨旁信号设备室和站台控制室中的中心站与 NVLE 装置之间提供连接服务。此外,数据传输系统还可向不同站台处联锁系统控制器之间的安全信息以及不同站台处 NVLE 处理器之间的非安全信息提供通信路径。中心站与 NVLE 间的通信应视为非安全,DTS 由 3 个光纤网络(由上海地铁提供)和通信网络接口(由 Ansaldo STS USA 提供)组成。

OCC 处的通信网络接口主要由 4 个光纤以太网交换机组成。它们是具有两个千兆上行端口的 16 端口交换机。其中,两个向东延伸的 A 和 B 光纤网络相连,余下两个向西延伸的 A 和 B 光线网络相连。每个 DTS 回路都由同现场中 OCC 和 NVLE 相连的两个单独光纤电缆组成;每根电缆形成一个回路,即始于 OCC 并止于 OCC。

每根光纤电缆均携带两根为 DTS 采用的光纤对;每根光纤对支持一个独立的网络,其中的网络信息流通量会朝相反的方向移动。如果光纤对中的一根或两根光纤遭到损坏或者如果整个位置下沉,邻近位置处的逻辑故障将连接两根光纤并通过一根光纤以相反方向绕回网络传输。在这个过程中,要保证网络继续发挥作用。光纤网络沿铁路线延伸至信号设备室,每个信号设备室至少具有两个 Ethernet 交换机。

在 SER 处,交换机同 NVLE 装置相连,并通过终端服务器同联锁系统装置相连。终端服务器为 RuggedCom RS910 系列装置服务器。每个 SER 处安装有 4 个终端服务器。由交换机和终端服务器处理的数据包括列车与联锁系统之间用于开启站台安全门的通信数据。数据路径包括列车上移动无线电至站台处访问点间的 802.11 无线链路。该通信会在轨旁与车辆文档中进行阐述。无线链路中并不会涉及中心站。

(1)A/B 交换机

从中心和 NVLE 向联锁系统传输的信息也会沿 A/B 交换机进行传输,可以探测出主干线路上的传输故障,并将故障转移至后备线路。

(2)同车站的连接

中心站延伸路同全部三个车站的链路进行通信。就川沙车站而言,中心站会通知列车抵达以及向列车提供 PVID。车站会在轨道占用以及道岔位置处向中心站提供信息。数据会在串行链路中进行交换。两个终端服务器会将中心以太网分组信息转换成串行信号。

5. 联锁系统和 TWC 设备

同 NVLE 服务器通信的关键路旁设备是控制联锁系统控制器和 TWC 控制器。这两个控制器都位于信号设备室中。联锁系统控制器直接同诸如道岔和信号之类的现场装置进行通信，而且还控制上述装置，联锁系统装置属于轨旁安全逻辑的有机组成部分。TWC 子系统采用安装在车站站台处护栏间的回路与车辆进行通信。NVLE 同 TWC 控制器相连，后者为一种基于微处理器，由机笼中多达 6 根 TWC PCB 组成的装置。控制器管理 NVLE 和 TWC 回路附近的线路旁耦合部件之间的通信。

6. 打印机

中央 ATS 和 NVLE 系统包括安装于操作控制中心的六台黑白打激光打印机和一台彩色打印机以上所有打印机均同网络相连。

4.3 目标距离码模式(法国 ALSTOM 公司) ATC 系统

4.3.1 系统概述

本节介绍的 ATC 系统应用于上海轨道交通 3 号线与 4 号线，系统由室内设备、室外设备、车载设备以及 OCC 设备组成。该线路按设备(轨旁 SACEM2oo3)管辖地理区域划分称之为 SECTOR 区，每个 SECTOR 区包括 2～4 个车站以及相关的站间轨道。根据信号设备将车站划分为以下 3 类。

(1)没有信号设备的车站称为无岔站。

比较简单的是无岔站，没有设备。其他诸如 DI 和 PEP 的信号设备由控制无岔站的联锁设备远程控制。

(2)有联锁轨道电路和车站 ATS 的车站称为 CBI(VPI)站。

一个 CBI 车站包括合同里卖方供货范围中的轨道电路机架、联锁机架和车站 ATS 设备。还有其他信号设备，如信号机、道岔、DI 和 PEP，它们由本站联锁设备远程控制。

(3)主要的信号设备集中在 SECTOR 区的特殊车站，这些车站称为主要设备站(MES)。

一个主设备站包括轨道电路机架、VPI2 机箱、SACEM 的 sector 设备以及车站 ATS 设备，还有如信号机、道岔转辙机、DI 和 PEP，由本站联锁设备远程控制。用户提供电缆机架、继电器和室外电缆。

4.3.2 ATC 系统主要设备及其功能

1. SACEM2oo3(轨旁 ATC)

SACEM2oo3 是 ATC 系统的室内部分,它基于计算机联锁 VPI 的安全联锁设定、轨道电路占用、道岔信号机状态、线路信息等向车载 ATC 提供进路地图。

轨旁 SACEM2oo3 放置在主要设备站的信号机房中,它的作用相当于一个邮箱。它从 AC 单元接收轨道状态(轨道电路、信号机状态、道岔位置)信息和站台 PEP 信息,接收 CATS 发给 LATS 的运行调整命令。SACEM2oo3 发送给列车信息包括:轨道描述、轨道状态信息、从 ATS 接收到的运行调整命令、TSR(临时限速)命令。

它向相邻的 SACEM 设备发送已发给列车的有关信息,使列车能超过其管界时可无缝运行。

2. VPI2(计算机联锁)

VPI2 设备放置在主设备站和 CBI 站的信号机房。

VPI2 通过安全传输系统将它所控制与监督的信号设备采集的信息提供给 SACEM,如信号机、道岔、PEP、DI。VPI 也与 LATS 子系统相连接。

VPI2 子系统建立在分散的计算机上,提供一套实用性和安全性都非常高的进路联锁设备,并且控制所有轨道设备的输入/输出。

VPI2 计算机控制和监督轨旁信号设备。从数字轨道电路 SDTC 上接收轨道电路占用信息;管理进路设置、转辙机控制,并采集信号机、道岔、站台 PEP 状态,通过安全传输系统向轨旁 SACEM 提供以上信息。

SACEM 从 VPI 接收联锁的状态信息,所有从 VPI2 和 SACEM 的操作和维护数据都发送给 LATS。

每个 VPI2 通过高速数据网络与相邻的 VPI 连接通信,SACEM 也是如此,这些连接相互独立。

每个 VPI 都有热备冗余功能,设备故障时从主机切换到备机时,下辖设备不受影响与限制,列车能继续运行,进路能继续排列。

3. DTC921(轨道电路)

轨道电路的室内部分,负责对线路进行列车检测的功能及轨道车地通信的传输、调制、解调。

DTC921 数字轨道电路用来确保列车检测和车地通信(在轨旁 SACEM2oo3 和列车之间连续不断的通信),以此实现安全性列车占用检查和断轨检测功能。

连续的车地通信以报文形式提供给列车安全的编码信息,这些报文编码描述了轨道信息、列车占用信息、信号机以及道岔的状态等安全信息。连续的车地通信还为ATO以及运行间隔的调整传送非安全信息。

DTC921与轨旁SACEM2oo3设备通信，以实现车地通信，它与AC单元连接为VPI设备提供信息，以此实现列车占用检测以及对车通信等功能。

4. S-BOND

轨道电路的室外部分，用于分割线路及车地轨道通信传输的介质。

5. TU

轨道电路室外部分的协调单元，用于将轨道电路参数调整为峰值。

6. 信号机

ALSTOM-ATC系统中基本都为道岔防护信号机，用于岔区安全防护。

7. 转辙设备

用于列车折返。

8. 信标

信标可分为无源信标和有源信标，有源信标根据其功能与样式可分为STIB和PSBD。

(1)RB(无源信标)

其位置作为列车定位的参照标准，决定了列车误差补偿值。

位于线路中，长53 cm，黄色，分布于站台与区间内。由2个相距21 m(正负误差不超过50 cm)的RB组成一个MTIB，一般来说一个区间只有一个MTIB，其作用为列车动态初始化定位、校准编码里程计及其轮径值。

(2)STIB(有源信标，又称静态模糊初始化信标)

STIB用于上海地铁3号线，主要用于车地通信中车次号、目的号、运行等级、跳停信息、ATS扣车等信息的传输与列车模糊RELOC(重定位)，列车在STIB上定位后需经过下个S-BOND后才能使用高速ATP功能(出入库线车库端第一个STIB具备精确定位功能，可直接使用ATO出库)。STIB基本位于普通车站正向停车位处，其他诸如折返线停车位、出入库线停车位都安装有一个STIB。

(3)PSBD(有源信标)

PSBD用于上海地铁4号线，与STIB功能相同，但比STIB多了一个安全门控制功能，且为精确RELOC，列车定位后可直接使用ATO、高速ATP等功能。

9. 车载ATC设备

ATC系统的车载部分，主机拥有ATP及ATO功能，备机不具备ATO功能，ALSTOM车载ATC系统目前使用的是U200型设备，只有一个编码里程计，故不具备主备热冗余功能。

车载ATC拥有2个必要功能：基于编码里程计与轨旁有源无源信标的定位功能，确认防护区域及故障导向安全的紧急制动功能。

每个驾驶室都安装有一套需主备人工切换的ATC车载设备。车载设备通过接收线圈接收来自轨旁SACEM2oo3通过轨道电路发送的信息，接收信息包括：信标位置、轨道占用情况、道岔位置、信号机状态、TSR(临时限速)、PEP信息等。以及通过信标天线接收来自ATS传输给TWC发送至STIB/PSBD的车次号、目的号、跳停信息、ATS扣车、授权开门、运营等级调整等运营调整信息。这些线路基础信息及运营调整信息由车载ATC系统经过计算得出列车的当前区段目标速度、目标距离、下一区段目标速度、牵引制动力、误差补偿、紧急制动及下个停车点的位置等，并拥有简单的线下事件记录功能及详细的在线状态检测功能。车载ATC设备与驾驶单元DDU相连接，可向司机与维护人员提供少量报警与ATC状态、选取的驾驶模式等信息。并向司机显示当前的目标速度、实际速度，该信息传输在列车指针式速度表上直观地反馈给司机。

10. CATS(中央ATS)**设备**

CATS提供线路管理所需要的所有功能，主要功能如下：

(1)线路监督包括列车跟踪，定义任务和相应的时刻表，自动和人工排列进路，全线运行管理，报警管理，统计。

(2)OCC放有CATS设备。OCC还包括中央冗余ATS服务器、前端处理机、不同操作员的操作台(主调度员、调度员、维修、培训)、全线显示屏以及必要的通信设备。

(3)CATS与车站ATS通信以获得所有的数据信息，并把选定的调度员命令发送给信号设备。

11. LATS(车站ATS)**设备**

车站ATS的主要功能如下：信号人工控制、自动排列进路、报警管理

车站ATS是建立在分散的处理器上的，它为其他信号子系统(SACEM，VPI2)与中央ATS接口提供了一个非常高等级的可用性。

车站ATS与每套联锁设备相连。明珠线一期正线上有10个车站ATS和1个停车场ATS(非冗余)。

每个CBI站和主设备站均设有一个冗余的车站ATS服务器，一个车站控制操作台和必需的通信设备。

车站ATS服务器通过冗余的串行线与计算机联锁(CBI)、本地轨旁SACEM设备系统相连，串行线通过串行连接开关自动连接到运行的计算机上。

4.3.3 系统的基本工作原理

ATC 列车运行自动控制的实现主要由列车的定位原理、基于目标距离的列车运行控制原理以及编码里程计位移监测原理三个原理支撑。

1. 定位原理

列车定位是为了计算并确定列车在正线上的实时坐标，以便处理系统常量、变量提供的信息，驱动列车自动保护系统和列车自动驾驶系统。列车定位功能主要由以下步骤组成：通过编码里程计测量列车位移，通过重定位信标（RB）矫正测量误差。完成定位有两个条件：获取列车定位信息以及获取连续的轨旁信息。

ALSTOM U200 系统通过在正线上铺设多种多个不同功能的信标来实现列车的定位。如果将正线看作坐标轴，每一个信标就是正线上的一个坐标点，列车经过信标时通过采集信标信息来获取列车定位信息。连续的车地通信为车载信号设备提供轨旁信息（常量和变量），这些信息对于列车 ATO、ATP 模式来说是必需的。当车载信号设备能获取列车定位信息以及连续的轨旁信息时，就表示列车完成定位，列车定位和车地通信是相辅相成的，确定列车位置，同时提供前方轨道状况，如果车载信号设备无法知道目前列车的精确位置，轨旁信息对于列车来说就毫无意义了。

（1）静态初始化

当列车停在静态初始化信标上方时，将会接收静态初始化信标发送的信息，包括列车需要监听的连续通信信道的代码以及静态初始化信标所在位置的完整区段号，车载 ATC 系统完成校验后将驱动信息接收装置并获取系统常量以完成定位，流程如图 4.36 所示。但此时，编码里程计还未进行轮径校准，需要在下一个动态初始化信标处进行校验。

（2）动态初始化

动态初始化与静态初始化不同，列车可以在移动中完成定位，当列车经过动态初始化信标时同样会接收包括列车需要监听的连续通信信道的代码以及动态初始化信标所在位置的完整区段号，车载 ATC 系统驱动信息接收装置获取前方轨道占有状况以及各种描述信息，列车完成定位，流程如图 4.37 所示。同时，编码里程计完成轮径校准之后，系统将根据编码里程计的数据计算出列车从这个信标到下一个信标的距离。

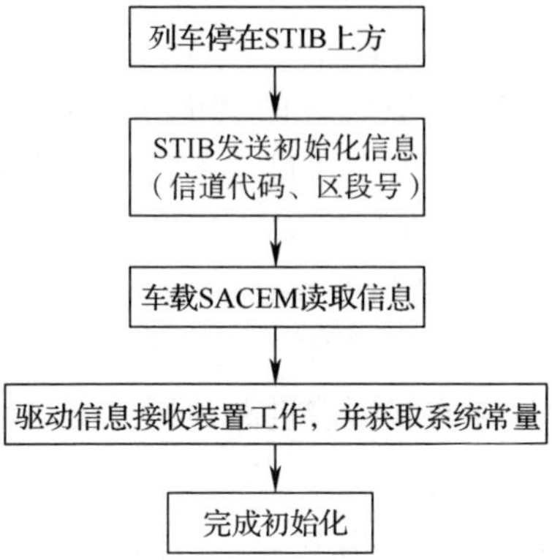

图 4.36　静态初始化流程

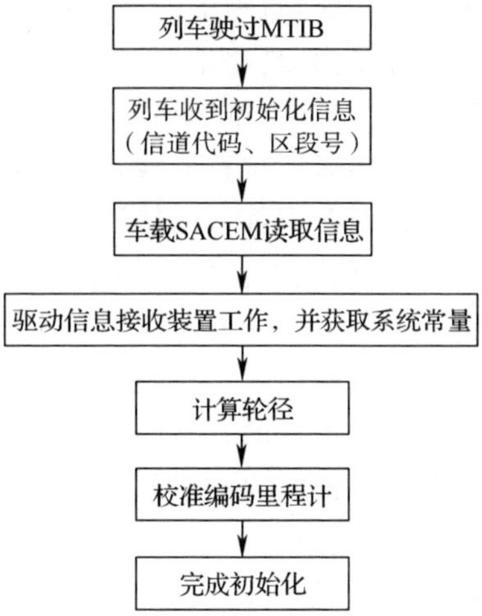

图 4.37　动态初始化流程

(3)重定位

重定位的目的在于校正编码里程计因车轮空转打滑所引起的计算错误。

列车重定位必须借助编码里程计的数据，该数据提供了上一次初始化或者重定位到现在所经过的距离。

当列车驶过重定位信标时，重定位信标会给予列车用于定位的固定信息（坐标信息），然后列车将接收到的信息与编码里程计计算出来的坐标信息进行比对，并得到误差值，如果误差在允许范围内列车将调整坐标，重设坐标；如果超出允许范围，列车将失去定位。整个过程称为列车的重定位，流程如图 4.38 所示。重定位通俗来说就是对列车位置的不断检查与纠正，是车载 ATC 系统保证行车安全的重要手段。

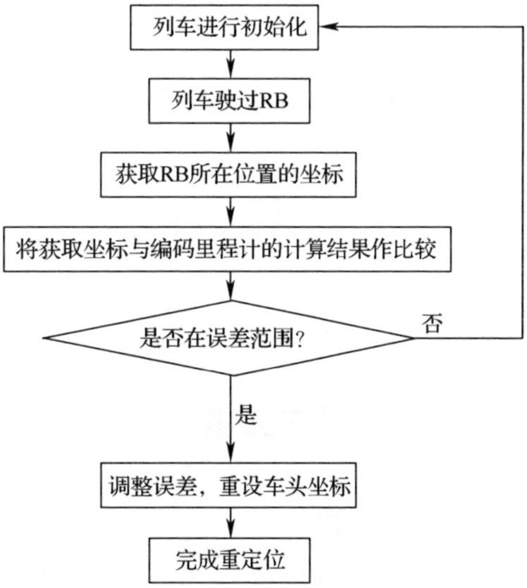

图 4.38　重定位流程

2. 基于目标距离的列车运行控制原理

“目标距离”原理就是车载 ATC 系统在了解下一目标点的行车状态后，对列车的移动精确度以及移动速度做出判断并驱动列车按此判断行驶。

实现这个功能，轨道的静态描述是必需的，描述中标有所有重要的点的位置。该描述可以称之为“进路地图”，进路地图中包含的数据称之为“常量”。车载 ATC 系统收到轨道信息后，推断出命令，如“停在该点”或者“在该点将速度减到这个等级”，并且计算出速度位移曲线，该曲线必须符合这些命令。

列车在任何时间都可以知道它的位置。为此，里程计的功能是计算列车的位移，进路地图中的绝对位置由信标的位置定义。当列车通过这些信标上方时，它能够在进路地图中将自己的位置重新定义在信标的绝对位移处。当然，相应的信标拥有一个独立的标识符，它能够被列车读出，常量从轨旁发送给列车。发送给列车的数据还包括停车点的状态(停或不停)，每点设置的状态(正向或反向)。从这些数据中列车可以推断出它必须遵守的命令，并且能够沿着进路地图运行，这些动态的数据称之为“变量”。

当车载系统接收到不安全因素(如道岔位置不正确、前方轨道区段有车占用、变量接收不到或不正确)，则列车根据轨道电路变量发现防护点位置，并根据防护点的距离生成紧急制动曲线，触发紧急制动在安全余量以内停车，如图 4.39 所示。

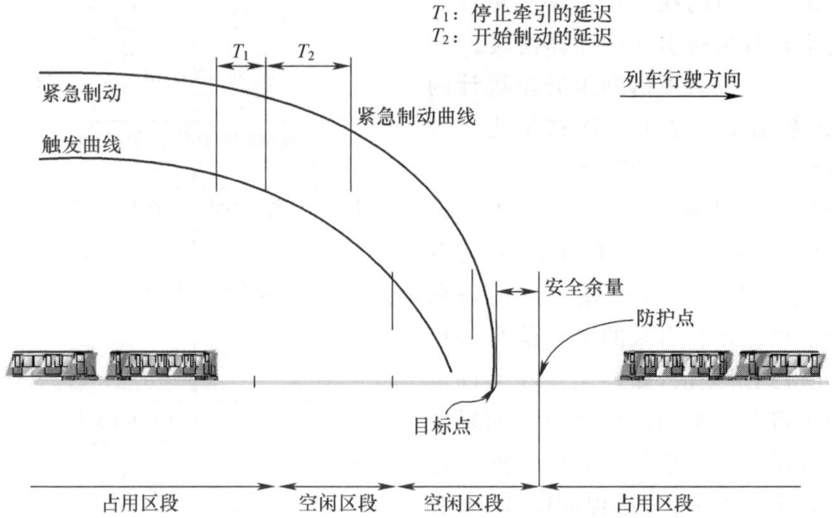

图 4.39　目标距离的列车运行原理

固定闭塞区信号系统装有连续的地对车的通信，它允许轨旁 ATP 计算机向列车连续发送轨道占用信息。因此，智能 ATP 车载计算机不断的计算出下一个防护点:在这种情况下是下一段被占用的轨道电路的始端。如图 4.40 所示的信号机是为方便所用，非信号机，表示列车不可越过的临界点。

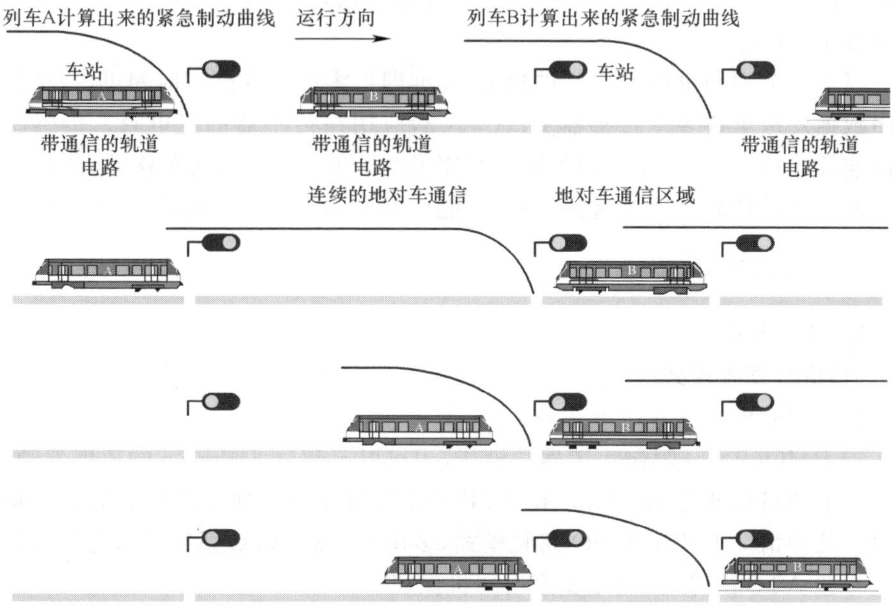

图 4.40　固定闭塞区 ATP 系统连续的地对车的通信

3. 编码里程计位移监测原理

编码里程计是 ATP/ATO 用来测量列车位移，推算速度和加速度。

通过测量列车车轮在两个连续周期的角位移实现上述测量。为了执行这项工作，编码里程计设置在列车车轴的尾部。一个机械连续允许一个内部圆盘与列车车轴的相同速度转动。这一连续补偿可能的对准精度。在内部的圆盘上有一些孔，孔的出现可以被一个由一光电耦合管组成的光设备所读取，这些耦合器被称为传感器。

圆盘上一共有两组孔：时钟脉冲孔和编码孔。在每个圆盘上的一个圈上有 100 个时钟脉冲孔。在时钟脉冲孔上，有两个传感器（C1 和 C2）可以检测出旋转方向和孔的移动。另一个传感器 C3 的布置原则：在任何时候至少其中有一个传感器处于通的状态而且至少有一个传感器处于不通的状态，这样可测试传感器的正常工作。

在编码孔上，传感器 C4 记录在其通过状态时的实际时钟孔的数量。连续的这些数目构成一个假随机顺序。对每个时钟孔使用这些数字，从 1 到 100，可以对每个旅行方向关联一个编码值，编码顺序被记录在 PROM 里。

在每个周期里对时钟孔数量进行计数，同时在编码孔传感器处于通状态时读取时钟孔数量。根据时钟孔的数目作索引查出的记录值与读取顺序做比较。这种比较允许检测所有不论何种原因造成的计数错误，该处理允许列车位移测量的精确度好于 3 cm。

当在 3 个周期里没有位移被测出，速度即报零速。在同一时间里，一个假随机顺序数据发送至这 3 个传感器 C1、C2、C3，应用在传感器的光电管。传感器的输出被连续的检验，一旦接收到的顺序数据发生干扰，就声明列车移动，这时编码里程计恢复正常计数。通过这种方法，可能检测出的列车移动可以达到 1 cm。

4.3.4 列车系统运行

1. 驾驶模式

(1)信号驾驶模式

信号驾驶模式共有以下 3 种：

① RMO(RM)：限制人工驾驶模式，司机以不超过 25 km/h 的速度驾驶列车，速度表上的目标速度为 22 km/h，ATP 子系统仅仅防护列车速度不超过25 km/h。在以下几种情况下使用 RMO 驾驶模式，多用于车载 ATC 系统还未进行初始化之前及车载 ATC 故障时，列车安全由司机保证。

② ATP(CM)：ATC 保护下的人工驾驶模式，司机根据速度表上的目标速度驾驶列车(实际速度＝ATP 子系统计算出来的目标速度－3 km/h)，列车安全完全由 ATP 系统保障。这种驾驶模式通常用于 ATO 子系统故障或者主/备用 ATP 选择开关切换到备用 ATP 时使用(备用 ATP 机柜没有 ATO 功能)，一般在 ATO 故障时或线路现状需要人工控制车速的情况下使用。

③ ATO(AM)：自动驾驶模式，ATO 子系统遵循安全相关的限制和调整命令自动驾驶列车，ATP 子系统确认所有显示给司机的命令被遵守，而且在必要时触发紧急制动，列车安全完全由 ATP 子系统保障，驾驶功能完全由 ATO 子系统来实现。

车辆提供的驾驶模式，列车安全、运行完全由司机监督控制，列车速度不由 ATP 子系统限制。速度测量由车辆提供的里程表完成并且以数字形式显示在 DDU 上。通常用在 ATP 的冗余设备都故障或者司机需要退行时，司机选择车辆驾驶模式，采用车辆模式时，必须经总调授权方可使用。

(2)驾驶模式的转换

① 从 RMO 到 ATP：升级模式，该转换可以在列车移动或静止定位后自动实现，无须司机任何操作。

② 从 ATP 到 ATO：升级模式，只有在列车停止时司机才能操作，司机需要按压启动控制按钮进行发车。

③ 从 ATO 到 ATP：降级模式，3 号线列车运行或静止时司机都可以操作，4

号线只有静止状态可以切换模式。

④ 从 ATP 到 RMO：降级模式，在列车停止时可以操作。当列车在 ATP 模式下有目标速度时，无法触发 RMO 模式。

2. 列车系统初始化

(1)在 STIB 信标上的初始化

一旦车载 SACEM 系统通过自检，那么司机将模式选择开关置于手动挡上，按压限速模式按钮，以 RMO 模式将列车开到第一个 STIB 信标上方(DDU 上的 RMO 指示灯亮黄灯)。当列车在读取 STIB 信息时，DDU 上的 RMO 指示灯会闪黄灯，提示司机等待，同时 ATO 灯、ATP 灯也会闪绿；2 到 3 s 后，一旦 STIB 上的初始化步骤完成，DDU 上的 ATP 灯、ATO 灯亮稳定绿色。这时如果信号机开放，司机可以根据速度表上的目标速度以 ATP 模式驾驶列车(DDU 上的手动模式灯、正常灯、ATP 灯、ATO 灯亮绿灯，RMO 灯灭，目标速度不为零)，或者将模式选择开关拨到 ATO 挡(DDU 上的 ATO 模式灯、正常灯、ATP 灯、ATO 灯亮绿灯，RMO 灯灭，目标速度不为零。)按压启动控制按钮，列车将自动驾驶。

如果 STIB 信标与前方的 S-BOND 或信号机距离大于 15 m，列车在 STIB 上初始化后，目标速度仍然为零；列车必需依旧以 RMO 模式开到前方 S-BOND 或信号机，一旦列车越过前方 S-BOND，ATO 灯亮稳定绿色。司机如果要以 ATO 驾驶模式列车，可以停车并将模式选择开关拨到 ATO 挡，按压启动控制按钮后自动发车。

(2) 在 MTIB 信标上的初始化

列车的初始化还可以在 MTIB 信标上进行。列车起动并且车载 SACEM 系统通过自检之后，司机将模式选择开关置于手动模式挡上，按压限速模式按钮，列车以 RMO 模式越过第一个 MTIB 信标。几秒钟后，一旦初始化步骤完成，DDU 上的 ATP 灯亮稳定绿色，ATO 灯绿闪，这时候 ATP 模式自动触发，在下一个限制点(如 S-BOND)前，速度表上的目标速度也由 22 km/h 变成相应的当前 ATP 限速。列车越过前方的 S-BOND 后，DDU 上的 ATO 灯亮稳定绿色，RMO 灯灭灯。司机可以 ATP 模式继续驾驶列车或者停车后选择 ATO 模式。

3. 列车运营调整

(1)人工扣车

车站值班员和中央调度员都可以进行扣车操作。如果扣车命令在列车停站结束前 5 s 之前传送到车载 SACEM 系统，DDU 上的“发车”按钮亮红灯。一旦扣车命令取消，DDU 上的“发车”灯闪绿，轨旁的发车表示器闪白 5 s 后变成稳定白灯，同时蜂鸣器响 3 s，通知司机关闭车门并发车。司机按压相应侧的关门按钮后，如果所有的车门关闭并且锁闭(司机通过 DDU 上的车门关闭显示可以确认)，那么

DDU 上的“发车”指示灯闪绿 5 s 后变稳定绿灯。司机按压“发车”按钮发车，这时 DDU 上的“发车”指示灯灭灯；一旦列车离开站台，操作台上的左/右侧服务灯(L/R)灭灯。

如果扣车命令在停站结束前 5 s 之后收到，也就是发车表示器开始闪白灯，扣车命令视为无效。

(2)跳停

车载设备 ATO 模式下，中央调度员可以在 CATS 上设置跳停，跳停命令必须在跳停站的前一站之前设置。一旦车载 SACEM 系统收到跳停命令，DDU 上的跳停灯亮黄灯并且一直保留到跳停站。如果列车越过跳停站，DDU 上的跳停灯则灭灯。

(3)PEP 的触发

如果车站上发生紧急情况，PEP 按钮被按下，那么车站附近预定紧急区域(相对于运行方向：站台以及站台前 200 m，站台后 40 m)。如图 4.41 所示，相应的列车会紧急制动。速度表上的目标速度为零，DDU 上的 EB 指示灯闪红，蜂鸣器响。等到站台 PEP 恢复按钮按下后，DDU 上的 EB 指示灯灭灯，蜂鸣器停止响，速度表上的目标速度将不为零。如果选择的是 ATO 驾驶模式，列车将自动发车，无须再次按压“启动控制”按钮。

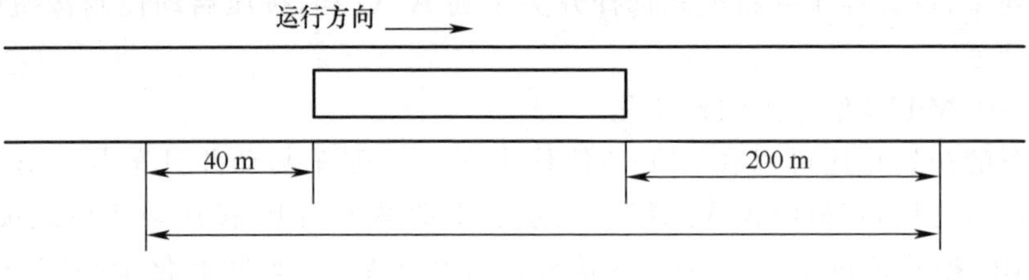

图 4.41　紧急停车区

(4)紧急制动的触发

在任何安全问题发生时，紧急制动是保护列车安全的方法。紧急制动将在下述情况下被触发：

① 在 ATP/ATO/RMO 模式下，列车速度超过速度限制；

② 在 ATP/ATO 模式下，列车越过强制停车点；如果限制点是道岔时，列车将紧急制动触发且列车会失去定位；

③ 在 ATP/ATO 模式下，列车退行超过容忍距离(列车退行距离最大容忍范围为 1 m，此时 ATP 还能保持为被定位)；

④ 在 ATP/ATO 模式下，当列车在预定紧急区域内(相对于运行方向：站台前 40 m 以及站台后 200 m)时，站台紧急按钮(PEP)被按压或安全门未关；列车将

会紧急制动，此时列车若不在站台停车点处停准停稳，则RMO无法被建立；若列车在停车点停准停稳，则RMO可建立；

⑤ 在ATP/ATO模式下，ATP子系统触发紧急制动并列车失去定位；若ATO子系统发生故障仅触发紧急制动，ATO功能失效；

⑥ 在ATP/ATO模式下，如果列车连续丢失两个位置信息（即未读取到连续两个RB信标的信息）将紧急制动；但是初始化后的第一个RB的位置信息未读取，也将紧急制动，同时列车失去定位；

⑦ 在ATP/ATO/RMO模式下，司机按压紧急制动按钮；

⑧ 在ATP/ATO模式下通过道岔区段，如果列车在45 s内走过的距离不超过65 m并且列车仍然在移动（车速不为零），那么列车将紧急制动；

⑨ 轨旁ATC系统故障，会引发紧急制动；

⑩ 由于列车车轮打滑，超过ATC系统容忍度，会产生紧急制动并失去定位；

⑪ 制动距离内，突然出现限制点（如轨道电路故障）。

第 5 章　基于通信的列车自动控制(CBTC)系统

CBTC(Communication Based Train Control)是指基于通信的列车自动控制系统。该系统不依靠传统的轨道电路向列车车载设备发送信息,而是通过轨旁无线、环线、漏缆、波导管等方式来建立车与地之间的无线通信,实现连续、双向、高速的“车地通信”。受益于计算机技术和通信方式的发展,信号的概念已经改变:从被动反应到主动检测,从轨旁设备控制到列车自我控制,使得列车具备了思考和对话的能力。列车运行过程中的命令和状态可以在车与地之间进行实时可靠的信息交换,以完成调度或车站值班员对列车的各种控制。

5.1　CBTC 系统的结构与功能

5.1.1　移动闭塞

传统信号系统的主要设计目标是用安全型轨旁信号机、列车停车和司机的警惕性来保持列车的实际运行间隔,从而使列车不会进入一个已被其他列车占用的区间。与此相比,移动闭塞系统的主要设计目标是:在保持传统设计安全性的前提下,通过改进列车定位分辨率和移动授权更新频率来缩短列车间隔距离,进一步提高通过能力。

在 CBTC 系统中,列车检测自身位置,并将其报告给区域控制器以及 ATS,区域控制器根据 ATS 的进路请求以及列车位置、线路情况等向列车发布移动授权。

车载设备在区域控制器(ZC)发出的移动授权权限(LMA)下负责列车的安全运行。LMA 被授权至列车前方的障碍物(包括前方列车、关闭的轨道、关闭的站台等)。车载设备确保产生的速度曲线考虑了所有适当的安全因素。这些考虑包括最不利情况下的停车距离和前方障碍物位置的不确定性。在传统信号系统中,对后续列车的移动授权是根据前行列车对轨道区段的占用给出的。在移动闭塞系统中,ZC 根据列车所报告的位置以及位置的不确定误差,得出该列车在最不利条件下的位置(即前方列车的最大包络线),如图 5.1 所示。ZC 将这个列车的位置作为后续列车的障碍物来计算后续列车的 LMA,使之与前方列车尽可能接近。

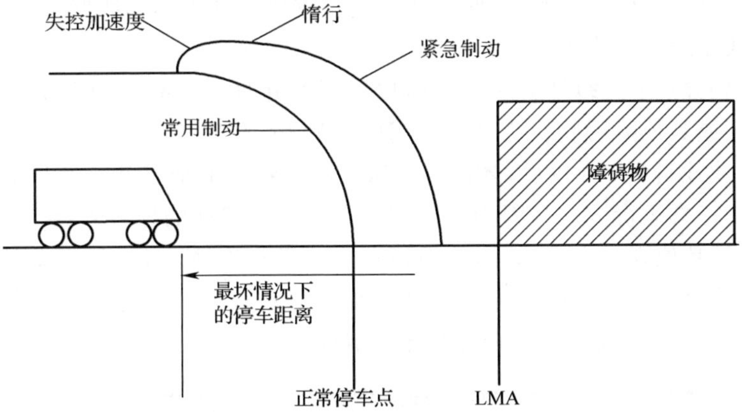

图 5.1 移动闭塞原理

采用 CBTC 移动闭塞系统最大的好处就在于减小了行车间隔，列车之间的间隔不再受限于轨道区段(轨道电路或计轴区段)，从而使得增加列车数量、提高系统运能成为可能。

此外，在 CBTC 系统下，由于采用了高速无线通信方案，使得车与地、车与 ATS 之间可以实时传递大量数据，极大地丰富了 ATS 显示的信息。操作人员在 ATS 界面上可以实时了解列车的准确位置、速度等详细信息，为调度操作提供了有力的技术支撑。

5.1.2 移动授权权限

CBTC 系统的主要任务是保证列车在系统控制的线路范围内安全运行。这是通过为每列通信列车提供一个 LMA 来完成的。当列车在受控线路区域内按照正常时刻表运行时，车载控制器(VOBC)将列车的位置与运行方向发送给 ZC，而 ZC 使用列车当前位置、行驶方向、进路以及周围线路的当前状态来计算每列车的 LMA。ZC 通过 DCS 通信子系统向 VOBC 发送列车的 LMA，VOBC 负责列车在自己的 LMA 范围内运行。

ZC 有规律地、定期性地通过 DCS 通信子系统向其管辖区域内运行列车的 VOBC 发送 LMA。ZC 还会把列车 LMA 内的信号机和道岔状态报告给 VOBC。与之相反，VOBC 也会把列车位置和行驶方向周期性地报告给 ZC。

1. LMA 含义

列车 LMA 是指从列车的车尾起到前方障碍物的这部分线路。障碍物可能是另一列车 LMA、关闭的线路区域或道岔等。LMA 将考虑特殊障碍物的相关特性，如列车倒溜容限等。

列车 LMA 会有规律地、周期性地重建。重建将基于相邻线路资源的可用性，可用性反映了线路的当前状态。

LMA 构建(图 5.2)是从列车当前位置开始并且沿着列车行驶方向延伸至最近的道岔区或其他障碍物。CBTC 采用的原则是，在列车到达设置道岔入口处的 LMA 制动曲线行程 3 s 以后，才能将 LMA 推进到一下个道岔。这样做可以避免干扰列车的正常运行。这是因为如果列车在离道岔很远的地方就将 LMA 延伸至道岔区，即使其他列车先到达，由于该道岔已被此列车预定，其他列车就不能使用该道岔，其结果是整个系统的列车时刻表很可能被该列车破坏。这也符合一个原则：LMA 一般总是向前延伸；只有在异常情况下才回撤。

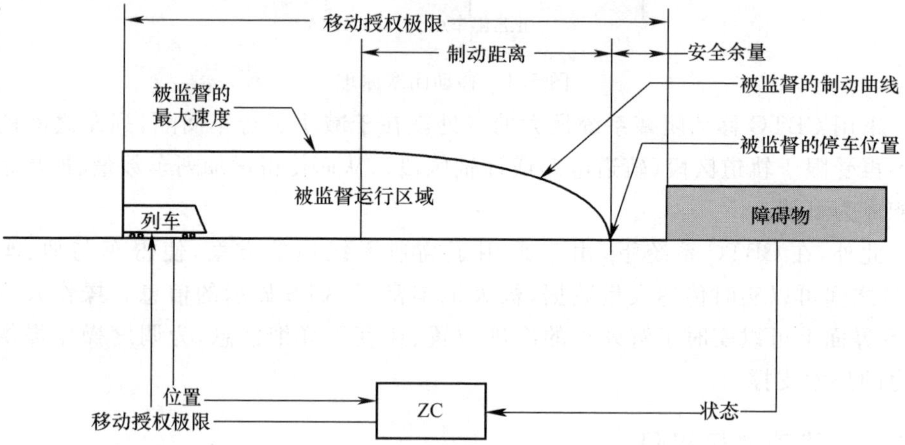

图 5.2 LMA 构建

探测到系统状态(如前方列车的移动、占用、线路关闭区域、道岔动作)的改变后，ZC 将重新计算并将调整后的 LMA 发给列车，而列车又不断地将新的位置发给 ZC，该位置在重建列车的 LMA 过程中将被使用，并且对其他列车来说是个障碍物。

2. LMA 障碍物

LMA 被列车前方最接近的障碍物所限制，可能的障碍物包括：

(1)线路封锁区域；

(2)另一个通信列车的 LMA；

(3)道岔；

(4)故障 ZC 控制的区域；

(5)非通信列车(NCT)；

(6)紧急停车按钮按下的站台；

(7)激活的防淹门；
(8)线路尽头；
(9)屏蔽门的非计划打开；
(10)反向行驶线路区域；
(11)列车完整性信号丢失区域等。

5.1.3 列车间距

VOBC不断地确定如何让列车尽量靠近ZC提供的LMA。它是通过先计算安全距离，然后用ZC提供的LMA减去安全距离来实现的。

安全距离的计算包括以下因素：
(1)当前列车速度；
(2)最大速度测量误差；
(3)列车位置的不确定性；
(4)VOBC反应时间与延时；
(5)列车紧急制动的最差性能；
(6)列车失控的加速能力；
(7)列车当前位置与LMA之间线路的坡度；
(8)障碍物类型。

5.2 常用的CBTC系统

5.2.1 Seltrac CBTC信号系统

1. 系统概述

Seltrac CBTC信号系统通过无线通信方式(而不是轨道电路)来确定列车位置，从而实现列车控制。该系统不依靠传统的轨道电路向列车车载设备发送信息，而是通过轨旁无线接入单元(AP)和车载无线单元(OBRU)建立车与地之间的无线通信，实现连续、双向、高速的“车地通信”，系统结构如图5.3所示。列车运行过程中的命令和状态可以在车与地之间进行实时可靠的信息交换，以完成调度或车站值班员对列车的各种控制。

列车上的车载控制器通过探测轨道上的应答器，查找它们在数据库中的方位，然后决定列车位置，并且还测量自前一个探测到的应答器起列车已行驶的距离。列车车载控制器通过列车到轨旁的双向无线通信向轨旁CBTC设备报告本列车的位置。

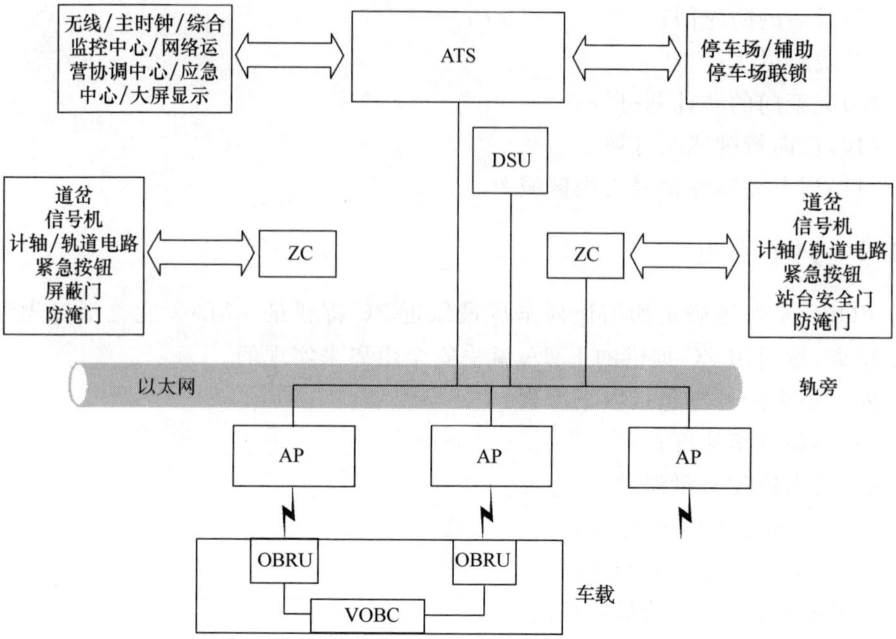

图 5.3 Seltrac CBTC 系统结构

轨旁 CBTC 设备根据各列车的当前位置、速度及运行方向等因素，同时考虑列车进路、道岔状态、线路限速以及其他障碍物的条件，向列车发送“移动授权极限”，即列车可以走多远、多快，从而保证列车间的安全间隔。

双向通信也加强了对列车的运行监督。因此，列车在保证与其他列车安全间隔的情况下，以更短的行车间隔运行，并提高列车控制的灵活性。

如同传统的基于轨道电路的系统，CBTC 也以“目标—距离”的原则控制列车。两种系统的不同之处在于分辨率：在数字轨道电路系统中 LMA 是以轨道电路区段为单位来确定；而在无线 CBTC 系统中，LMA 是基于更为精确的分辨率来确定。

2. 各子系统功能

(1)列车自动监控系统(ATS)

ATS 为控制中心调度员和车站值班员提供了一个可视化的人机接口界面，显示了当前的线路状态和列车状态，监督各子系统和外部接口的工作状态。控制中心调度员和车站值班员可以通过 ATS 发送列车进路请求命令给 ZC，也可通过 ATS 实现与所有列车控制子系统的通信，发送列车命令，精确地排列列车进路。ATS 是非安全子系统，所有 ATS 安全命令的发出，均需经过控制中心调度员两次确认。

(2)数据通信系统(Data Communication System，DCS)

DCS 本身并不是一个安全的系统，但它通过轨旁和车载的保密器件(SD)来传送安全的控制信息。与 DCS 相连的任何两个节点之间均可以实现互相通信。DCS 采用开放的国际标准：以 802.3(以太网)作为列车控制子系统间的接口标准，以 802.11 作为无线通信接口标准。

无线网络使用开放式的系统 IP 标准，允许报文通过 DCS 在移动的子系统和固定的子系统间按需发送。

系统中的安全部件(VOBC、ZC)通过非安全的数据通信系统(DCS)互相通信。但是端对端的连接是安全的。这是由于安全设备生成的每一个报文中都包含了序号以及 CRC，随后将有一个算法应用于该报文的认证。而只有安全设备才知道序号以及 CRC 的认证算法，由此可避免 DCS 系统的非安全部件对报文的破坏。

(3)区域控制器(Zone Controller，ZC)

ZC 由移动授权单元(MAU)和计算机联锁系统(PMI)组成。ZC 通过 CBTC 的移动闭塞来确保列车的安全运行。它通过 DCS 保持与控制区域内所有列车的安全通信，控制本区域内的列车运行，列车穿越区域通过相邻 ZC 之间的网络通信实现。两个相邻的控制区域有一定的重叠，保证了列车移交时无线通信不中断。

Seltrac CBTC 系统可以在两种模式下运行：CBTC 模式和后备模式。在 CBTC 模式下，MAU 从 ATS 接收进路请求。随后 MAU 从列车报告的位置开始为列车计算 ATS 所请求进路上的 LMA。LMA 将会延伸到 ATS 所请求进路上最近的障碍点。如果进路上没有障碍物，LMA 将会延伸到最大距离(离线定义)，保证必需的轨道和设备为该列车预留。如果 ATS 进路包含道岔区域，MAU 将请求一条通过联锁区域的 PMI 进路。只有当 PMI 报告该进路已经授权后，MAU 才将 LMA 延伸至该进路。

当 MAU 确定一列受控列车的移动授权可以通过一个信号机时，MAU 会向 PMI 发送一个信号旁路命令。MAU 为信号机设置了允许命令，这在固定闭塞原理中正常的情况下很可能是一个限制信号。MAU 知道在其区域里所有列车的确切位置。MAU 利用列车的确切位置以及系统理念，来确定何时延伸列车的移动授权以及旁路移动授权中的信号机是安全的。列车可以在受控模式(ATO、ATPM)下运行以及利用 LMA 建立停车点，运行过程中应用移动闭塞原理。

MAU 在特定条件下会关闭区域，如 PESB 被激活了、非计划的站台屏蔽门开启或者 ATS 操作员发起关闭区域的命令。此外，MAU 支持临时限速命令，允许 ATS 操作员在轨道区域内强行限速。

在后备模式下，MAU 不工作。ATS 向 PMI 发送进路请求，PMI 基于固定闭塞原则设置进路以及开放信号。列车按照 PMI 建立的进路，在 WSP 模式下运行。

在 CBTC 模式下，PMI 用于执行 ATS 向 MAU 发送进路请求中涉及岔区部分的安全联锁，以及控制、监控信号机和道岔的联锁，接收所有轨旁设备的状态，并发送信号机状态至 MAU。

(4)车载控制器(Vehicle On-Board Controller, VOBC)

车载信号设备主要包括：一个车载控制器(VOBC)、两个移动无线设备、一个应答查询器、两个速度传感器、三个加速度计、两个 CDU 和两个列车显示单元(TOD)。

VOBC 通过检测道床上的信标建立列车在轨道上的位置，随后利用这些信息扫描数据库。当检测到一个信标后，列车使用速度传感器输入来测量信标之间的距离以及运行的距离。数据库包含了所有相关的轨道信息，如信标位置、车站、坡度、土建限速、道岔位置以及信号机位置。

VOBC 从 MAU 处接收 LMA(对所有通信列车都适用)，同时在 LMA 里计算停车点。停车点通常在 LMA 终点前至少一个安全距离处，而根据情况，也有可能在更远的位置(如列车需要停站)。通信人工/WSP 列车虽然接收 LMA，但是 VOBC 只是利用 LMA 来显示“ATP/ATP 可用”以及使列车更顺利地转换到 ATO/ATPM 模式。司机仍然负责列车的驾驶和停止。

VOBC 采用了三取二的冗余配置。列车操作显示(TOD)为司机提供了连接 VOBC 与 ATS 的接口，显示的信息包括最大速度、目标速度、目标距离、列车运行模式及系统出错信息等。

5.2.2 ALSTOM CBTC 全自动驾驶系统

1. 系统概述

ALSTOM CBTC 全自动驾驶系统关键结构使用了 SDH(同步数字体系)冗余骨干网，以确保各子系统之间能相互通信，以及保证车地之间连续的双向通信。

沿线分布的数据通信系统包括设备车站及中间车站的若干 SDH 冗余骨干节点(热备冗余 SDH 多路复用器和双以太网接入交换机)和沿轨道分布的许多无线接入点。

2. 系统结构

ALSTOM CBTC 全自动驾驶系统主要分为 4 个子系统，分别为 ATC 子系统、ATS 子系统、联锁子系统(CBI)、数据通信子系统(DCS)，系统结构如图 5.4 所示。

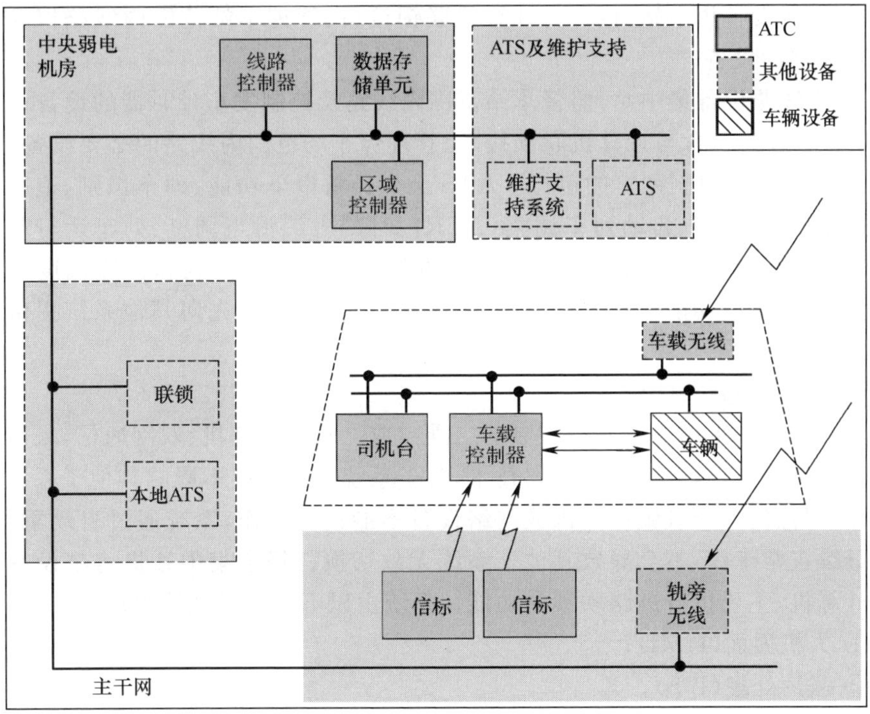

图 5.4　ALSTOM CBTC 全自动驾驶系统结构

(1)ATC 子系统

ATC 子系统主要由区域控制器(ZC)、线路控制器(LC)、车载控制器(CC)组成,主要执行 CBTC 全自动驾驶的 ATP/ATO 功能:车载控制器(CC)通过线路上的信标获取定位,将这些定位信息发送给区域控制器(ZC),区域控制器(ZC)向车载控制器(CC)发送变量[轨旁设备状态(信号、道岔、区段占用)、紧急停车区域状态和授权终点(EoA)],这是 ATC 授权列车运行的极限点。车载控制器(CC)根据授权终点(EoA)计算运行速度。线路控制器(LC)向区域控制器(ZC)和车载控制器(CC)发送软件有效版本和临时限速(TSR)的有效版本号。

(2)ATS 子系统

ATS 子系统是一个分布式的计算机监控系统,在系统的关键部位提供了 1+1 的热备冗余保护,保证系统有高度的可用性。该结构中的设备分布于以下地点:

① 控制中心:包含控制中心工作人员控制和监视全线列车运行的设备,ATS 中央处理储存设备,及与其他系统在中心接口等设备;

② 备用控制中心:作为控制中心的后备模式,包含实现控制中心功能的所有设备。当控制中心运行正常时,备用控制中心也可用于系统的模拟培训;

③ 正线设备集中站：包含与计算机联锁接口、管理车站范围内线路以及控制发车计时器的设备；

④ 正线非设备集中站：监督车站范围内线路及控制发车计时器的设备；

⑤ 停车场：包含与计算机联锁接口、管理停车场范围内线路的必要设备。

ATS监督和控制列车的运行。ATS至少具备以下功能：列车识别、追踪与显示、进路排列与取消、自动列车调整(ATR)、时刻表编辑与调整、列车运行节能优化、实时监视系统状态、记录及报告重大事件、故障报警、接收和传递调度控制指令、实现运营调度功能、与综合监控等系统接口，实时或预先向其他系统提供列车信息、运营培训等。

(3)联锁子系统(CBI)

联锁子系统采用双系并行控制的二乘二取二联锁计算机、双网通信，采用逻辑上环网连接。另外，采用模块隔离技术，各子系统内部切换不影响其他子系统的正常工作，即任何一个联锁计算机或网络设备不能正常工作，系统通过自动重组后，仍可继续正常工作，不会导致其他子系统无故切换。每个集中站机房都设有两套联锁计算机，主要执行进路联锁的功能。系统由以下五个子系统组成：

① 人机界面(HMI)；

② 联锁处理(IPS)；

③ 诊断维护(SDM)；

④ 冗余网络(RNET)；

⑤ 电源(PWR)。

(4)数据通信子系统(DCS)

ALSTOM CBTC全自动驾驶系统的数据通信子系统(DCS)由信号系统专用的车地无线通信系统及信号轨旁通信骨干网络组成，结构如图5.5所示。

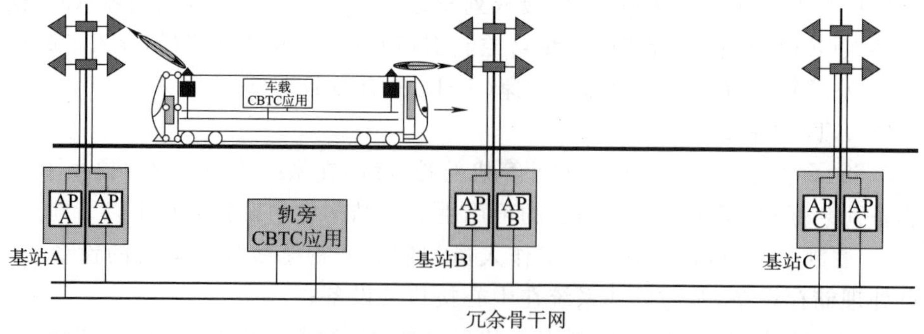

图5.5 数据通信子系统结构

• 无线系统由两部分组成:轨旁设备和车载设备。

• 无线系统的轨旁设备由两个独立的无线网络组成。

• 网络由与轨道沿线分布的天线和与骨干网相连接的无线接入点组成。

• 两个网络由冗余的无线网络组成,用于车载 CBTC 系统和轨旁 CBTC 系统之间信号数据流的传输。

骨干传输网络是 CBTC 全自动驾驶系统所有通信设施的基础。因此,骨干传输网络可接入(通过以太网开关和 SDH 节点)所有车站的信号设备室(远程或直接)、中心设备室和停车场(含试车线)。其中部分车站配有 SDH 节点和以太网交换机,其他车站只配有以太网交换机,可通过专用光纤连接至邻近车站的 SDH 节点。

3. 结构布置

系统结构主要分布在:控制中心、备用中心设备室、停车场、设备集中站、现场设备、车载设备,总体结构如图 5.6 所示。

(1)控制中心

控制中心设备室包括以下设备:

① 线路控制器 LC(MASTRIA 三取二平台):主要提供同步时钟和与 ATC 系统进行版本校验及处理临时限速的中央信息系统;

② 网络管理系统(NMS);

③ 数据存储单元(DSU);

④ 维护支持系统 (MSS);

⑤ 中央 ATS。

(2)备用中心设备室

备用中心设备室包括以下设备:

① 线路控制器 LC (MASTRIA 三取二平台):主要提供同步时钟和与 ATC 系统进行版本校验及处理临时限速的中央信息系统;

② 网络管理系统(NMS);

③ 数据存储单元(DSU);

④ 非冗余中央 ATS ;

⑤ ATS 培训模拟器。

(3)停车场

停车场区域安装以下设备:

① 1 套冗余本地 ATS;

② 1 套联锁系统 CBI,执行标准联锁功能并控制轨旁设备;

③ 1 套 ZC 对停车场和试车线进行自动管理,执行 ATP/ATO 功能;

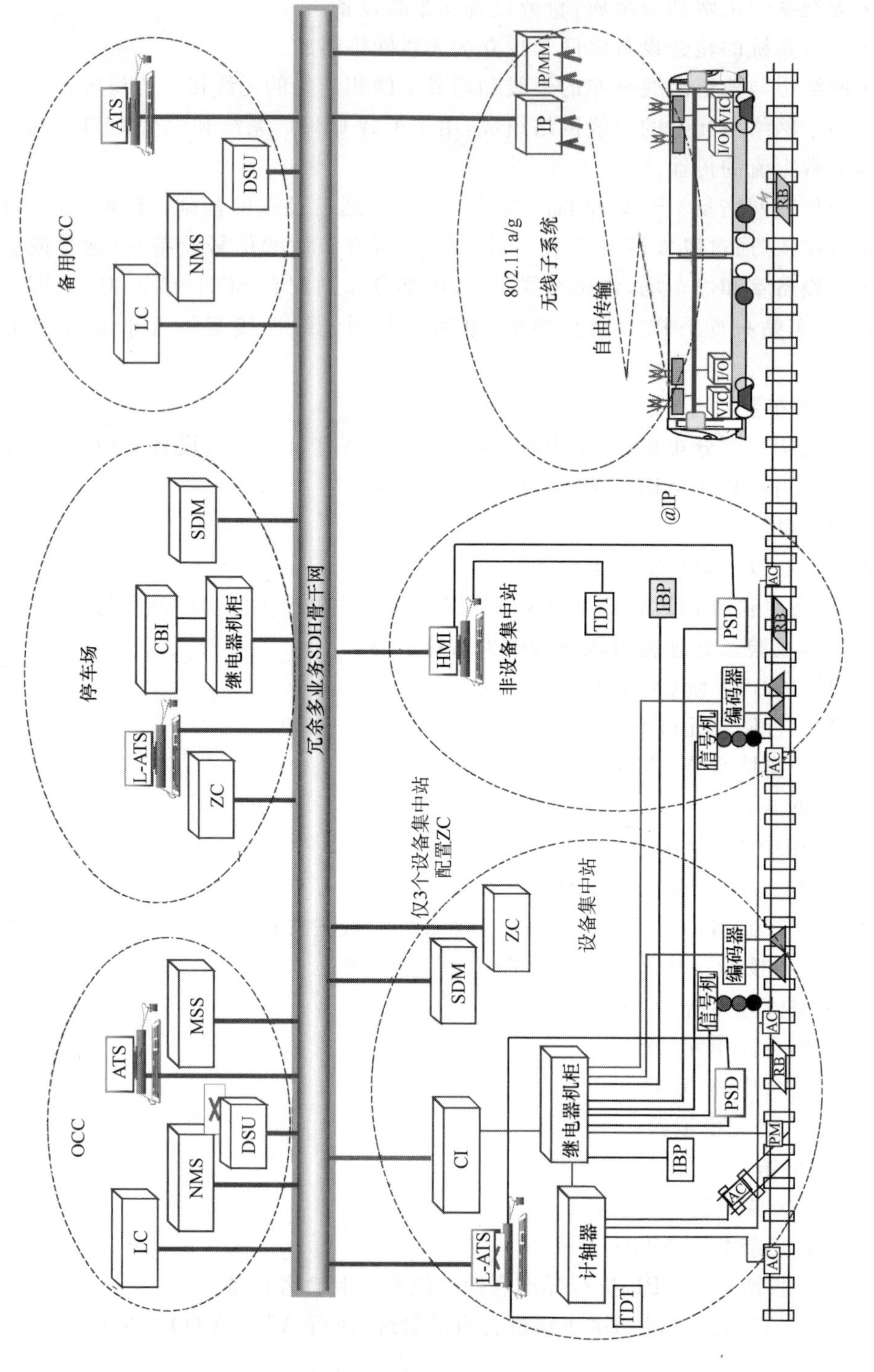

图5.6 CBTC系统结构布置

④ 2 套 ATS 终端(用于派班,排列车出入库计划)。

(4)设备集中站

3 套区域控制器 ZC 分别位于 3 个设备集中站,管理全线所有列车按移动闭塞运行。全线 10 个设备集中站还将配置:

① 1 套本地联锁系统,执行标准联锁功能并控制轨旁设备(包括相邻的非设备集中站的设备);

② 1 套冗余本地 ATS。

(5)轨旁设备

① 信标:用于列车定位(正线、出入场线、停车场(包括试车线));

② 后备模式使用的有源信标和欧式编码器;

③ 计轴器:用于降级模式下的闭塞检测(正线、出入场线和试车线)。

(6)车载设备

每列车上设置了两台车载控制器(CC)和相关的输入/输出模块及适当的传感器,设备结构如图 5.7 所示。这种结构能够提供热备模式下的 ATP 和 ATO 功能。同时设置了两套 CBTC 天线,用于列车与轨旁传输数据,保证车地之间连续的双向通信。

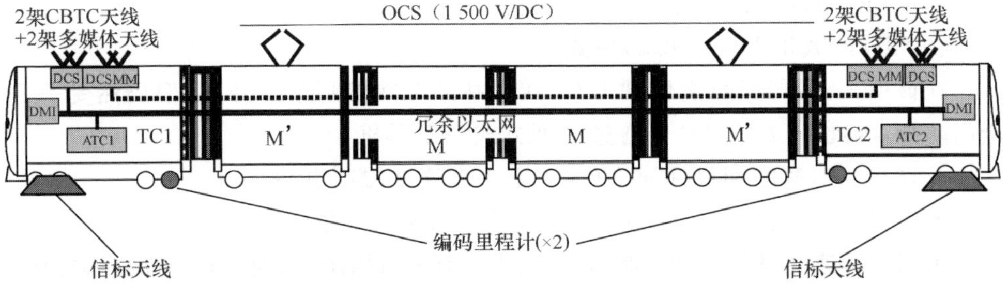

图 5.7 车载设备结构

4. 列车运行模式与驾驶模式

(1)列车运行模式

ALSTOM CBTC 全自动驾驶系统提供 2 种系统控制模式:CBTC 模式和后备模式(点式 ATP 模式),如图 5.8 所示,可手动对其进行转换,开关在司机室右后方机架内。

① CBTC 模式:正常模式,允许列车以移动闭塞方式运行(包括全自动驾驶)。

② 点式 ATP 模式(BM):允许在 ATP 监督下以点式模式进行某些降级配置的人工驾驶。

(2)列车驾驶模式

① 旁路(By pass)模式

在严重降级条件下(如司机除了将ATP旁路外,没有其他选择),司机(或有驾驶能力的工作人员)选择此"铅封"模式。列车将按照运营规程限制的车速行驶。列车须严格按轨旁信号机指示运行。

图 5.8 运行模式转换开关

② 受限制人工驾驶(RM)模式

在该模式下,列车由操作员在ATP监控下人工驾驶。列车最大允许速度可以由ATP限制,如在25 km/h以内。当司机选择该受限模式时,司机控制列车的运行,并且必须确保在限制信号前方停车。

列车在有限距离内限速退行也可以使用该模式。由ATP确保满足这些条件,如有必要可触发紧急制动。限制人工模式RM被分为两种子模式:

- RMF:限制人工前进。
- RMR:限制人工退行。

③ CBTC人工驾驶(MCS)模式

在该模式下,司机负责驾驶列车,在车站停车并控制车门开关,但仍然受ATP全面防护,因此,车载ATP可通过下列方式协助司机:

- 显示当前速度和目标速度(前方下一个速度限制点);
- 提供有关驾驶模式、车载设备状态和ATS调整命令信息;
- 当列车速度将要达到限制速度,司机没有采取措施时,通过蜂鸣器提醒司机;
- 列车在车站停稳时,通知司机车门可打开;
- 列车出站前,管理来自ATS的列车离站信息。

④ CBTC自动驾驶(AM)模式

此模式是完全的CBTC自动驾驶模式,允许列车全自动驾驶。允许ATO代替司机响应ATS速度调整请求、站台精确停车和车站停车管理(自动车门打开/关闭,停留时间过后出站)驾驶列车,并确保平稳驾驶。

5. 实现功能

(1)提供列车自动保护

① 执行进路联锁

进路设置模式为"自动进路排列"时,当列车进入进路请求区域时,进路根据列车跟踪信息自动定义。中央和本地系统调度员可以分别定义进路。

② 提供列车移动测量

列车预计速度通过里程表测量来处理,里程表的原始测量的校准通过轨旁信标的精确位置完成,通过轨旁信标精确位置来更新里程表处理测量,可以达成精确定位。

③ 控制速度限制

考虑一个定义的安全紧急制动模型,在 ATC 控制区域内,车载 ATC 系统应确保在任何情况下(故障、传送和处理延迟),实际配备 ATC 的列车都不会超过它的安全速度限制。

④ 提供安全列车间隔

区域控制器(ZC)会为列车提供每列列车的移动授权终点(EoA),并根据实际情况不断更新。

⑤ 进行倒车保护

列车倒车时,倒车安全距离小于指定安全倒车距离,车载 ATC 系统应防止列车以大于指定安全倒车速度倒车。

(2)确保用户安全

① 提供安全紧急疏散

启动列车紧急手柄时,车载 ATC 系统在司机显示单元(DDU)上自动告警,并向运营操作员提供列车车门的状态。当紧急手柄被触发后,且列车在运行时,车载 ATC 系统不会触发 EB,而是将继续运行到下一个停车点,在列车停车后,车载 ATC 系统防止其运行。启动列车紧急手柄且列车停于站间时,车载 ATC 系统应防止列车移动。

② 提供乘客安全上下车

在列车停稳后,车辆应用停车制动并确保禁止牵引前,车载 ATC 系统不会允许开启列车车门和屏蔽门。

③ 执行工作人员和乘客下车保护

轨道被划分为紧急停车区域,它们由几个闭塞区段组成。当 ESA 被激活,列车不允许运行在 ATO 和 ATP 模式下,并需要施加紧急制动。

(3)提供列车移动命令

① 列车制动和牵引

系统提供配备车载 ATC 的列车(在 CBTC 控制区域内的)驾驶指令(包括启动、停车和运行)。

② 执行列车唤醒和休眠程序

执行列车休眠程序时,车载 ATC 系统存储列车位置。

执行列车唤醒程序时,车载 ATC 系统会检查车载 ATC 设备的完整性(唤醒测试)与车辆接口(组合测试),并与之前执行休眠模式时 ATC 存储的列车位置进行对比。

(4)通知用户

① 提供乘客信息

ATC系统可以向每辆列车上的乘客信息系统提供数据,使乘客信息系统数据更详细。这些信息包括:运行描述(列车在线路上计划的车站,以确保乘客的上下车)、跳停的下一个站台标识符、位置(到达车站前,到达车站,发车前,发车)、下一个车站(根据应用的列车运行)、当前车站(根据列车定位)、侧门打开信息等。

② 显示信息给司机

ATC系统会在司机显示单元上为司机提供信息,这些信息包括:安全时速限制、触发紧急制动、可用驾驶模式和当前驾驶模式、出发前倒计时的剩余停站时间、距前方限制点的可行距离、列车预计时速和速度指令、调整命令(跳停或扣车)、车门状态(已关门、正在关门、已开门、正在开门)、车门操作授权、发车授权等。

6. 全自动驾驶点灯方案

(1)信号机点灯基本原则

① 轨旁信号机常态点灯。

② 当ATO-CBTC或MCS-CBTC运营模式下的列车的移动授权终点越过信号机时,室外信号机转变为灭灯状态,室内HMI工作站显示带×。

③ 当后备运营模式下的列车或者CBTC限速(RM-CBTC)模式下的列车接近该信号机时,室外信号机保持点灯状态,室内HMI工作站显示不带×。

④ 当CBTC列车因故失去通信或转成后备模式或转成限速(RM)模式时,其前方原本熄灭的信号机会自动点亮。

(2)假设运行场景

① 系统启动,全线没有列车,此时正线上没有建立任何进路,也没有列车。因此室外所有信号机均显示红灯,ATS工作站及大屏上信号机均显示●(点红灯)。

② 系统启动,人工建立了部分进路,建立进路后的室外信号机均显示○(点绿灯),没有建立进路的室外信号机显示红灯,ATS工作站及大屏上建立进路后的室外信号机均显示○(点绿灯),没有建立进路的室外信号机显示●(点红灯)。

③ 第一列CBTC列车进入正线ATS会为该列车建立进路,列车有授权终点(EoA),司机驾驶台显示正常目标距离和目标速度,对于列车授权终点内已建立进路的室外信号机都为灭灯状态,场景如图5.9所示。ATS工作站及大屏上对于列车授权终点内已建立进路的信号机显示⊗(绿灯灭灯)。

④ 第二列CBTC列车进入正线,ATS会继续为第一列车列建立进路,同时也会为第二列列车建立进路,两列列车都有授权终点(EoA),后车的授权终点(EoA)为前车车尾。司机驾驶台显示正常目标距离和目标速度,对于列车授权终点内已建立进路的室外信号机都为灭灯状态,ATS工作站及大屏上对于列车授权终点内

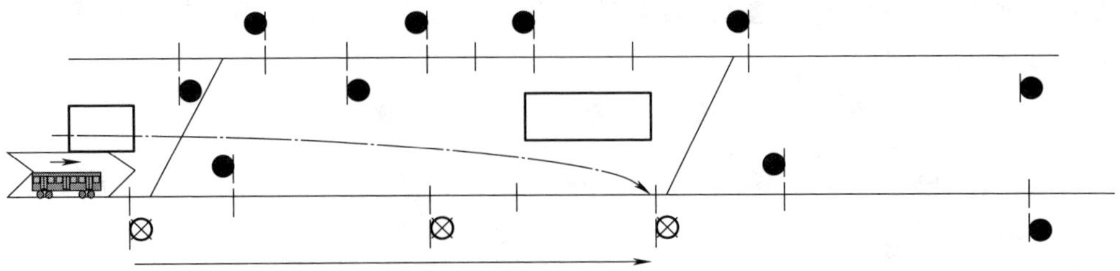

图 5.9　场景图一

已建立进路的信号机显示⊗（绿灯灭灯）。前车因列车车头越过信号机，因此该信号机点亮，场景如图 5.10 所示。

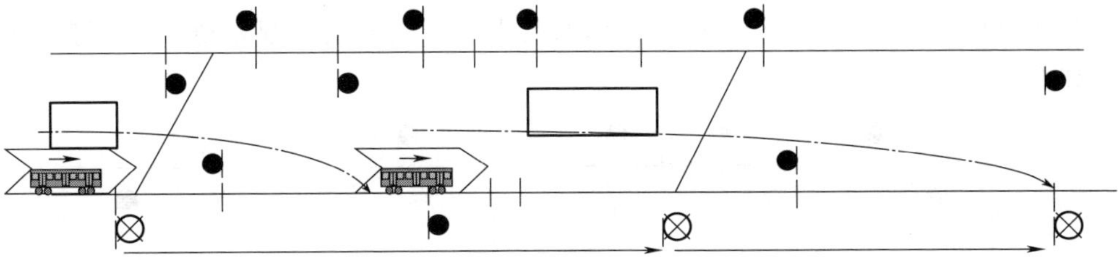

图 5.10　场景图二

⑤ 第三列非 CBTC 列车进入正线 ATS 会继续为第二列列车建立进路，同时也会为第三列列车建立进路，非 CBTC(后备)列车追踪 CBTC 列车，司机驾驶台显示正常目标距离和目标速度。室外信号机显示对于非 CBTC(后备)列车前方的信号机点灯，CBTC 列车前方信号机灭灯，场景如图 5.11 所示。ATS 工作站及大屏上对于后备列车前方的信号机○ 或●（点绿灯或红灯），CBTC 列车前方信号机⊗或⊗（绿灯灭灯或红灯灭灯）。

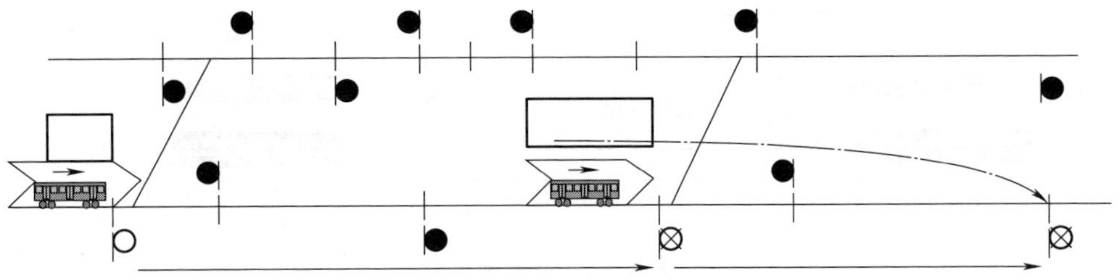

图 5.11　场景图三

⑥ 第四列 CBTC 列车进入正线 ATS 会继续为第三列列车建立进路，同时也会为第四列列车建立进路，CBTC 列车追踪后备列车，司机驾驶台显示正常目标距离和目标速度。室外信号机显示对于非 CBTC(后备)列车前方的信号机点灯，CBTC 列车前方信号机灭灯，场景如图 5.12 所示。ATS 工作站及大屏上对于后

备列车前方的信号机○或●（点绿灯或红灯），CBTC 列车前方信号机⊗或⊗（绿灯灭灯或红灯灭灯）。

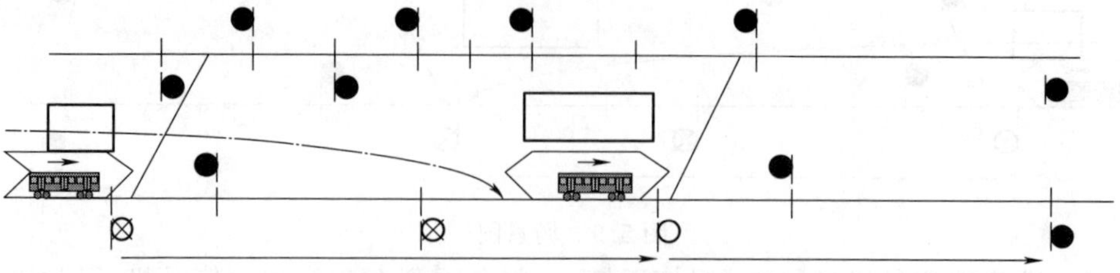

图 5.12　场景图四

⑦ 第四列 CBTC 列车离开正线，恢复系统启动后的无进路、无列车状态，因此室外所有信号机均显示红灯，ATS 工作站及大屏上信号机均显示●（点红灯），场景如图 5.13 所示。

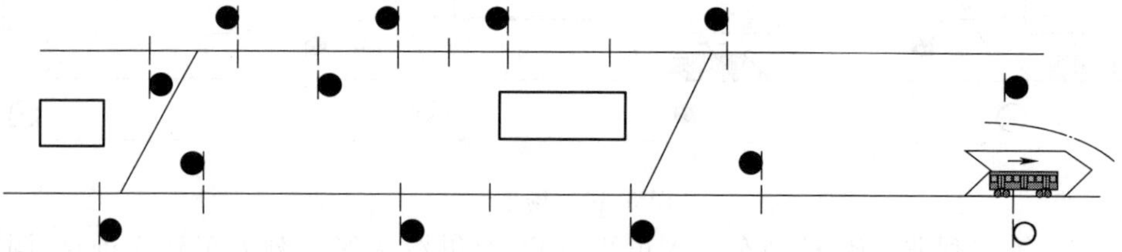

图 5.13　场景图五

7. 全自动驾驶列车追踪

(1) CBTC 列车追踪 CBTC 列车，后车运行限制点为前车的自动防护末端，场景如图 5.14 所示。

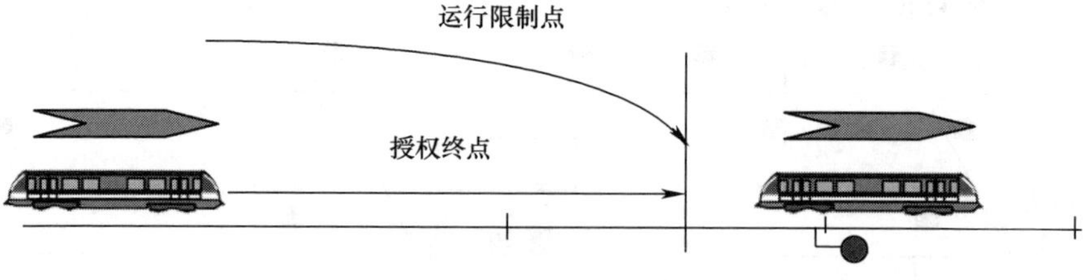

图 5.14　场景图六

(2) 当区域控制器(ZC)判断后车授权终点越过信号机后，向联锁发送灭灯请求，联锁执行灭灯指令，场景如图 5.15 所示。

(3) 当区域控制器(ZC)根据车载控制器(CC)发送的位置报告判断列车车头最小位置越过信号机后，向联锁取消灭灯请求，联锁重新点亮信号机，场景如图 5.16 所示。

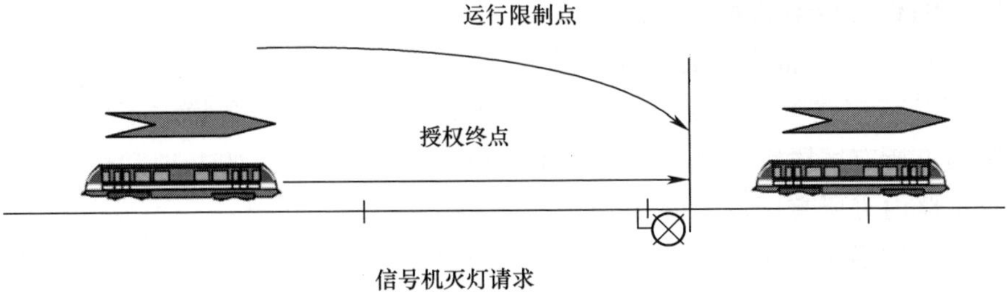

图 5.15　场景图七

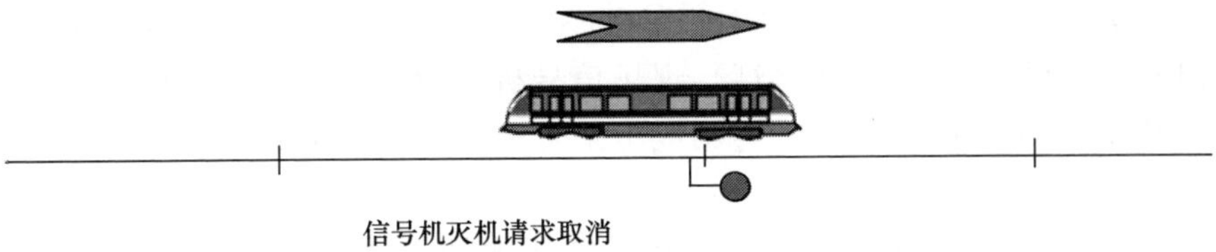

图 5.16　场景图八

(4) CBTC 模式的列车追踪点式列车时,CBTC 列车根据区域控制器(ZC)给出的授权终点(EoA)运行,场景如图 5.17 所示。

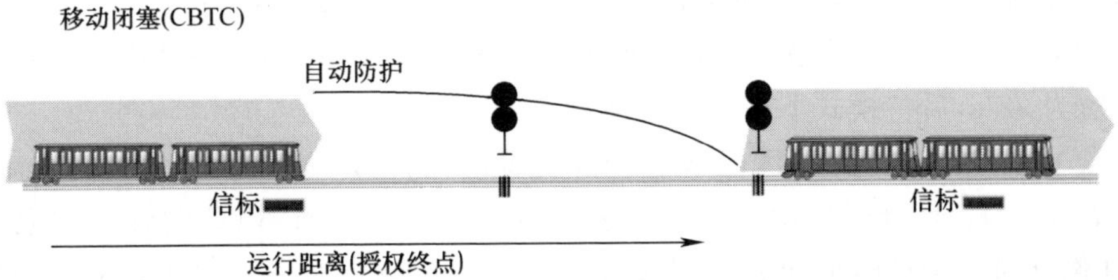

图 5.17　场景图九

(5) 点式后备列车追踪 CBTC 列车时,点式后备列车按照点式下办理的进路追踪 CBTC 模式的列车运行,场景如图 5.18 所示。

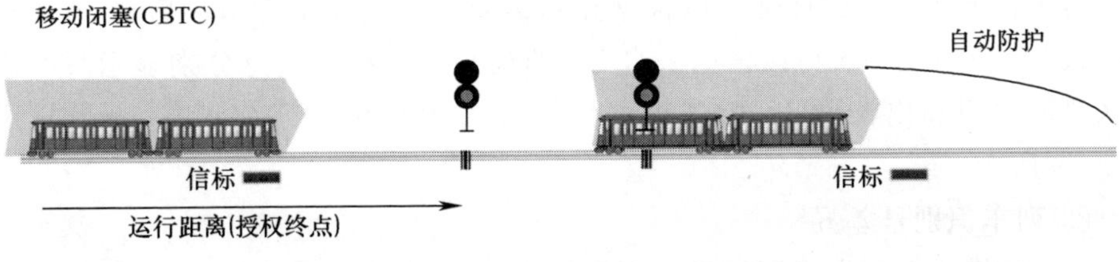

图 5.18　场景图十

8. CBTC 与后备模式的差异

(1)CBTC 与后备模式的联锁差异

① CBTC 模式下信号变为允许状态不检查区段空闲,后备模式下信号开放检查进路内方所有区段空闲,但 CBTC 和后备模式下折返进路的办理和信号开放都要检查进路内方所有区段空闲。

② CBTC 模式下保护区段有车占用,或者保护区段中的道岔未锁闭,相关的防护信号机可以开放,显示⊗(绿灯灭灯);后备模式下保护区段有车占用,或者保护区段中的道岔未锁闭,相关的防护信号机不能开放,显示●(点红灯)。

③ CBTC 模式下,屏蔽门未关闭且锁紧时(未切除),室内工作站上相关的进站或出站信号机显示⊗(绿灯灭灯),现场信号机显示灭灯;后备模式下,屏蔽门未关闭且锁紧时(未切除),相关的进站或出站防护信号机均显示●(点红灯),现场信号机亮红灯。

④ CBTC 模式下,紧急停车(ESP)激活时,相关的防护信号机显示⊗(绿灯灭灯),现场信号机灭灯;后备模式下,ESP 激活时,相关的防护信号机显示●(点红灯),现场信号机亮红灯。

⑤ CBTC 模式下,扣车时,相关的防护信号机显示⊗(绿灯灭灯),现场信号机显示灭灯;后备模式下,扣车时,相关的防护信号机显示●(点红灯)。

⑥ CBTC 模式下进路延时解锁时间为 108 s,如果期间列车停稳,则延时时间将缩短为 22 s,后备模式下进路延时解锁时间为 260 s。

⑦ CBTC 模式下保护区段解锁倒计时分为两部分:ATC 倒计时(37 s)和 CI 倒计时(68 s)。倒计时启用顺序为先进行 ATC 倒计时,当 ATC 倒计时结束则转为 CI 倒计时。倒计时期间如果列车停稳,则 ATC 倒计时马上结束,CI 倒计时缩短为 22 s,后备模式下倒计时只有一个防护解锁倒计时,时间为 260 s。

(2)CBTC 与后备模式的 ATS 差异

① 光带差异

对于长度比较长的计轴可以根据显示需要分割成多个虚拟小区段,在 CBTC 模式跟踪列车时,ATS 可以根据来自 ZC 的列车位置报告信息分别显示每个虚拟小区段的占用和出清状态,后备模式以计轴占用来显示列车状态,光带显示如图 5.19 所示。

② 列车识别号差异

CBTC 模式下列车识别号显示列车运行方向、车头方向及模式,后备模式列车识别号不显示列车运行方向、车头方向及模式。下面列举后备模式列车与 CBTC 模式列车追踪显示。

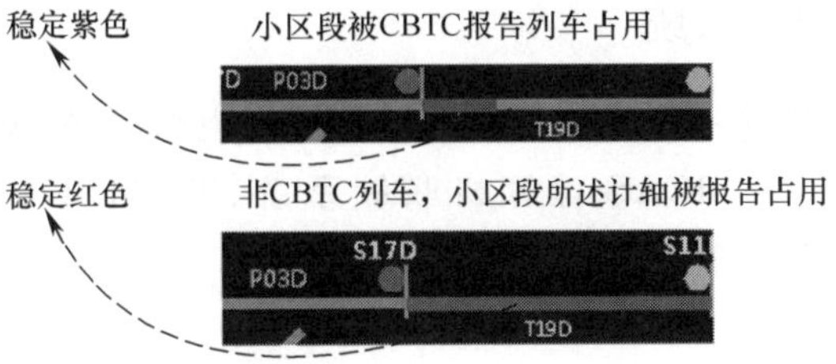

图 5.19　光带显示

a. 正常情况下，在同一计轴区段，前车 CBTC，后车 CBTC，光带显示如图 5.20 所示。

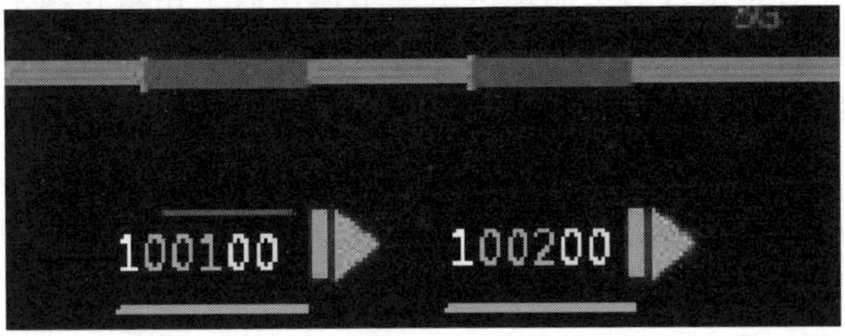

图 5.20　CBTC 列车追踪显示

b. 在同一计轴区段，前车非 CBTC，后车 CBTC，光带显示如图 5.21 所示。

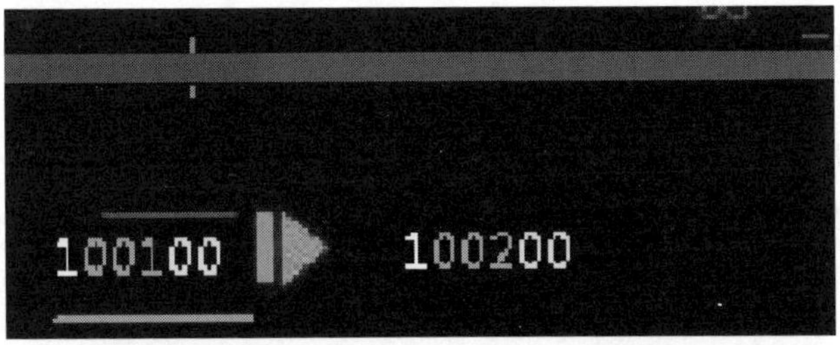

图 5.21　CBTC 列车与后备列车追踪显示一

c. 在同一计轴区段，前车 CBTC，后车非 CBTC，光带显示如图 5.22 所示。

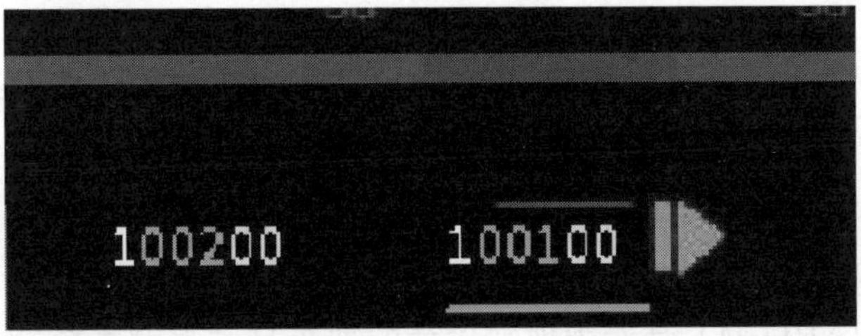

图 5.22　CBTC 列车与后备列车追踪显示二

5.2.3 西门子 CBTC 系统

西门子 CBTC 系统是一个安全可靠的适应线性电机运载、基于无线通信的列车自动控制系统。它由 SICAS 计算机联锁系统、TRAINGUARD MT(ATP/ATO)移动闭塞式列控系统、VICOS OC 系统组成。

1. 系统结构

西门子 CBTC 系统可用分为中央层、轨旁层、车载层 3 个层次,分级实现 ATC 功能。

中央层分为中央级和车站级。在中央级,实现集中的线路运行控制。在车站级,将车站控制和后备模式的功能提供给车站操作员工作站和列车进路信号机。

轨旁层沿着线路分布,它由 SICAS 计算机联锁系统、TRAINGUARD MT 系统、信号机、计轴器和应答器等组成。这些设备共同完成所有的联锁和轨旁 ATP 功能。

车载层完成 TRAINGUARD MT 的车载 ATP 和 ATO 功能。

西门子 CBTC 系统结构如图 5.23 所示。

(1)VICOS OC 系统

VICOS OC 系统分为中央级 VICOS OC 501 和车站级的 VICOS OC 101。

VICOS OC 501 的 COM 服务器汇集并处理来自 SICAS ECC、TRAINGUARD MT 和其他外围系统的动态数据。ADM 服务器负责中心数据的存储和报告,FEP 前端服务器负责将其他外围系统接入 ATS 服务器。

在每个联锁车站都配有高可靠性的前端服务器用来采集其他外部子系统(如乘客向导 PIS、发车计时器等)的信息。这些信息再被传输到 OCC 的 ATS 计算机进行处理。

(2)SICAS

SICAS 系统主要包括 LOW(车站操作员工作站)和 TRC(列车进路计算机)。SCIAS ECC 的内部通信采用 PROFIBUS 总线。LOW、TRC 和 S&D 系统直接与 SCIAS ECC 和 TRAINGUARD MT 通信。

SICAS 和 TRAINGUARD MT 总线采用双通道双向的光纤通信进行连接。每个通道独立工作并且提供故障一安全的通信。

LOW 和 TRC(列车进路计算机)在 ATS 系统失效情况下提供后备模式。

(3)TRAINGUARD MT

TRAINGUARD MT 是专为地铁设计的列车自动控制系统,对运营和扩展性来讲,它具有短运行间隔、高自动化、高度灵活性和可扩展性的特点。

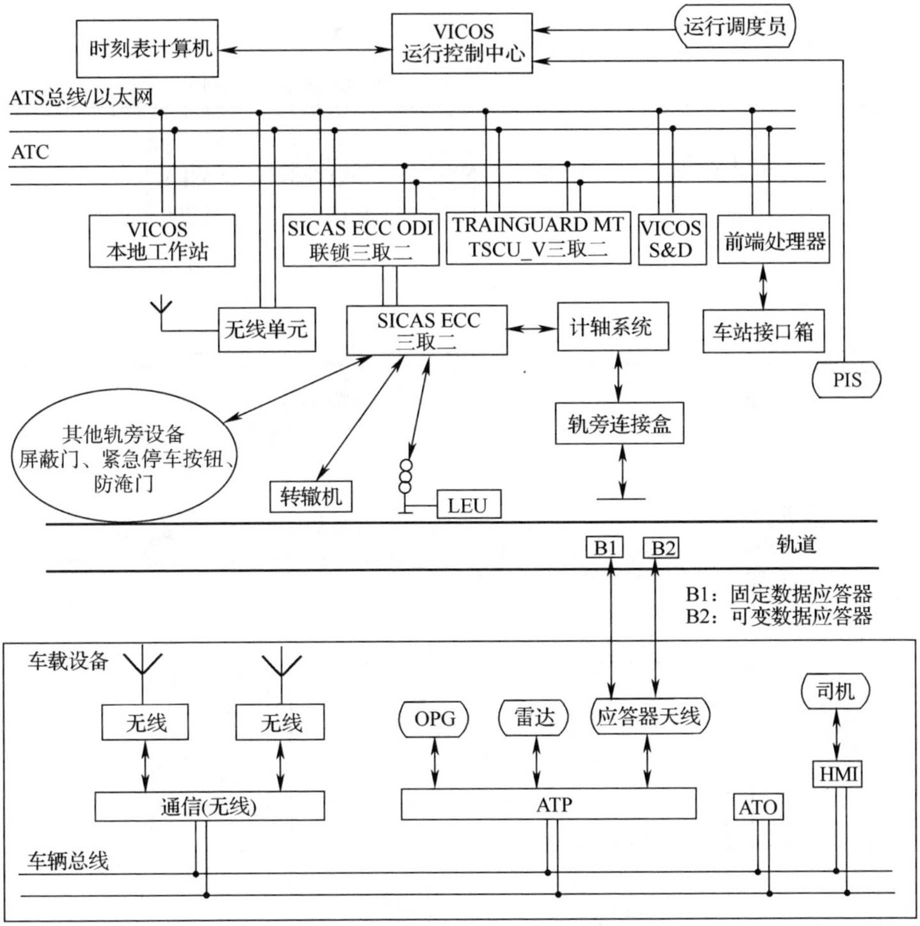

图 5.23　西门子 CBTC 系统结构

ECC—元件接口模块；ODI—操作/显示接口；OPG—速度脉冲发生器；
HMI—人机接口；LEU—地面电子单元；S&D—检查和诊断；TSCU_V—轨旁安全计算机单元

TRAINGUARD MT 基于移动闭塞分隔列车原理，即通过车—地间周期传递列车位置信息和地—车间传递移动授权来实现。轨旁子系统根据联锁状态和列车位置计算移动授权。车载子系统在指定的 LMA 内监督列车运行。

轨旁车载子系统应用线路数据库(TDB)存储轨道地形信息，如速度和坡道信息。车载子系统基于列车定位信息、轨旁子系统和 TDB 提供的信息监督和控制列车运行。

TRAINGUARD MT 系统结构如图 5.24 所示。

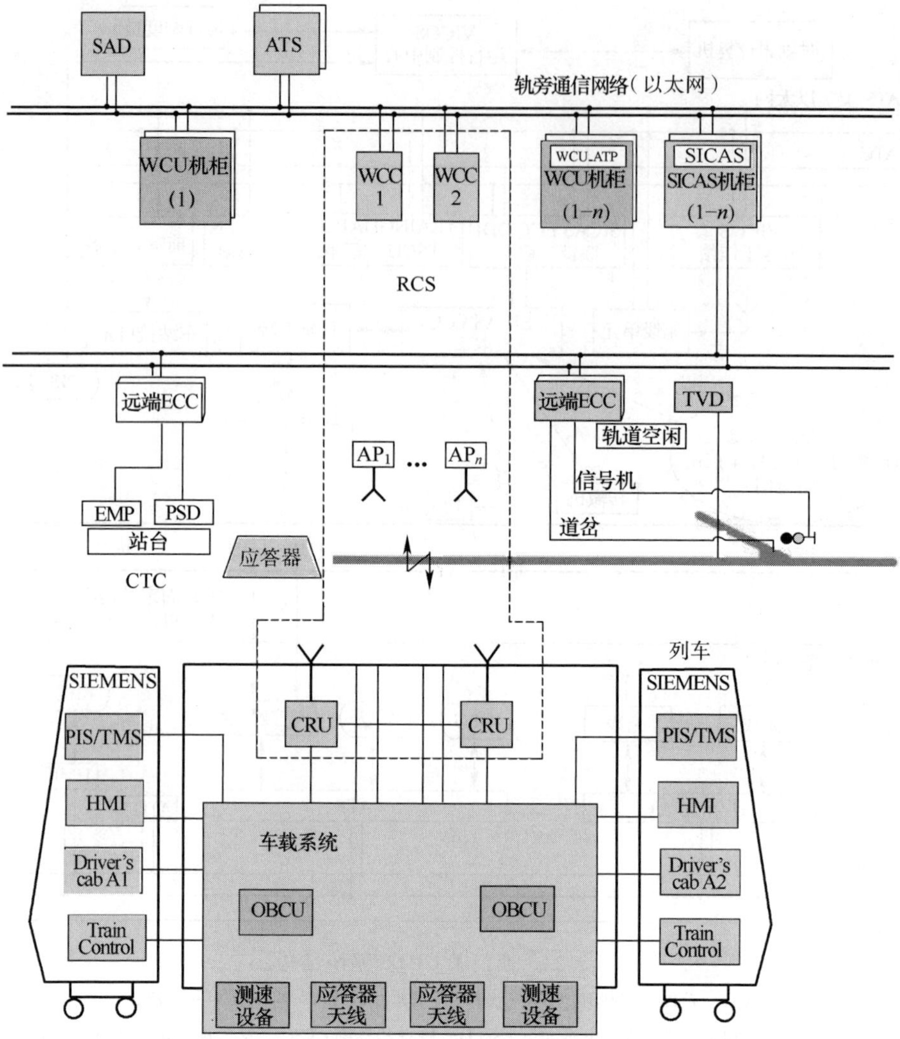

图 5.24 连续式列车控制 TRAINGUARD MT 系统结构

RCS—无线通信系统;CRU—车载无线单元;OBCU—车载控制单元

TRAINGUARD MT 系统可应用在不同层次:

① 自动化级别(TRAINGUARD MT 配置或不配置 ATO 自动驾驶功能);

② 混合运行模式;

③ 与不同 ATS 系统接口。

本系统包括高性能的 ATO,能实现站间自动驾驶、精确定点停车、车站自动(无人驾驶)折返并提供节能运行功能。

2. 系统功能

西门子 CBTC 系统的功能包括 ATS 功能、联锁功能、ATP/ATO 功能、列车检测功能、试车线功能、培训和模拟功能。

(1)ATS 功能

基于 SICAS ECC 和 TRAINGUARD MT 提供的信息,ATS 对整个线路的运行进行监督和控制。

ATS 汇集诸如列车位置、进路状态、列车状态、车次号、信号设备故障等信息,基于这些信息和实施时刻表,ATS 能够自动排列进路,还能通过调整停站时间和站间运行时间来自动调整列车运行。在必要的时候,ATS 可以进行人工操作。

(2)联锁功能

联锁除了轨道空闲处理、进路控制、道岔控制和信号机控制等主要功能外,联锁设备与 ATS 系统相结合,实现中央 ATS 和联锁设备的两级控制。根据运营要求,可以自动或人工进行进路控制。其中人工控制分为中央 ATS 人工和联锁设备人工两类,自动控制分为中央 ATS 自动、联锁设备自动。人工控制进路优先级高于自动控制进路,根据需要可以进行联锁与中央 ATS 两级控制权的转换。在特殊情况下,可不经控制权的转换操作强制进行联锁设备的控制。在车站级控制的情况下,如中央级功能完好,仍可设定或者保留中央自动功能。在车站 ATS LAN 与中央 ATS 之间通信中断的情况下,列车将在本地工作站和列车进路计算机(TRC)的操作下继续进行。

(3)ATP/ATO 功能

ATP/ATO 功能除了 ATP 轨旁、通信、ATP/ATO 车载主要功能外,还增加了以下功能:不使用 PTI 的信息交换,相关的功能通过双向通信通道在 CTC 实现;适应线性电机系统的线路条件,满足与线性电机接口的新要求;提供 ATO 的冗余,ATO 控制列车的原理适应移动闭塞的要求。

TRAINGUARD MT 的核心功能是移动闭塞列车间隔功能,根据线路的空闲状态和联锁状态(道岔状态、进路状态、运行方向、防淹门状态、PSD 状态、ESB 状态)产生移动授权电码。

(4)列车检测功能

列车检测通过计轴系统实现。计轴系统包括车轮检测设备和运算计算机。双置车轮检测器(两个发送组件和两个接收组件)安装在一个轨道上用来检测经过的列车车轮。振幅的变化以及变化的顺序用来计数并且识别列车运行方向,车轮检测设备通过屏蔽的信号星绞电缆的两个线芯把信息传给运算计算机。运算计算机运算从车轮检测器传来的信号,比较进入轨道区间的计入的车轴数与离开此区间的计入的车轴数,检测轨道区间,给出空闲或占用显示。

(5)培训和模拟功能

培训和模拟(T&S)系统用于培训操作员和调度员。它是一个单独的系统,独立于 OCC 的 ATS,并使用了类似于备用控制中心的硬件结构。T&S 工作站连接一台模拟 PC,该模拟 PC 能模拟轨旁设备和连续车辆运行。

3. 系统特点

西门子 CBTC 系统最主要的特点是采用高度列车定位和高容量双向数据通信技术,通过移动闭塞分隔列车,系统结构得到最大优化。TRAINGUARD MT 系统的高度模块化和灵活性可适应不同层次的要求。

(1)连续式和点式通信方式并存

连续式通信方式和点式通信方式可以单独工作或同时使用。

连续式通信是使用无线进行轨旁和列车间的通信。配合连续通信通道,列车根据移动闭塞原理相间隔,提供最小的运行间隔,列车受到 ATP/ATO 控制,构成移动闭塞。

点式通信不依赖连续通信信道,而采用基于应答器的点式通信信道从轨旁向列车传送数据。配合点式通信信道,列车根据固定闭塞原理相间隔,受到 ATP/ATO 控制,构成固定闭塞。固定闭塞可以作为移动闭塞的后备模式。

(2)混合运行模式

安装和未安装 ATP/ATO 的列车可以在同一线路上运行,司机人工驾驶的列车可以与采用 ATO 自动驾驶的列车混合运行。

(3)可以根据需要升、降级

系统可以容易地从基本运行模式(点式通信、固定闭塞)升级到高性能的运行模式(连续通信、移动闭塞)。在出现故障时,可以适度降级,但是一列车同时只可能处于一种列车控制模式下。点式列车控制运行可用作降级运行,这种优点在于在降级模式下系统也可以提供 ATP 防护。

(4)扩展性良好

TRAINGUARD MT 系统可以很容易地进行扩展,增加车站或列车。

(5)适应性良好

TRAINGUARD MT 系统能够处理不同特性的各种类型的列车。如 4 节编组列车和 6 节编组列车,不同的加速和减速参数,不同的列车长度,列车将会按照它们各自的特性进行最佳驾驶。

4. 通信级别

西门子 CBTC 系统有三个通信级别。

(1)连续式通信级

在连续式通信级,TRAINGUARD MT 系统提供基于移动闭塞原理的列车安全运行。轨旁列车采用双向无线通信。列车通过检测和识别应答器来确定自己的位置。对列车采用连续式控制。在列车自动驾驶模式下(AM),ATO 系统自动控制列车运行。

在 AM 或 ATP 监督人工驾驶模式(SM)下,列车以移动闭塞运行,保持安全距离。列车上的线路数据库(TDB)中包含应答器的位置数据。结合来自测速电机和雷达的位移测量,每个车载 ATP 计算本列车的位置,该位置是列车在线路上的绝对位置,并通过连续式通信发送位置报告给轨旁 ATP。轨旁 ATP 追踪列车,基于本列车和前行列车的位置报告和轨旁检测的空闲信息,评估所有列车的移动条件,并通过连续式通信系统发送一个连续式通信级移动授权报文到车载 ATP。该移动授权符合移动闭塞原理的安全列车运行间隔,并且满足其他来自 SICAS 的联锁条件以及其他的防护点的状态。

SICAS 联锁是底层的列车防护系统,也负责移动闭塞下的列车运行安全。ATP 负责列车运行间隔的安全,并连续监督联锁状态。在移动闭塞下,列车同样运行在联锁设定的进路上。

当联锁条件不满足时,列车的移动授权不能越过信号机。同时列车运行时必须连续地监督联锁条件。

(2)点式通信级

点式通信级可以作为连续通信级的后备模式,或在部分对于列车行车间隔要求不高、允许使用固定闭塞的线路中使用。在点式通信级,ATO 系统完全自动控制列车运行。

在点式通信级,使用应答器进行轨旁到列车的通信。这时,移动授权来自于信号机的显示,并通过可变数据应答器由轨旁点式地传送到列车。列车在线路的定位与在连续通信级一样。

(3)联锁级

如果连续式或点式通信级故障,作为降级运行模式,可由 LED 信号机系统为列车提供全面的联锁防护。此时,没有轨旁到列车的通信。

5. 无线系统配置

无线系统是基于严格的分层概念建立的,允许根据项目进行特定的调整,以适应不同的应用、标准、技术和组件。无线系统具有完全冗余的结构,以满足实际要求的可用性。无线系统的结构如图 5.25 所示。

无线系统通过两个独立的 ATS 总线交换器连接在两个独立的 ATS 总线通道上,ATS 总线对无线系统和轨旁 ATC 系统进行物理连接。

在一条轨道交通线路的整个无线系统中,有两套 WCC 安装在一个车站内,此车站称为主站。在系统的主站中,两套相互独立的 WCC 通过相应的 ATS 总线交换器连接在两个 ATS 总线通道上。WCC 交叉冗余地连接在 ATS 总线上,对整个

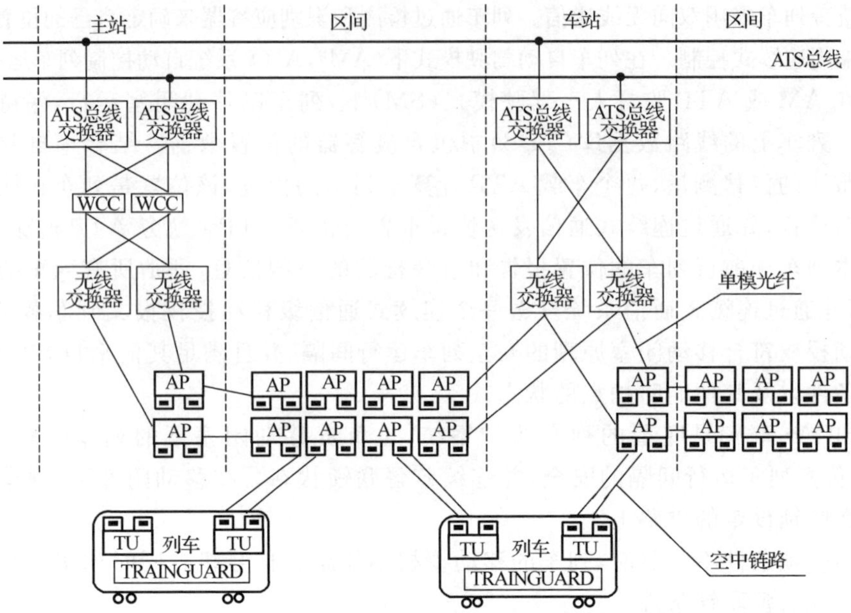

图 5.25　无线系统的结构

WCC—轨旁通信控制器；AP—轨旁无线单元；TU—列车单元

无线系统进行管理。

在主站内，两个相互独立的无线交换器交叉冗余地连接到 WCC。在其他安装有无线设备的车站，无线交换器通过交叉冗余连接，直接连接在 ATS 总线交换器上。

每个无线交换器连接着分布于相应轨道中的多个相互独立的轨旁接入点 AP。每个 AP 通过单独的单模光纤连接到无线交换器，形成星形拓扑结构。同样的 AP 还连接到第二个无线交换器上，形成完全冗余的星形拓扑结构。

每个 AP 包含两个相互独立的无线单元，两者以冗余模式进行工作。

轨旁无线单元通过空中链路将轨旁和运行中的车辆信息连接起来。在列车上，两个列车单元中的每一个使用两个相互独立的列车无线单元，通过空中链路冗余地连接到轨旁 AP。同时，两个列车单元通过空中链路连接到轨旁不同的 AP，提供了冗余和多样性。

无线系统使用三个频道，不同频道的覆盖范围重叠，而相同频道的覆盖范围则分开。

5.2.4　上海电气泰雷兹 CBTC 2.0 信号系统

1. 系统概述

泰雷兹公司提供 CBTC 2.0 信号系统（以下简称 CBTC 2.0）是在 SelTrac

CBTC信号系统上进行革新而开发的新一代信号系统。相比之前移动闭塞主用结合固定闭塞后备的系统,CBTC 2.0系统采用两套移动闭塞系统互为冗余热备。在SelTrac系统需要降级至后备模式运营的场景下,新系统可以实时切换以维持移动闭塞,保持正常的运营模式。在取消固定闭塞后备系统之后,轨旁的信号设备也得到了极大的简化。

CBTC 2.0主要技术特点:

- 冗余设计提高系统可用性,避免由于信号系统的故障影响运营;
- 采用了联锁与移动闭塞一体化设计,简化点式后备,提高安全性;
- 正线与车辆段保持高自动化模式运行,支持全自动无人驾驶;
- 双向运营,缩短追踪间隔,提高折返效率(沿用既有SelTrac移动闭塞功能)。

CBTC 2.0信号系统应用于上海轨道交通5号线南延伸及既有线改造项目,并于2018年底投入商业运营。系统结构如图5.26所示。

从系统分层和子系统的角度,CBTC 2.0系统的组成部分见表5.1。

表5.1 CBTC 2.0系统的组成

分 层	子系统	子系统主要功能	子系统硬件结构
中央	CCU(Centralized Control Unit)中央控制单元	CBTC 2.0中央控制单元安装在中央和轨旁,主要负责列车的自动监控诸如列车信息确认,列车追踪显示,提供手动和自动进路办理功能,并根据列车时刻表控制车辆运行,以满足运营要求	双套冷冗余
轨旁	MCU(Movement Control Unit)移动控制单元	CBTC 2.0移动控制单元安装在轨旁,持续与车辆保持通信,根据车辆定位信息和轨旁设备状态计算并向车辆发送移动授权/行车许可; 同时,移动控制单元采用移动闭塞和联锁一体化,同时支持通信列车和非通信列车混跑	2×2oo3二乘三取二即双套三取二主备热冗余
	ECU(Element Control Unit)轨旁设备控制单元	CBTC 2.0设备控制单元安装在轨旁,与轨旁设备和移动控制单元接口,负责向轨旁设备发送MCU的驱动命令,并向MCU发送设备的回采信息; 采用简化的I/O控制逻辑,同时支持以太网通信和离散输入/输出	2×2oo2二乘二取二即双套二取二热备冗余
数据通信层	DCU(Data Communication Unit)数据通信单元	数据通信单元安装在中央、轨旁和车载,是车地通信和数据传输安全的基本控制子系统; 多环网络和网络冗余	FHSS跳频扩频LTE网
车载	VCU(Vehicle Control Unit)车载控制单元	CBTC 2.0的车载控制单元安装在车上,负责车辆位移的逻辑运算、移动授权的执行,以及实现其他车辆安全防护ATP和车辆自动运行ATO的功能	2×2oo2二乘二取二即双套二取二主备热冗余

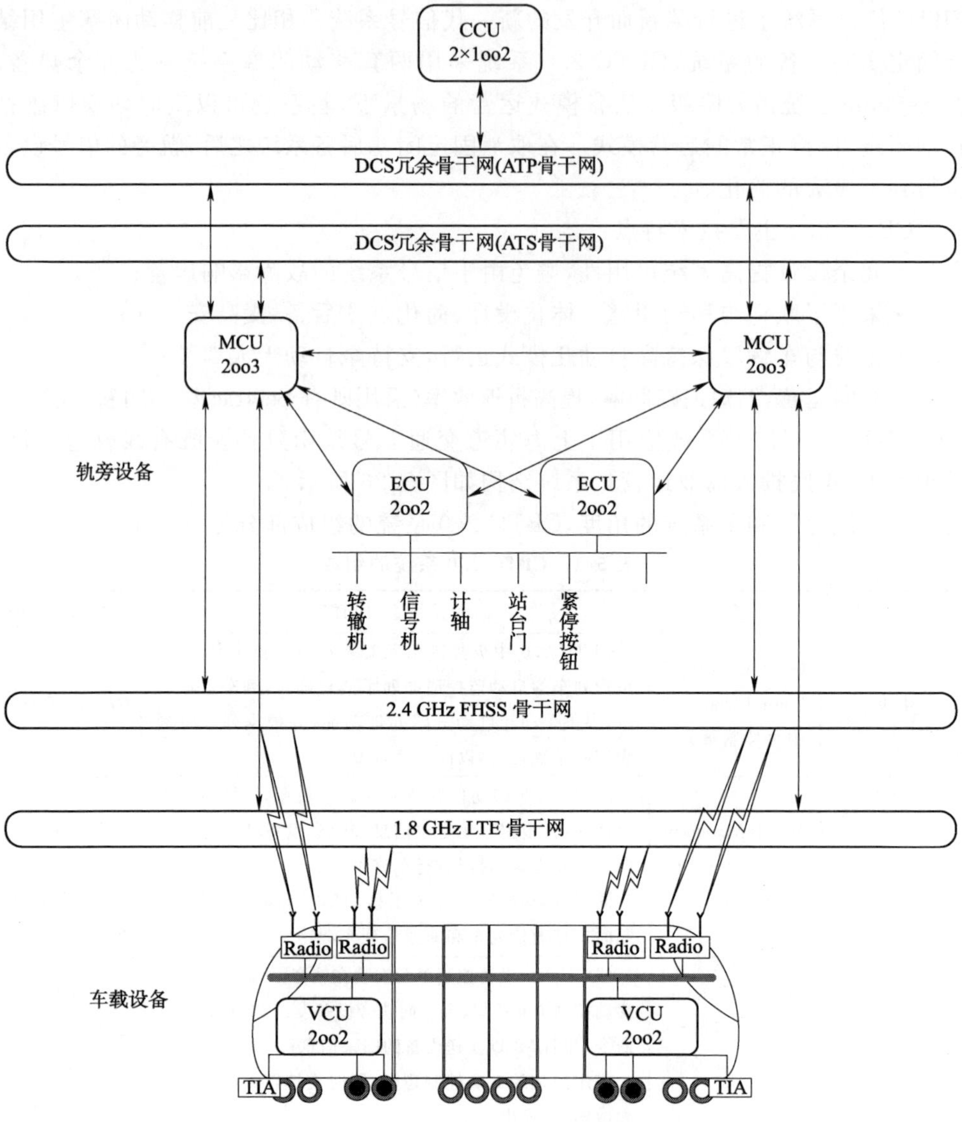

图 5.26　CBTC 2.0 系统结构

2. 移动控制单元 MCU 子系统

(1)子系统介绍

MCU 子系统(图 5.27)是整个 CBTC 2.0 系统轨旁的核心安全控制设备,负责所有的联锁及 ATP 逻辑的运算。MCU 子系统执行由 CCU 请求的进路,控制和监督所有从 ECU 获取的轨旁设备状态(如信号机、计轴、道岔和屏蔽门等)。系

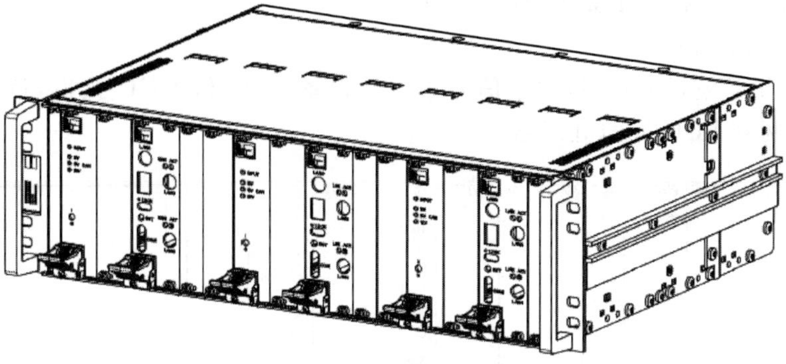

图 5.27　移动控制单元 MCU

统采用冗余的二乘三取二配置(2×2oo3),即有两套完全独立的 MCU,且单套设备有三块核心 CPU 板卡的配置。备用的第二套 MCU 处于热备状态,为系统提供更高的可用性和可维护性。在不影响运营的情况下维护故障的 MCU 变为可能。

(2)命令执行原理

当信号系统正常运行在 CBTC 模式下时,MCU 会接收来自 CCU 子系统发出的命令请求,根据 CCU 请求的进路信息,以列车位置为起始点,计算列车的 LMA。LMA 将从起点开始,延伸到进路上最近的一个障碍物,如果没有障碍物,LMA 将延伸到系统内,为列车和设备预留最远距离。

每个 ZC 都会定义联锁表来配置联锁关系,这些逻辑关系存在于道岔区域以及和停车场/其他线路的联络线上。如果进路覆盖信号机的防护点,MCU 将请求 ECU 开放信号机。如果 CCU 请求的进路经过道岔,MCU 会要求 ECU 将相关道岔移动到正确的位置,当所有道岔锁闭在规定的位置后,MCU 将会延伸 LMA 经过道岔。

MCU 子系统会收集本控区内所有列车的准确位置,并通过系统获取的信息确定何时可以安全地延伸列车的移动授权。受控模式(ATPM、ATO、DTO)下的列车 LMA 终点也是列车的停车点,MCU 基于设备及系统中其他列车状态决定移动授权,MCU 与 VCU 及设备间进行连续的通信,并使用这些信息和请求的进路来不断地确定和发送 LMA 给每列列车,以实现移动闭塞列车控制。

MCU 也与相邻控区的 MCU 进行通信,以监督相邻 MCU 的健康状态,为通过区域边界的列车请求 LMA,还可以发送/接收邻近边界区段内的非通信障碍物和非通信列车的状态。

MCU 在某些条件下会关闭轨道区域,如紧急关闭按钮激活、PSD 非预期开启或人为操作。关闭的轨道区域对于 LMA 来说同样是障碍物。此外 CCU 操作员还可以为轨道区段实施临时限速,降低列车的最大速度。

3. 轨旁设备控制单元 ECU 子系统

(1)子系统介绍

ECU 子系统(图 5.28)位于信号集中站设备室,它和 MCU 接口,负责监控轨旁设备。两套 ECU 同时处于激活工作状态。

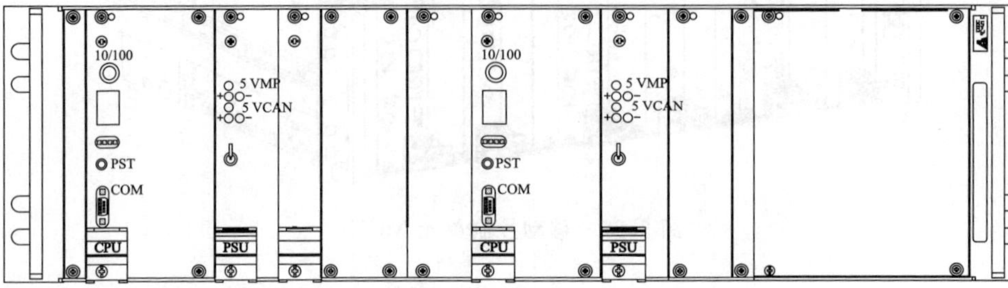

图 5.28 轨旁设备控制单元 ECU

ECU 为一个冗余的二乘二取二配置(2×2oo2)的子系统,即有两套完全独立的 ECU,且单套设备有两块核心 CPU 板卡的配置。每个 ECU 包含了输入输出子组件(PPU 子架)与现场设备接口。根据需求,PPU 子架的数量可以逐步增加。双套的 ECU 设计方案具有两套独立的处理通道,系统获取了双重的输入、双重的计算单元和双重的输出管理。虽然两套 ECU 都从同一继电器接收信息,但是经过两套 ECU 的独立计算、处理和对比,通过 ECU 的动态表决系统以验证双机的一致性,保证了最终输出的正确性。

(2)运行系统

实际使用过程中,由于两套 ECU 通道一直是运行的,不存在主备的区分,主用的 MCU 同时和两套 ECU 通信。因此即使 ECU 切换发生时,也能保证运营不会中断。

4. 中央控制单元 CCU 子系统

(1)子系统介绍

CCU 子系统(图 5.29)即为 ATS 子系统。在 CBTC 2.0 信号系统中,CCU 起到了自动监控列车的管理作用。CCU 子系统本身不对安全负责,作为系统和操作人员(包括控制中心调度、车站值班员、维护人员)之间的接口。

CCU 子系统在控制中心与车站都有布置,主要硬件由服务器计算机、数据库服务器、工作站计算机(包含时刻表、维护、培训工作站)组成。

CCU 可以在线路显示屏上显示列车具体位置,并负责精确地排列列车进路,把命令发送到与进路相关的控区中,同时也提供接口软件来执行其他各种功能,如临时限速、车站跳停等。

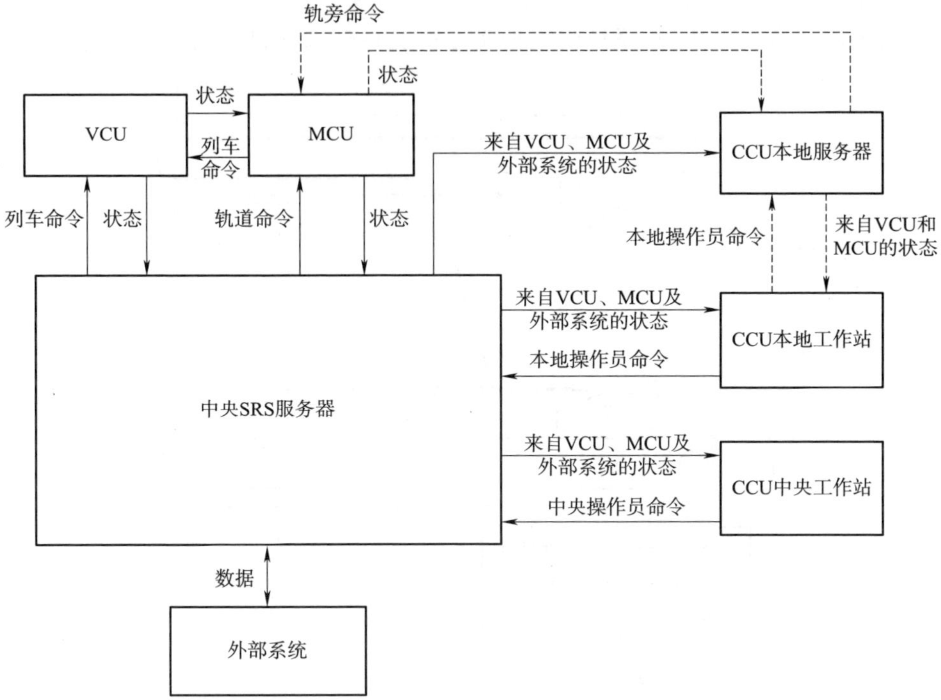

图 5.29 中央控制单元 CCU

它的主要功能包括人机接口界面、列车时刻表、进路控制、列车追踪、数据采集和报告、外部系统接口以及时间记录。

(2)人机接口界面

CCU 操作员通过 CCU 工作站界面与 CCU 子系统进行交互。CCU 工作站在开机时自动装载 CCU 工作站应用程序,并显示线路总览图。

所有命令通过菜单和对话框输入,提供常用命令图标和快捷键。菜单按照层次结构排列,先呈现给 CCU 操作员主要功能,然后通过选择每个窗口的下拉菜单项和子菜单项,来执行子功能。

CCU 操作员所有错误的输入(拒绝)信息,将被记录到磁盘的日志文件中。

(3)死锁防护

在列车交汇的位置(如折返区域),系统将防止两列计划列车彼此死锁后致使两列列车由于对方的存在而不能到达自己的目的地。与其他列车发生冲突的列车会被扣车直到轨道区域出清。在折返区域,如果一列车的折返站台被另一列车占用,该列车将使用替换进路驶向终点站。以下是在两个终端站和沿线的死锁预防举例。

如图 5.30 所示,折返站台有两个或更多的替换站台。

当折返站台不可用时,系统将根据实际情况自动选择最优的替换站台。

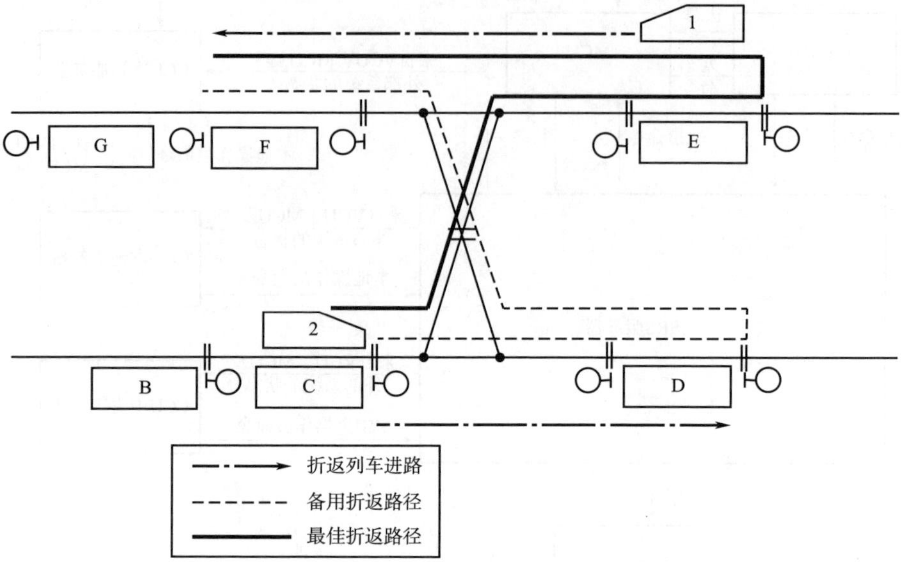

图 5.30 列车折返站死锁防护示意

(4)交汇点管理

CCU 提供了交汇管理功能,交汇管理确定了列车如何通过交汇点,执行该功能是为了降低列车在站间线路上等待的时间。

交汇点通常是指多条运行线的相交点,这些相交点可能会造成列车需要竞争通过。交汇管理定义包括接近区域、进入点、退出点、释放时间、严重延迟时间和最大延迟时间。

上海 5 号线定义了 1 个交汇点,图 5.31 是大小交路的交汇点。

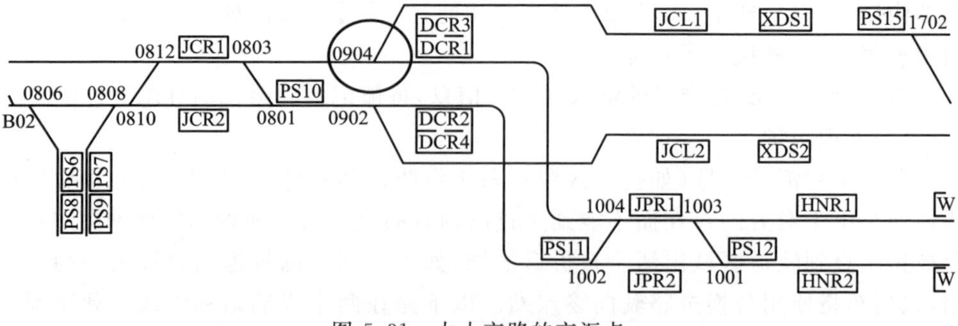

图 5.31 大小交路的交汇点

交汇管理可以由系统根据列车调度计划定义选择哪趟列车优先进入交汇点区域。调度员需要选择交汇管理模式,默认规则是基于第一辆计划到达列车。可选择的模式包括自动、先到先走、晚点列车优先、指定交路优先。总体影响最小的交汇管理次序将会被选择,列车按照系统评估的指定次序通过交汇点。

(5)本地控制模式

CBTC 2.0 系统正常工作的情况下,是由本地 CCU(集中站)与中央 CCU 进行通信,所有本地的 CCU 都可以显示全线的运行情况,但是本地 CCU 互相之间不进行通信。

当 CCU 中央服务器变为不可用(即中央 CCU 服务器故障或网络故障发生时,本地工作站接收不到中央服务器的状态),ATC 系统会自动转换为 CCU 本地控制模式。这种模式下,本地 CCU 操作员只拥有本地控制权,并且将在很短时间内从本地 MCU 得到更新信息并显示在 CC 界面上。在切换到 CCU 本地控制模式之前,CCU 本地工作站会显示最后接收到的列车、设备在系统的状况/位置。

在本地 CCU 控制模式下,只要列车在故障前被分配了已有的班次和运行线,系统就可以使用自动分配功能,该功能允许自动分配进路给从区域边界进入的列车使其保持自动运行。直到本地 CCU 操作员登录并且选择改变班次/运行线分配。本地 CCU 操作员也允许继续命令本地轨旁设备。

CCU 本地控制模式可以提供大部分 CCU 中央控制模式下的命令,但是由于本地 CCU 不与列车通信,因此也存在不少限制。

例如:不支持那些需要 CCU 与列车进行通信的命令(如车站跳停、扣车等)。不支持 CCU 本地工作站与其他外部系统(SCADA、PIS/PA…)的通信功能,包括站台发车计时器。这时司机可通过轨旁信号机显示,确认正常的停站时间及发车时间。

当 CCU 中央服务器重新运行时,CCU 本地服务器应用程序将被自动关闭并恢复到正常运营模式。

5. 车载控制单元 VCU 子系统

(1)子系统介绍

VCU 子系统(图 5.32)是安装在列车车厢机架上的控制设备,CBTC 2.0 系统的列车两端有两套完全一致的 VCU 设备,实现了双套冗余配置,并且列车每端的 VCU 都能单独控制列车执行 ATC 功能。VCU 也确保了列车在各种模式下的正确运行,尤其是应用了全自动列车防护的 ATPM,ATO 及 DTO 模式。两套 VCU 热备冗余,当一台 VCU 主用时,另一台处于待机状态。

VCU 是实现列车控制系统的模块化、可配置、可编程和可扩展的替换系统。VCU 主要由主处理单元(MPU)和外围处理单元(PPU)组成,机架中还包含车载

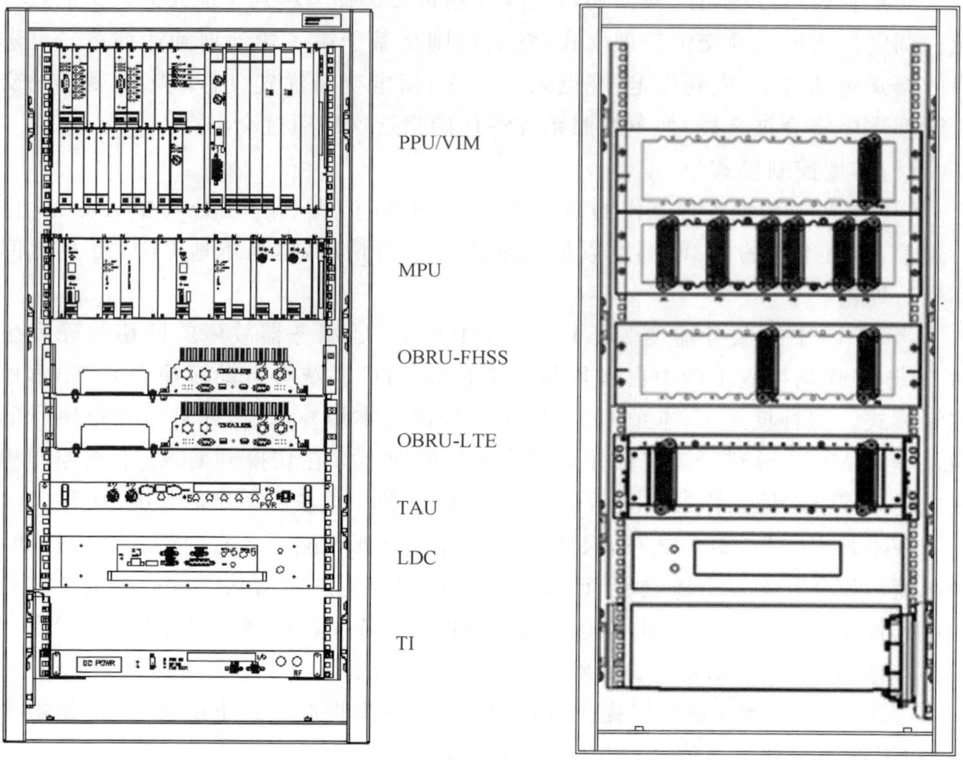

前视图　　后视图

图 5.32　车载控制单元 VCU

无线单元(OBRU)、查询应答器(TI)等车载外挂设备的接口子架。双套硬件的VCU实现了二乘二取二(2×2oo2)冗余检查的系统配置,以便提供足够的安全性和可靠性。

(2)功能实现原理

列车上的VCU和轨旁的MCU、ECU是系统安全型部件,它们通过非安全但完全冗余的数据通信单元(DCU)进行通信,但端到端的连接是安全的。这是因为安全设备在它们生成的每一条报文中都包含序列号和循环冗余码校验(CRC),然后对该报文进行鉴定。对序列号和CRC的鉴定算法只有安全设备才能识别,因此可以防止非安全的DCU设备的干扰。冗余的无线网络使用开放的系统IP标准,根据要求允许移动子系统与固定子系统间传送信息。

VCU通过检测轨道上的应答器与检索数据库中的数据来建立列车位置。VCU测量应答器之间的距离,并通过速度传感器信号计算探测到应答器后列车的行驶距离。数据库包括了所有相关的线路信息，包括应答器位置、车站停车位置、坡度、土建限速、道岔位置和信号机位置等。

VCU 接收 MCU 发送的 LMA(适用于所有通信列车)，确定列车在其 LMA 范围内的停车点。停车点至少在 LMA 终点之前的一个安全距离，在一些情况下可能更远(如列车需要在车站停车点停车，或者必须在通风井的前方停车，等待它的 LMA 范围足够长，以允许整车能够通过通风井)。

6. 数据通信单元 DCU 子系统

CBTC 2.0 系统的数据通信单元(DCU)子系统通过有线＋无线的网络架构方式组成，包括了骨干网、网络交换机、无线接入点及车载移动无线设备。其中有线网络使用单模光纤，无线网络使用了跳频技术(FHSS)＋LTE 的双重冗余子系统。

IEEE 802.3 作为有线网路的通信标准，使用赫斯曼交换机和单模光纤进行站与站之间的数据传输。

LTE 和 FHSS 作为无线网络通信的标准，列车和轨旁分别布置天线与 AP 进行通信。

CBTC 2.0 系统不同于其他 TST CBTC 线路，将 DCU 网络设计重新布置，设计了冗余的五张骨干网架构，分别为 ATP/ATS/LTE/FHSS/IMSS 骨干网，除去微机监测(IMSS)骨干网外，其他四张骨干网负责了整个系统运营过程中信息的传输。

这些骨干网是由高速交换机和两根分开线缆中的单模光纤构成，单模光纤沿地铁线路铺设，汇集到位于设备集中站、车辆段/停车场、控制中心、试车线信号设备室的 DCS 机架中，形成环状结构。

环状结构有一定的断点防护功能，使用单模光纤构成环网并使用环网收敛协议预防骨干网单点故障，单点故障收敛时间为 50 ms，并且一个交换机或接入点的故障都不会影响到整个 DCU 无线网络的服务。

骨干网中的 ATP 和 ATS 骨干网具备冗余网络的功能，ATP 网络负责承载 ATP 设备之间的数据流量，ATS 网络负责承载 ATS 数据流量，当 ATP 网络发生故障时，其原本承载的通信流量可由 ATS 网络来接管；反之 ATS 网络发生故障时，其原本承载的通信流量也可由 ATC 网络来接管。

7. 微机监测子系统(IMSS)

微机监测子系统的主要功能是检测 ATC、DCU、电源系统和其他信号基础设备的状态。每个 ATC 子系统都可以进行自检并将故障报警信息报告给 IMSS 系统。

目前 CBTC 2.0 系统还可以检测轨旁基础设备(道岔、信号机、继电器)的状态并报告给信号集中监测(MDS)系统。DCU 与 CCU 子系统有专用的 SNMP 网络管理系统检测,这些监控设备不仅进行数据记录,还可以进行大数据分析,形成图形化界面与排故建议。

如图 5.33 所示,IMSS 系统可以实时对电源系统的电压、电流进行监控。

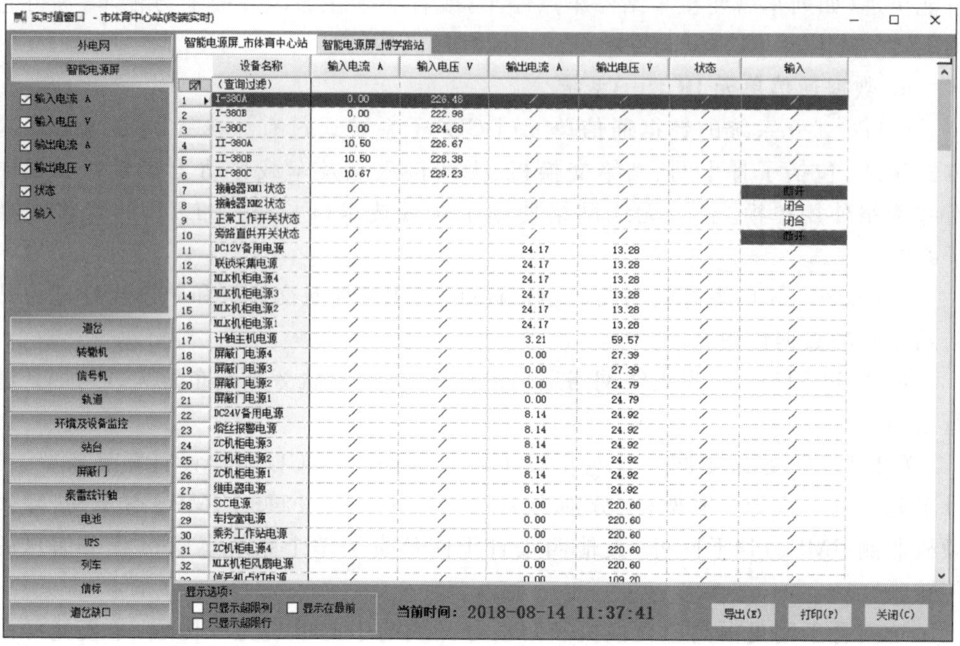

图 5.33 微机监测子系统

8. 外部接口

CBTC 2.0 系统与很多外部系统存在接口,包括车辆系统、COCC、CIOS 系统、语音集群系统、时钟系统、乘客导乘系统、乘客广播系统、综合显示屏系统、站台门系统等多个系统。信号系统与外部单位通过定义的接口文件进行数据通信,形成联动效果。

车辆接口:列车通信管理系统与 VCU 通信交换信息。TIMS 中继了一些信息给车载旅客信息系统,VCU 通过每端驾驶室的 TOD 与 TIMS 连接。

站台门接口:信号系统与站台门系统的接口分界位置位于各站站台门设备控制室的机柜终端。接口会互相传递站台门关闭和锁闭状态、站台门联锁旁路状态、“开门”“关门”命令等。

9. 双套 CBTC 冗余架构设置

CBTC 2.0 系统中的每个子系统都配备了双套子系统设备。双子系统独立工作,互为冗余。这样的设计确保了单个子系统故障不影响另外的子系统,同时也不会影响系统的正常运营。这种系统的高可用性才能实现“纯净”(没有后备模式)的CBTC信号系统。所有的CCU、MCU、VCU子系统都是热备冗余的,一套设备作为激活的子系统,另一套设备作为备用。

(1)MCU与ECU

每个集中区域的两套MCU工作在主用备用配置中,正常状态的主用MCU会监控整个控区,当主用MCU故障时,备用的MCU会无缝切换至主用状态。

每个控区的ECU仅和本区的MCU进行通信,ECU负责输入输出,和继电器架进行接口以获取轨旁设备的状态并将控制命令发送给它们。两套ECU子系统同时工作,不区分主备状态,以增加系统的可用性。

(2)VCU

和MCU主用-备用的工作状态相类似,列车上也有两套VCU。主用VCU监控列车运行,备用VCU将在检测到主用VCU故障时变为主用以继续监控列车。并且两套VCU与列车两套外挂车载设备分别接口,在外挂设备故障的情况下,还能保证另一套VCU的正常工作。

VCU还具备远程的复位和重启功能,不仅可以自动切换,还可以根据维护人员的要求进行主备的选择。

(3)CCU

激活的CCU同时从每个控区的两套MCU以及每辆列车的两套VCU获取信息,以确保所有的设备状态都已经报告并显示在CCU上。而轨旁和车载命令仅会发送给激活的MCU和VCU,备用的MCU和VCU将分别从对应激活的子系统获取CCU命令以确保子系统内部状态的同步。

(4)DCU

DCU子系统的网络架构十分复杂,因此采取了多重的冗余设置。

网络拓扑的冗余:DCU的骨干网络拓扑是双向的、自我修复的环状结构,当一个器件故障时不会影响任何其他网络单元的通信。

骨干网冗余:ATP网是ATS骨干网的后备网络,当ATP骨干网因为广播风暴或者物理连接中断而瘫痪时,ATS骨干网会接替ATP骨干网来接续传输ATC流量。

无线网冗余:系统内将部署两套无线骨干网和两套无线通信系统,来实现轨旁系统和车载系统的CBTC流量交换,这两套骨干网和无线网络将同时工作以提供冗余的通信。任何一张骨干网络/无线系统的故障都不会引起通信丢失,因为另外一张骨干网/无线系统仍然工作正常,这将显著增加CBTC系统的可靠性。

交换机冗余:为防止控制中心通信故障,它将安装冗余的交换机。连接到交换机的冗余设备和冗余连接改善了系统的可用性。控制中心内的所有 CBTC 通信实体，如服务器、工作站、数据记录器等都与网络有冗余连接。

车载无线设备的冗余：FHSS 和 LTE 车载无线单元安装在列车的两头，这样可以在其中一个车载无线单元失效或在列车的一头与轨旁无线信号失效时帮助保持通信。

5.2.5 泰雷兹全自动驾驶信号系统

1. 系统概述

泰雷兹全自动驾驶信号系统与 CBTC 2.0 信号系统相比，系统结构基本相同，不同之处在于，在列车上增加了休眠唤醒模块，增加了 LTE 综合承载功能，轨旁增加了清客确认按钮和联动开关门按钮，以实现全自动驾驶功能。

2. 系统特点

(1)全自动驾驶

全自动驾驶模式，列车在信号系统保护下自动行驶，列车唤醒、休眠、投入、退出、站台停车对位、自动开门、自动关门、发车、加速、巡航、制动、全自动洗车等一系列自动化功能均由信号系统自动控制完成，无须司机操作，列车上可不设置专职司机，改为列车巡视人员，由此带来的列车驾驶室空间开放给乘客，给乘客提供更大空间。

(2)系统可靠性高

为了确保全自动驾驶，信号、车辆、站台门等行车相关设备均需要提高自身的设备可靠性，减少故障对运营的影响。CBTC 2.0 系统通过双重冗余的系统设计，大大提升了系统平均故障间隔时间(MTBF)，将这个数值提升了一个数量级，使得原本因设备原因导致列车晚点、清客、退出运营的问题大大减少，可以提高全自动驾驶线路运营的稳定性。

(3)简化系统

因功能需求，全自动驾驶项目中取消了站台发车表示器，取消了系统点式后备模式，以及点式后备模式所使用的信标等相关设备，这样使系统简化，有利于信号系统的稳定运行。

(4)LTE 传输综合承载

CBTC 2.0 无线传输系统采用 LTE+2.4 G 无线冗余架构，其中 LTE 网络采用 A/B 独立双网的冗余设计。A 网承载 CBTC、语言集群、紧急文本、视频信息业务；B 网承载 CBTC、语言集群业务。A/B 无线双网确保在轨旁由 2 张无线网络实现无线信号冗余覆盖。隧道中使用漏缆实现无线信号覆盖；开阔区域使用独立的定向天线实现无线信号覆盖。

(5)与综合监控集成

信号系统(CCU)与综合监控(ISCS)进行集成(图5.34),集成后的CCU系统将为运营调度提供监控全自动运行列车所需的所有功能,包括列车追踪和信息显示、列车运营状态、故障信息等。轨旁设备信息显示包括轨旁信号设备状态、触网区段供电状态、防火分区火警状态以及事故风机状态等。

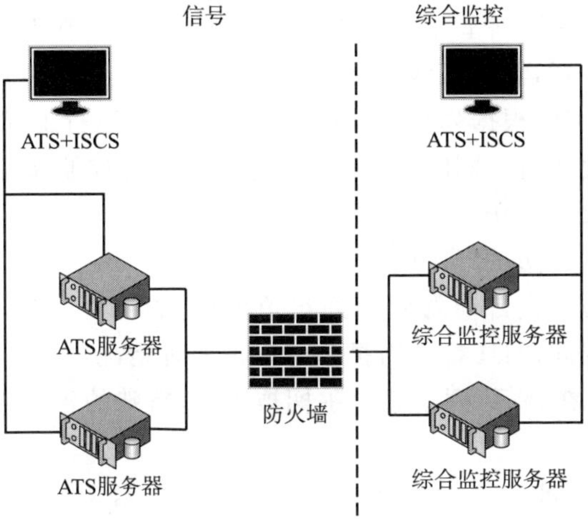

图5.34　信号与综合监控集成示意图

3. 全自动驾驶功能

(1)系统自动扣车

当CCU从列车收到“主风缸压力低”“停放制动缓解故障”“所有制动缓解故障”的设备故障状态后,将在界面设备状态栏显示故障状态报警信息,若中央调度对任一报警信息进行确认操作后,CCU将自动对列车下一停车站台实施扣车命令,当列车停靠该站台时,将实施扣车操作,直至中央调度取消该站台的扣车命令。当CCU接收到列车发送的“列车扣车”请求后,会自动触发列车运行方向下一站台的扣车命令,当列车停靠在该站台时,将实施扣车操作,直至中央调度取消该站台的扣车命令。

(2)远程重启VCU

当列车两端VCU均故障,列车迫停于区间时,中心调度员可通过CCU中的远程重启命令,重启该列车的VCU设备,VCU在接到指令后会重新对两端车载VCU进行断电重启,重启后需要列车重新获得定位,以便恢复全自动驾驶模式。当单端VCU故障后,系统会自动切换到另一端VCU接替运行,切换过程不影响列车运行。

(3)远程 EB 缓解

由列车信号系统外部原因造成的列车紧急制动,中央调度通过 CCU 向 VCU 发送 EB 复位命令,尝试远程缓解列车紧急制动,如果缓解成功,列车将继续以全自动驾驶模式运行,不需要车站人员等恢复列车运行,远程缓解 EB 仅对 FAM 模式下的单列车有效。

(4)列车运营工况管理

CCU 系统支持基于列车计划的列车运营工况管理。在系统设计时,事先定义列车洗车、待命、段/场运行、正线服务、折返、退出正线服务共 6 个工况,在列车全自动驾驶模式下,VCU 根据列车当前的运行模式执行运行工况,联动车厢照明、空调系统,实现自动化运行。同时,也可以通过列车上的控制按钮,人工改变照明和空调等系统,实现灵活操作。

(5)保持车门关闭防护(HDC)解锁命令

HDC 是用来防护全自动驾驶的列车迫停区间后,在一段时间内保持车门关闭,防止乘客误入区间。HDC 的防护基于以下 3 种情况:

① 当列车运行在站间,列车紧急手柄被激活,特殊的告警将被传递至中央,列车运行无影响。

② 当列车在站间运行过程中,乘客激活列车紧急手柄,告警将被传递至 OCC。当列车在站间停车后,此时 ATC 系统中的计时器开始计数,在计数器超时前 OCC 操作员可以通过指令禁止乘客疏散请求,同时保持车门关闭。如果 OCC 没有给出指令,ATC 将在计数器超时后自动释放 HDC。乘客可以通过再次操作列车紧急手柄解锁并打开车门。

③ 当列车在离站过程中且列车位于有效范围内,列车紧急手柄被激活时,列车将施加紧急制动,列车完全停稳后,HDC 将自动释放。此种情况下,信号应不再自动发车,需车站人员上车人工确认后恢复。

(6)清客确认

在线路大、小交路终点站的站台上设有清客确认按钮,CCU 判断列车进入预定义的、需确认清客的站台需要人工确认清客,会自动触发清客站台停站列车的扣车命令,直至 CCU 接收到轨旁发送的该列车停靠站台的清客确认,列车将退出正线服务工况,根据运行计划自动行驶至存车线或者回库停车。在需要中间临时清客的车站,CCU 在界面上提供清客确认功能,以实现相同功能。

(7)远程 RM 模式

当 VCU 在线路上重启后,列车需要以 RM 模式运行以重新获取列车定位,中央调度可授权列车进入远程 RM 模式,列车将以低速运行,在获取定位后自动转为全自动驾驶模式。

(8)列车蠕动模式

当处于全自动驾驶模式的列车出现牵引/制动输出接口故障或VCU子系统与列车的控制网络通信故障时,VCU子系统会向CCU发出报警并请求中央调度授权列车进入蠕动模式。该VCU收到CCU授权信号后控制列车进入蠕动模式,列车以低速驶入站台,并尽可能精确停车。列车停车后需要站台人员人工操作,打开车门,转为手动模式驾驶列车。

(9)立即停车和继续行车

CCU子系统为中央调度提供"立即停车"命令,对于全自动驾驶模式列车,无论列车在任何位置,列车将施加常用制动直至停车。如需要恢复运行,中央调度需要发送"继续运行"的命令,VCU将授权发车,继续正常运行。"立即停车"命令可以针对单列车下发,也可选择多列车或所有在线运行列车同时下发。但"继续运行"命令只能逐一用于单个列车以缓解列车停车命令。

当CCU子系统监督到列车运行前方供电区段故障时,会自动向接近故障供电区段的列车下达"立即停车"命令。当供电区段故障恢复后,CCU子系统将向执行"立即停车"的列车发送"继续运行"命令,列车按照原有计划继续运行。当CCU监督到列车的下一停车站台存在着火列车,或下一停车站台的同站对向站台存在着火列车时,会自动向接近该着火列车的列车下达"立即停车"命令。当火灾报警消除后,CCU子系统向执行"立即停车"的列车发送"继续运行"命令。

(10)车门/站台门对位隔离

CCU子系统支持列车车门/站台门对位隔离功能。当CCU检测到单扇站台门故障切除时,自动向即将进入该站的列车发出对应的车门隔离请求。当CCU检测到单扇车门故障切除时,自动向下一站对应的站台门发出隔离请求。可使故障的站台门和车门均不被自动打开。中央调度也可通过界面上提供的单扇车门隔离命令选定某一列车的单扇车门下发禁止命令,VCU子系统将CCU单扇车门隔离命令发送至车辆系统,在列车停站期间,车辆系统再控制被隔离的车门保持关闭状态。

(11)休眠唤醒功能

CCU根据当天的时刻表对列车的休眠和唤醒进行管理。当列车开始、结束运营,且到达指定唤醒、休眠位置时,CCU子系统能够自动或根据人工命令下发休眠、唤醒命令。CCU将会显示VCU和车辆系统休眠/唤醒的准备进程,当休眠/唤醒失败时用于提醒操作员。段/场内的列车和正线存车线列车将在预定义的时间点开始唤醒。

(12)逃生门防护

CCU子系统为中央调度提供前、后逃生门手柄防护施加和解除命令。CCU

将会在工作站上显示逃生门解锁请求。中央调度可以决定接受/拒绝该请求。当中央调度对某列车下发逃生门手柄防护命令后,VCU 将控制列车不允许通过逃生门手柄开启逃生门直至中央调度解除该防护命令。

(13)列车故障确认

CCU 子系统会监督列车的故障情况,当 VCU 汇报故障时,CCU 会在界面上闪烁显示,CCU 可通过远程故障状态确认命令确认故障状态,当中央调度通过 CCU 远程命令确认列车故障状态后,CCU 将该确认命令发送至 VCU,由 VCU 转发至车辆系统,而后车辆系统对故障进行处理。

(14)受电弓控制

CCU 子系统为中央调度提供列车受电弓控制命令,用来升起或降下列车的受电弓。该命令仅在列车处于全自动驾驶模式且处于静止状态时可用,中央调度需根据 CCU 显示的受电弓实际状态,下发升弓/降弓命令。

(15)全自动洗车

车辆段/停车场 MCU 与洗车机接口,当车库调度给列车安排洗车任务时,信号系统会检查洗车机状态,若满足洗车要求后,VCU 将以全自动驾驶模式驶入洗车机,洗车机根据洗车程序,进行泡沫、端洗、侧洗步骤。列车洗完后将自动回到停车股道,整个洗车过程无须人员介入。

(16)点动对位

在全自动驾驶模式下,当列车由于某些原因过冲或欠停站台,过冲少于 5 m 时允许列车执行点动对位。最大允许回退距离是过冲站台的距离。点动对位时,系统施加缓行回退防护。当列车回退发生超速或超出防护距离时,施加紧急制动。当列车向后点动对位过冲站台时,列车将执行向前点动对位。若全自动驾驶模式下过冲站台超过 5 m,系统将直接跳停该站前往下一站。

(17)车厢温度控制

CCU 给中央调度提供列车温度控制指令,中央调度可根据列车温度反映情况控制列车空调的偏移量,列车空调根据偏移量指标对列车空调修正温度控制,给乘客一个更好的乘车体验。

5.2.6 卡斯柯 TRANAVI 信号系统

卡斯柯 TRANAVI 信号系统是一套全国产信号系统,即系统所包含的所有软件、硬件都是由国内生产。该系统在上海地铁 17 号线投用,标志着我国的地铁国产信号系统得到了进一步的发展,不再依赖于欧美等国家的铁路信号系统。信号系统由 ATC 子系统、ATS 子系统、联锁子系统、数据传输子系统等组成。

1. ATC 子系统

ATC 子系统是信号系统列车安全防护的核心系统，由区域控制器(ZC)、线路控制器(LC)、车载设备、信标、欧式编码器(LEU)组成，如图 5.35 所示。

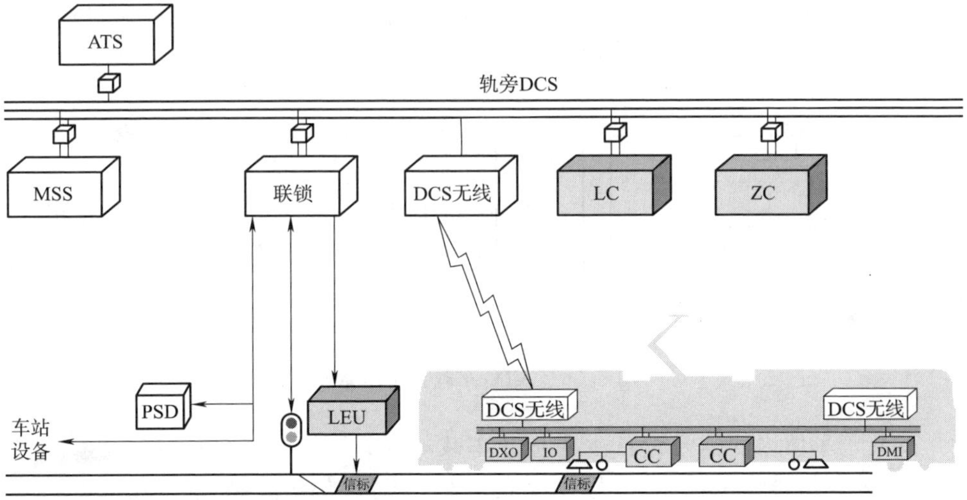

图 5.35　ATC 设备示意图

ZC 和 LC 都采用国产的轨旁安全硬件 TSP 系统。TSP 系统是满足信号安全等级 SIL4 的 ATC 控制设备，由主处理模块、网关、维护单元、网络交换机组成，其核心是一个安全计算机机架，由两个主处理单元(MPS)和两个通用网关组成。安全计算机使用四个 USB 卡配置特定的应用软件，每个 MPS 单元配置两个 USB 卡插在主处理单元的前面板插槽上。MPS 是 1 套二乘二取二安全计算机，MPS 由主、备机和切换装置组成，主、备 MPS 之间进行时钟同步和数据同步，能根据故障情况以及切换设置进行主备系切换。

ZC 负责计算自动防护，计算每列车的移动授权，管理防护区域，监控站台门。通过 DCS 网络和 LC、ATS、联锁等自动连接。每个 ZC 最多可管理 50 列车在线运行。全线根据列车数量以及运行间隔要求配置 ZC。

LC 管理临时限速，保证 LC、CC 和 ZC 的时钟同步，管理 ATC 的数据和软件版本。LC 全线路配置 1 台设备。

信标安装在轨旁线路中间，主要作用是校准列车位置，初始化列车轮径，辅助列车精确停车。

当列车转为后备驾驶模式时，LEU 给列车提供轨旁信息。LEU 与轨旁特定点的信标连接，从而实现主动向列车传送信息的目的。其通过联锁或继电器获取信标前方进路上的信号机、道岔等信息，主动发送给列车，列车就能在无法收到 CBTC 信号的情况下继续以“点式”接收信息的方式运行，不影响线路运行。

车载 ATC 设备包括车载控制器、司机显示单元、信标天线、编码里程计等，车载控制器、司机显示单元接入冗余的信号网络；信标天线、编码里程计通过线缆连接，如图 5.36 所示。

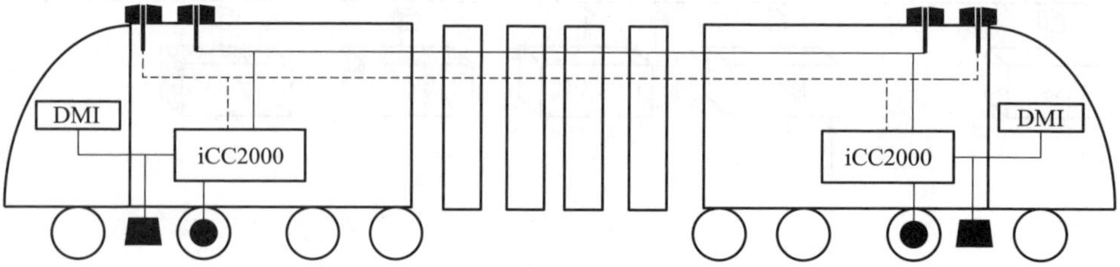

图 5.36 ATC 车载设备示意

安装于车体内的信号设备主要包括车载主机、驾驶台信号显示单元、信号速度表。安装于车体外的信号设备主要包括信标天线和编码里程计。司机显示单元安装于驾驶台上，提供列车速度、授权距离、驾驶模式等信息，供司机时时掌握列车运行状况，指针式速度表安装于驾驶台前，当司机显示单元故障后，司机可根据指针式速度表的指示驾驶列车。

TRANAVI 系统使用的车载控制器是国产的 iCC2000（图 5.37），其包含 ATP 和 ATO 计算机以及安全和非安全输入/输出，负责控制整个列车，实现安全防护、驾驶运营、门控制等功能。

图 5.37 iCC2000 车载设备

(1)轨旁 TSP 设备

TSP 设备分为主运算子系统 MPS、系统诊断维护子系统 SDMS、通用网关子系统 GGW 和冗余网络子系统 RNET。其结构如图 5.38 所示。

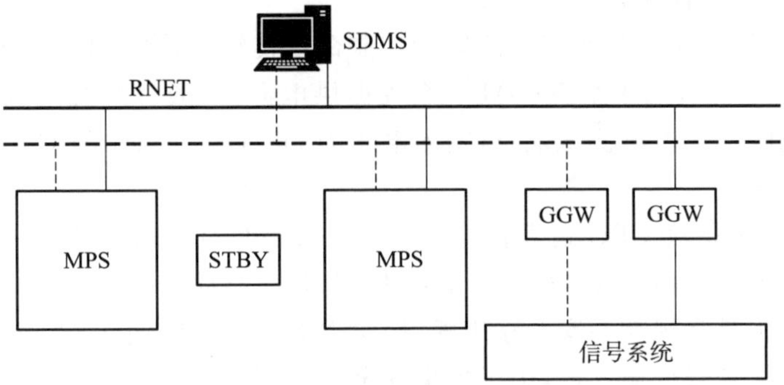

图 5.38　TSP 结构示意

① 主运算子系统 MPS 是由 2 套完全相同的设备组成，采用二乘二取二的冗余方式，任何时刻只允许一套 MPS 成为主机。每个 MPS 机笼包括主运算单元 MPU、主通信单元 MCU、安全电源控制板 VPS、串口通信扩展单元 SCU、电源单元 PSU、切换单元 STBY、切换继电器 VRD、输出交换机 MOS。主要提供系统计算，确保行车安全。

② 系统诊断维护子系统 SDMS 主要负责对 TSP 内部子系统的运行状态监测、运行情况记录、故障报警。对 MPS 重要软硬件进行监测并精确定位故障位置和报警原因；对系统中的网络应用情况进行监测并报警，对其他设备，如风扇、电源等进行监测并报警，还可以查询历史数据，方便维护。

③ 通用网关子系统 GGW 分别与信号系统中红、蓝网络连接，起到隔离 TSP 和其他信号系统网络连接的作用。

④ 冗余网络子系统 RNET，通过 2 台交换机，提供网络连接功能。

(2)车载控制器设备

车载控制器包含列车控制模块、输入/输出模块、高速数据通信模块三部分。

列车控制模块(CPM)是车载控制器的核心，作用是 ATP 安全运算、ATO 驾驶控制、数据记录及诊断 CPM 包含以下板卡设备：

① CPB 是电源板，主要用于给 CPM 机笼及风扇提供电源，同时提供电源测试端口，输入电压为 DC 110 V，可输出 DC 3.3 V、DC 5 V、DC 12 V 的电压。

② VLE 双 CPU 核心运算板，用于 ATP 的安全运算。

③ VPB 是编码里程计和信标天线的接口板，处理编码里程计提供的列车速度和处理轨旁信标信息。

④ DVCOM 主要负责 ATO 逻辑运算以及内部数据通信。

⑤ DLS 板用于记录车载设备的运行数据和系统的维护诊断。

(3)输入/输出模块(VIOM)

VIOM主要用于信号与车辆之间的控制命令传输,包含以下板卡设备:

① VPU电源板用于给VIOM子系统提供电源,并通过配线给其他外部车载设备供电,同时提供电源测试端口,输入电压为DC 110 V,输出DC 5 V、DC 24 V的电压。

② VIOC板是双CPU运算板,采用二取二结构,负责输入/输出的控制运算。

③ PSB板是高功率安全输出板,控制列车紧急制动的输出。

④ DSB板是常规功率安全输出板,用于控制列车的门使能、零速等安全输出。

⑤ VDI板是安全输入板,用于采集安全输入,如车门状态;也可用于采集非安全输入,包括EB使能、门模式等。

⑥ FDB板是数字非安全输出板,用于控制牵引命令、制动命令等非安全输出。

⑦ FAB板是模拟量输出板,用于控制牵引等级和模拟速度表的输出,高速数据通信模块(HSS),用于非安全输出,通过继电器切换板HSS与车辆接口电路相连,同一时刻只有1路VIOM非安全输出与车辆联通,当切换板失电状态下默认接通第2路VIOM与车辆之间的非安全输出,以保证设备可靠性。

2. ATS子系统

ATS子系统是一个分布式的计算机监控系统,是系统关键设备,如中央ATS应用服务器、车站ATS分机、ATS通信前置机、数据服务器、网关服务器采用热备冗余方式,保证系统可靠性。

(1)ATS设备作用

① 控制中心:监督和控制全线列车运行和设备状态,编辑、下发时刻表,与信号外部接口系统交互信息。

② 正线设备集中站:监督集中站区域内列车运行,控制集中站区域内信号设备,如信号机、转辙机、停于站台的列车,紧急情况下可作为联锁操作终端使用。

③ 正线非设备集中站:监督集中站区域内列车运行。

④ 车辆段/停车场:监督车辆段/停车场内列车运行,提供派班操作,提供全线列车运行情况。

(2)控制中心设备组成

冗余的ATS通信前置机、双机切换单元、数据库服务器集群、磁盘阵列、冗余的CATS应用服务器、病毒库与日志服务器、综合显示屏接口计算机、隔离区模块、防火墙硬件模块、交换机、ATS维护工作站。

(3)正线设备集中站设备组成

主/备车站ATS分机(LATS)、现地工作站、全线显示ATS工作站、发车表示器、串口转换器。

(4)正线非设备集中站

全线显示 ATS 工作站、发车表示器。

(5)基地/停车场

冗余的车站 ATS 分机、冗余的网关服务器、现地工作站、派班工作站、全线显示 ATS 工作站、ATS 试车工作站。

3. 联锁子系统

联锁子系统是轨道交通中重要的安全设备,主要控制道岔、信号机和进路,并将三者关系相互制约,形成安全防护机制。联锁子系统符合故障—安全设计原则,即在故障情况下,系统要确保信号机处于关闭状态,道岔不能转动,保证在故障的情况下不会引发危险。

TRANAVI 信号系统使用卡斯柯公司的 iLOCK 联锁设备,该系统为冗余的二乘二取二系统,负责完成管辖区域内的所有联锁功能及与轨旁 ZC、车载 CC 和邻站 CI 之间的接口和数据传输,车控室配置一套热备冗余的现地控制工作站,车站值班员的操作命令经现地控制工作站处理后送给联锁,联锁把信号机状态、道岔位置、区段状态等信息返回现地控制工作站上显示。在设备室中设置一个系统维护工作站,负责完成本设备集中站所辖车站的联锁诊断和故障记录等功能,并把相应的信息内容通过网络送至维修中心。

(1)主要功能

① 负责设备集中站所辖区域内的联锁逻辑计算;

② 负责与相邻联锁之间的信息交换;

③ 负责采集和驱动现场相关轨旁信号设备,通过安全型继电器实现和道岔转辙机、信号机、计轴、紧急关闭按钮、IBP 盘和站台门等设备的安全接口;

④ 实现与轨旁 ZC 接口,负责把本区域内的信号机和道岔状态、计轴区段状态、保护区段的建立、区间运行方向、联锁处理结果等信息发送给相应的 ZC,并接收 ZC 发送的列车位置等相关信息;

⑤ 实现与车载设备的接口,接收车载系统发送的站台门动作信息,通过安全型继电器实现与站台门系统的接口;

⑥ 通过网络实现与车站 ATS 分机接口,接收车站 ATS 分机的控制命令,并把站场显示信息传送给车站 ATS 分机和中心的 ATS;

⑦ 负责和 LEU 接口,在后备模式下向车载系统提供轨旁信号和道岔的相关信息,通过安全型继电器实现与 LEU 的接口。

除了正常的联锁功能外,为了满足上海地铁的运营需求,当道岔区段计轴设备故障时道岔不能通过正常的操作(单操或进路),为了减小道岔区段计轴设备故障对运营的影响,正线联锁提供道岔强扳功能,以实现在道岔区段计轴设备故障的情况下能够操动道岔。

(2)道岔强扳功能要求

① 设置道岔强扳授权要求在道岔区段计轴设备故障时，值班员人工检查区段空闲；

② 如在道岔区段处于进路锁闭的情况下，需要先解除区段锁闭后才能执行道岔强扳操作；

③ 成功执行完道岔强扳操作后，相应道岔区段的光带位置也将随道岔位置而改变；

④ 在道岔授权有效期内通过再次办理“设置/取消道岔强扳”可以取消道岔强扳授权，或者在有效期 30 s 计时结束后自动取消；

⑤ 联锁系统仅在现地控制工作站上提供道岔强扳功能。

4. 数据传输子系统

数据传输子系统(DCS)用来将分散在线路各处的信号设备连接在一起，相互传输数据和信息，其分为以下三个部分：

DCS 中执行的冗余原则是为信号系统提供两条独立的通信通道，这样可以保证当其中一条出现故障时，另外一条仍可以保证车载设备与轨旁设备间的正常通信。所有 DCS 接入设备都冗余配置，为每个轨旁和车载子系统的连接提供两个独立的接口。在轨旁设备中，为保证两个独立的通道，一方面无线接入点是冗余的；另一方面，通过轨旁无线设备的特定安装和配置，确保在两个相邻无线单元的冗余无线覆盖。在每辆列车上均安装了两个无线调制解调器用于构成无线基站，正常情况下，每个车载调制解调器通过独立的通道与轨旁设备通信。

(1)有线传输系统

有线传输系统：确保轨旁设备之间的通信，包括核心骨干 SDH 传输节点所组成的环状网络及交换机。

有线传输系统采用 SDH 系统，同步数字体系(Synchronous Digital Hierarchy,SDH)是广域网中通过光纤传输数字信息的一个标准，它可提供简单和强大的网络管理。

自愈环网结构，保证高可用性、高容量的带宽分配以太网数据业务的传输。特点是没有业务通道冲突的风险，保证业务的可用带宽。

内部冗余，SDH 网络通过光纤连接可以得到全面保护，如果光纤被切断，SDH 环网能够在 50 ms 内完成自身重置功能。如果光纤出现任何问题，数据流会自动导向另一个方向，从环网另一个方向到达目的地。SDH 网络的光纤保护协议为二纤复用段共享保护环，在每条光纤中，可使用带宽的一半用于工作路径，另一半用于保护路径。当有故障发生时，故障两侧的节点切换数据的发送方向，由通过保护路径环反向发送代替通过工作路径(故障)发送。

(2)无线传输系统

无线传输系统包括轨旁无线设备和车载无线设备,采用 2.4 G 无线天线+波导管传输方式(图 5.39)。在高架区域使用波导管,漏隙波导管区段安装在轨道内侧,在相邻两个无线单元的漏隙波导管之间有切换区段,因此波导管需在轨道两侧安装。无源耦合单元和接入点可以安装在两条轨道之间或安装在轨道的一侧。对于典型的两端口输出耦合单元,漏隙波导区段的最大长度约为 400 m,每段漏隙波导区域都与相邻段有一段约 10 m 的重叠区段。在隧道区间和停车场使用无线天线方式,根据隧道曲线设置无线接入点(AP),在曲线段增加 AP 点布置,以使信号传输能够连续且稳定。

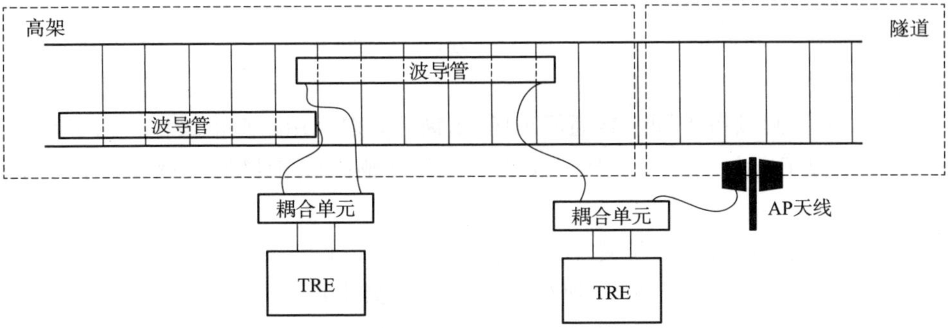

图 5.39　无线传输系统室外设备布置示意

DCS 无线传输系统采用窄带无线调制解调器方案,使用两个相互独立的工作信道,实现两个无线网络之间的完全隔离,提高了 CBTC 系统的抗干扰能力。

(3)网络管理系统

DCS 管理系统分为两部分:NMS SDH 和 NMS IP。NMS SDH 实现对 SDH 骨干网的配置、监测、维护和告警管理;NMS IP 实现轨旁 AP 的配置、监测、维护和告警管理。

5. DTO 模式应用

TRANAVI 信号系统支持少人驾驶模式(DTO,Driverless Train Operation),并在上海 17 号线率先应用,该模式与传统列车驾驶模式最大的区别在于减少了司机开关门、站台发车等驾驶工作,在终端折返也采用列车自动折返、自动换端、自动运行到下行站台,在全天的运行过程中,列车无须司机操作,根据系统中预先设置的运行图完成当天运营。

TRANAVI 信号系统支持将停车场/车辆段纳入 ATC 防护区域中,提高了列车在库内运行的安全性和效率。在停车场/车辆段正常情况下停车库内的列车的车载信号设备自检成功后即可定位，并具备 ATP 防护功能，TRANAVI 系统可以以 ATO 或 ATP 方式在停车场/车辆段 ATC 区域内运行。在停车场/车辆段内非 ATC 区域，如工程车库、旋轮库、联络线等，列车可采用限制人工驾驶模式(RM)。

在系统设备正常的情况下，列车在车辆段/停车场列检库进入 DTO 模式后，系统自动排列进路开放信号，列车按照计划出库后，经转换轨可不停车，直接以 ATO 模式运行到正线站台。列车回库时，根据运行计划，经过转换轨不停车直接回库停车。ATC 停车场与普通停车场的差异主要表现如下。

(1)系统构成差异

普通停车场/车辆段仅由 DCS 系统、CI 子系统和 MSS 子系统组成。ATC 停车场整个车辆段/停车场由 ATC 子系统、ATS 子系统、DCS 子系统、CI 子系统、MSS 子系统组成。因此，系统和正线一样具有完整的 ATC 功能、数据网络覆盖、进路的自动办理和冲突检测、列车车次号分配及运行调整以及对各个系统的监测功能。差异为：

① 次级检测设备不同。普通停车场/车辆段一般采用轨道电路作为列车监测设备，但 ATC 停车场为了统一全线设备，在停车场/车辆段采用计轴作为系统的次级检测设备。

② 次级检测设备设置位置不同。普通停车场/车辆段，次级检测设备的位置通常情况只需要考虑物理超限(列车同一个转向架上两个轮对之间的距离和悬挂距离)；ATC 停车场次级检测设备的安装则需要考虑物理超限＋列车后溜。

③ 库线末端与停车点之间的距离要求。普通停车场/车辆段，由列车司机负责将列车停到停车点；ATC 停车场由于有 ATP 防护要求，停车轨道末端需根据列车制动特性预留足够的防护区域，一般要求 15 m，系统才能以 ATO/ATP 方式允许列车精确停车。

④ 双列位库线停车点之间的距离要求。普通停车场/车辆段，由司机根据双列位上调车信号机的显示，驾驶列车精确地停到停车点；ATC 停车场由于有 ATP 防护要求，需根据列车制动特性预留足够的防护区域，一般要求为 20 m，才能使双列位列车相互不影响。

(2)功能差异

通常情况下，普通车辆段/停车场仅有联锁系统。列车仅具有人工驾驶模式按地面信号机的指示人工驾驶运行。ATC 停车场其功能与正线 CBTC 系统保持一致，差异为：

① 列车在库线上就能够完成对车载 ATP 设备的测试检查(包括车载软硬件、系统内部接口、车地通信设备等)，并将测试检查的数据及结果传至维修中心及控制中心。

② 具有列车远程重启功能,可通过轨旁信号系统自动给列车下达远程重启命令,减少维修人员夜间工作。

③ 列车在停车库内可以以 ATP/ATO 方式运行,提高库内列车运行速度。

④ ATC 停车场实现车与车之间的安全防护,可减少停车场/车辆段内挤岔、掉道等事故,提高整个系统的安全性。

⑤ 停在库内列车可通过 DCS 系统将全天运行数据和故障数据上传至维修中心,提高列车数据汇集能力,帮助维修人员提高维护效率。

5.2.7　卡斯柯全自动驾驶信号系统

卡斯柯全自动驾驶信号系统是在 URBALISTM 888 CBTC 系统平台基础上增加了全自动驾驶功能模块,实现线路信号系统全自动驾驶功能。系统架构分为 ATC 子系统、ATS 子系统、数据传输子系统和维护支持子系统四部分。

1. ATC 子系统

ATC 子系统是实现列车安全运行、自动驾驶的关键系统。从设备安装位置可分为轨旁部分和车载部分,两部分通过分工与相互合作,保障列车在线路上的安全运行。

(1)轨旁 ATC 设备

① 区域控制器(ZC)

ZC 是用来负责计算列车自动防护、计算列车的移动授权、管理防护区域、监督站台门发车安全的专用设备,采用三取二冗余架构设计,由三个处理单元、两组输入/输出单元以及电源操作面板组成。三路冗余系统均可单独操作,当系统失去一路冗余后可对故障的设备进行修复,并重新恢复三取二冗余架构,恢复设备高可靠性。系统每次启动时,会读取插在处理单元上的 3 个 USB 数据卡,这 3 个数据卡主要是该 ZC 设备的数据配置文件,这样的设计可灵活配置系统。ZC 通过数据传输网络与 LC、联锁、ATS、维护支持系统以及其他 ZC 连接,传输信号控制信息和状态信息。

② 线路控制器(LC)

LC 用来负责管理临时限速,保证 LC、车载控制器和 ZC 的时钟同步,管理 ATC 子系统的数据和软件版本。其硬件架构与 ZC 的硬件架构相同,均采用三取二冗余架构设计,仅在软件有所区别,线路只配有 1 套 LC 设备。

③ 信标

信标是实现列车定位、轮径校验的重要设备。其安装在钢轨中间,一般间隔 150 m 至 300 m 设置一个,当列车越过信标时,列车上的信标天线会激活轨旁信标,信标将一串安全信息码发送给列车,实现列车的定位和安全校验功能。根据信标的用途可分为以下几种：

a. 重新定位信标(RB)：每个RB可对列车重新定位。布置在站台区域可以作为精确停站信标，实现列车自动停站后与站台门对位开门。当列车在线路上失去定位后可通过读取两个连续的RB来初始化列车位置，恢复列车的运行模式。

b. 动态初始化信标(MTIB)：是由两个间隔21 m的RB信标组成，用于校准车轮直径，初始化列车轮径。一对MTIB信标可允许车载设备对编码里程计的精确度进行校准。

(2)车载ATC设备(图5.40)

① 车载控制器(CC)

CC是信号系统控制列车的核心设备，用于列车运行防护计算，管理列车在车站准确停车，车站停车和发车时间管理，停车管理，管理车门与站台门打开和关闭，在ATP防护下实现列车自动运行，辅助司机驾驶，处理列车的初始化和自检，发送列车状态报告和报警。此外，为实现列车运行以及司机和乘客信息交互，CC还通过车辆网络与车辆控制器接口。CC由以下部分组成：

a. CMV主机；

b. 车载网络交换单元；

c. 司机显示单元；

d. 车载中继器；

e. 列车唤醒模块。

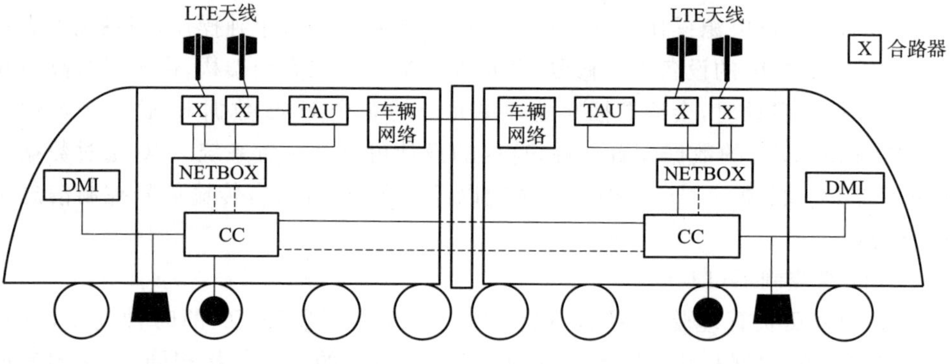

图5.40 ATC车载设备组成

CMV主机是整个车载控制器的“大脑”，其主要负责信息处理、数据交换、安全计算、列车自动驾驶控制等。CMV主要由不同功能的电路板组成，分为电源模块、核心计算模块、数据记录、功能处理模块、输入/输出模块、网络交换模块，如图5.41所示。

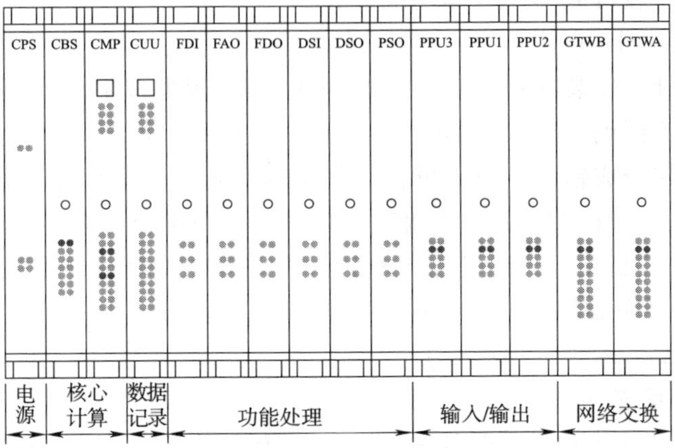

图 5.41　CMV 主机组成

车载网络交换单元主要用于两端 CC 的数据交换以及和无线天线的网络交换。

司机显示单元主要用于给司机显示列车状态和信息。

车载中继器主要用于车载网络,因两端 CC 连接线路大于网线连接距离,在列车的中间位置安装车载中继器,放大网络信号,保证 CC 间能够可靠通信。

列车唤醒模块主要用于在列车休眠后的唤醒功能以及车辆蓄电池的监控,如图 5.42 所示。

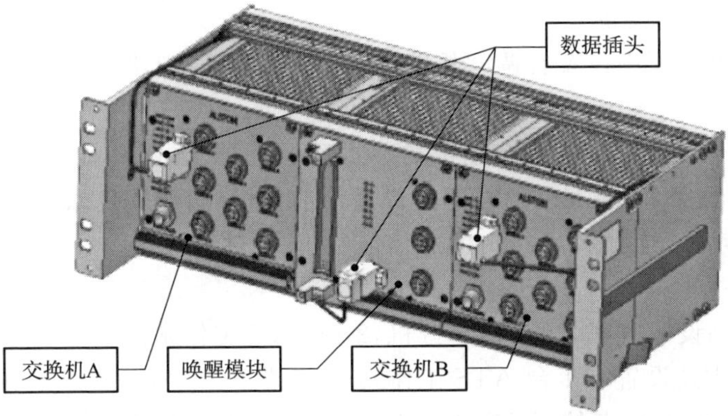

图 5.42　网络交换单元和唤醒模块

② 信标天线

信标天线用于读取轨旁信标信息,通过向轨旁发射 27.095 MHz 的能量信号,激活轨旁信标内的电路,轨旁信标反射信标内固有的信息,信标天线读取该组信息后传给 CC,用于校准列车位置等功能计算。

③ 编码里程计

编码里程计是安装在列车车轴上的测速设备,根据车辆的不同设计会安装在不同车轴上的不同侧,但都不能安装在有牵引电机的车轴上,这是为了避免因列车牵引时发生空转造成错误。编码里程计是通过发光二极管发出的连续光束被编码盘遮断,接收晶体管探测到脉冲光束,并产生一个与编码盘转速成相应比例的频率,传输给车载控制器。编码里程计内部由 3 个传感器完成速度测量和确定走行方向,1 个传感器完成编码任务。通过比较所有测量方式的一致性,CC 可以准确计算出列车速度。

2. ATS 子系统

ATS 子系统作为地铁信号控制系统的一个重要组成系统,与联锁、轨旁 ATC 设备、车载 ATC 设备等其他信号系统一起工作,实现信号设备的集中监控,并控制列车按照预先制定的运营计划在线路上自动运行。同时,ATS 子系统与综合监控、乘客信息系统、广播、时钟、无线等系统接口,获取外部系统采集的数据,与信号系统的数据相结合,为控制中心和车站的行车调度人员提供一个丰富的现场状况显示,帮助调度人员指挥列车。

(1)设备组成

ATS 设备根据设备安装地点的不同可分为中央 ATS 设备、车站 ATS 设备以及车辆段/停车场 ATS 设备。

① 中央 ATS 设备

a. 在调度大厅中设置有调度长工作站、运营调度员工作站、全局监视工作站、网络打印机。

b. 在信号设备室中设置有冗余的数据库服务器、磁盘阵列、冗余的应用服务器、冗余的网关服务器、冗余的外部接口通信前置机、病毒及日志服务器、与 COCC 大屏接口服务器、与 COCC 接口的通信前置机、硬件防火墙。

② 车站 ATS 设备

a. 集中站设置有冗余的 ATS 分机,2 台 ATS 工作站。

b. 非集中站设置有 1 台 ATS 工作站(仅提供监视功能)。

设备集中站车控室的 ATS 工作站与联锁控制工作站合用为车站现地工作站,现地控制工作站冗余设置,每个设备集中站都装备有一套冗余配置的车站 ATS 设备,通过网络与中央 ATS 设备相连。当中央 ATS 发生故障时,每个设备集中站的车站 ATS 仍可以通过联锁监控线路运营,实现自动控制功能,或通过现地控制工作站执行本地操作功能。在车站现地控制工作站上,具备操作员身份认证及记录功能,对不同的操作人员赋予相应的职责、权利,以确保对设备的正确控制,防止错误操作。

③ 车辆段/停车场 ATS 设备

a. 信号设备室设置有冗余的 ATS 分机。

b. 停车场控制室(DCC)设置有 2 台 ATS/联锁现地控制工作站,1 台派班工作站。

c. 列检库辅助派班室设置有 1 台 ATS 派班工作站。

(2)设备功能

ATS 子系统各设备的实现功能各不相同,他们共同实现指挥运营、监督运行状态的功能。ATS 主要核心软件分别安装在应用服务器和工作站。

① 应用服务器实现全部线路包括定修段的 ATS 功能处理,实现信号设备和列车的远程自动控制。服务器为双机热备设计,备机实时从主机获得同步的各种数据,在主机故障情况下可以快速切换。应用服务器软件安装于控制中心 ATS 的应用服务器上,其功能主要为:

a. 处理联锁设备上传的设备信息;

b. 处理轨旁和车载 ATP/ATO 设备数据;

c. 追踪列车位置(含停车场/车辆段);

d. 列车编组管理;

e. 联锁信号设备中控操作;

f. 列车远程控制操作;

g. 列车自动调度和自动调整;

h. 执行列车出入库计划;

i. 向车站 ATS 同步在线计划数据;

j. 用户权限管理;

k. 处理外部接口信息;

l. 告警/事件信息记录;

m. 历史数据回放;

n. 汇总管理 ATS 系统内各设备的工作状态数据,并发送给维护支持系统;

o. 系统参数管理。

② 中央工作站提供用户界面,根据需要将该软件分别安装在控制中心的调度工作站、全局监视工作站、车辆段/停车场派班工作站、维护工作站、运行图显示工作站、监视工作站、现地控制工作站上。而根据软件安装位置和登录用户角色的不同,ATS 工作站界面会调整,开放相应的操作权限。其功能如下:

a. 接收中央 ATS 服务器发出的站场显示信息、列车信息、外部接口信息并显示,如图 5.43 所示;

b. 提供列车管理的用户界面；

c. 提供信号设备中心操作、列车控制、自动调度/自动调整人工管理、在线时刻表管理、派班计划管理的用户界面；

d. 提供调度员日志和留言提醒的用户界面；

e. 提供 ATS 设备状态实时查看的用户界面；

f. 提供告警/事件显示、确认、删除、过滤的用户界面；

g. 提供告警/事件历史分析的用户界面；

h. 提供用户登录/退出/管理自身密码的用户界面；

i. 提供维护员管理界面；

j. 调用回放软件。

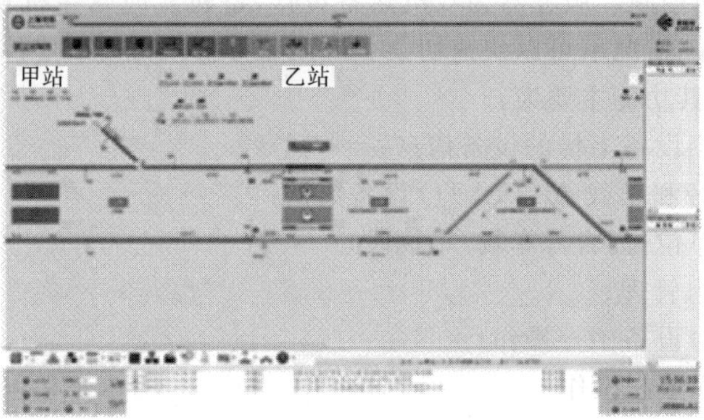

图 5.43　ATS 显示界面

③ ATS 网关服务器主要用于实现在网络中转发数据包，其接收来自 ATS 网络的 UDP 信息，复制该数据包，发送至安全信息红/蓝网中，实现列车控制的安全信息和非安全信息的隔离。具体功能如下：

a. 实现与 ATP/ATO 的接口；

b. 当安全信息蓝网网关服务器作为主机时，接收来自蓝网和浅灰网的轨旁/车载信息，处理后发给中央 ATS 服务器和相应的车站 ATS 服务器；

c. 当安全信息红网网关服务器作为主机时，接收来自红网和深灰网的轨旁/车载信息，处理后发给中央 ATS 服务器和相应的车站 ATS 服务器；

d. 接收来自中央 ATS 服务器和车站 ATS 服务器的信息，处理后发给相应的轨旁/车载设备。

④ 车站 ATS 分机是集中站区域的后台处理服务器，它与中央 ATS 应用服务器连接，和车站联锁等各种信号内部系统连接，并与相邻的集中站和车辆段/停车场 ATS 服务器连接，可实现在中央 ATS 故障情况下仍能够自动指挥列车运行的

作用。具体功能如下：

a. 处理联锁信号设备控制操作；

b. 发送信号设备状态数据给中央 ATS 服务器；

c. 发送信号设备状态数据给车站 ATS 工作站；

d. 处理轨旁和车载设备传送数据，在 ATS 界面显示；

e. 与相邻集中站和车辆段/停车场 ATS 同步列车追踪信息；

f. 从中央服务器接收最新的当天计划；

g. 双机热备切换。

⑤ 车站工作站用于显示系统设备状态、站场图，并可进行联锁层控制，其控显范围为本集中站管辖区域内列车车次的全景/细景的分级显示、控制权限等，可对站场显示进行缩放，并显示相邻车站间的线路及其正线全线的布局及列车运行状态、信号设备状态、列车进路状态、列车信息等。每个设备集中站的两个现地控制工作站结构相同，形成冗余架构，可根据登录用户角色和控制区域的不同来完成不同的功能。详细功能如下：

a. 接收并显示区域站场信息、列车信息等；

b. 显示相邻集中站的站场图；

c. 在有联络线的集中站，显示联络线的相关信息；

d. 提供信号设备车站操作，并发给中央 ATS 服务器或车站联锁设备。

非设备集中站 ATS 工作站与集中站 ATS 工作站基本相同，也可以显示其所在设备集中站管辖区范围内和正线全线的布局及列车运行状态、信号设备状态、列车进路状态、列车车次、站台门状态等。非集中站 ATS 工作站不具备控制功能，但有岔非集中站 ATS 工作站可以在获取授权后控制本站的信号设备。

3. 数据传输子系统

随着 CBTC 系统的不断发展，数据传输已经发展成为一个重要的系统组成部分，目前信号系统的各子系统均通过网络设备连接在一起，满足数据实时传输的系统要求。数据传输子系统分为有线网络、无线通信网络、网络管理系统三个部分。

(1)有线通信网络

有线通信网络实现全线所有设备集中站、设备非集中站、控制中心、维修中心以及车辆段/停车场的网络连接，主要由工业以太网交换机组成。在有线网络中配置三层交换机，用于轨旁设备与车载设备的通信，实现列车控制的安全数据与非安全数据的隔离。信号系统网络与其他系统设备网络间的网络通信，通过设置网关进行有效防护。

有线传输系统的骨干网采用基于工业以太网技术的环网组网方案，利用骨干网交换机的特殊协议来实现光纤保护，确保信号应用间的通信有更高的可靠性，具有抑制广播风暴功能。在每个集中站设置两台 ATS 环网交换机和两台 LTE 交换机，全线各站的 ATS 环网交换机和 LTE 交换机通过骨干网光纤组成四个相互独立的环状网络。四个骨干网光缆环状网络的骨干网光纤分别铺设在不同的隧道内以避免灾难性事故的发生。四个骨干环网划分如图 5.44 所示。

①骨干环网 1：传输 ATS 浅灰网信息、MSS 远程重启网络；

②骨干环网 2：传输 ATS 深灰网信息、MSS 信息、MSS 远程重启网络；

③骨干环网 3：传输 CBTC 信息(红网信息)、语言集群、车载 CCTV、紧急文本信息；

④骨干环网 4：传输 CBTC 信息(蓝网信息)、语言集群(备)。

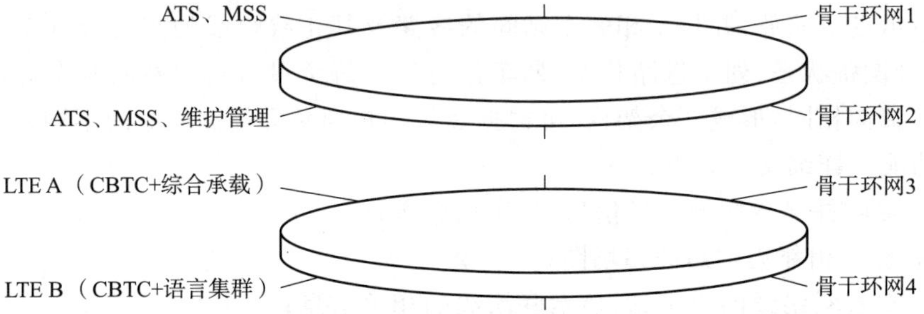

图 5.44 骨干网划分示意

ATS 环网交换机和 LTE 环网交换机，为不同的应用划分不同的 VLAN，为各个以太网通信端口设置限流，保证不同应用的通信通道相互隔离、互不干扰。CBTC 网络由红、蓝两个环状网络组成，提供可靠、冗余、安全的传输通道，用于传输安全信息。即使在同一设备集中站发生灾难性双重故障的情况下，其他设备集中站之间的冗余通信也不会受到影响。ATS 骨干网连接如图 5.45 所示。

在每个集中站都设置有 LTE 环网交换机、ATS 环网交换机和 LTE 基带处理单元(BBU)各两台。非集中站的 ATS 设备通过交换机连接到集中站的 ATS 环网交换机。ATS 子网深灰和浅灰的数据流物理隔离，二层电交换机用于 ATS 环网组网并连接本地与非集中站的设备。CBTC 信息和车载 CCTV、紧急文本信息共用 LTE 环网二层交换机，数据流通过 VLAN 相互隔离，传输相互独立。

BBU 用于连接远程的 LTE 射频单元(RRU)，组成 LTE 网络。LTE 的基站设备在控制中心与 LTE 核心设备 EPC 相连，再通过数据交换服务器、DCS 主交换机转至信号 VLAN 中，在控制中心配置有三层交换机，用于轨旁设备与车载设备的通信。信号系统网络与其他系统设备网络间的网络通信，通过设置网关进行有效防护，通过红网的 EPC 和交换机连接到其他系统，如图 5.46 所示。

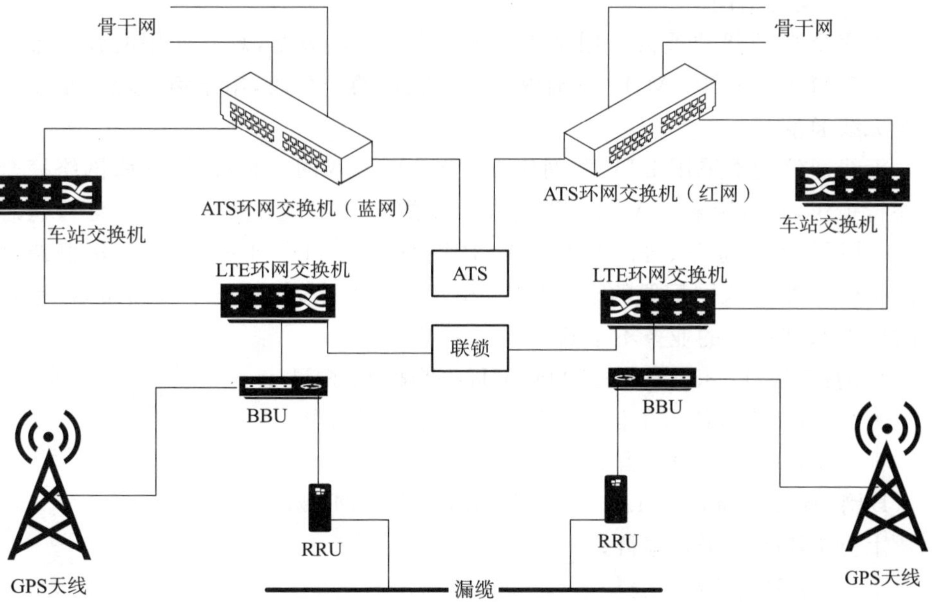

图 5.45　ATS 骨干网连接示意

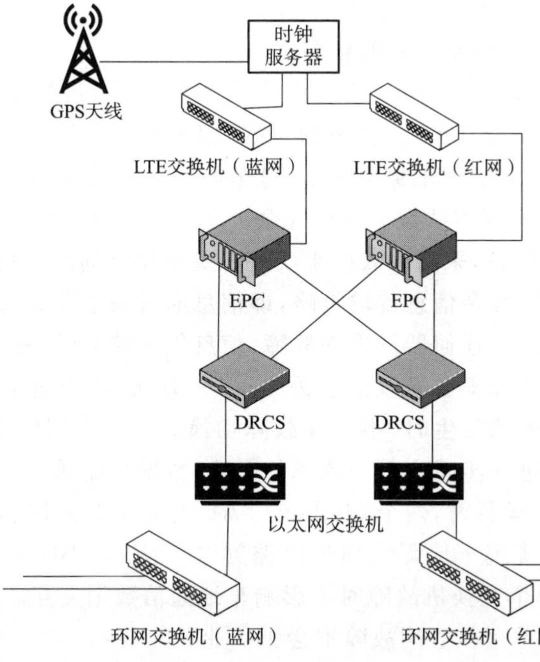

图 5.46　骨干网连接示意

(2)无线通信网络

上海全自动驾驶项目采用基于 LTE 的双频点方案，总共使用的频率带宽应在 1 785 MHz～1 805 MHz 范围内，分为 A、B 两个频段，用于信息综合承载以及信号无线通信。

无线通信网络采用 LTE 双网建设方案，A、B 双网冗余设计，两张网络完全独立并行工作，互不影响。A 网用于信号专业的 CBTC、紧急文本、列车运行状态信息、车载视频监控业务、集群调度业务；B 网承载 CBTC 业务，并作为集群调度业务的备份。A、B 双网配置的设备相同，相互形成冗余，保障整个线路覆盖，单点故障时确保双网承载的业务不中断。

A 网：频段 1 785 MHz～1 800 MHz，带宽 15 MHz；

上行 CBTC ＋语言集群＋CCTV＋紧急文本信息；

下行 CBTC＋语言集群。

B 网：频段 1 800 MHz～1 805 MHz，带宽 5 MHz；

上行 CBTC＋语言集群；

下行 CBTC＋语言集群。

无线通信网络轨旁设备由核心网 EPC、集中站 BBU、轨旁基站 RRU、漏缆组成。正线 RRU 采用漏缆发射/接收射频信号，车辆段/停车场出入段线地面部分采用定向天线，车辆段/停车场库内采用漏缆。

无线通信网络车载设备由 Netbox、TAU、车载天线组成，每列车头尾两段分别安装有 1 套 Netbox 和 1 套 TAU。其中 Netbox 用来承载 A 网和 B 网的 CBTC 数据，TAU 用来承载 A 网综合承载数据。列车收发的数据都在列车两端的 TAU/Netbox 传输，用来实现连续数据传输冗余。车载设备通过两个独立的以太网连接到 TAU/Netbox 设备，采用以太网来实现车头车尾之间的通信。

一方面，信号系统采用冗余信息传输策略，即信息通过两个独立的冗余网络同时传输，即便其中一个网络上任何器件出现故障，信息仍能够从另一网络实时地传送到目的地，单一网络的故障不会导致信息丢失；另一方面，由于信息是通过两个网络同时传输的，因此在故障发生时，不存在故障切换时间。当网络发生故障，系统的可用性会降低，为了进一步减少单一故障的影响，数据传输通道中增加了多重冗余措施。当列车在线路运行时，两个 Netbox/TAU 分别通过蓝网和红网的无线网络接入地面有线网络，实现车地无线通信链路冗余。两套 BBU 分别接入两个 LTE 环网交换机，保证单个交换机故障时不影响车地通信数据交互。A/B 网各自配置独立的核心网 EPC，单个核心网故障不会影响业务。

(3)网络管理系统

网络管理系统由 DCS 有线网管 NMS IP 和 LTE 部分的无线网管组成。为了便于对数据通信子系统进行实时管理和监测,及时发现可能存在的网络故障,需具备网络管理功能的支持。网络管理系统可以实现设备管理、拓扑管理、告警管理、性能管理、软件升级管理、配置文件管理等多种管理功能,该系统能够独立提供完整的网络管理平台。

NMS IP 实现有线网络以太网设备的配置、监测、维护和告警管理。在控制中心和维修中心设有 NMS 网管工作站,用于对全线以太网设备的网络管理。网管设备的容量满足信号系统的容量。

LTE 无线网管设备包括一个服务器和一个客户端。网管系统主要负责管理主备 EPC、所有 LTE 基站设备、车载 TAU,包含设备参数配置、网关配置、告警、日志、用户管理、性能管理和系统更新等功能,能够实时查看 EPC、RRU、车载 TAU 的工作状态。

(4)LTE 地铁应用

长期演进(Long Term Evolution,LTE)是无线数据通信技术标准。LTE 通过新技术和调制方法提升无线网络的数据传输能力和数据传输速度,在 20 MHz 频谱带宽下提供下行 100 Mbit/s 与上行 50 Mbit/s 的峰值速率,这种大容量低延迟的通信技术符合全自动驾驶系统对无线传输的要求。

上海轨道交通 LTE-M 网络为 A、B 双网覆盖,其中 A 网承载 CBTC 列控业务、集群调度业务(主用)、紧急文本下发、列车运行状态信息上传、乘客紧急呼叫、车载关键视频监控上传(图 5.47);B 承载 CBTC 列控业务、集群调度业务(备用)(图 5.48)。数据业务的 LTE 核心网(EPC)各条轨道交通线独立冗余配置,集群业务的 LTE 核心网(EPC)在 COCC 统一设置,2 种业务通过基站共享(RAN Sharing)方式实现业务流分离。

集群业务的 LTE 核心网(EPC)实现全网 LTE 集群调度的互通,并实现与既有 TETRA 网络的语音级互联。

线路侧 BBU 按信号集中站位置部署,站内覆盖 BBU 纳入通信机房。区间采用 2 根漏泄同轴电缆分别馈入 A、B 网络信号,不做互馈。

LTE RAN Sharing 方案是基站将信号和语言业务分离,CBTC、紧急文本下发、列车运行状态信息上传、乘客紧急呼叫、车载关键视频监控上传业务分离后传入线路核心网 EPC 处理,集群调度业务分离后传入多线共用核心网 EPC 后,实现语音的互联。集群调度业务是通过基站不同终端的数据传送到不同核心网,在基站内部不同的终端的调度策略和同一终端的调度策略相同,即无线资源集群调度不区分,只区分用户优先级、业务类型等。系统的基本原则是先保障 CBTC 业务的无线资源,之后再以高优先级为集群业务提供资源。对于带宽的分配,是根据集群调度数据需求量来分配的,一般是根据调度优先级来决定,高优先级的优先调度(即优先获得带宽资源)。

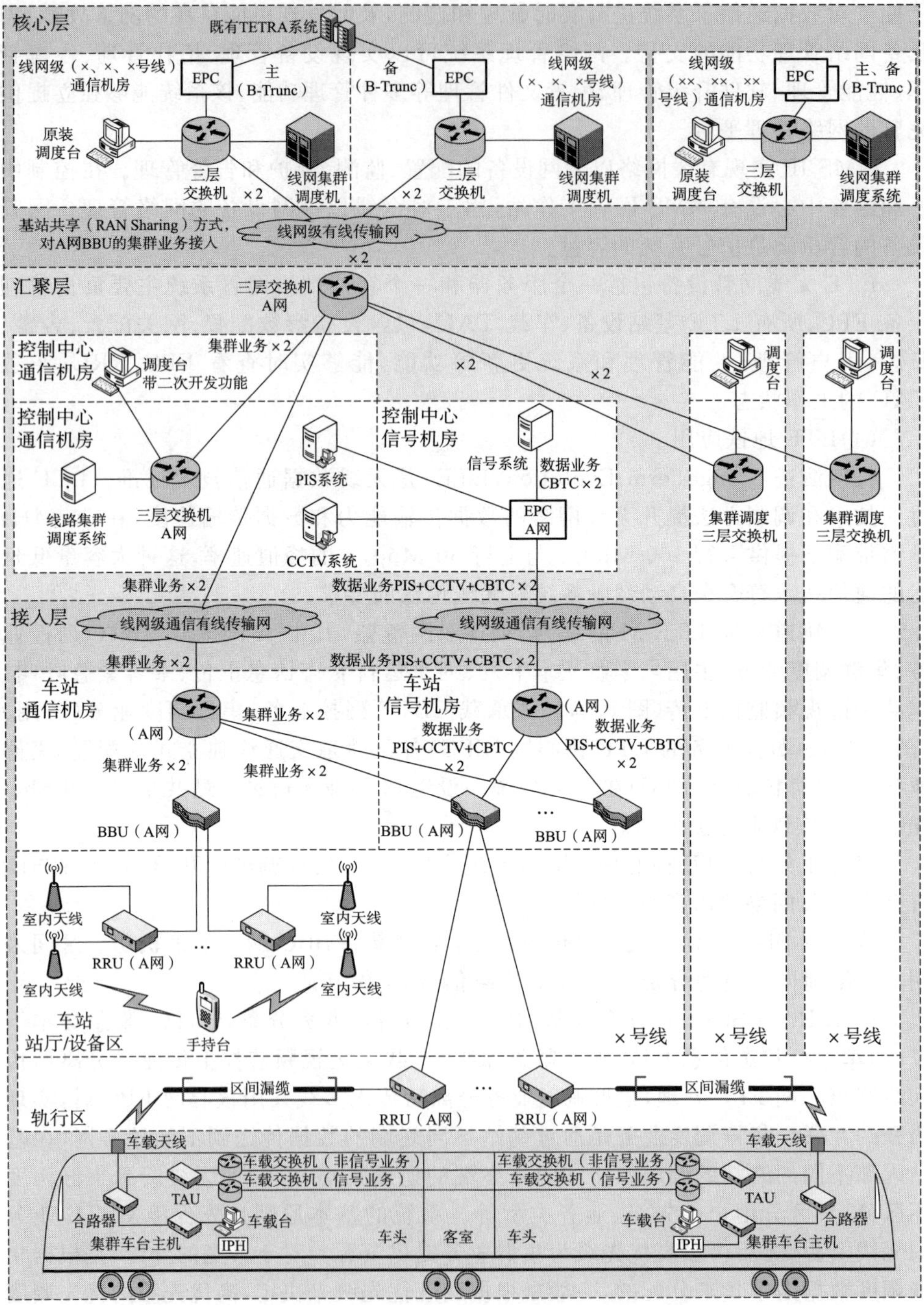

图 5.47 LTE-M(A)网组成

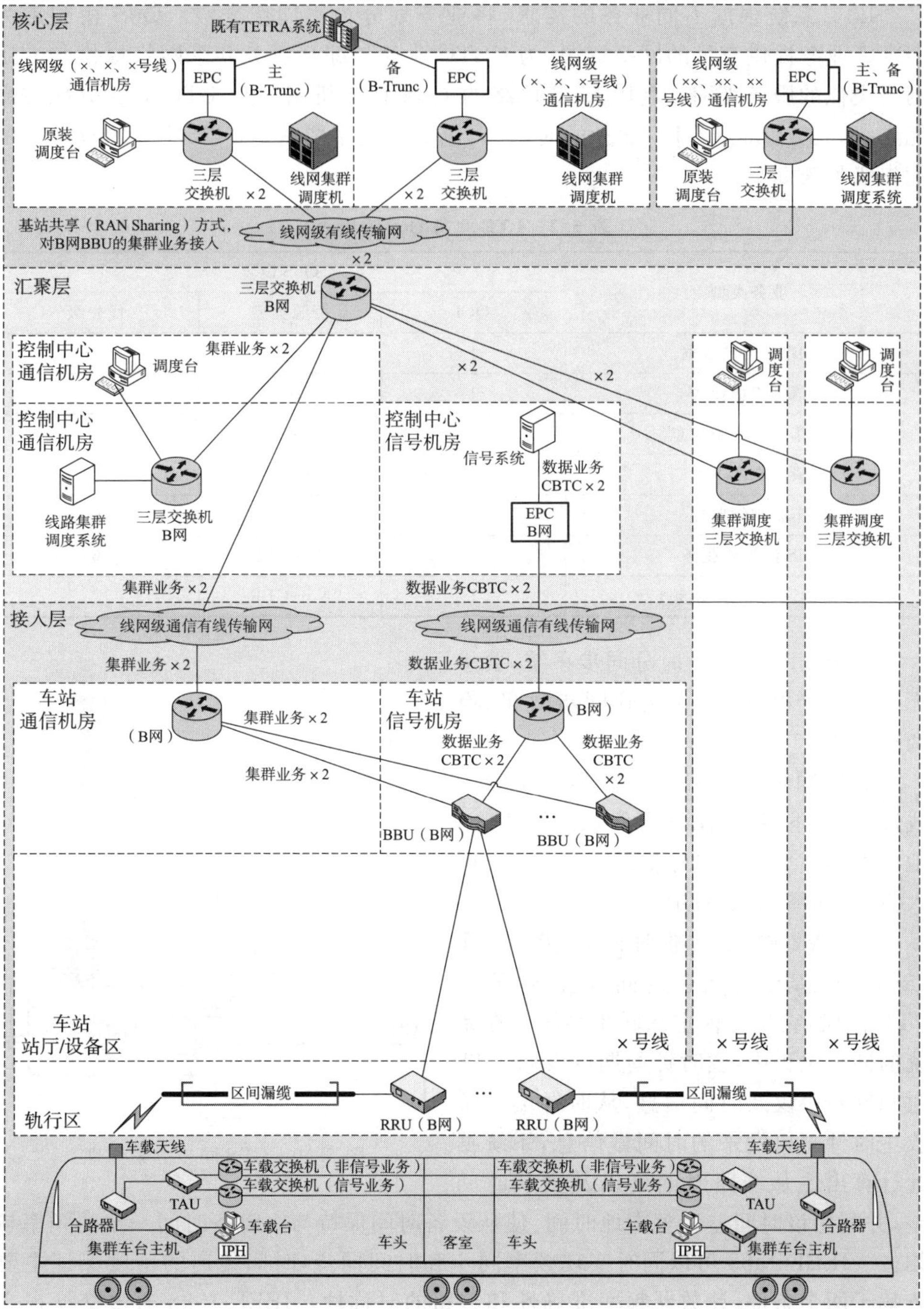

图 5.48　LTE-M(B)网组成

LTE 系统根据不同业务的需求，将业务划分为不同优先级。QoS 机制需为 CBTC 业务提供充足的网络资源，为 CBTC 业务与综合业务共享网络提供与专用网络类似的服务级别。利用 LTE 网络的 QoS 保障机制，为 CBTC 业务分配最高优先级，充分保证 CBTC 业务的时延、丢包率和速率要求。LTE 业务的资源分配优先级见表 5.2。

表 5.2　LTE 业务 QoS 映射表

业务类型	QoS 设置		
	QCI	资源类型	优先级
CBTC 列控数据	1	GBR	2
语言集群业务	1	GBR	2
列车运行状态信息	2	GBR	4
紧急文本下发	2	GBR	4
车载视频监控	6	Non-GBR	6
PIS 流媒体业务	6	Non-GBR	6
集群调度业务(视频)	7	Non-GBR	7

由于 TD-LTE 为时分同步系统，要求无线帧的严格同步，为达到同步效果，有两种方式：

GPS 同步：每个 BBU 都要与 GPS 天线连接，地下线路：GPS 天线从地面引入；地上线路：直接在室外安装 GPS 天线引入室内，如图 5.49 所示。

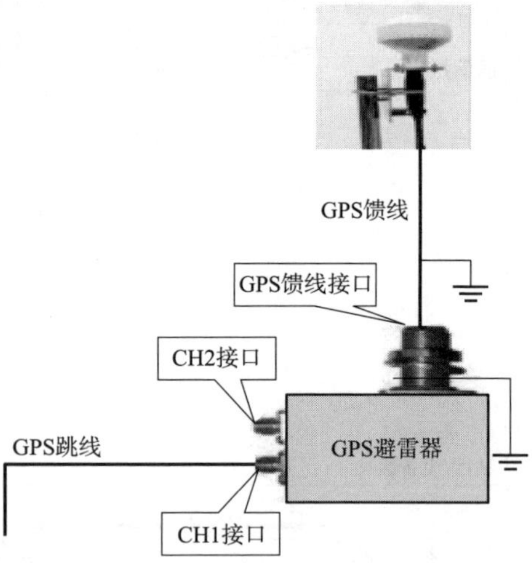

图 5.49　GPS 同步方案原理

1588V2 网络精准时间同步：IEEE 1588V2 是基于分组包的同步技术，简称 PTP 协议，它是一种主从同步系统。在系统的同步过程中，主时钟周期性发布 PTP 时间同步协议及时间信息，从时钟端口接收主时钟端口发来的时间戳信息，系统据此计算出主从线路时间延迟及主从时间差，并利用该时间差调整本地时间，使从设备时间保持与主设备时间一致的频率与相位。IEEE 1588 可以同时实现频率同步和时间同步，时间传递的精度保证主要依赖于两个条件：计数器频率准确性和链路的对称性。IEEE 1588 通过交换报文来确定主时钟和从时钟之间的时间偏移及报文传输的网络延迟。1588V2 方式需要 LTE 有线网络交换机均能支持 IEEE 1588-2008、ITU-T G.813 协议。

4. 维护支持子系统

随着全自动驾驶信号系统集成度越来越高,设备越来越复杂,故障越来越难以判断,需要有一套维护支持系统来辅助维护人员,解决这些问题。通过不断的研究和完善,维护支持系统已经发展成为信号系统必不可少的子系统,并服务于全自动驾驶信号系统。

维护支持系统(简称 MSS)是保障轨道交通正常运营、加强信号设备结合部管理、监测信号设备状态、发现信号设备隐患、反映设备运用质量、提高维保部门维护水平和维护效率的重要支持系统。其具备远程状态监测、故障集中报警、故障诊断定位、预警分析和维护管理、各类业务的历史数据回放等功能。MSS 系统主要对转辙机、信号机、电源设备等基础信号设备的模拟量、开关量状态进行实时监测,并及时给出报警;对各子系统设备状态进行实时监测;对采集的信号设备参数和状态进行分析,生成报警或预警;以设备图形化展现方式,显示主要设备的运行状态和报警情况。

(1)系统组成

维护支持系统是一个分布式系统,连接示意如图 5.50 所示,系统由以下设备组成:

①维修中心:包括应用及数据库服务器、日志服务器、磁盘阵列、维护工作站等设备。

②集中站/基地:包括车站监测站机、接口机、采集机柜、采集单元、维护工作站等。

③维修工区:维护工作站。

信号集成化维护支持系统采用三层系统架构:维修中心、站机层、维护工作站层。

① 维修中心

维修中心完成对列车运行的监视和整个信号系统所有设备的集中报警功能,并对所有在线运行的信号设备进行维护管理和支持。在维修中心设置信号集成化维护支持系统应用及数据库服务器、日志服务器、磁盘阵列、维护工作站机等设备。能在维修中心完成对列车运行的监视和整个信号系统所有设备的集中报警功能和操作记录等。服务器采用双机热备方式,主用设备故障时可自动无扰切换至备用设备。主要功能如下:

a. 获取从维修中心接入的其他子系统的信息,包括 ATC、ATS、DCS。

b. 负责维护工作站层和站机层信息的交互。

c. 两台应用及数据库服务器共用一套磁盘阵列,所有 MSS 的数据都储存在

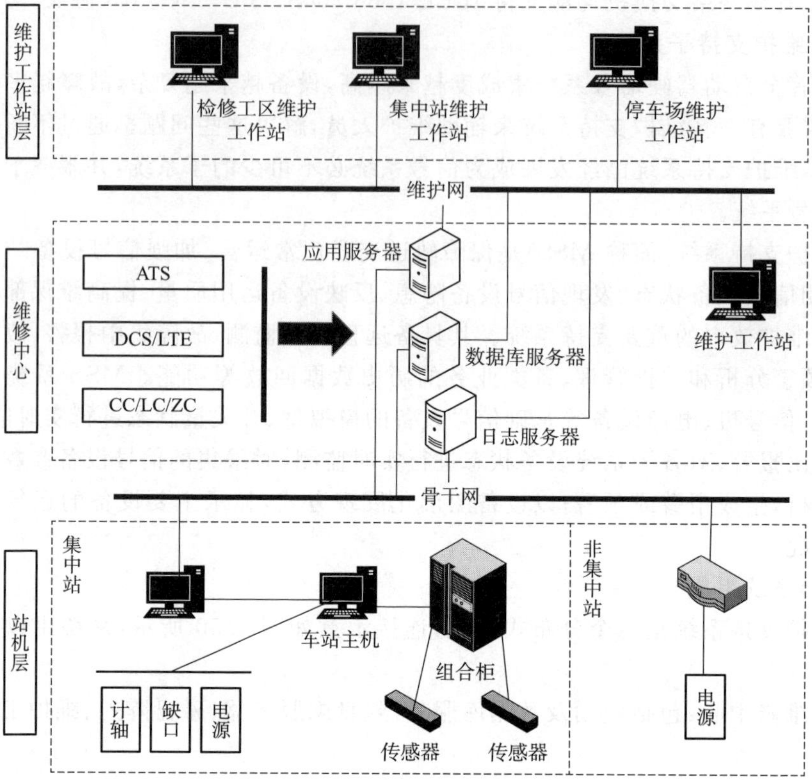

图 5.50 维护支持系统连接示意

该磁盘阵列中。主要用于存储车站层联锁日志、ATS 车站及中心日志、ZC/LC 日志及异常网络抓包数据。

② 站机层

站机层在所有集中站和车辆段/停车场各设置一套信号集中监测采集设备，包括站机、接口机、综合采集分机、通信接口分机、传感器和隔离转换单元等，具备对相应设置的基础信号设备运行的工作状态和主要电气性能进行在线监测的功能，包括外电网、信号机灯丝电流、熔丝、电源屏、UPS、计轴设备、电缆绝缘测试、对地漏泄检测、道岔缺口监测、道岔动作电流、道岔表示电压、温湿度等。主要设备功能如下：

a. 站机：站机是车站监测的核心，负责车站信号集成化维护支持系统所需开关量、模拟量等信息数据的采集、分类、逻辑分析处理、报警输出、数据统计汇总和存储回放等功能，并提供了人性化的人机交互接口，以图形、列表及曲线等方式给用户提供最有价值的维修状态信息，同时接受用户的输入，实现实时地、交互式浏览和查询。站机将车站采集的实时数据和报警传送到上层应用服务器，并接受上级的控制命令。

b. 接口机：接口机通过独立网口连接ATS交换机，实现与联锁、ATS操作机的接口功能；通过独立网口连接安全交换机，实现与站台门接口控制器的通信；与ZC的日志数据输出口直连，获取和记录ZC的日志；与交换机镜像口连接，实现网络数据的抓包记录。

c. 综合采集机：综合采集机安装在采集机柜中，通过总线方式与站机通信。采用机笼式设计，可按照车站的规模进行灵活配置。实现线缆绝缘测试、电源对地漏泄电流测试、熔丝报警监测。

d. 通信接口分机：正线集中站、车辆段/停车场各配置一台通信接口分机，每台通信接口分机接收并处理各采集单元传输来的数据信息，同时将数据传给站机。

③ 维护工作站层

维护工作站层主要为维护人员提供维护界面，在全线维修工区、集中站均设置一套维护工作站，通过维护网连接到中心应用服务器，用于全线信号设备的远程维护和信息显示、调阅，具备音响报警，可以查看全线信号设备状态信息及报警信息，实现远程监测。

(2)系统功能

维护支持子系统可实现所有信号设备维护信息的集中统一处理，并自动存储，实现远程设备状态监测、故障集中报警、故障诊断定位和维护管理，监测信号设备运行状态。维护支持子系统与各信号子系统或设备进行接口，收集维护数据，并传至维修中心服务器，可在控制中心、维修中心维护工作站上进行显示。监测过程中，若发现信号设备工作状态异常或电气性能指标偏离预定界限时，系统会实时地给出报警及设备状态信息，能根据维护操作员的设置，过滤维修中心服务器提供的报警信息；可通过维护监测子系统的维护工作站实现对整个信号系统的历史数据回放功能。维护支持系统提供了统一风格的维护界面，通过维护集成及日志和抓包信息的采集，实现智能分析诊断功能。

维护支持系统故障报警根据故障性质分为三级，便于维护人员第一时间了解故障情况和级别，报警等级分别是：

① A级报警：直接对列车运行及设备能产生直接危害的报警；采用声光报警，须经人工确认后才能停止报警。

② B级报警：将对系统运营发生影响的报警；采用声光报警，须经人工确认后才能停止报警。

③ C级报警为一般报警，采用红色显示报警信息，仅在维护监测子系统和相应子系统的维护工作站上显示和报警。故障恢复后，自动停止报警。

维修中心设备接收、统计和处理整个信号系统的故障报警信息，并能按要求生成所有信号设备报警和各单项设备的日表、月表、季表和年表，并能复制输出。系统具有智能化特点，不仅具备对信号系统设备的监测报警和统计报表的功能，还可以对信号系统设备的维护信息进行分析，对系统设备作健康度分析和评判。

5. 外部接口

(1)与广播系统的接口

信号与广播系统的接口位置在控制中心的信号设备室 ATS 配线柜外线侧，如图 5.51 所示。

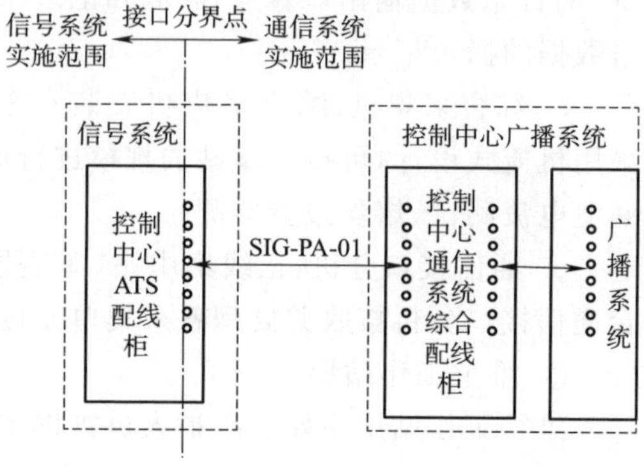

图 5.51 与广播系统的接口

信号系统向广播系统提供数据信息，以便车站广播系统进行列车进站、通过等的预告广播，主要信息内容为列车到站信息、列车到站信息预报、末班车信息、列车跳停信息、列车扣车信息、清客信息，车体号(车组号)、服务号、目的地号。

(2)与时钟系统的接口

信号系统与时钟系统的接口位置位于控制中心通信设备配线架外侧，如图 5.52 所示。

时钟系统为信号系统提供实时的标准时间信息，信号系统接收时间信号，并根据时间信号校准信号系统时钟，并具备屏蔽错误时间信号的能力。

(3)与乘客信息系统的接口

信号系统与乘客信息系统的接口位置在控制中心的信号设备室 ATS 配线柜外线侧，如图 5.53 所示。

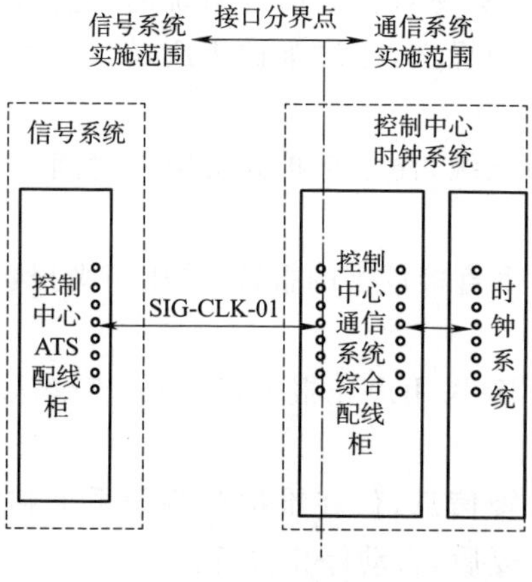

图 5.52 与时钟系统的接口

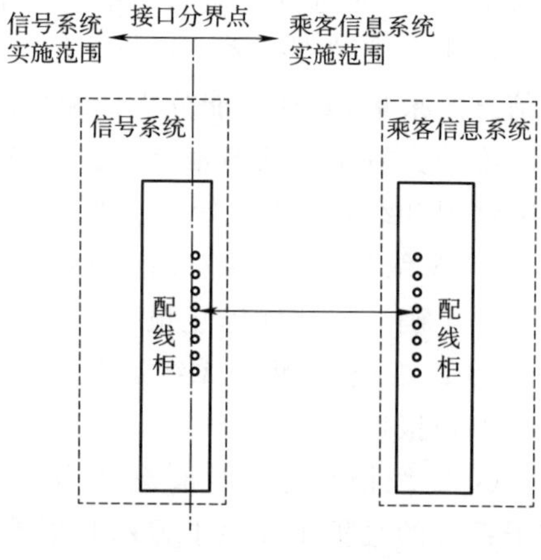

图 5.53 与乘客信息系统的接口

信号系统向乘客信息系统提供列车运行信息，乘客信息系统在接收到该信息后进行相应显示，信号系统向乘客信息系统提供列车终到站，列车到、离站时间及下次列车到、离站时间，晚点信息，列车通过等信息等。

(4)与IBP盘的接口

信号系统在各集中站与IBP盘的接口，主要为站台紧急关闭、人员防护开关等进行控制和报警，如图5.54所示。

(5)与综合监控盘的接口

信号系统与综合监控盘的接口位置在控制中心的信号设备室ATS配线柜外线侧。ATS向综合监控提供列车位置信息、列车驾驶模式、列车阻塞信息、列车实际到发点、计划列车运行信息、实际列车运行信息、站台状态信息、列车车次信息、洗车状态及洗车机状态，综合监控向ATS提供车站火灾信息(FAS)、风机信息(BAS)、触网供电信息，接口关系如图5.55所示。

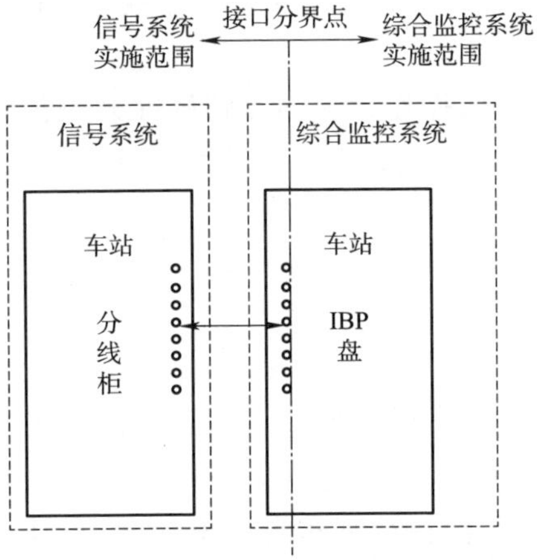

图5.54 与IBP盘的接口

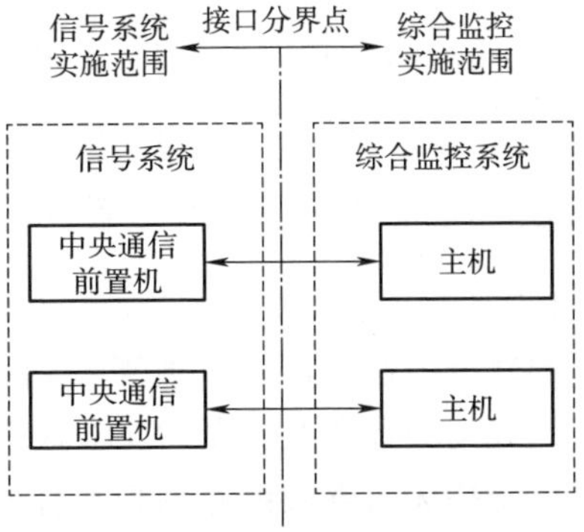

图5.55 与综合监控盘的接口

(6)与站台门控制器的接口

站台门控制器PSDC是卡斯柯全自动驾驶项目与站台门系统接口的设备，PSDC是按照车载的控制命令来控制站台门的动作，接收站台门的关闭锁紧状态和互锁解除状态。站台门控制系统实现对站台门的安全控制，如图5.56所示。

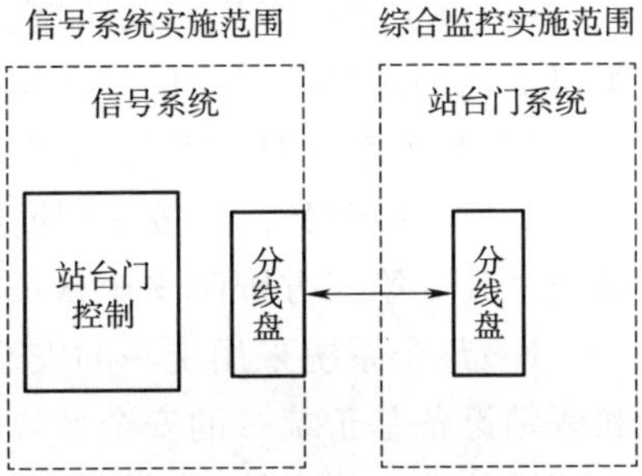

图5.56 与站台门系统接口

站台门控制系统通过与站台门系统、车载控制器、计算机联锁接口，完成对站台门的控制、站台门相关状态信息的监测功能。正线每个站(包括集中站与非集中站)设置一套二乘二取二的站台门控制器,用于实现对站台门的控制。此外,还在各站对应的设备集中站与系统维护台完成对站台门控制子系统的维护诊断工作。

CBTC 驾驶模式下,当列车到站并且在站台处判定停准且停稳时,站台门系统接收信号指令执行控制或经列车司机确认后控制站台门的开/关。当列车停站,信号系统确认列车停止位置在允许的范围内时,车载控制器发出开门命令给 PSDC,PSDC 在检查未收到车载控制器命令的同时输出相反的控制命令后,将开门命令发送至站台门系统,站台门系统接收到开门命令后,执行解锁、开门等顺序操作。列车离站时,车载控制器发出关门命令给 PSDC,PSDC 在检查未收到车载控制器同时输出相反的控制命令后,将关门命令发送至站台门系统,站台门系统接收到关门命令后,执行关门、锁闭等顺序操作。在所有站台门关闭后,站台门系统向 PSDC 发送所有站台门关闭且锁紧信息,PSDC 收到站台门系统的关闭且锁紧信号后,发送给车载控制器和计算机联锁系统,表示站台门已经关闭且锁紧,允许列车离站或下一辆列车进站。

降级模式下,操作员可以通过使用在站台门操作盘上的互锁解除开关执行站台门旁路操作,办理互锁解除后,站台门系统持续向 PSDC 发送互锁解除信息,以允许 ATO 或 ATP 模式下的列车正常进出车站。

5.2.8 富欣 JeRail®信号系统

JeRail®信号系统是基于现代化的计算机技术和通信技术,采用安全的车载控制器和轨旁控制器以及车地无线通信的列车运行控制系统。JeRail®信号系统支持非无人驾驶普通线路的 ATS、ATP、ATO、联锁和 MMS(信号维护监测)功能,同时也支持无人驾驶线路的列车休眠唤醒、联合自检、列车自动出入库、自动洗车等全自动运行功能。

JeRail®信号系统的主要技术特点如下:

(1)整个系统采用移动闭塞技术。相对于固定闭塞技术,移动闭塞技术能使列车以更高的速度和更小的间隔运行,从而大幅度提高线路的行车效率。

(2)整个系统具有高安全性。系统严格遵守 EN 50126/50128/50129 等国际安全标准,基于“故障—安全”原则设计,安全相关设备(包括 OBCU、ZC、联锁)均已通过独立第三方国际安全认证机构的 SIL4 安全认证。

(3)整个系统采用统一的安全计算机平台。系统的车载 OBCU 设备、ZC 设备和联锁设备基于统一的安全计算机平台构建,统一的安全计算机平台提高了系统的可维护性和可靠性,降低了系统总体使用成本。

(4)整个系统采用优化的 DCS 数据通信网络。数据通信网络采用三层 DCS

网络架构提高网络的稳定性,采用环网或准网状的拓扑架构提升网络性能和冗余性,同时DCS网络满足严格的信息安全等级保护三级要求。

(5)整个系统具有高可维护性。系统所有核心设备均采用冗余设计,并具备完善的自诊断和报警功能,每个设备把诊断和报警信息发送给维修中心信号维护监测系统,实现系统的实时故障诊断和维护。

(6)整个系统具有高效的节能能力。系统硬件设备采用了完全自主研发的高度集成化、功耗较低的控制器,大大降低了信号系统整体能耗。ATS子系统采用特有的能耗优化调度算法,实现有效节能。

1. 系统结构

如图5.57所示,JeRail®信号系统按照结构可分为中央、车站/场段、轨旁/车载三个层次,分级实现ATC功能。JeRail®信号系统按照功能可分为列车自动监控子系统(ATS)、列车自动防护子系统(ATP)、列车自动运行子系统(ATO)、计算机联锁子系统(CBI)、数据通信子系统(DCS)、信号维护监测子系统(MMS)和其他附属信号设备。

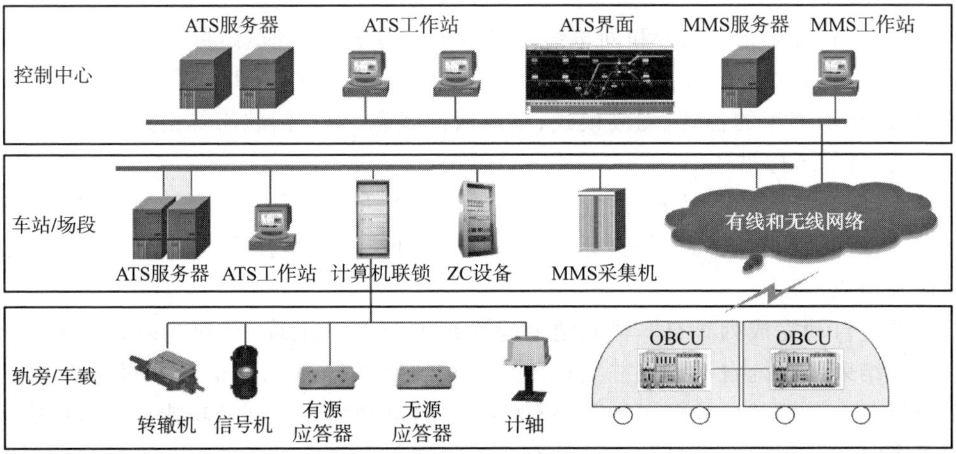

图5.57 JeRail®信号系统的结构

(1)列车自动监控子系统(ATS)

ATS子系统包括中心的ATS服务器和工作站、车站的ATS服务器和工作站、车辆段/停车场的ATS服务器和工作站。

(2)列车自动防护子系统(ATP)

ATP子系统包括车站ZC、车载OBCU和外围设备(包括车载DMI、速度计和加速度计、应答器查询主机和天线等)、LEU(地面电子单元)、无源应答器、有源应答器。

(3)列车自动运行子系统(ATO)

ATO 子系统和 ATP 子系统共用硬件，ATO 子系统包括车站 ZC、车载 OBCU 和外围设备、LEU(地面电子单元)、无源应答器、有源应答器。

(4)计算机联锁子系统(CBI)

CBI 子系统包括车站计算机联锁系统、车辆段/停车场计算机联锁系统。

(5)数据通信子系统(DCS)

DCS 子系统包括有线网络设备、无线网络设备。

(6)信号维护监测子系统(MMS)

MMS 子系统包括中心 MMS 服务器和工作站、车站 MMS 采集机、车辆段/停车场 MMS 采集机。

(7)其他附属信号设备

其他附属信号设备包括信号机设备、转辙机设备、计轴设备。

2. 系统功能

(1)ATS 功能

① 人机界面

ATS 子系统支持轨旁和列车信息的显示。对于轨旁信息，可以显示线路和车站的布局，以及线路上信号机、轨道区段、转辙机、站台门等的状态。对于列车信息，可以显示列车的位置、驾驶模式、车地通信状态、列车门状态等信息。

② 列车运行描述

ATS 子系统采用列车识别号、列车图标的移动和有关信号设备的状态变化来自动模拟和描述在线列车的实际运行，列车识别号由列车表号、车次号、车组号、目的地号组成。

系统自动完成列车自车辆基地列检库出发时开始跟踪，至列车回到车辆基地停车后结束。系统自动完成并实现列车在正线和车辆基地内车组号的连续追踪。系统具备在车辆基地处停车和不停车情况下的自动赋予序列号功能。在有特殊运营要求时，组织临时交路行车，并具有对临时列车交路上运行的列车进行自动追踪的能力。

③ 轨旁和列车命令

ATS 子系统支持自动或人工发送轨旁命令给轨旁信号设备，发送列车命令给车载信号设备。轨旁命令包括进路控制命令、转辙机控制命令、信号机控制命令、临时限速命令等，列车命令包括跳停命令、扣车命令、运行等级命令等。

④ 时刻表管理

时刻表的编制：调度员输入时刻表的基本数据如各区间运行时间、车站站停时间、运行间隔、起始和终到站、时间段、可用列车数、列车折返要求等，ATS 子系统自动完成时刻表的编制。时刻表编制过程中能自动地进行冲突检查,并给出明确的提示及建议优化的冲突解决方案。

时刻表的使用:根据当日运行计划和列车运用计划,ATS 子系统自动选择当日的时刻表或调度员在工作站上选择适当的时刻表,经修改和确认后即为当日的时刻表,ATS 子系统据此组织和实施当日的列车运行。

时刻表的显示:ATS 子系统根据列车运行的实际情况自动生成实际运行的时刻表,并在工作站上显示。

⑤ 列车运行调整

ATS 子系统对列车运行的调整分为自动调整和人工调整。

当列车的实际运行与计划时刻表间发生较小偏差(偏差值由调度员设定)时,系统自动调整列车运行计划并控制列车运行至正点状态;当列车实际运行与时刻表偏离较大或必要时,系统自动生成调整计划,提醒中央调度员进行人工调整,中央行车调度员可对在线列车进行列车运行计划的人工调整,并发送调整命令至车载设备。

⑥ 运行记录和统计报表

ATS 子系统在系统数据库中记录和保存列车运行状况和设备工作状态,保留时间为 1 年,并可进行统计和分析。

ATS 子系统须具备在线回放功能,回放记录保存不少于 30 d,且能够自动转存到指定存储位置。

⑦ ATS 的无人驾驶相关功能

ATS 子系统如果应用于无人驾驶线路,还支持列车休眠唤醒命令、列车清扫与清客命令、进入/退出服务工况命令、列车远程紧急制动和紧急制动缓解、远程开关列车门、远程清客指令、远程停车指令等无人驾驶功能。

(2)ATP 功能

① 列车测速定位

ATP 子系统的车载设备采用冗余的速度计和加速度计测定列车速度,测速设备的测速精度参数满足对列车控制精度的要求。ATP 子系统对车轮打滑及空转采取切实可行的技术措施,保证列车的运行安全和确保系统性能指标,并具备自动轮径磨损补偿功能。

ATP 子系统连续、自动且安全可靠地对轨道占用/空闲状态及列车位置进行检测,保证系统对列车进路的安全控制和对列车运行速度及间隔的安全控制。列车定位分为一级列车定位、二级列车定位和综合列车定位。

一级列车定位是指 ATP 车载设备通过检测在地面布置的应答器获得列车的当前位置,ATP 车载设备检测到一个应答器时,根据该应答器的位置确定列车的位置，列车在两个应答器之间运行时，根据前一应答器的位置和ATP车载设备检测到该应答器后走行的距离确定列车的位置。一级列车定位可以确定列车连续的精确的位置。

二级列车定位是指ATP地面设备根据计轴设备报告的占用出清状态确定列车的位置，计轴设备报告区段占用时，ATP地面设备认为有列车在区段上，计轴设备报告区段出清时，ATP地面设备认为没有列车在区段上。相对于一级列车定位，二级列车定位只能确定列车所在轨道区段的位置。

ATP子系统综合一级列车定位和二级列车定位的结果，获取综合的列车位置判定。

② 移动授权管理

移动授权用于实现列车间隔保护及超速防护功能，保证列车运行的安全。根据列车的控制级别，可分为CBTC级别的移动授权、点式级别的移动授权和联锁级别的移动授权。

CBTC级别的移动授权是指ATP车载设备从ATP地面设备通过无线通信获取的移动授权。该情况下ATP地面设备根据列车前方的障碍物位置，基于移动闭塞原则计算移动授权，移动授权的范围是从列车的车尾开始到前方障碍物的一段线路。

点式级别的移动授权是指ATP车载设备从安装在地面的有源应答器获取的移动授权。该情况下由联锁根据列车前方的障碍物位置，基于固定闭塞原则计算移动授权，移动授权的范围是列车前方的空闲区段数量。

联锁级别的移动授权是指以地面信号机为行车凭证的情况，不需要车地间信息传递。

③ 列车超速防护

ATP子系统的超速防护功能主要由车载OBCU设备实现。车载OBCU设备根据移动授权、线路参数以及列车参数，实时计算列车不超速到达下一个目标点的最大允许速度，防止列车超速。车载OBCU的超速防护算法采用连续的一段式速度一距离控制模式曲线，在确保追踪列车之间的安全行车间隔的同时，有效缩短追踪间隔、提高线路的通过能力、保证乘客的舒适性、保证旅行速度、提高线路的通过能力。

④ 列车运行方向防护

列车根据ATP地面设备发送的移动授权信息判断列车授权方向，ATP子系统监督和防护列车相对授权方向的反方向上的移动授权。

当列车方向手柄置于非后退位、列车向后运行或方向手柄置于非前进位、列车向前运行，则判断列车发生倒溜。当列车的倒溜距离超出一定值，ATP车载设备会施加紧急制动。

列车退行的防护判断依据为:列车退行距离超过规定值或列车退行速度超过规定值。当列车出现退行违反以上条件时,ATP子系统立即施加紧急制动。

⑤ 临时限速管理

当轨道的某一段因为特殊原因而必须临时降低限速值时,需要使用临时限速管理功能。

临时限速管理包括设置临时限速和取消临时限速。设置临时限速是指对轨道的指定区段临时设定一个低于该区段土建限速的一个限速值;取消临时限速是指取消指定区段上已设定的临时限速。

⑥ 列车门和站台门防护

ATP子系统对车门和站台门进行安全监控,当到站列车在站台区停稳后,并满足站台停车精度要求时,才允许打开车门及站台门,车门及站台门安全关闭后才允许列车发车。ATP子系统根据配置数据保证开门侧符合站台的位置和列车运行方向。当列车在车站停稳时,不会因为站台门正常开关操作而引起列车的紧急制动。

⑦ 列车完整性监督

ATP车载设备不断监督列车完整性条件,当发现列车完整性丢失时,立即施加紧急制动命令,激活车辆的紧急制动。

⑧ ATP的无人驾驶相关功能

ATP子系统如果应用于无人驾驶线路,还支持全自动无人驾驶模式(FAM)、蠕动驾驶模式(CAM)、系统联合自检等无人驾驶功能。

(3)ATO功能

① 列车自动驾驶

ATO子系统自动控制列车的起动、加速、巡航、惰行、制动过程,生成的列车运行曲线满足节能、冲击率和舒适度的要求。ATO子系统进入自动驾驶前须经过ATP的授权和司机的确认。列车在车站当司机按下ATO启动按钮后,因车门或站台门打开或故障导致列车不能起动时,故障消失后要求司机重新按压按钮确认后才能起动列车。

② 列车门和站台门控制

列车进站停在允许误差范围内后,在ATP子系统允许车门打开的情况下,ATO子系统自动打开列车门,同时将信号送至站台门系统,控制相应的站台门打开。

③ 站台扣车和跳停

ATO子系统车载设备接收到ATS扣车命令时,判断满足扣车条件后,能保证进站或停站列车在本车站停车且制动。

ATO子系统车载设备接收到ATS跳停命令时,判断满足跳停条件后,能控制列车以不大于站台限速的速度不停车通过站台。

④ 列车运行调整

ATO 子系统车载设备接收到 ATS 站间运行时间调整命令时，根据 ATS 期望的站间运行时间，选择不同的站间运行曲线，以使实际站间运行时间尽可能贴近期望的站间运行时间。

ATO 子系统车载设备向 ATS 报告列车运行状态信息，以便 ATS 能对在线运行的列车进行监控和调整。

⑤ ATO 的无人驾驶相关功能

ATO 子系统如果应用于无人驾驶线路，还支持列车休眠唤醒、列车环境监督、工况管理、远程控制管理、自动对站调整、门故障隔离等无人驾驶功能。

(4)CBI 功能

① 进路控制

CBI 子系统能提供中央 ATS、车站 ATS 和车站联锁人工办理和自动触发进路的功能，进路人工模式和自动模式之间的转换，可单独转换，也可按照联锁区统一转换。

CBI 子系统能办理自动通过进路。设置自动通过进路后，能使规定的进路自动建立、锁闭并开放信号(联锁条件满足时)。

CBI 子系统能办理自动折返进路。当折返信号机被设置为自动折返模式时，联锁应能自动设置折返线的折入和折出进路。自动折返进路设置前，若进路已存在，则进路保持不变；自动折返进路命令取消时，不改变已存在的进路状态；在车站具有两条或多条折返线时，各条折返线均应具备设置自动折返进路的功能，并应具备两条折返线交替的全自动折返进路功能，全自动折返进路按照先进先出原则排列折返进路。

② 信号机控制

CBI 子系统控制信号机显示，信号应不出现乱显示，即不符合规定的信号显示。在组合灯光开放和关闭时，应避免因灯丝故障导致信号显示升级。CBI 子系统检测到信号机显示与预期结果不一致时，应控制该信号机显示禁止信号。CBI 子系统可提供信号机封锁、解封功能。信号机封锁后，不能再排列经过该信号机的进路。

③ 道岔控制

CBI 子系统具备操作道岔的功能，包括人工单独操纵(对应定操和反操命令)、进路选动和进路带动。道岔的单独操纵的优先级高于进路的选动和带动。CBI 子系统能够通过进路锁闭、区段锁闭、人工单独锁闭、引导总锁或其他锁闭的方式对道岔进行锁闭。道岔一旦被锁闭，道岔不能操纵。CBI 子系统具备单独锁闭和单独解锁的功能。道岔单独锁闭后可以排列经过该道岔所在位置的进路。CBI 子系统提供道岔封锁、解封功能，道岔封锁后不应排列经过该道岔的进路。

④ CBI无人驾驶相关功能

CBI子系统如果应用于无人驾驶线路，还支持SPKS监控、自动洗车等无人驾驶功能。

(5)DCS功能

① 有线网络系统功能

DCS子系统的有线网络系统为整个CBTC信号系统(包括控制中心设备、车站设备、场段设备等)提供高实时性和高可靠性的双向有线数据传输，使用IEEE 802.3以太网标准，网络协议对CBTC信号系统是完全透明的。

② 无线网络系统功能

DCS子系统的无线网络系统为整个CBTC信号系统的车地无线信息提供传输通道，实现有线信号(电信号)和无线信号(射频信号)相互转换，无线网络系统使用TD-LTE标准网络协议。

(6)MMS功能

① 基础信号设备监测

MMS子系统对轨旁的基础信号设备(包括电源、信号机、转辙机等)的工作状态和主要电气性能进行在线监测。当设备的工作状态异常或电气性能偏离预定界限时及时报警。除在相应的维护工作站上进行现地显示和报警外，报警信息通过网络传至MMS服务器中集中存储，实现维护信息的集中统一处理，并在控制中心及车辆段、维修中心的维护工作站上进行显示和打印。

② 控制子系统监测

MMS子系统对信号各子系统的设备工作状态、系统运行状态、IO状态，与其他子系统通信状态以及各子系统的应用信息进行在线监测，并以工作状态图、连接图、站场图、IO状态图等方式进行图形化展示。

③ 数据回放功能

数据回放功能可以实时显示和回放全线站场状态，点击线路图上任意一个集中站可以回放该集中站的站场状态。

④ 智能分析功能

系统具有基于监测采集基础数据的智能化专家分析功能，该功能可根据运行需求，采用数据挖掘技术对海量信息进行综合分类管理和信号过滤，对信号设备运行状态进行在线实时分析和推理，定位发生故障或出现危险情况的具体设备和故障原因，并给出故障处理指导建议，协助运行人员及时地分析和处理报警。

(7)其他附属信号设备

其他附属信号设备包括信号机、转辙机、计轴等设备。

信号机包括道岔防护信号机、出站信号机、区间分界点信号机、出入车辆段信号机、折返进路终端的阻挡信号机、线路尽头的阻挡信号机。

转辙机设置于正线和车辆段的道岔区域,用于实现道岔的控制。

计轴设备在全线设置,通过把线路划分为很多连续的计轴区段,实现安全的列车区段位置检测。

3. 系统运行模式

(1)列车控制等级

JeRail®信号系统具备3种列车控制等级:连续式通信列车控制级别(CBTC)、点式列车控制级别、联锁控制级别。OBTC为信号系统的正常控制方式,点式列车控制级别和联锁控制级别为信号系统的降级控制方式。

对于普通线路,JeRail®信号系统在正线支持以上全部3种列车控制等级,车辆段仅支持联锁控制级别。对于无人驾驶线路,JeRail®信号系统在正线和车辆段都支持以上全部3种列车控制等级。

(2)列车驾驶模式

如图5.58所示,JeRail®信号系统的驾驶模式支持普通线路和无人驾驶线路。对于普通线路,JeRail®信号系统提供以下驾驶模式。

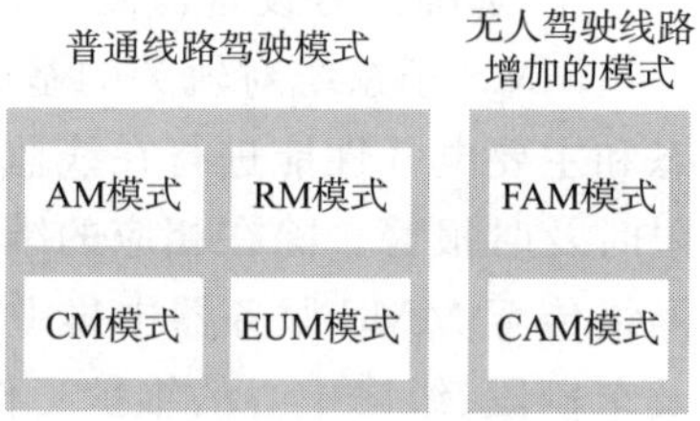

图5.58 列车驾驶模式

① 列车自动驾驶模式—AM模式

AM模式为ATP监控下的列车自动运行模式,包含连续式通信的列车控制级和点式列车控制级。在该模式下,ATP子系统保证列车的运行安全,ATO子系统实现列车在区间的自动运行、合理运行以及站台定位停车。在AM模式下具备以下三种开关门模式。

a. 自动开车门,人工关闭车门;

b. 人工开车门,人工关闭车门;

c. 自动开车门,自动关闭车门。

② 列车自动防护下的人工驾驶模式—CM模式

CM模式为ATP监控下的人工驾驶模式,包含连续式通信的列车控制级和点式列车控制级。在该模式下,ATP子系统确定列车运行的最大允许速度,司机按ATP防护速度曲线驾驶列车运行,ATP子系统实现列车自动防护的全部功能。司机人工控制列车在站台停车,ATP子系统可对停车精度进行监控。在CM模式下仅具备一种开关门模式:人工开车门,人工关闭车门。

③ 限制人工驾驶模式—RM模式

在RM模式下,车载ATP限制列车在某一固定的低速(如25 km/h)之下运行，司机根据调度命令和地面信号显示驾驶列车，列车运行超过该固定的速度时，车载ATP设备实施紧急制动，直至停车。RM模式下，将对车门状态进行防护，需经过特殊授权手续方可开门。列车运行的安全由联锁设备、ATP车载设备、调度人员、司机共同保证。

④ 非限制人工驾驶模式—EUM模式

EUM模式下，车载设备处于切除状态而不监控列车的运行，司机根据调度命令和地面信号的显示驾驶列车。列车运行的安全由联锁设备、调度人员、司机共同保证。

⑤ 其他模式

对于无人驾驶线路，JeRail®信号系统在上述驾驶模式的基础上，还提供以下专用于无人驾驶线路的驾驶模式。

a. 全自动运行模式—FAM模式

FAM为在连续式通信控制级别下由ATP监控的列车全自动运行模式。在该模式下，ATP子系统保证列车的运行安全，ATO子系统实现在自动化区域内的列车全自动运行。

b. 蠕动模式—CAM模式

CAM为FAM模式列车运行时，在车辆网络检测到故障、车辆网络与车载信号系统通信故障情况下的自动运行模式。由车载信号系统向中心申请，中心人工确认后启动蠕动模式。车载信号与车辆采用备用接口在信号系统的防护下直接控制车辆的牵引制动系统以规定速度运行至站台，或运行至由中心指定的目的地。

(3)驾驶模式的转换

JeRail®信号系统列车驾驶模式的转换如图5.59所示。

系统支持预选最高驾驶模式，默认的最高驾驶模式为AM/FAM模式。

驾驶模式的切换在满足转换条件的情况下可由人工转换，也可自动转换，车载维护诊断单元将会记录相关操作，并在司机显示单元上进行提醒和显示。

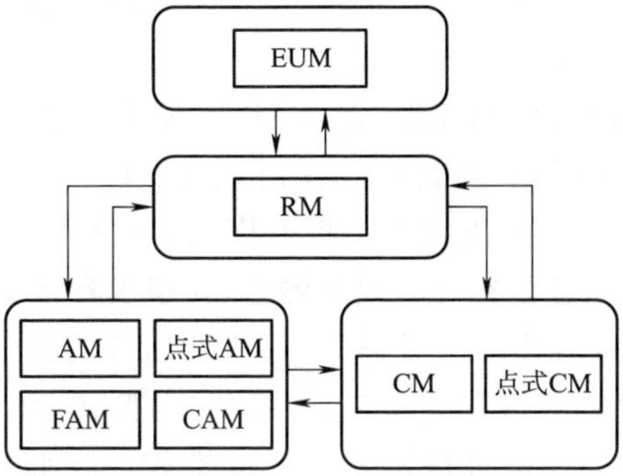

图5.59　列车驾驶模式转换

当列车驶出车辆段时，列车以RM驾驶模式运行，在转换轨处建立定位和通信并获得移动授权后，车载ATP可自动或人工转换为CM或AM驾驶模式。

当车载ATP设备故障，列车会紧急制动停车。列车须人工转换为EUM模式运行，司机根据地面信号的显示驾驶列车。

当车载 ATP 与轨旁 ATP 通信故障时，在一定时间内没有收到有效的授权信息，会产生报警，并实施紧急制动至停车。系统将该区段转换为降级运营模式，司机可将驾驶模式转为 RM 模式，并按地面信号显示人工驾驶列车运行。

(4)列车折返模式

JeRail® 信号系统的折返模式支持普通线路和无人驾驶线路。对于普通线路，JeRail® 信号系统提供 ATO 有人/无人自动折返模式、ATP 监督下的人工折返模式、限制人工折返模式、非限制人工折返模式。

① ATO 无人自动驾驶模式，支持以下两种操作方式完成自动折返。

a. 司机先按车上的“无人自动折返”按钮，关闭本侧驾驶端，司机下车后在站台按压“无人自动折返”按钮，列车可在无人驾驶的情况下，从到达站台自动驾驶进入和折出折返线，最后进入发车股道并定点停车后，自动打开车门和站台门，司机在站台上车，开启反向驾驶端。

b. 司机先按压车上的“无人自动折返”按钮，关闭本侧驾驶端，再按压车上的 ATO 启动按钮或确认按钮，列车可在无人驾驶的情况下，从到达站台自动驾驶进入和折出折返线，最后进入发车股道并定点停车后，自动打开车门和站台门，司机在列车上开启反向驾驶端。

② ATO 有人自动折返模式。当列车在折返站规定的停车时间结束及乘客下车完毕，车门和站台门关闭后，由司机按压车上“ATO 发车按钮”，列车自动驾驶进入折返线停稳后，人工按压“折返按钮”并关闭本侧驾驶端并开启反向驾驶端，由司机按压车上“ATO 发车按钮”后，列车自动驾驶进入发车股道自动打开车门。

③ ATP 监督下的人工折返模式。司机采用“控制手柄”控制列车运行，司机人工驾驶列车运行到折返线并停车，人工按压“折返按钮”并关闭本侧驾驶端和开启反向驾驶端，在 ATP 监督下人工驾驶列车进入发车股道并定位停车。司机按压开门按钮打开车门和站台门。

④ 限制人工折返模式。司机采用“控制手柄”控制列车运行，司机人工驾驶列车运行到折返线并停车，司机关闭本侧驾驶端和开启反向驾驶端，人工驾驶列车进入发车股道并停车，司机按压开门按钮打开车门和站台门。整个折返过程中，车载 ATP 限制列车在某一固定的低速(如 25 km/h)之下运行。

⑤ 非限制人工折返模式。在此模式下，司机根据调度命令和地面信号的显示，人工驾驶列车运行到折返线并停车，再人工驾驶列车进入发车股道并停车，司机按压开门按钮打开车门和站台门。

对于无人驾驶线路，JeRail® 信号系统在上述折返模式的基础上，还提供专用于无人驾驶线路的全自动驾驶折返模式。

a. 全自动运行模式下支持自动折返，信号系统具备远程换端功能；

b. 车载 OBCU 在 FAM 模式下完成车—地信息交互并自动换端；

c. 处于 FAM 模式下运行的列车，当列车在折返站规定的停车时间结束并进行清客确认后，车门和站台门自动关闭，列车自动进入和自动驶出折返线，进入发车站台后自动打开车门和站台门；

d. 列车在站台进行驾驶端转换时应使车门和站台门保持开启状态，列车在折返线等非站台区进行驾驶端转换时，应使车门保持关闭状态；

e. 车载 OBCU 换端完成后根据中心发送的停站时间完成自动关门并发车。

(5)系统正常运行模式

在系统设备都正常工作情况下，JeRail® 信号系统工作在连续式通信的列车控制级别，如图 5.60 所示，轨旁区域控制器(ZC)根据联锁设备提供的列车进路信息、轨旁信号设备的状态等，为每一辆列车计算移动授权，并保证前行列车和追踪列车间的安全间隔。车载控制器(OBCU)根据 ZC 发送过来的移动授权和 ATS 发送过来的运营调整命令控制列车在站间运行。

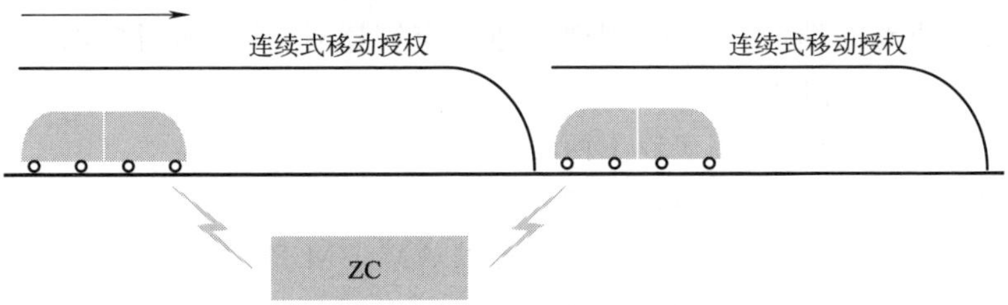

图 5.60　连续式通信列车控制级别工作原理

(6)系统降级或故障运行模式

当部分设备发生故障时，JeRail® 信号系统可以降级继续工作。当 ZC 和车地通信完全故障时，系统可以降级为点式控制级别，当点式相关设备完全故障时，系统可以降级为联锁控制级别工作。

① 点式列车控制级别

如图 5.61 所示，在点式级别下，JeRail® 信号系统支持点式列车控制功能，通过计算机联锁设备(CBI)、车载设备(OBCU)和点式通信设备(有源应答器)实现点式 ATP 和点式 ATO 功能，包括间隔防护功能、红灯误出发防护功能、车门防护功能、车门和站台门联动功能、自动运行功能以及定位停车等功能。

CBI 实现安全进路管理(如进路设置、进路锁闭、进路解锁)，当进路条件满足时，给出开放信号显示，实现列车的安全间隔防护。

OBCU 依据速度、加速度确定列车速度和走行距离，根据地面布置的应答器和车载线路数据库确定列车在线路上的位置。根据读取的有源应答器信息并结合

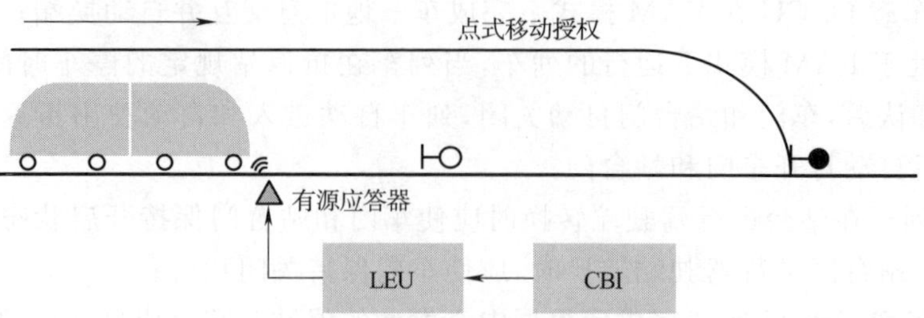

图 5.61 点式列车控制级别工作原理

车载线路数据库确定列车距离前方目标点的距离和限制速度,生成 ATP 速度—距离曲线,通过监控列车实际运行速度,实现超速防护并防止列车冒进信号。点式 AM/CM 模式下,系统对列车运行速度—距离曲线控制方式与连续式列车控制级别下的控制方式一致。

每一个有源应答器与列车进路关联,封装了主体进路和防护进路内信号设备的状态,如果进路始端信号开放,则列车通过应答器时,信号机对应的有源应答器向 OBCU 发送点式移动授权。

点式列车控制级别应用于以下两种场景:

场景 1:轨旁区域控制器 ZC 故障

轨旁 ZC 故障时,由该 ZC 管理的所有以 AM/CM 驾驶模式运行的通信列车,与 ZC 的通信链接断开,无法获取有效的连续式移动授权,触发紧急制动停车。司机切换成 RM 驾驶模式运行,通过一个允许的信号机之后,获取有效的点式列车移动授权,转换为点式 AM/CM 驾驶模式。点式列车控制级别下,列车以固定闭塞方式行车,安全间隔由 CBI 保证,进路资源只能由一列列车使用,前行列车顺序出清进路的主体区段和防护区段后,进路始端信号才能开放,后续列车才能够使用进路资源。

列车以点式 AM/CM 驾驶模式完全通过故障 ZC 区域后,根据列车位置发起与正常 ZC 的通信链接,接收到有效的移动授权后,自动切换到连续式列车控制级别。

场景 2:车地通信故障

单列列车车地通信传输故障时,列车无法维持连续式 AM/CM 驾驶模式,触发紧急制动停车,司机切换驾驶模式为 RM,驾驶列车通过允许的信号机,接收到有效的点式移动授权后升级为点式 AM/CM 驾驶模式。控制区域范围内其他的列车继续以连续式列车控制级别运行,系统支持混合模式运行。

对于非 CBTC 列车及不具备 CBTC 级别的列车或区段,其安全间隔防护通过计轴设备或遵照由运营部门规定的操作程序来实现;系统在支持不同级别列车在线混运的同时,也支持多列非 CBTC 列车在点式及联锁级别下运行,在非 CBTC 列车追踪非 CBTC 列车的情况下,非 CBTC 列车的移动授权按照点式级别运行,以进路闭塞的方式进行控制。

前方列车未装备 OBCU 或者车载控制器无线故障时,ZC 识别前方列车所在位置为后方列车提供前方列车所在区域的边界及最不利条件下的列车尾部位置,将前车所在计轴区段并相隔一个空闲的计轴区段边界回撤适当的安全保护距离作为移动授权的终点,保证 CBTC 列车与非 CBTC 列车的安全间隔;当列车运行方向相同,一辆非 CBTC 列车与另一辆 CBTC 列车运行在相邻进路的情况下,系统支持列车以合理的安全间隔进行列车追踪。

② 联锁控制级别

如图 5.62 所示,在联锁控制级别下,JeRail® 信号系统支持联锁控制功能,在连续式 ATP 功能和点式 ATP 功能均失效的情况下,CBI 通过进路的方式保证列车的安全间隔,适用于列车以 RM 和 EUM 驾驶模式运行,司机根据地面信号机的显示行车。联锁控制模式下,系统具备 RM 驾驶模式超速防护、车门防护、后退防护和溜逸防护功能。

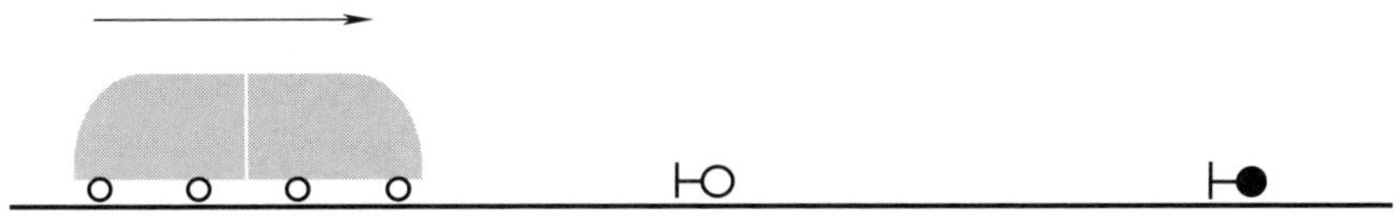

图 5.62　联锁控制级别工作原理

在联锁控制级别下,原则上所有的列车运行进路前方均设置保护区段,排列进路时相应的保护区段须空闲和锁闭,保护区段的设置满足运营使用要求。保护区段中若存在道岔区段,应能建立道岔侧向和道岔直向的保护区段。联锁需对保护区段的设置进行逻辑判断,当一条保护区段不能建立时,自动建立另外一条保护区段。

5.3　CBTC 的后备降级控制模式

为了确保系统在故障情况下还能维持正常运营,在 CBTC 系统中还留有后备降级控制模式。

当单列车与轨旁无线通信发生中断后,该列车变为非通信列车(NCT),无法继续从 MAU 获取移动授权,无法继续工作于 ATPM/ATO 模式,只能以 WSP(轨旁信号保护)模式运行。

当轨旁 MAU 发生故障或 MAU 与其他设备通信故障时,整个集中站区域内的列车都无法获取移动授权,此时必须由调度员(或行车值班员)将该区域的模式由原来的 CBTC 模式改为后备模式,该区域内所有的列车均只能以 WSP 模式运行。

当列车以 WSP 模式工作时,列车不再向系统报告自身的位置信息(基于信标和速度传感器),系统对列车的位置检测通过计轴系统来进行。

WSP 简单地说就是基于双红灯防护的点式 ATP。WSP 系统通过计轴区段的占用来判断列车当前的位置,计算机联锁系统 PMI 确保两列车之间的间隔至少在 1 个计轴区段以上为原则,来安排允许信号机的开放。

每架信号机的允许信号灯位都与一个信标进行并联,当该信号机的允许信号开放时,与之相对应的 B 信标也同时上电激活。

当列车驶过一架信号机时,列车会对轨旁信标进行检测,如果能正常读到这个 B 信标,就说明该信号机的允许信号开放正常,列车继续行驶;如果无法正常读到这一个信标,则说明允许信号没有正常开放,为了防止冒进,列车将立即激活紧急制动,以此来确保行车安全。

第6章 电 源 设 备

信号电源屏为地铁信号设备提供各种稳定可靠的交直流电源的配电设备，是保证列车安全运行的重要部件。用于向车站联锁设备供电的信号电源屏是将外部的三相交流电经过该电源屏稳压和变压、整流后，分配给单元控制台、信号机、继电器、直流转辙机及其他信号设备等负载。

电源屏根据其容量分为大型电源屏，容量 10 kVA 以上；中型电源屏，容量 5 kVA以上；小型电源屏，容量 2.5 kVA 以上。

电源屏基本要求为引入电源屏内的两路交流电源，除应具备手动转换功能外，当其中一路发生断电或断相时，还应能自动转换至另一路电源供电，且屏内转换断电时间应不大于 0.15 s。

当输入电源屏的交流电源在(＋15%～－20%)范围内变化时，经稳压(调压)后的电源允许波动范围应不超过±3%。当稳压(调压)系统出现故障时，应能断电维修，且应不影响信号设备的继续供电。

信号电源屏主、备装置转换过程中，应不影响信号设备的正常使用，备用电源装置应能完全断电。三相交流输出电源应确保相序正确，若相序错误，应报警。电流互感器二次侧不得开路，并应可靠接地。输出电源的断电监测装置、各种屏内表示和声光报警装置均应正常工作。

6.1 信号电源系统

6.1.1 PMS1-15 模块化信号电源屏

上海轨道交通 1 号线地下车站的信号电源屏采用天津铁路信号工厂生产的 PMS1-15 模块化信号电源屏，额定容量为 15 kVA。该电源屏具有以下特点：

(1)采用无触点补偿式稳压器作为集中稳压的稳压源，具有对电网干扰小、负载适应能力强、无附加波形失真、功率因数高、温升低、效率高、噪声小等特点；

(2)采用模块化、插接式、“N＋1”或“1＋1”备用方式，具有供电可靠性高、维修方便、便于扩容等特点；

(3)两路电源可实现自动或手动转换。

PMS1-15 模块化信号电源屏由担负电源切换、稳压功能的 A 屏和担负交直流配电的B屏、C屏共3台单屏组成。

1. 信号电源屏A屏

本屏在PMS1-15模块化信号电源屏系统中担负两路输入电源切换，为其他屏提供稳定的三相交流电源等功能，并为信号设备提供备用电源、轨道电源等交流稳压电源。

PMS1-15-A屏由两路电源转换系统、无触点补偿式稳压器、交流配电单元等组成。其中包括Ⅰ路电源输入转换模块(M11)、Ⅱ路电源输入转换模块(M12)、备用电源模块(M13)、AC 220 V备用模块(M14)、无触点稳压模块(M41、M51、M52)。

(1)工作原理

采用无触点补偿式稳压器作为交流稳压，输入电源电压在AC 304～437 V范围内变化时，能自动将电源电压稳定在规定范围AC 380(1±3%) V内，由无触点稳压模块(M41、M51、M52)对外实现稳压供电，正常条件下带载运行，承担100%的载荷。当某一无触点稳压模块发生故障时，其供电可自动转换到外电网直供(自动旁路)。通过操纵“输入电源稳供或直供”反扳开关和无触点稳压模块输入断路器可进行无触点稳压模块断电更换，此时不影响电源屏的输出供电。

输入电源经过稳压器稳压后再分别给本屏及其他各屏配电模块供电，各配电模块的输出工作灯(白色)通过输出断路器控制。若某个输出断路器断开，即使该模块正常输出，工作灯也不点亮，即可以通过工作指示灯来反映配电模块输出断路器的通断状态。

电源屏备用电源模块(M13)采用“1＋1”备用方式，其备用模块为AC 220 V备用模块(M14)。

当模块切换时，先开启备用模块，各个主用模块通过反扳开关或断路器切换到备用模块供电。

Ⅰ路输入转换模块(M11)、Ⅱ路输入转换模块(M12)各提供一组两路转换报警接点;一组控制台用状态接点，无触点稳压模块(M41、M51、M52)提供一组屏内报警接点。

各供电模块内部均设有状态监督继电器，分别为备用电源、轨道输出电源的工作状态提供一组全接点供屏内故障报警电路使用。正常时，继电器吸起，提供的开关量为断开状态;故障时(或断路器断开)继电器落下，提供的开关量为闭合状态。

两路电源转换报警电路的工作原理:Ⅰ路输入转换模块(M11)、Ⅱ路输入转换模块(M12)各提供一组两路转换报警接点，用于接通屏内两路电源转换报警电路，当Ⅰ路故障或人工转到Ⅱ路工作时，通过相关屏内的报警模块发出声光报警，提醒值班人员排除故障。

控制台用两路转换状态接点工作原理：为了让车务值班人员了解供电状态，Ⅰ路输入转换模块(M11)、Ⅱ路输入转换模块(M12)各提供一组控制台用状态接点，用于给控制台点绿灯、白灯和电铃送电。

两路输入电源断相报警电路的工作原理：当Ⅰ路或Ⅱ路输入三相电源中任何一相断路时，Ⅰ路或Ⅱ路输入转换模块中的断相监督继电器落下，其常闭接点使Ⅰ路或Ⅱ路输入转换模块中的蜂鸣器1HAU鸣响，相应模块面板上的断相指示灯3HL(红色)点亮，提醒值班人员排除故障。通过扳动该模块面板上的开关2SA至“切除”位置来清除1HAU的鸣响，但断相指示灯3HL仍然亮着，故障排除后断相指示灯3HL熄灭，但1HAU重新鸣响，以提醒值班人员扳动开关至“预警”位置，恢复到预备状态。

屏内故障报警电路的工作原理：所有故障报警端子通过屏间连线相接，正常工作时所有故障报警接点并联后报警电路为断开状态，故障恢复接点串联后报警电路为闭合状态。

稳压器工作原理：无触点稳压器是在主电路采用补偿技术，由线性变压器与晶闸管构成组合式全桥电路，在输入电源允许偏差范围内，构成不同的组合状态。由控制电路控制晶闸管实现不同的组合导通，进而决定了各线性变压器的升压、降压、直通等不同状态的组合，以满足稳压器的稳压精度。

(2)技术参数

①输出功率：15 kVA。

②稳压器输出电压精度：AC 380×(1±0.03)V。

③稳压响应时间：≤0.1 s。

④附加波形失真：≤1%。

⑤两路电源的切换时间(包括手动或自动)：≤0.15 s。

⑥输出回路基本参数见表6.1。

表6.1 输出回路基本参数

名称	指标	
	额定电压	额定电流
备用电源	AC 220 V	5 A
轨道输出电源	AC 220 V	8 A×6
不稳压备用电源	AC 220 V	5 A

说明：以上为输入电压380(+15%～−20%)V，输出负载的各路输出参数。各输出回路功率是最大功率，总功率不超过15 kVA。

⑦输出电压波动范围：当输入电压在380(15%～−20%) V范围内，各电路负载在额定值30%～100%范围内变化时，其输出电压允许波动范围为：

a. 备用电源：AC 220 V±10 V；

b. 不稳压备用电源 电压波动范围随输入电压变化。

⑧输入功率因数：cos $\phi\geqslant0.8$。

⑨效率：$\eta\geqslant80\%$。

⑩整机噪声：≤65 dB。

⑪外形尺寸：800 mm×600 mm×2 000 mm。

⑫重量：450 kg/台。

2. 信号电源屏B屏

本屏是交直流屏，为控制点灯、控制点灯闪光、信号点灯、信号点灯闪光、闭塞、继电器等设备供电。

PMS1-15-B屏由交直流配电单元组成。其中包括闭塞Ⅰ～Ⅳ模块(M11)、闭塞备用模块(M12)、继电器模块(M13)、继电器备用模块(M14)、报警模块(M21)、控制/闪光模块(M42)、信号/闪光模块(M51)、信号/闪光备用模块(M52)。

(1)工作原理

输入电源经A屏稳压后由端子1D-1～1D-4引入本屏，为屏内各模块供电。各配电模块的输出工作灯(白色)通过输出断路器控制。若某个输出断路器断开，即使该配电模块正常输出，工作灯也不点亮，即可以通过工作指示灯来反映配电模块输出断路器的通断状态(闭塞电源除外，闭塞电源模块通过屏内声光报警来反映模块工作及输出断路器的通断状态)。

屏内电源模块均采用"1+1"备用方式，其中控制/闪光模块(M41)的备用模块为控制/闪光备用模块(M42)，信号/闪光模块(M51)的备用模块为信号/闪光备用模块(M52)，闭塞Ⅰ～Ⅳ模块(M11)的备用模块为闭塞备用模块(M12)，继电器模块(M13)的备用模块为继电器备用模块(M14)。

当模块切换时，先开启备用模块，各个主用模块通过断路器切换到备用模块供电。

各模块内部均设有状态监督继电器，分别为本屏的报警电路提供一组干接点监督输出电源的工作状态。输出电源正常时继电器吸起，提供的干接点为断开状态；故障时继电器落下，提供的干接点为闭合状态。

屏内故障报警电路的工作原理：所有故障报警端子通过屏间连线相接。两路电源转换及模块报警声光显示设于本屏，其工作电源分别从继电器模块输出端子1D-19(KZ)、1D-22(KF)引入。正常工作时，所有故障报警接点并联后报警电路为断开状态,故障恢复接点串联后报警电路为闭合状态。通过扳动报警模块(M21)上的旋钮开关1SA至"切除"位置,若蜂鸣器1HAU鸣响,表示电源屏各路输出电源工作状态正常。反时针扳动开关1SA至"报警"预警位置,使报警电路处于预备状态。当任意一个模块故障时,该故障接点通过报警电路控制报警模块(M21)点亮故障报警指示灯1HL(红色)和鸣响蜂鸣器1HAU,通过扳动开关1SA至"切除"位置来清除1HAU的鸣响但1HL(红色)仍点亮,直至故障排除后1HL才熄灭,但此时1HAU又重新鸣响,扳动开关至"报警"预警位置,即恢复到预警状态。

两路电源转换报警电路的工作原理:当Ⅰ路故障或人工转到Ⅱ路工作时,A屏Ⅰ、Ⅱ路输入转换模块提供两路转换报警接点,报警模块(M21)蜂鸣器2HAU鸣响,通过操纵报警模块(M21)旋钮开关2SA至"切除"位置可解除鸣响。Ⅰ路恢复正常工作时故障接点还原,当故障恢复时2HAU又鸣响,将2SA扳回至"报警"位置,可清除2HAU的鸣响,两路转换报警电路又处于预备状态。

两路输入电源断相报警电源从继电器模块输出端子1D-19(KZ)、1D-22(KF)引入。

(2)技术参数

①输出回路基本参数见表6.2。

表6.2 输出回路基本参数

名称	指标	
	额定电压	额定电流
控制点灯/闪光电源	DC 24 V	10 A/4 A
信号/闪光电源	AC 220 V	5 A/2 A
闭塞电源	DC 24(30,36,42,48,54,60)V	1 A×4
继电器电源	DC 24 V	20 A

②输出电压波动范围:当输入电压在380(+15%~-20%) V,各电路负载在额定值30%~100%范围内变化时,其输出电压允许波动范围为:

a. 控制点灯/闪光电源:DC24 V±3.5 V;

b. 信号/闪光电源:AC 220 V±10 V;

c. 闭塞电源:DC 24(30,36,42,48,54,60) V±5 V;

d. 继电器电源:DC 24 $V^{+3.5}_{-0.5}$ V,即上限27.5 V、下限23.5 V。

③输入功率因数:cos $\phi \geqslant 0.8$。

④效率：$\eta \geqslant 80\%$。

⑤整机噪声：≤65 dB。

⑥外形尺寸：800 mm×600 mm×2 000 mm。

⑦重量：450 kg/台。

3. 信号电源屏 C 屏

本屏是交直流屏，为道岔表示、道岔系统、轨道电路、交直流转辙机等设备提供交直流稳压电源和备用稳压电源。

PMS1-15-C 屏由交直流配电单元组成。其中包括道岔表示模块(M11)、道岔系统模块(M12)、轨道电路电源模块(M13)、AC 220 V 备用模块(M14)、交/直流转辙机模块(M41)、交/直流转辙机备用模块(M42)。

(1)工作原理

输入电源经 A 屏稳压后由端子 1D-1～1D-4 引入本屏，为屏内各模块供电。各配电模块的输出工作灯(白色)通过输出断路器控制。若某个输出断路器断开，即使该配电模块正常输出，工作灯也不点亮，即可以通过工作指示灯来反映配电模块输出断路器的通断状态。

屏内道岔表示模块(M11)、道岔系统模块(M12)、轨道电路电源模块(M13)均采用"3＋1"备用方式，备用模块为 AC 220 V 备用模块(M14)；交直流转辙机电源模块(M41)采用"1＋1"备用方式，备用模块为交直流转辙机电源备用模块(M42)。

当模块切换时，先开启备用模块，各个主用模块通过隔离开关切换到备用模块供电。

各模块内部均设有状态监督继电器，分别为本屏的报警电路提供一组干接点监督输出电源的工作状态。输出电源正常时继电器吸起，提供的干接点为断开状态；故障时继电器落下，提供的干接点为闭合状态。

屏内故障报警电路的工作原理：所有故障报警端子通过屏间连线相接。正常工作时，所有故障报警接点并联后报警电路为断开状态，故障恢复接点串联后报警电路为闭合状态。

控制台两路电源转换状态接点工作原理：为了让车务人员了解供电状态，道岔表示、道岔系统、轨道电路电源、交直流转辙机电源模块各提供一组控制台用状态接点，用于给控制台交流电流表、直流电流表送电。

(2)技术参数

①输出回路基本参数见表 6.3。

②输出电压波动范围：当输入电压在 380(＋15%～－20%) V 范围内，各电路负载在额定值 30%～100%范围内变化时，其输出电压允许波动范围为：

表6.3 输出回路基本参数

名称	指标	
	额定电压	额定电流
道岔表示电源	AC 220 V	4 A
道岔系统电源	AC 220 V	4 A
轨道电路电源	AC 220 V	4 A
交/直流转辙机电源	AC 380 V/DC 220 V	15 A/20 A

a. 道岔表示电源　　AC 220 V±10 V;

b. 道岔系统电源　　AC 220 V±10 V;

c. 轨道电路电源　　AC 220 V±10 V;

d. 交/直流转辙机电源　AC 380 V±12 V　DC 220 V±10 V。

③输入功率因数:cos $\phi \geqslant 0.8$。

④效率:$\eta \geqslant 80\%$。

⑤整机噪声:≤65 dB。

⑥外形尺寸:800 mm×600 mm×2 000 mm。

⑦重量:450 kg/台。

6.1.2 PDZ智能型综合电源屏

按系统为不同负载提供电源,系统分为站内屏、区间屏、提速屏、驼峰屏、25周屏等。站内屏又分为两大类:为计算机联锁设备供电的PZWJ系列和为电气集中设备供电的PZDQ系列。电源屏的容量根据站场的实际需求进行配置,最终组成一系列型号智能电源屏。

整个电源系统分为主回路、防雷、智能监控三大功能板块。主回路又分为系统输入智能切换系统、模块及其配电、输出配电三部分;防雷系统分为系统输入防雷和输出防雷两部分,输入防雷分C级和D级两部分,输出防雷由防雷保险熔丝开关、防雷板组成;智能监控分为系统监控、模块监控两大块,最后通过监控单元进行文字显示;再结合模块面板指示灯和直流屏上的系统有电和故障告警灯及故障蜂鸣器,组成电源屏全套的声光报警和数字监控系统。

智能电源屏由以下各部分组成。

1. 主回路部分

(1)智能切换系统

PZ系列智能电源屏采样H型切换系统,如图6.1所示,外电网Ⅰ路、Ⅱ路经过电源屏切换控制系统后到系统内部仍为两路,即Ⅰ路、Ⅱ路互为主备,均挂有负载。切换控制系统通过控制接在主回路上的4台交流接触器(KM)的励磁线圈来控制接触器动作，以实现H型桥式切换。对于三相电输入电系统，切换系统分别切换两路的三相火线，两路零线并联后直接接入系统内部；而单相系统则零、火线同时经过切换，再接入系统内部。

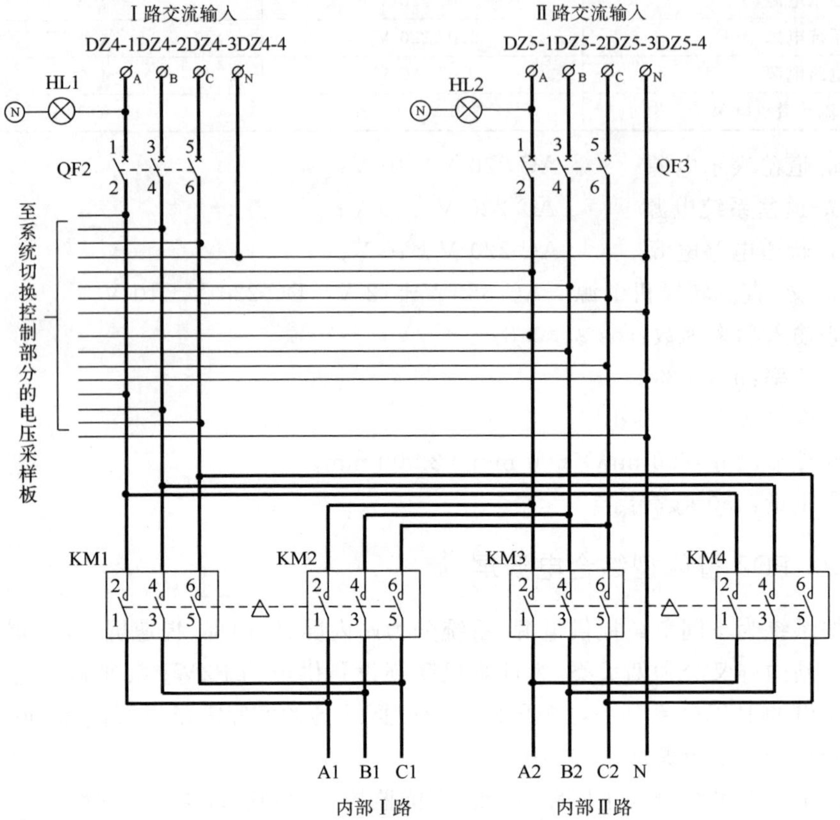

图 6.1 H型切换系统图电路结构

HL1和HL2分别为外电网Ⅰ路和Ⅱ路电源指示灯，当外电网有电时，对应的绿色指示灯亮。QF2为系统Ⅰ路输入断路器、QF3为系统Ⅱ路输入断路器。两个断路器与4台交流接触器(KM)的具体对应关系见表6.4。

表 6.4 两个断路器与4台交流接触器的对应关系

输入状态	KM2	KM1	KM4	KM3
只闭合一路输入断路器(QF2)	释放	吸合	吸合	释放
只闭合二路输入断路器(QF3)	吸合	释放	释放	吸合
一、二路输入断路器同时闭合(QF2、QF3)	释放	吸合	释放	吸合

以上任何一种状态，吸合的两台交流接触器都能给电源屏内部Ⅰ路和内部Ⅱ路供电。

系统切换控制部分由电压采样板、切换逻辑板、切换驱动板、掉电检测板、切换转换控制板组成。电压采样板、切换逻辑板、切换驱动板由两套组成，一套控制两个接触器励磁线圈，两套控制四个接触器进行切换动作。

如图 6.2 所示，DB1、DB2 和 DB3 为一组，控制第Ⅰ对交流接触器 KM1 和 KM2 动作；DB4、DB5 和 DB6 为一组，控制第Ⅱ对交流接触器 KM3 和 KM4 动作。每对接触器通过机械互锁和电路互锁，在同一时刻，只能有一台交流接触器吸合。

交流电压采样板采集外电网Ⅰ路、Ⅱ路电压，并将采集到的电压值送给切换逻辑板。切换逻辑板对电压值进行逻辑判断，如果外电网电压正常，则将逻辑判断信号送给切换驱动板。切换驱动板接收到逻辑判断信号后，直接驱动交流接触器吸合。

电压采样板相当于人的眼睛，实时监测外电网的电压波动情况；切换逻辑板相当于人的大脑，进行逻辑判断，送出动作命令；而切换驱动板相当于人的手臂，执行切换逻辑板送来的命令。

当外电网电压不正常时，如欠压、过压或缺相，切换逻辑板给出断开信号，切换驱动板收到信号后，断掉驱动电压，交流接触器在内部弹簧的作用下自动释放，断开其所控制的电路通道。以下为各板的详细工作原理。

① 交流电压采样板：J1 口采集交流 220 V 电压，并将 AC 220 V 变压到 AC 5.6 V，然后由 J3 口送给切换逻辑板 2XS1 口。

② 切换逻辑板：第一，对采样电压进行逻辑判断。当外电网相电压低于 AC 140 V 时系统欠压，高于 AC 280 V 时系统过压。系统欠压、过压、缺相、断相时切换逻辑板均由 2J1 口向切换驱动板 XS4 口发出逻辑判断信号，驱动交流接触器进行切换。第二，实现交流接触器间的逻辑互锁。4 台交流接触器分为两对。在同一时刻，当外电网Ⅰ路、Ⅱ路同时有电时，切换逻辑板控制第Ⅰ对交流接触器中的 KM1 优先吸合，第Ⅱ对交流接触器中的 KM3 优先吸合。每一对交流接触器是互斥关系，切换逻辑板实现这种逻辑互锁关系。

③ 切换驱动板：在接收到逻辑判断信号后，由 XS2 口向交流接触器 A1 和 A2 两端提供 190 V 交流高电压，使交流接触器吸合；等交流接触器吸合后，切换驱动板开始向交流接触器 A1 和 A2 两端提供 9 V 直流低电压，维持交流接触器吸合状态。即“高压吸合，低压维持”，有利于延长交流接触器寿命。

④ 掉电监测板：当外电网某一路发生断电时，掉电检测板从下方的交流电压采样板的 J4 口得到采样信号后，经过切换逻辑板直接向切换驱动板送出掉电信号以驱使交流接触器动作。这样，当系统掉电时缩短切换逻辑板掉电的时间常数，直接向切换驱动板发送掉电信号，加快系统切换响应时间。

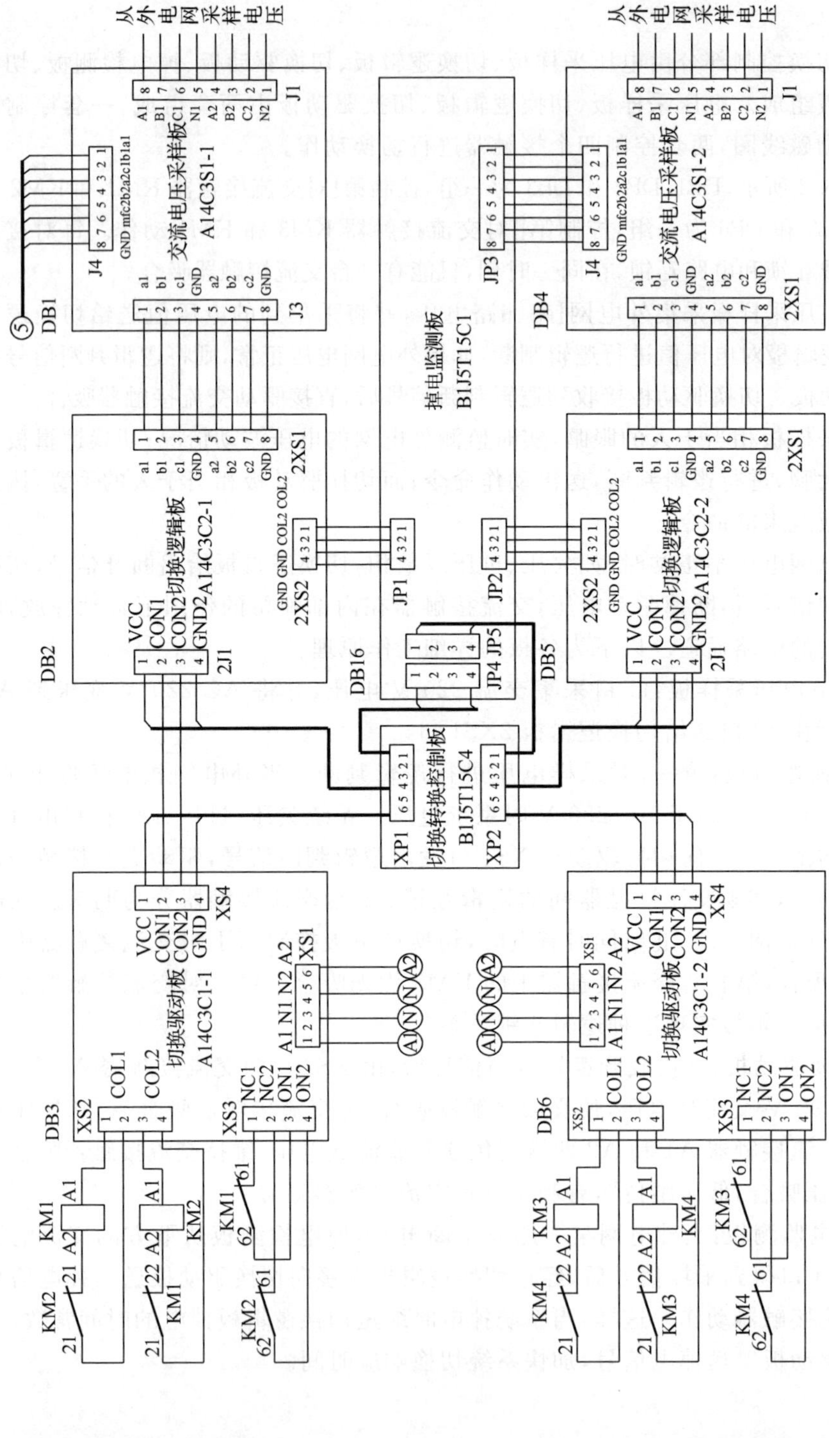

图 6.2 H 型切换控制原图

⑤ 切换转换控制板：为切换逻辑板和掉电检测板提供可靠的工作电源。

(2)模块及其配电

如图 6.3 所示，模块输入直接引自内部Ⅰ路、内部Ⅱ路总线(注：经过交流接触器之后的总线称为内部Ⅰ路和内部Ⅱ路)，经模块输入空开 QF5 和 QF8 后给到模块背板(B1J5T10X1)。模块与模块背板通过 DL37 连接器相连，模块背板端为 DL37 连接器的母头(Z1、Z2)，模块后部为 DL37 连接器的公头(Z1、Z2)。模块获得 220 V 工作电压后，将输出电源经过输出配电，再经过液压空气开关，最后引到输出万可端子。

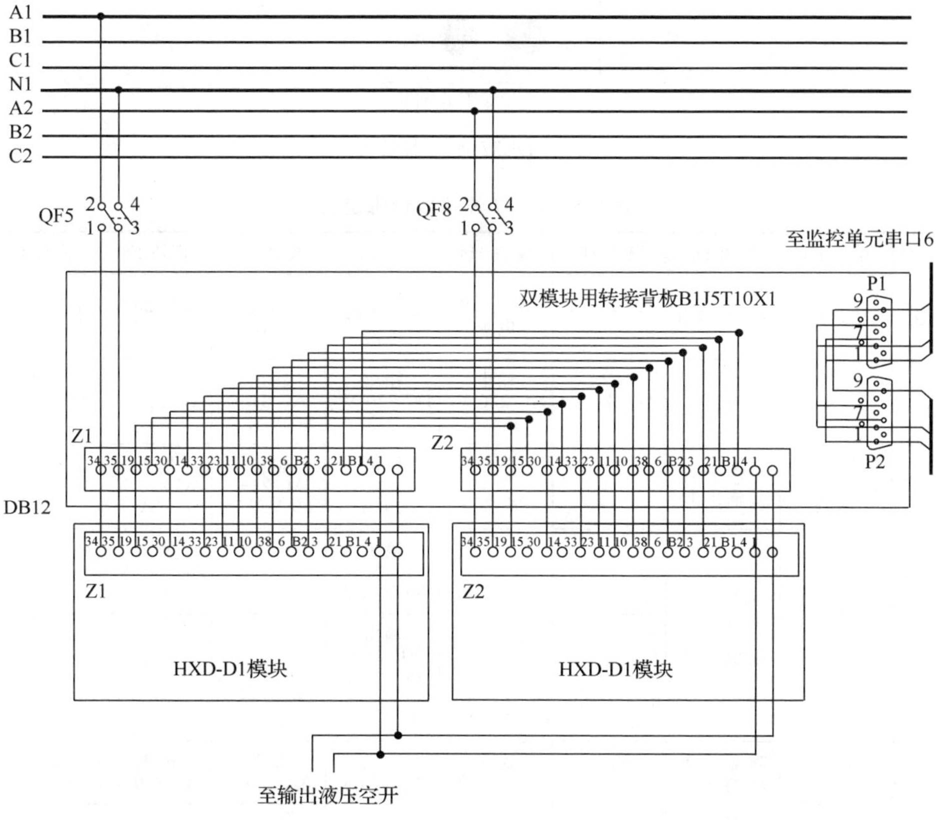

图 6.3 模块配电示意

D1 模块输出 DC 220 V(直流转辙机电源)，两台模块并联、均流输出。直流模块，如 D1 模块、E 模块、F2 模块和 2475 模块等均采用并联、均流的输出配线方式，且采用 $N+1$ 模块冗余备份。

DL37 连接器管脚如图 6.4 所示，输出管脚定义见表 6.5。

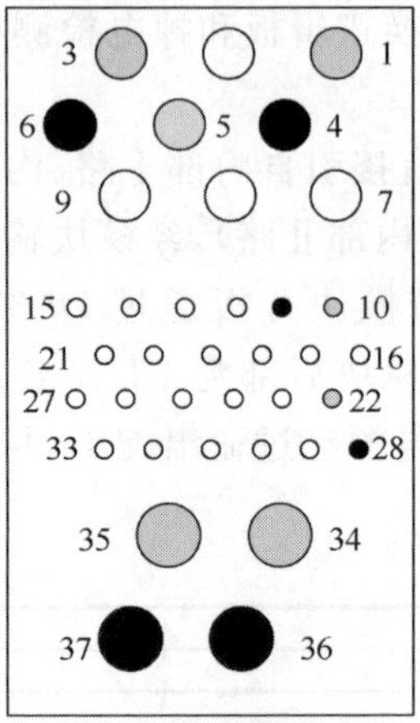

图 6.4　DL37 连接器管脚图

表 6.5　DL37 连接器管脚定义

管脚号	模块 D1	模块 D2	模块 H3	模块 H4	模块 E	模块 F2	模块 F3	模块 C
用途	直流转辙机	交流转辙机	AC 220 V 电源	AC 220 V 电源	继电器电源、闭塞电源	站间联系电源	AC 220 V ×3 路	轨道电源局部电源
3、6		3 输出 C	输出 AC 220 V/5.5 A	输出 AC 220 V/5.5 A	输出 DC 220 V/2 A	输出 AC 24～60 V/2 A	输出 AC 220 V/2 A	输出 AC 110 V/7.2 A
1、4	输出 DC 22 V/16 A	1 输出 A 4 输出 B			输出 AC 24 V/20 A	输出 AC 24～60 V/2 A	输出 AC 220 V/2 A	输出 AC 220 V/5.6 A
28、22					输出 AC 24～60 V/2 A		输出 AC 220 V/1 A	
10、11		模块互锁			输出 AC 24～60 V/2 A			
5	接　地							
34、36	输入 AC 220 V	34 输入 A 36 输入 B	输入 AC 220 V	输入 AC 220 V	输入 AC 220 V	输入 AC 220 V	输入 AC 220 V	输入 AC 220 V
35、37		35 输入 C 37 输入 N						输入 AC 220 V
13、19	模块通信							
32、33	模块均流				模块均流			

常见模块分类、用途说明如下：

① 直流模块：D1 模块(直流转辙机电源)、E 模块(继电器电源、闭塞电源)；

② F2 模块(站间联系电源)、2475 模块(主要用于区间轨道和电码化等 DC 24 V电源);

③ 50 Hz 交流稳压模块:H3 模块、H4 模块、F3 模块等,用于计算机联锁、道岔表示和信号点灯等 AC 220 V 电源;

④ 三相相序检测模块:D2 模块、D3 模块等,用于交流转辙机 AC 380 V 电源;

⑤ 25 Hz 轨道电源模块:C 模块,用于轨道电源(AC 220 V)、局部电源(AC 110 V),局部;超前轨道 90°。

(3)输出配电

50 Hz 交流电源经模块稳压输出后还要经过 220 V 隔离变压器,然后在经输出液压空开给到万可端子,如图 6.5 所示。每台稳压模块容量为 6.5 A,当两台稳压模块输出同相位时,模块后端可以连接 110 V 隔离变压器,再将两台 110 V 隔离变压器输出端串联,从而实现更大容量电源(220 V/13 A)。

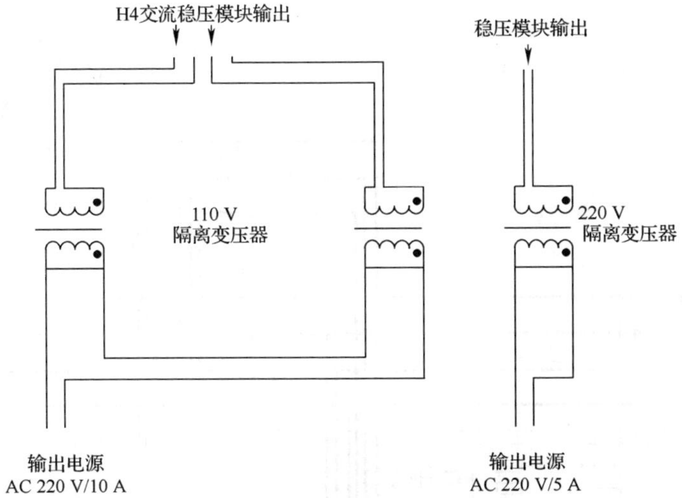

图 6.5 50 Hz 电源输出配电图

25 Hz 轨道电源(AC 220 V)和局部电源(AC 110 V)是由 C 模块提供的。本部分城市轨道交通未涉及,故从略。

2. 防雷系统

防雷系统由输入防雷和输出防雷两部分组成,其中包括两级输入防雷和一级输出防雷。

(1)输入级防雷

系统输入级防雷如图 6.6(a)所示,可以承受 20 次时间为 8/20 μs、大小为 20 kA的电流冲击或 1 次时间为 8/20 μs、大小为 40 kA 的电流冲击。

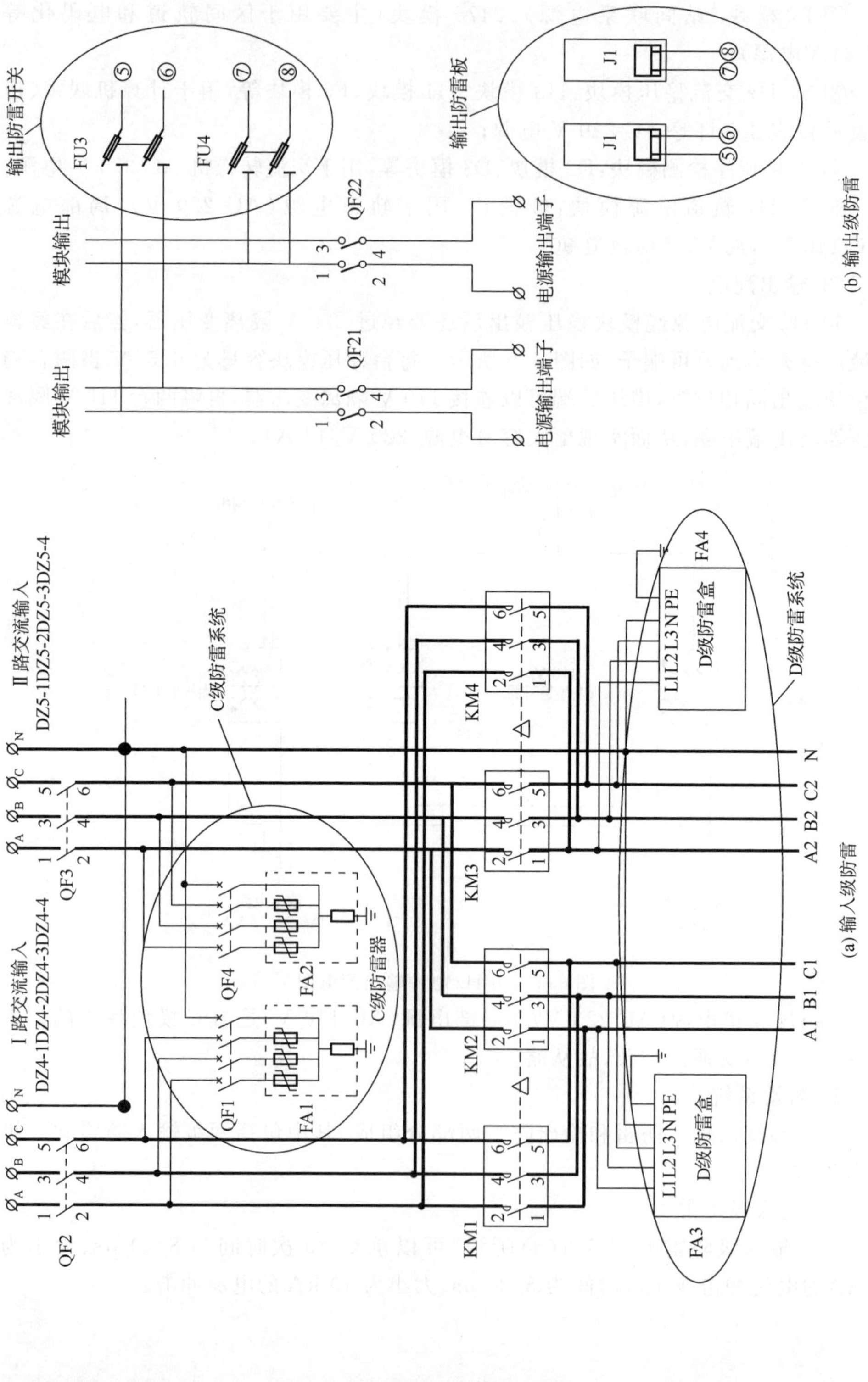

(a) 输入级防雷

(b) 输出级防雷

图 6.6 防雷系统

C 级防雷的位置在系统输入断路器之后，交流接触器之前。当 C 级防雷故障时会在监控单元中告警。FA1 和 FA2 为 C 级防雷，QF1 和 QF4 为 C 级防雷的输入开关。

D 级防雷位置在交流接触器之后，模块之前。D 级防雷正常工作时绿色指示灯发光显示，故障时绿色指示灯灭灯显示。

(2)输出级防雷

输出级防雷可以承受 10 次时间为 8/20μs，大小为 5 kA 的电流冲击。其位置在隔离变压器之后，系统输出空开之前。图 6.6(b)中，FU3 和 FU4 为输出防雷开关，⑤⑥、⑦⑧端子分别连接一块输出防雷板。输出防雷板工作正常时，板上的绿色指示灯亮；故障时，板上的绿色指示灯灭。

3. 监控系统

系统内部的监控由模块监控、配电监控和监控单元(PSM-C)三部分组成。模块监控和配电监控是最底层监控，模块监控和配电监控通过 RS-485 接口与监控单元通信，将监控数据上传到监控单元。监控单元对配电监控和各个电源模块的 CUP 板进行巡检。

(1)监控单元(PSM-C)与模块监控(CUP 板)

监控单元具有实时显示、系统设置、通信三大功能。液晶显示屏完成实时显示功能；键盘完成系统设置功能；监控模块通过串口 4 和串口 6 通信(图 6.7)，获取配电监控数据和模块监控数据。

模块监控是通过每个模块内部的 CUP 板实现的，不同类型的电源模块都使用同一种模块监控 CUP 板。模块监控 CUP 板通过拨码开关地址区分模块的类型。模块监控 CUP 板的功能有：采集电源模块的输出电压、电流值；采集电源模块的工作状态，包括保护、故障、工作/备用。模块监控 CUP 板将监测数据通过 RS-485 接口上传给监控单元的串口 6。

(2)配电监控

配电监控对整个系统的配电状态进行监测，完成输入、输出配电的数据采集、声光报警、通信等功能。

数据采集功能：配电监控采集量包括模拟量、开关量和报警量。模拟量包括输入电的电流、电压值，开关量包括 4 路输入交流接触器状态，报警量包括 C 级防雷器状态、交流输入空开跳、各路输出空开跳和交流输入停电等。

报警功能：当报警量出现时控制故障灯亮，蜂鸣器进行相应的声光故障告警。

通信功能：当接收到监控模块发来的命令，及时将监测到的各路模拟量、开关量及报警量通过 RS-485 接口通信给监控单元的串口 4。

系统输入相电压监测过程：交流电压采样板(图 6.8)采样后通过 J4 口给到配

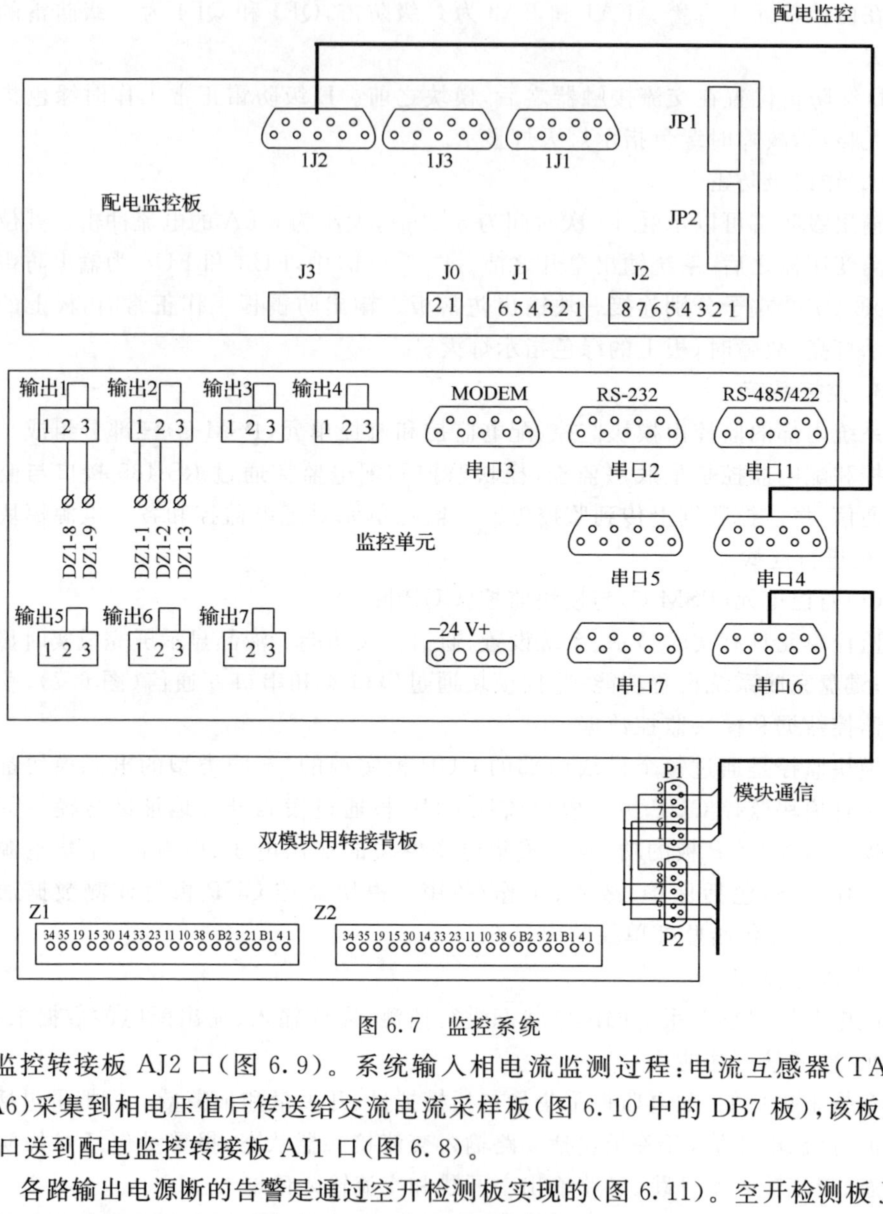

图 6.7 监控系统

电监控转接板 AJ2 口(图 6.9)。系统输入相电流监测过程:电流互感器(TA1 至 TA6)采集到相电压值后传送给交流电流采样板(图 6.10 中的 DB7 板),该板通过 J7 口送到配电监控转接板 AJ1 口(图 6.8)。

各路输出电源断的告警是通过空开检测板实现的(图 6.11)。空开检测板 J3 和 J4 口为电压采集口,每口检测 3 路,每块最多检测 6 路电源输出。J2 口为空开检测板 DC 24 V 工作电源。当 J3 或 J4 口采集到电源有输出时,J1 口上1 至 6针将对 8 针有 0 V 电压,否则将有 DC 24 V 电压。J3 和 J4 上方的 1S 至 6S 与 J1 口上方的 1 至 6 相对应。J1 口与配电监控转接板相连,将监测数据最终上传给监控单元。

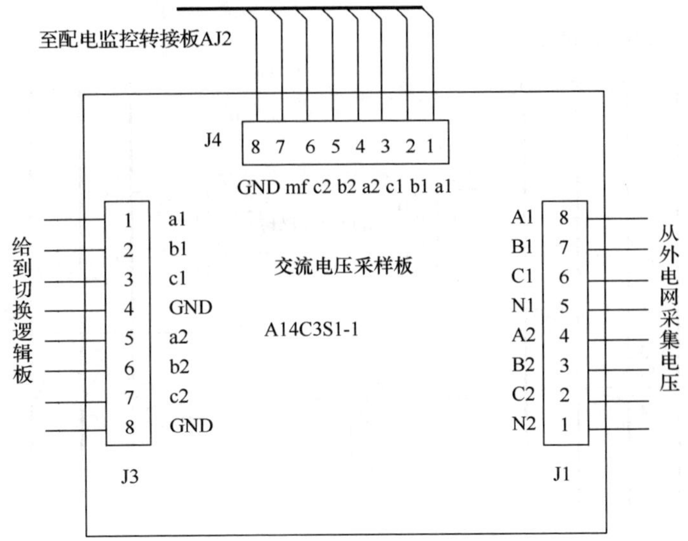

图 6.8 相电压采样

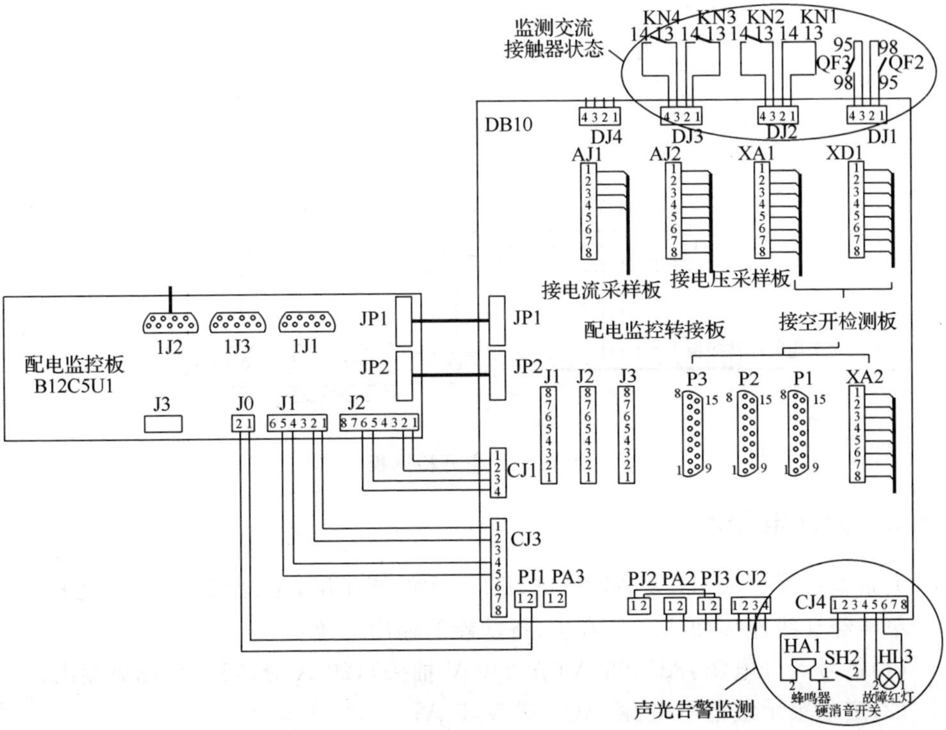

图 6.9 模块通信

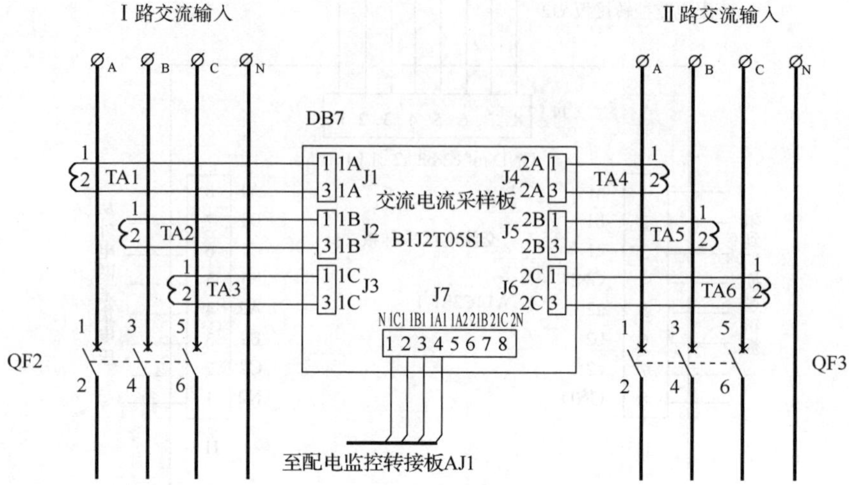

图 6.10 相电流采样

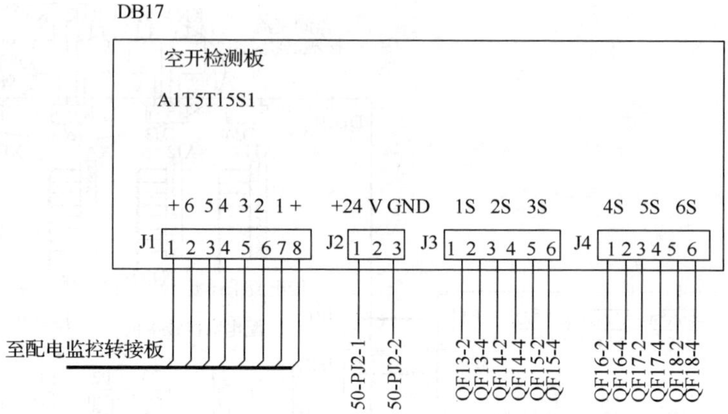

图 6.11 空开检测板

6.1.3 大站电源屏

大站电源屏由 DZH 大站转换屏，DTY 大站调压屏，主、副 DJL 大站交直流屏四个单屏经导线连接而成。具有主、备功能的输出电源：

(1)信号点灯电源：AC 220 V(含 240 V 抽头)，20 A 分四线束/隔离输出；

(2)道岔表示继电器电源：AC 220 V，5 A；

(3)控制台表示灯电源：AC 24 V，30 A；

(4)闪光电源：DC 24 V，3 A(闪光频率 90 次～120 次/min)；

(5)继电器电源:DC 24 V,30 A(有 23 V、26 V 调整输出);

(6)电动转辙机电源:DC 220 V,30 A(有 210 V、230 V、240 V 调整输出);

(7)电码化电源:AC 220 V,5 A;

(8)微机监测电源:AC 220 V,10 A;

(9)其他输出电源:

①备用电源:AC 220 V,5 A;

②稳压备用电源:AC 220 V,10 A;

③闭塞电源、检测电源等各种电源。

1. 大站转换屏

主要用途:

(1)两路三相 380 V 交流电引入,可互相手动和自动切换。

(2)各种电源均由本屏汇合引出,调压屏、交流屏、直流屏均可实现断电维修。

(3)调压屏发生故障时,可手动切除调压屏,由交流电网直接供电。

(4)当使用中的交、直流屏发生故障时,可手动转至备用屏工作;完成对闭塞、检测及其他用途设备的供电。

2. 大站调压屏

本屏为大站电源屏组成设备之一,完成对输入三相交流电源的稳压,保证电气集中设备的供电不受电源波动的影响。本设备调压范围宽,稳压精度高,供电可靠。

大站调压屏主要由调整系统、驱动系统、控制系统和告警、指示系统四大部分组成。主要用途为:

(1)当外电网三相平衡,但偏离额定电压时,可自动或手动调节至额定电压输出,也可以手动调节至偏高或偏低的电压输出;

(2)当外电网不平衡时,能自动调整三相不平衡电压的有效值接近额定电压。

3. 大站交直流屏

本屏为大站电源屏组成设备之一。完成对交直流供电的隔离、变压。一套大站电源屏中设有本设备 2 台,1 台正常工作,1 台停机备用。

大站交直流屏专为电气集中信号设备——信号点灯、轨道电路、道岔表示和控制台表示灯供电。

6.1.4　PXD-15 地铁信号电源屏

信号电源屏是为地铁信号设备提供各种稳定可靠的交直流电源的配电设备,是保证列车安全运行的重要部件。上海轨道交通 2 号线车站的信号电源屏采用上海铁路通信工厂生产的 PXD-15 地铁信号电源屏,额定容量为 15 kVA。

PXD-15 地铁信号电源屏由主、备用交流配电电路，电源 BX220 两路输入自动/手动转换电路，LB24 直流电源(DC 24 V/5 A)电路，错断相、过载保护电路，运行状况显示和故障告警电路，冷却风扇温控电路等组成。

1. 主要功能

(1)BX220 两路交流输入电源均设有断相、错相检测保护。一旦检测出故障，输入电源自动切换至另一路供电，同时发出声光告警信号。

(2)LB24 主、备电源两套热备供电，若其中一套出现故障无输出时，发出声光告警信号并由另一套电源供电。

2. 技术参数

(1)输入电源：两路三相 AC 380(1±0.05) V，50 Hz±1 Hz。

(2)额定容量：15 kVA。

(3)两路电源的切换时间(包括手动或自动)：≤0.15 s。

(4)输出电源：

①AC 220 V(B12 输入电源)，25 A×2(主备)；

②AC 220 V(MODEM 输入电源)，25 A×2(主备)；

③AC 220 V(B24 输入电源)，25 A×2(主备)；

④AC 220 V(BX220)，100 A(输入两路转换)；

⑤DC 24 V(LB24 电源)，5 A×2(主备)(当输入电压为 220 V，负载在额定值 10%～30%范围内变化时，输出电压允许波动范围为 DC 23.5～27.5 V)。

(5)绝缘电阻：

①当温度为 150 ℃～300 ℃时，相对湿度为 50%～80%的气候条件下，整机输入、输出端子对地的正常绝缘电阻值应不小于 20 MΩ。

②当温度为 150 ℃～300 ℃时，相对湿度为 95%～98%的气候条件下，整机输入、输出端子对地的正常绝缘电阻值应不小于 1 MΩ。

(6)绝缘耐压：

①在大气压力不低于 84 kPa 时，整机的输入、输出端子对地间的正常绝缘耐压。

②200 V<U≤380 V，50 Hz/1 200 V/1 min，无击穿或闪络现象。

(7)外形尺寸(宽×厚×高)：800 mm×600 mm×2 000 mm。

(8)重量：200 kg/屏。

6.1.5 PXD-25 地铁信号电源屏

信号电源屏是为地铁信号设备提供各种稳定可靠的交直流电源的配电设备，是保证列车安全运行的重要部件。上海轨道交通 2 号线车站的信号电源屏采用上海铁路通信工厂的PXD-25地铁信号电源屏，额定容量为25 kVA。

PDX-25地铁信号电源屏由担负电源切换、交流配电的PXD-25A型地铁信号电源屏和担负直流配电的PXD-25A地铁信号电源屏两台单屏组成。

1. 主要功能

(1)两路输入电源能自动、手动转换。当处于供电状态的一路电源发生故障时，能自动转换至另一路备用电源供电。转换时间不大于0.15 s。

(2)三相交流输入电源具有断相、错相保护功能。

(3)电转机主电源出现故障无输出时自动切换至备用电源供电，同时发出声光告警信号。

(4)LB24主、备电源两套热备供电，若其中一套出现故障无输出时，发出声光告警信号并由另一套电源供电。

2. 技术参数

(1)输入电源：两路三相AC 380×(1±0.05) V，50 Hz±1 Hz。

(2)额定容量：25 kVA。

(3)两路电源的切换时间(包括手动或自动)：≤0.15 s。

(4)输出电源：

①AC 220 V(B12输入电源)，25 A×2(主备)；

②AC 220 V(MODEM输入电源)，25 A×2(主备)；

③AC 220 V(B24输入电源)，25 A×2(主备)；

④AC 220 V(BX220)，100 A×2(输入两路转换)；

⑤DC 220 V(电转机电源)，25 A×2(主备)；

⑥DC 24 V(LB24电源)，5 A×2(主备)。

当输入电压为额定值，负载在额定值10%～30%范围内变化时，输出电压允许波动范围为：电转机电源DC 210～230 V、LB24电源DC 23.5～27.5 V。

(5)绝缘电阻

当温度为150 ℃～300 ℃时，相对湿度为50%～80%的气候条件下，整机输入、输出端子对地的正常绝缘电阻值应不小于20 MΩ。

当温度为150 ℃～300 ℃时，相对湿度为95%～98%的气候条件下，整机输入、输出端子对地的正常绝缘电阻值应不小于1 MΩ。

(6)绝缘耐压

在大气压力不低于84 kPa时，整机的输入、输出端子对地间的正常绝缘耐压：200 V<U≤380 V，50 Hz/1 200 V/1 min，无击穿或闪络现象。

(7)外形尺寸(宽×厚×高)：1 600(单屏800)mm×600 mm×2 000 mm。

(8)重量：200 kg/屏。

6.1.6 PQX-30 地铁信号电源屏

信号电源屏是为地铁信号设备提供各种稳定可靠的交直流电源的配电设备，是保证列车安全运行的重要部件。上海轨道交通 3 号线车站的信号电源屏采用上海铁路通信工厂的 PQX-30 地铁信号电源屏，额定容量为 30 kVA。

PQX-30 地铁信号电源屏由负责电源切换、稳压功能的 PQX-30HW 地铁信号电源转换稳压屏和负责交直流配电的 PQX-30JZ 地铁信号电源交直流屏、PQX-30GL 地铁信号电源隔离屏及提供不间断电源的 PQX-30BY 地铁信号电源不间断电源屏 4 台单屏组成。

1. 主要功能

(1)两路输入电源能自动、手动转换。当处于供电状态的一路电源发生故障时，能自动转换至另一路备用电源供电，转换时间不大于 0.15 s。

(2)电源屏交、直流电源均采用稳压方式工作。

(3)三相交流输入电源具有断相、错相保护；输入、输出电源均设断路器作过载、短路保护。

(4)直流电源均采用可靠的接插方式连接，可实现在线更换，不影响电源屏运行。

(5)电源屏出现故障时，发出声、光报警，并通过报警继电器接点向控制台发出报警信号。

(6)电源屏各输出电源均以主、备电源热备方式运行。

2. 技术参数

(1)输入电源：两路三相 AC 380×(1±0.15) V，50 Hz±1 Hz。

(2)额定容量：30 kVA。

(3)两路电源的切换时间(包括手动或自动)：≤0.15 s。

(4)稳压器输出电压精度：AC 380×(1±0.03) V。

(5)输出电源：

①信号点灯电源：AC 220×(1±0.03) V，6 A；

②信号点灯闪光电源：AC 220×(1±0.03) V，6 A；

③道岔表示电源：AC 220 V±10 V，2 A；

④轨道电路电源：AC 220×(1±0.03) V，10 A；

⑤SDTC 电源：AC 220 V±10 V 20/25/30 A；

⑥VPI 主电源：AC 220×(1±0.03) V，15 A(带 VPI 主电源 UPS)；

⑦VPI 备电源：AC 220×(1±0.03) V，15 A(带 VPI 备电源 UPS)；

⑧VPI/SACEM 辅助电源：AC 220×(1±0.03) V，10 A；

⑨SACEM 主电源：AC 220×(1±0.03) V,12 A(带 SACEM 主电源 UPS)；

⑩SACEM 备电源：AC 220×(1±0.03) V,12 A(带 SACEM 备电源 UPS)；

⑪ATS 辅助电源：AC 220×(1±0.03) V,10 A；

⑫ATS 主电源：AC 220×(1±0.03) V,10 A(带 ATS 主电源 UPS)；

⑬ATS 备电源：AC 220×(1±0.03) V,10 A(带 ATS 备电源 UPS)；

⑭风扇电源：AC 220×(1±0.03) V,30 A；

⑮备用电源：AC 220×(1±0.03) V, 5 A；

⑯转辙机电源：DC (210～220) V±10 V,20 A；

⑰继电器电源：DC (24～28) $V^{+3.5}_{-0.5}$ V,10 A；

⑱线路电源 1：DC (24～60) V±1 V,3 A；

⑲线路电源 2：DC (24～60) V±1 V,3 A；

⑳线路电源 3：DC (24～60) V±1 V,3 A；

㉑线路电源 4：DC (24～60) V±1 V,3 A；

⑫线路电源 5：DC (24～60) V±1 V,3 A。

(线路电源输出功率限定不大于 56 V,3 A)

(6)绝缘电阻：

①当温度为 150 ℃～300 ℃时，相对湿度为 45%～80%的气候条件下，整机输入、输出端子对地的正常绝缘电阻值应不小于 25 MΩ。

②经过交变湿热试验后，其潮湿绝缘电阻不小于 1 MΩ。

(7)绝缘耐压：

①在大气压力不低于 84 kPa 时，整机的输入、输出端子对地间的正常绝缘耐压。

②$U \leqslant 60$ V,50 Hz/500 V/1 min，无击穿或闪络现象。

③60 V$<U\leqslant$220 V,50 Hz/1 000 V/1 min，无击穿或闪络现象。

④200 V$<U\leqslant$380 V,50 Hz/1 200 V/1 min，无击穿或闪络现象。如升高试验电压 25%时，可缩短试验时间至 1s，无击穿或闪络现象。

⑤重复试验时，试验电压为原电压的 75%，历时 1 min，应无击穿或闪络现象。

(8)外形尺寸(宽×厚×高)：3 200(单屏 800)mm×600 mm×2 000 mm。

(9)重量：600 kg/屏。

6.2 UPS 基本工作原理

UPS(Uninterruptible Power Supply，不间断电源)是由整流器、逆变器、蓄电池组成的一种电源设备。这种电源无论交流输入电源中断与否，电压、波形符合供电要求与否，都能保证向信息技术设备提供符合要求的电源。这种电源设备输出的电压波形是连续的正弦波。

6.2.1 基本作用

(1)不间断供电功能。

(2)稳压稳频功能。

(3)市电净化功能。

UPS电源的出现与计算机的发展有着密切的关系，建立一个不停电的供电系统对于任何一个用电户都是十分需要的。使用UPS电源是一种提高供电质量的技术措施，它可以在市电一掉电(停电)，后备电源几乎是在无断点的状况下，对原有负荷继续供电。UPS电源对保证计算机正常运行是很重要的设备，有了UPS电源，可以保证计算机不丢失信息和数据，保证计算机设备的安全。也就是说，随着计算机应用的日益普及，信息处理技术的不断发展，对供电的质量提出越来越严格的要求。

6.2.2 UPS的类型

动态式UPS由引擎与发电机组构成，它是靠交流市电驱动交流电动机旋转，从而带动同轴的交流发电机和惯性飞轮同速旋转运行，由发电机向负载供电。市电波动时由于惯性飞轮对短时间的电压突变后干扰无反应，保证了输出电压的稳定；市电断电靠飞轮的惯性将额定电压供电再延长5 s，用于保存数据信息。后来发展到内燃机式UPS系统，但这类UPS体积大、噪声大、效率低，在目前应用不多。目前最常用的UPS是静态式UPS，现在一般讲的UPS也是指静态式UPS，但在概念上还是应分清楚。

6.2.3 静态式UPS

动态式UPS因应用较少，所以在人们通常所指的UPS大都指静态式UPS。静态式UPS根据供电方式可分为，后备式(如图6.12所示，或称离线式，OFF-LINE/BACK-UP)及线上交互式(LINE-INTERACTIVE)在线式(ON-LINE)三类。

后备式UPS电源的定义：当输入、负载及UPS本身都正常工作时，UPS仅仅是将市电做简单的升压，降压和滤波处理，然后直接输出给负载使用，只有当输入电源不符合要求时，UPS才将电池的直流逆变成交流电，输出给负载使用。即在大部分时间，负载使用的是输入电源本身或经过简单处理的输入电源。

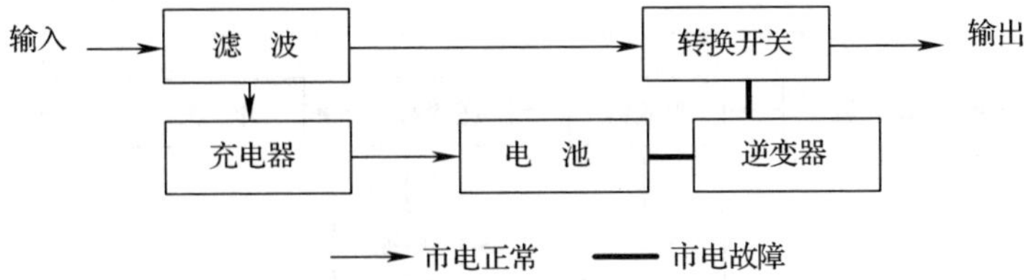

图 6.12 后备式 UPS 电源

线上交互式 UPS 电源(图 6.13)的定义:当市电电源在约 150～264 V 的范围内,它向用户提供经铁磁谐振稳压器或经变压器抽头调压处理的一般市电电源(即来自一般市电电网的频率波动,由“谐波污染”而形成的高波形畸变度及从电网串入的干扰等所困扰的低质量电源就是用户实际使用的交流电源)。对于这种 UPS 来说,仅仅当市电电源电压低于 150 V 或高于 264 V 左右时,它才有可能向用户提供真正的“UPS 逆变器高质量的正弦波”电源。

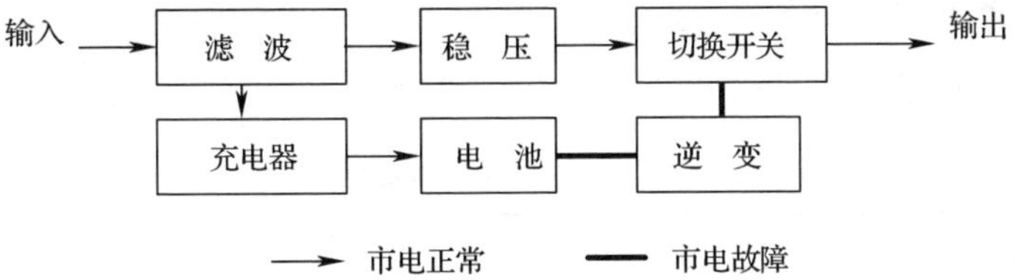

图 6.13 在线互动式 UPS 电源

在线式 UPS 电源(图 6.14)的定义:当输入、负载和 UPS 本身都正常工作时,UPS 电源将输入的交流市电先通过整流器变成直流电,然后通过逆变器将直流电逆变成交流电,输出标准的、稳定的、纯净的、正弦波电源,即在一切都正常的情况下,负载得到的是由逆变器输出的高质量的正弦波电源。

根据负载对输出稳定度、切换时间、输出波形要求来确定是选择在线式、在线互动式、后备式以及正弦波、方波等类型的 UPS。在线式 UPS 的输出稳定度、瞬间响应能力比另外两种强,对非线性负载及感性负载的适应能力也较强。对一些较精密的设备、较重要的设备要求采用在线式 UPS。在一些市电波动范围比较大的地区,避免使用互动式和后备式 UPS。如果要使用发电机配短延时 UPS,推荐用在线式 UPS。

6.2.4 使用环境

UPS 对环境温度的要求不是很高,通常在 0 ℃～40 ℃都能正常工作。但需要注意防尘问题,UPS 的使用环境要求清洁、少尘、干燥,灰尘和潮湿的环境会引

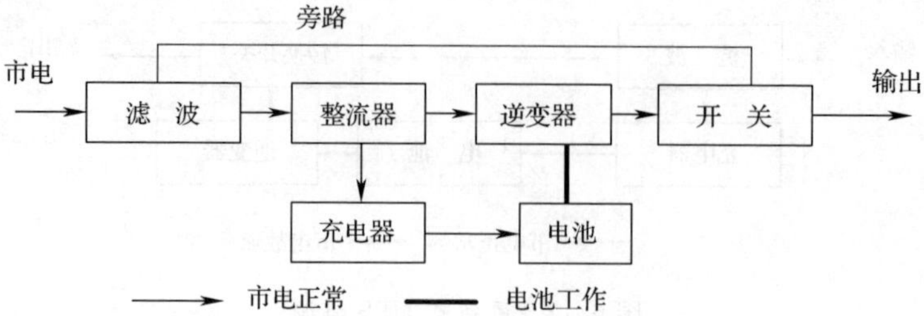

图 6.14 在线式 UPS 电源

起 UPS 不正常工作。而 UPS 电池组对温度要求则较高,标准使用温度为 25 ℃,平时最好不要超出 150 ℃～300 ℃这个范围。温度过低不但会减小电池组的容量,还会进一步影响 UPS 的使用寿命。另外,UPS 的防磁能力也不是很好,所以不应把强磁性物体放在 UPS 上,否则会导致 UPS 工作不正常或损坏机器

6.2.5 主要技术参数

UPS 主要技术参数见表 6.6。

表 6.6 主要技术参数

分类项目	技术参数				
	微 型 非在线式	微 型 在线式	小 型 在线式	中 型 在线式	大 型 在线式
额定输出功率(W)	额定输出容量×0.8				
输入电压(V)	220×(1±0.1)	220×(1±0.1)	220/ 380×(1±0.1)	380×(1±0.1)	380×(1±0.1)
输入频率(Hz)	50±2.5	50±2.5	50±2.5	50±2.5	50±2.5
输出电压(V)	220×(1±0.1)	220×(1±0.05)	220/ 380×(1±0.02)	380×(1±0.02)	380×(1±0.02)
输出频率(Hz)	50±0.5	50±0.5	50±0.5	50±0.5	50±0.5
输出波形	—	正弦波	正弦波	正弦波	正弦波
波形失真(%)	—	≤10	≤5	≤5	≤5
负载功率因数	正弦波 0.8	0.8	0.8	0.8	0.8
噪声(dB)	<55	<60	<60	<70	<80
动态电压瞬变范围(V)	—	±10%	±10%	±10%	±10%
瞬变响应恢复时间(ms)	—	≤100	≤100	≤100	≤100
电源效率(%)	>80	>60	>65	>75	>80

续上表

分类项目	技术参数				
	微 型 非在线式	微 型 在线式	小 型 在线式	中 型 在线式	大 型 在线式
120% 过载能力(min)	1	1	1	10	10
备用时间(min)	5	5	5	7	10
切换时间(ms)	<10	无	无	无	无
旁路开关切换时间(ms)	—	—	<5	<5	<5
电池再充电时间(h)	<16	<16	<24	<24	<24

注:① 微型在线式不间断电源输出容量若不大于 500 VA,电源效率也可以由型号产品标准规定。

② 非在线式产品供电输出频率也可以与电网同步。

③ 产品在使用条件下限工作时,备用时间允许暂时缩短。

6.2.6 外观、结构要求

产品表面不应有明显的凹痕、划伤、裂缝、变形等现象,表面涂覆层不应起泡、龟裂和脱落,金属零件不应有锈蚀及其他机械损伤。

开关应操作方便、灵活可靠,零部件紧固无松动。

说明功能的文字符号及功能显示应清晰端正,并应符合有关标准的规定。

日常使用中,如欲开机或关机,请依下列方法操作:

开机时只需按动 UPS 面板“开”键,约经 20 s,即可开启电脑或其他仪器进行使用。

关机前请先将电脑或其他仪器关闭,让 UPS 空载运行 10 min,将机内热量排出后,然后再按面板“关”。

通常等 UPS 启动进入稳定工作后,方可打开负载设备电源开关,先启动大功率设备,后启动小功率设备。某些设备启动电流很大(如某些牌号显示器),启动时有可能发生过载保护动作(如旁路动作)。这时最好将这类设备先于其他设备启动。

6.2.7 UPS 维护和管理

UPS 电源设备智能化程度高,而蓄电池又采用阀控式密封蓄电池,在使用过程中给用户带来许多便利。但是,UPS 系统运行好坏、供电质量高低及可靠性是建立在日常维护基础之上的,没有良好的管理与维护,设备就会出现故障,就会给供电带来隐患。因此,做好 UPS 电源系统日常维护工作,是提高 UPS 电源系统供电质量、延长使用寿命的有力保障。在使用维护与管理过程中应注意以下事项：

(1) UPS应安装在凉爽、干燥、清洁的工作环境中，阀控式密封蓄电池机房应配有通风换气装置，以使蓄电池工作在最佳环境中。机房环境温度应保持在10 ℃～25 ℃之间，机房环境温度不宜超过28 ℃；机房湿度应保持在20%～80%之间。

(2)定期检查并记录UPS控制面板中的各项运行参数，有利于及时发现UPS的异常状态，消除故障隐患。

(3)对于并联冗余系统宜在负载均分并机的方式下运行，并测试并机系统运行的稳定性和可靠性。对负荷均分系统，应定期进行UPS满载运行测试，即停止部分UPS将其负载转移到其他UPS上。如工作在热备份方式的系统，应在做好各项应急措施的前提下进行备机带载实验。

(4) UPS开关机注意事项：在开启UPS前，应先将负载设备关掉或切断UPS输出开关，待UPS开机启动稳定运行后再逐一打开负载设备的电源开关，这样可以避免带负载启动时，大电流冲出造成UPS瞬间过载而使逆变器烧坏；UPS不能频繁的开关机，特别是中、大型UPS在短时间内连续开关机，会造成UPS内部控制系统的工作乱、误动作，使之处于既无市电输出又无逆变输出的不正常状态，从而造成通信中断。

(5)禁止不同厂家、不同规格、不同型号、设计使用寿命相同的蓄电池在同一系统中使用，禁止阀控式密封蓄电池和防酸式铅酸蓄电池在同一系统中混合使用。

(6) UPS宜使用开放式电池架，UPS使用的高电压电池组的维护通道应铺设绝缘胶垫，有利于蓄电池的运行与维护。

(7) UPS主机的维护

UPS主机是整个UPS系统的心脏，为了提高UPS系统运行的稳定性、供电可靠性，对UPS电源主机功能维护尤为重要。

①经常检查各种自动告警和自动保护功能均应正常，经常检查设备工作和故障指示是否正常。

②定期进行UPS系统各项功能测试，检查其逆变器、整流器的启停、UPS与市电的切换等是否工作正常。

③定期查看UPS主机内部的元器件的外观是否正常，发现异常现象应查明原因及时处理。

④定期检查UPS各主要模块和风扇电机的运行温度有无异常，经常保持机器清洁，定期清洁散热风口、风扇及滤网。

⑤定期检查主机、蓄电池组、配电部分引线及接线端子的接触情况，检查馈电

母线、电缆及软接头等各连接部位的连接是否可靠，并测量其压降和温升是否符合要求。

6.3 蓄　电　池

6.3.1 蓄电池的重要作用

蓄电池是电力电源系统中直流供电系统的重要组成部分，它作为直流供电电源，主要担负着为电力系统中二次系统负载提供安全、稳定、可靠的电力保障。正常时直流系统中的蓄电池组处于浮充电备用状态，在交流电失电的事故状态下，蓄电池迅速向事故性和应急性负荷提供能量。因此，蓄电池的稳定性和在放电过程中提供给负载的实际容量，对确保电力设备的安全运行具有十分重要的意义。

6.3.2 蓄电池在使用中存在的问题

蓄电池经过一定时间的使用后，常易因活性物质脱落、板栅腐蚀或极板变形、硫化等因素，而使容量逐渐降低直至失效。所以，找出老化电池，并将其予以处理，以便消除隐患，是广大蓄电池维护人员的工作。过去几十年一直使用防酸隔爆式铅酸蓄电池，积累了一定经验。但由于此种电池维护方法烦琐，目前已被具有免加水、安装灵活、占地面积小且不形成酸雾的阀控式密封铅酸蓄电池（VRLA）所取代。

阀控式铅酸蓄电池（VRLA）从一开始便被称为免维护电池，而生产厂家又承诺该电池的使用寿命为10～20年（最少为8年），这样就给国内的技术和维护人员一种误解，似乎这种电池既耐用又安全，不需要维护。许多用户从装上电池后就基本没有进行过维护和管理，因而在20世纪90年代初国内使用的VRLA电池出现了很多以前未遇到的新问题，如电池壳变形、电解液渗漏、容量不足、电池端电压不均匀等。

在VRLA电池中，由于电解液比重更大而且浮充电流更大，因而电极腐蚀更为迅速。电极腐蚀也会消耗氧气，从而使电池变干，这是VRLA电池特有的故障。VRLA电池过度的气体逸出、焊接柱或盖板裂缝、密封不严，最后通过容器壁和塑料容器渗出水、氢和氧，这些都会引起电解液渗漏。VRLA电池的故障有些是气体调节阀出现故障引起的，阀打开会导致干涸，也会使空气进入电池，阴极板自我放电，阀阻塞会使盖鼓出和爆炸。VRLA电池的冷却比开口式电池更为重要，如果不充分，热失控可能会引起电池熔毁或爆炸。VRLA池内部接线柱、同极的连接片以及电极接头因腐蚀而断裂的现象也比开口式电池更常发生。这些故障都会导致容量损失，因此使用单位不易掌握 VRLA 电池的耐久性和失效问题。实践证明，VRLA 电池端电压与放电能力无相关性，VRLA 电池和电池组在运行过程中，随着使用时间的增加必然会有个别或部分电池因内阻变大，呈退行性老化现象。

因此，整组电池的容量是以状况最差的那一块电池的容量值为准，而不是以平均值或额定值（初始值）为准，当电池的实际容量下降到其本身额定容量的 90%以下时，电池便进入衰退期，当电池容量下降到原来的 80%以下时，电池便进入急剧的衰退状况，衰退期很短，这时电池组已存在极大的事故隐患。使用单位和管理单位，往往只重视备用电源的设备部分的维护和管理，而忽视电池组的重大作用，殊不知断电的危险很大程度上就潜伏在电池组。整组电池充电的特性是，如电池组内有一个或几个内阻变大的老化电池，其容量必然变小。充电器给电池组充电时，老化电池因容量小，将很快充满。充电器会误以为整组电池已充满而转为浮充状态，以恒定电压和小电流给电池组充电。其余状态良好的电池不可能充满。电池组将以老化电池的容量为标准进行充放电，经多次浮充—放电—均充—放电—浮充的恶性循环，容量不断下降，电池后备时间缩短。如不及时发现，其他电池也会跟着报废。

6.3.3 阀控式密封铅酸蓄电池的维护管理

通常所说的“免维护”是在规定使用期间不需维护的一种蓄电池，所谓蓄电池的免维护是相对传统铅酸蓄电池维护而言，仅指使用期间无须加水。在实际工作中，仍需履行维护手续。在电力行业中极为重视蓄电池的维护工作，包括阀控式铅酸蓄电池的运行与维护。

（1）阀控式密封电池宜放在有空调的机房（机房有定期通风装置），机房温度不超过 30°。

（2）通过电源集中监控系统对总电压、电流、单体电压、温度进行监控，并定期对电池组进行测量。通过电池监测仪了解电池充放电曲线和性能，发现故障及时处理。

（3）密封电池在使用前不需进行充电，但应进行补充充电。补充充电应采取恒压限流充电方式，充电电压应按说明书规定进行。

（4）密封蓄电池平时均处于浮充状态，浮充电压按说明书规定进行。

6.3.4 蓄电池运行指标要求

1. 蓄电池的充电

（1）充电电压（表 6.7）

表 6.7　阀控式密封蓄电池

1. 初(补)充电电压	按厂家说明书的规定
2. 浮充电压	按厂家说明书的规定(一般在 2.23～2.28 V/只范围内规定,温度为 25 ℃时)
3. 均衡充电电压	2.30～2.35 V/只

(2)均匀性:电池经过充电,浮充一段时间(3 个月)以后,其每组电池中各单体端电压应不超过±0.05 V(平均值)。

2. 蓄电池的放电

蓄电池容量是指电池在规定的时间内,以 10 小时率放电电流为一的倍数计算,放电到规定的终止电压为止所能放出的安时数。其放电率、放电电流、终止电压及应达到额定容量的百分数见表 6.8。

表 6.8　放电率

放电率 (h)	电池额定容量百分数 (%)	放电电流倍数 (A)	终止电压 (V)
0.5	35	7 110	1.70
1	50	5 110	1.75
3	75	2.511 0	1.80
8	94	1.181 10	1.80(1.84)
10	100	1.011 0	1.80(1.85)
20	110	0.551 10	1.80(1.86)

注:括弧中的终止电压值为第六次循环之后至电池保证寿命中期测量电池容量时,应达到的终止电压值。

3. 电池间连接电压降

$\Delta U \leqslant 0.01$ V(1 h 放电率条件下测试)。

4. 蓄电池的寿命

阀控式铅蓄电池在全浮充状态下正常运行,2 V 系列使用寿命不低于 8 年,6 V和 12 V 系列使用寿命不低于 6 年。

5. 蓄电池容量测试

蓄电池组容量的测量视情况不同可用下列三种方式进行测量。

(1)离线式测量法

① 将脱离供电系统的蓄电池充满电后静置 1～24 h,在环境温度为 25 ℃±5 ℃的条件下开始放电。

② 放电开始前应测蓄电池的端电压,放电期间应测记蓄电池的放电电流、时间及环境温度,放电电流波动不得超过规定值的 1%。

③ 放电期间应测蓄电池的端电压及室温,测量时间间隔为:10 小时率放电 1 h,

3 小时率放电 0.5 h,1 小时率放电 10 min。在放电末期要随时测量,以便准确地确定达到放电终止电压的时间。

④ 放电电流乘以放电时间即为蓄电池组的容量。

⑤ 放电结束后,要对蓄电池组充电,充入电量应是放出电量的 1.2 倍。

(2)在线式测量法

① 在供电系统中,关掉整流器由蓄电池组放电供给通行设备,在蓄电池组放电中找出蓄电池组中电压最低,容量最差的一只电池作为容量试验的对象。

② 打开整流器对蓄电池组进行充电,等蓄电池组充满电后稳定 1 h 以上。

③ 对①中放电时找出最差的那只电池进行 10 小时率放电试验。放电前后要测记该只电池的端电压、温度、放电时间和室温。以后每隔 1 h 测记一次,放电快到终止电压时,应随时测记,以便准确记录放电时间。

④ 放电时间乘以放电电流即为该组电池的容量。当室温不是 25 ℃时,应换算成 25 ℃时的容量。

⑤ 放电试验结束后,用充电机对该电池进行充电,恢复其容量。

⑥ 根据测记的数据绘制放电曲线。

(3)核对性容量试验法

为了能随时掌握蓄电池的大致容量,进行核对性放电试验是必要的,其方法是:

① 在直流供电系统中,关掉整流器,让蓄电池对通信设备供电,蓄电池组放电前后要测记每只电池的端压、温度、比重、室温和放电时间。放出额定容量的 30%~40%为止。

② 放电结束后,要对蓄电池充电,充入电量应是放出电量的 1.2 倍。

③ 根据测记的数据作出放电曲线,留作以后再次测试时比较。

注意事项:上述 3 种蓄电池的容量试验方法,是日常维护中常用的方法,但无论哪种方法,在容量测试期间通信安全都会受到一定的威胁。因此在做容量试验时要防止市电停电,备用发电机组应处于良好状态。

6. 连接条压降的测量

蓄电池按 1 小时率电流放电时,两只电池之间的连接电压降,用 0.5 级直流电压表在蓄电池的极性根部测量电压值应小于或等于 10 mV。

7. 蓄电池端电均匀性测试

① 蓄电池经过浮充,均充电工作 3 个月后,用 0.5 级直流电压表或三位半数字万用表在电池极柱根部测其每组电池中各单体电池的端电压,每只电池端电压之间的最大差值应小于或等于 100 mV。

② 由若干个单体组成一体的蓄电池,在环境温度(25±5)℃,对充慢电的蓄电

池组静置 24 h,用 0.5 级直流电压表在极柱根部测其各单体间的开路电压,最高与最低差值应小于或等于 20 mV。

8. 外观检查

用目测法检查蓄电池的外观,有无漏液、变形、裂纹、污迹、腐蚀及螺母松动等现象。

9. 落后电池的判断

落后电池在放电时端电压低,因此落后电池应在放电状态下测量,如果端电压在连续三次放电循环中测试均是最低的,就可判断为该组中的落后电池。有落后电池就应对电池组进行均衡充电。

第7章　上海地铁智能运维系统

7.1　智能运维的背景

智能运维是近年来轨道交通维护发展中提出的新的技术手段，是轨道交通维护过程的必然趋势，也得益于外部环境，包括大数据、人工智能、云计算能力的飞跃性发展，轨道交通的运营维护工作开启了智能化的道路。

随着上海城市轨道交通建设的快速发展，上海地铁由初期的线路运营阶段逐步演进到目前的网络化运营阶段，城市轨道交通已经成为城市正常运行的交通保障关键支柱。超大规模网络化运营不仅体现在规模体量“量”的增加，更带来了网络结构功能与装备系统能力方面“质”的飞跃，要求设备设施必须保持长期的可用度，对设备运维管理提出了更高的要求，以保证超大规模线网常态化高强度运营。

城市轨道交通超大规模线网的常态化高强度运营对设备维保提出了超高要求，主要表现在以下五点：

(1)网络化运营中单线单点故障易呈网状扩散、运营对设备设施的可靠性及可用性有极高的要求。

(2)线网中设备数量、种类、场景都呈现出多样复杂性，设备异常风险增大、维护难度增大。

(3)运营里程不断增长、相应的维护成本不断增长。

(4)乘客对轨道交通依赖性增强，对安全、便捷、准点、舒适、运营时长等多方面有综合需求，这也对设备的维护时长、效率、质量提出了更高的要求。

(5)传统维修技术不足，仍大多处于故障修、计划修阶段，维修资源不能合理分配，存在“维修不足”和“维修过剩”，系统安全生产隐患大。

城轨信号通信系统作为线网控制核心和安全核心，要求在超过十年的全寿命周期内始终保持高度安全性、高度可用性，为此迫切需要体系化的设施设备智能运维管理。

7.2　智能运维的功能设计

通号智能运维平台功能定位是要为运维提升智能化、自动化和信息化水平。

面向轨道交通超大规模线网运营背景，实现设备一体化运维与健康管理；面向信号设备复杂性、重要性，管控行车风险保障运营安全；面向故障"零容忍"，创新技术手段提升运营质量；面向应急、故障及维护场景，优化维修策略与时空资源提升效能效益。因而，需要依靠智能运维来帮助通信信号设备维护"增效能""提效率""保安全"：

保安全：提升设备可靠度、可用度；快速有效的应急处置；保障运营安全。

提效率：降低维护工时、维护成本；降低设备替换、备用成本；降低人工劳动强度、风险。

增效能：减少维护用时、增大运营时长；降低设备故障、保障最大运能；维护与运营联动、优化运营策略。

首先在三者中，"保安全"是基础，智能运维首先要做到的是保障设备运行的可靠性，区别于传统的以人力为主的运维方式，要想实现智能运维肯定不是一蹴而就的，需要逐步改建。分析人员将上海地铁通信信号系统近三年故障进行梳理，根据故障发生的次数以及故障造成的影响进行统计，如图7.1所示。

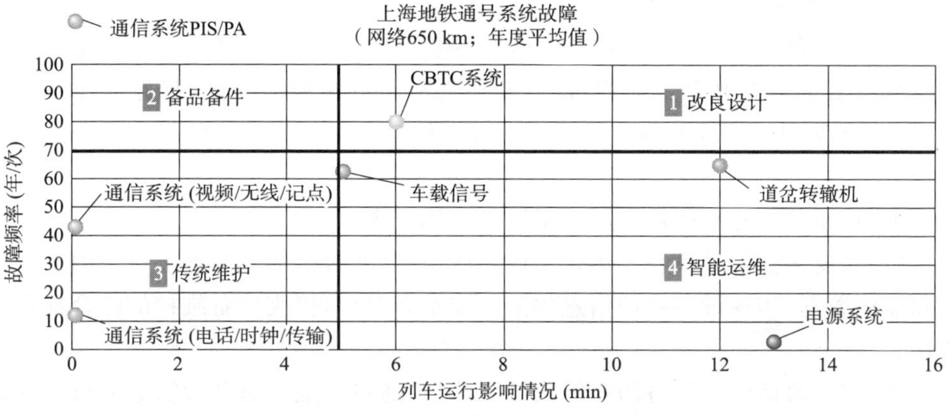

图7.1 上海地铁通号系统故障统计

图7.1纵坐标为某设备一年内的故障次数，横坐标为该类设备故障造成的运营延误时长，如车载信号故障一年发生62次，平均延误时间为5 min。根据计算指标，将晚点5 min、年故障70次作为基准，图7.1划分为4个象限。

第一象限：故障频次高，且造成运营影响大的设备。此类设备包括CBTC系统，需要依靠改良设备设计，弥补设备缺陷来降低故障。

第二象限：故障高，但对运营小的或无影响的设备。此类设备包括通信PIS/PA，暂时需要增加备件数量来保障其正常使用。

第三象限：故障频次低，且造成运营影响低的设备。此类设备包括通信视频、天线、记点、电话、时钟、传输，暂时维持原有的维护模式即可。

第四象限：故障频次低，但造成运营影响大的设备。此类设备包括道岔转辙机、信号车载设备、电源系统，易发生"黑天鹅"事件（即指非常难以预测、且不寻常的事件，通常会引起市场连锁负面反应甚至颠覆），需要依靠智能运维来提升可靠度，保障运行。

随着技术和维护需求的发展，其他象限内的设备同样需要逐步实现智能运维，因而智能运维平台应当是一个考虑到通信、信号全部专业，具备功能、数据扩展能力的综合性运维平台。

其次，智能运维用以"提效率"。通过设备的在线监测，线路侧值班点、OCC，乃至线网中心能够实时获取设备的状态信息，了解设备运行状态。相比传统维护，能够减少维护人员现场巡检、检修的频率，减少维护工时，降低劳动强度。同时，智能运维平台能够对设备健康度进行评价，既能计算出合理的动态备件数量，降低备品备件成本，又能够对设备进行全生命周期管理，适度延长部分稳定设备的使用寿命。

最后，智能运维还要能够"增效能"。减少巡检的同时，为延长运营提供了必要条件。智能运维平台的应用，能够驱使现有运维规程的改进，与各管理平台联动，其云端管理模式促使生产管理扁平化，逐步建立维护公司平台化运维生态管理模式。

因而，通信信号智能运维应满足以下总体要求：

(1)实现通信信号设备一体化集成在线监测，通过全面汇集通号设备的运行状态和监测数据，实现设备维护信息的集中展示和存储，提高设备维护的综合性和集成性。

(2)实现通信信号设备的智能化诊断分析，通过智能分析和大数据分析发现设备隐患、诊断分析设备故障原因、实现辅助和指导现场维修及故障处理，提高设备运用质量和维护水平。

(3)实现通信信号设备的运维指挥管理，通过设备在线监测、故障定位、故障溯因分析、健康度评估、故障闭环处理、设备履历等，为基于状态修的维修机制转变提供平台支撑。

(4)构建"三级三层"通号专业层次结构，"三级"为线网中心级、线路中心级和车站级；"三层"为线网通号智能运维子系统、线路通号智能运维子系统、车站通号智能运维子系统。

(5)采用多维图形、表格综合展示，应按设备层级分级展示；应具备车站线路整体状态图(含网络连接状态)功能;应结合设备原理图、采集图进行可视化展示。

(6)建立人、事、物、态的跨系统的管理体系,规范和明确运维人员的岗位职责和工作安排、提供解决经验与知识的积累与共享手段。提高维护效率和资产利用率,实现跨系统的运维全流程管控。

(7)采用良好的隔离措施,不得影响被监测设备的正常工作;应具有良好的电磁兼容措施;应采用冗余技术、可靠性技术和网络安全技术;应具备时钟校核功能,确保系统时钟的统一。

(8)系统可以随着轨道交通线网规模的增加而横向扩展。平台按照信号系统功能的不同,划分为不同的系统区,每个系统相对独立,可独立开发和扩展。各个逻辑层之间通过公用或私有的协议进行通信和交互,最终通过统一的展现接口。

(9)系统与各集成互联系统的接口应该功能明确,界面清晰;系统的结构应保证其主要集成子系统可独立开通。

(10)系统应充分考虑系统的安全性与可靠性要求,主要设备考虑冗余措施;系统采用分层分布式体系结构,车站级、中心级、路网级管理运行方式,系统应能全天候运行,当某一系统出现问题时,各子系统应仍可独立运行。

(11)系统的传输网络应层次清晰,数据传输时间、网络带宽应能满足各集成子系统的需要,并留有扩展余量;应设置网络管理系统,对平台自身的相关设备进行监控管理、配置管理和故障管理。

(12)系统选择通用性的语言和协议进行开发,接口标准化。内部单体系统也应尽量使用通用协议,方便与其他系统或协议对接,这样方便后续的模块开发和使用;如果在通用协议无法实现的一些情景下,通过自定义的协议栈,规范数据交互的接口,保证两个逻辑层之间的通信和数据传输在统一的规范下进行。

7.3　智能运维的架构

1. 体系规范

根据通信信号运维方式的改进,按照城市轨道交通运维体系的发展,构建基于GoM的四级运维规范,如图7.2所示。

各运维等级对应功能描述如下所述:

(1)运维1.0:设备状态未数字化,不具备数字化的在线监测系统,主要通过仪表测量和人工调阅的方式实现设备状态监视;不具备智能化诊断系统,主要通过人员经验作为诊断依据。

(2)运维2.0:设备内建开关量数字化(日志),系统具备了对开关量信息的在

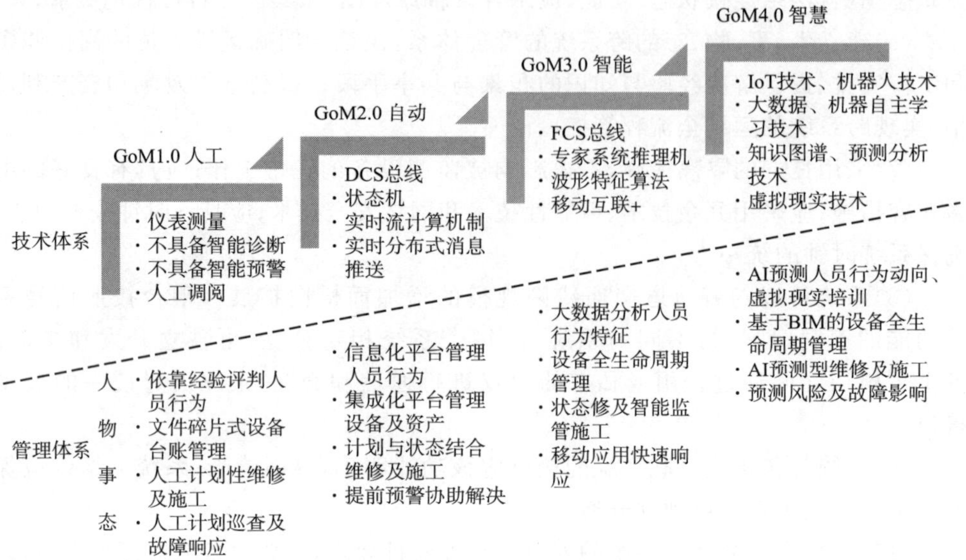

图 7.2　基于 GoM 的四级运维规范

线采集、显示及记录功能，运维人员可实时调阅开关量状态信息。

(3)智能运维 3.0：基于物联网采集标准，进一步扩展多维度的信息采集方式，支持对各类数据的统一采集，包括音频、视频、日志等信息，运维人员可实现更多维度的维护信息调取。

① 智能运维 3.1：部署专家系统，系统实现基于专家系统的诊断分析及预警分析功能，支持故障定位、溯源分析、故障根源分析、智能维修指导及维护建议等功能，运维人员可基于专家诊断结果，快速指导故障维修及隐患排查，提升运维效率和质量；

② 智能运维 3.2：大数据分析系统，系统根据存储的海量大数据，进行数据挖掘及钻取，探索数据规律，形成维护决策，运维人员基于维护决策实现预防性维修。

(4)智能运维 4.0：AI 驱动各项维修业务，系统通过 AI 技术实现基于数据的自学习过程，形成自动化适应业务环境及逻辑的优化改良，运维人员基于 AI 策略及反馈实现自适应的维护过程。

2. 总体架构

智能运维平台是利用物联网、大数据分析、智能化诊断及人工智能等技术，构建涵盖集通信信号设施设备实时状态感知、综合监视、智能运维维修为一体的综合性工业平台，包含基础平台、数据市集、业务模块、能力开放，总体架构如图 7.3 所示。

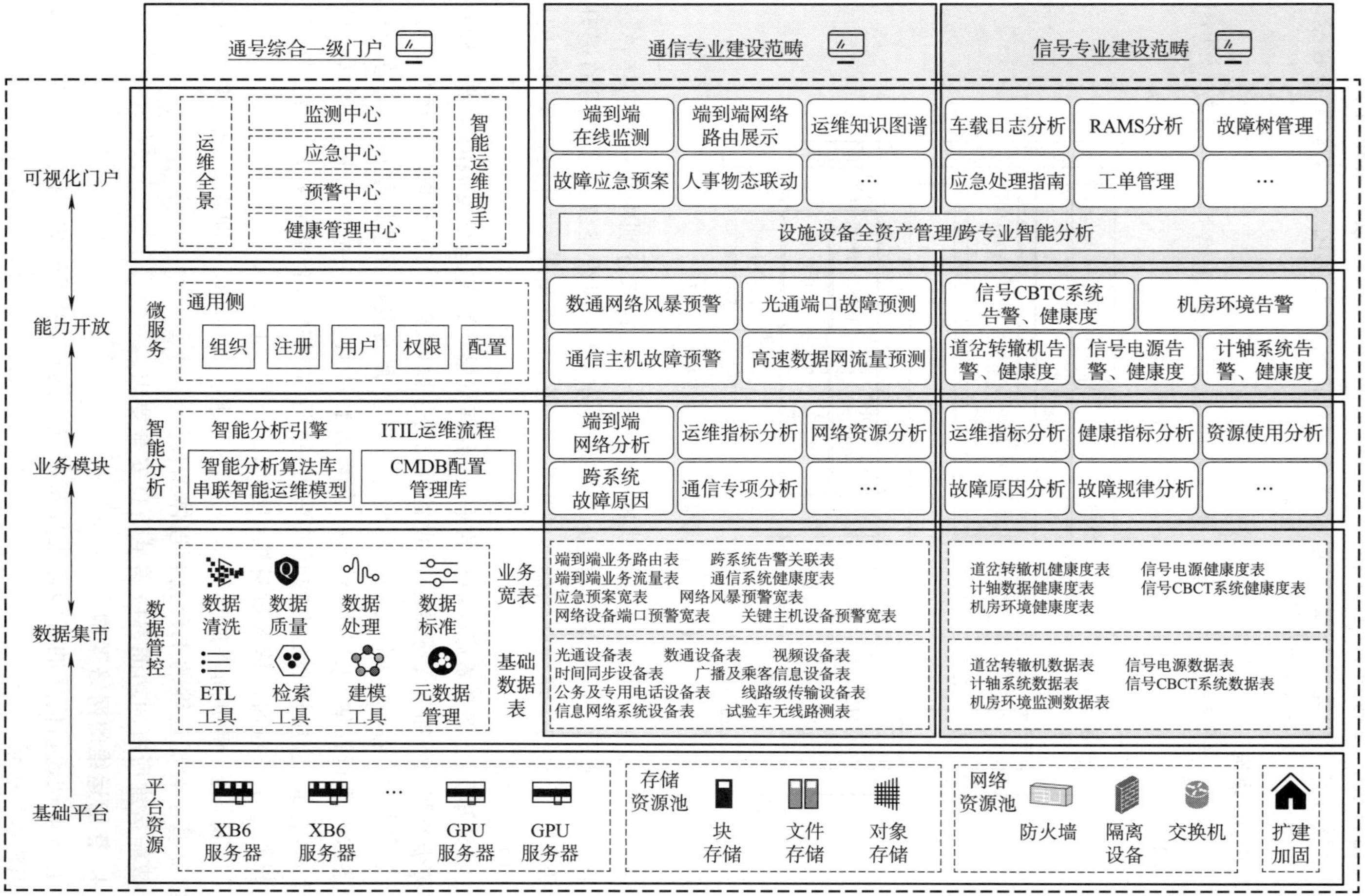

图7.3　智能运维平台总体架构图

根据智能运维的要求，利用云平台实现资源共享，构建数据集市完成数据融合，通过微服务实现能力开放，打造通号统一智能运维可视化门户，实现了通号分公司运维管理的从“有效”到“高效”的转变。

3. 技术架构

信号智能运维系统是技术架构分为感知层、协同层、服务层的三层数据结构，如图 7.4 所示。

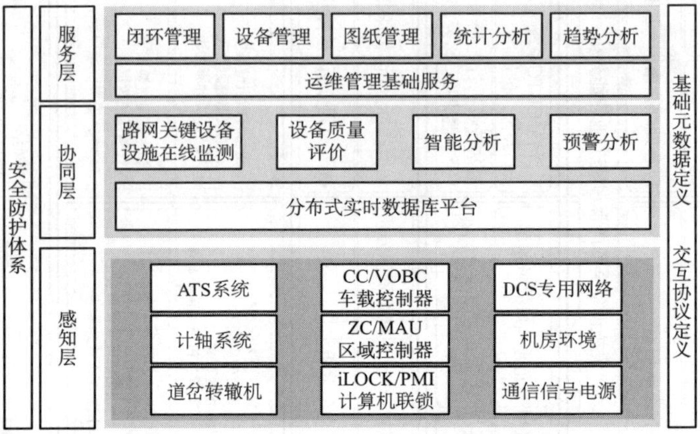

图 7.4 信号智能运维系统技术架构

该技术架构主要通过线路级、线网级两层分层设计来分别构建功能主体，线路级主要负责基础数据的采集感知、处理及基础分析，实现线路级运维应用的提升；线网级基于云架构实现全网数据的集中汇聚、集成分析及展示，并提供线网级的运维管理类功能。

(1)感知层：主要负责底层数据的采集，数据是整个智能运维发展的基础和核心。通过对被监测设备加装传感器，读取设备日志等手段，实时或定时获取设备状态信息。

(2)协同层：各专业间资源共享，将采集监测到的数据在协同层进行汇总分析，对设备状态进行评估，采用边缘计算(在靠近物或数据源头的网络边缘侧，融合网络、计算、存储、应用核心能力的开放平台，就近提供边缘智能服务)、大数据分析、人工智能等手段对通信信号设备维护给出评价和建议。

(3)服务层：将协同层的计算结果应用于维护与管理，贯彻在公司业务流程之中，建立基于智能运维的平台化管理体系。

智能运维所有的功能都应满足信息安全要求。

4. 智能运维的网络架构

上海地铁通信信号的智能运维分布在三个网域，生产网域、管理网域及互联网域，如图 7.5 所示。

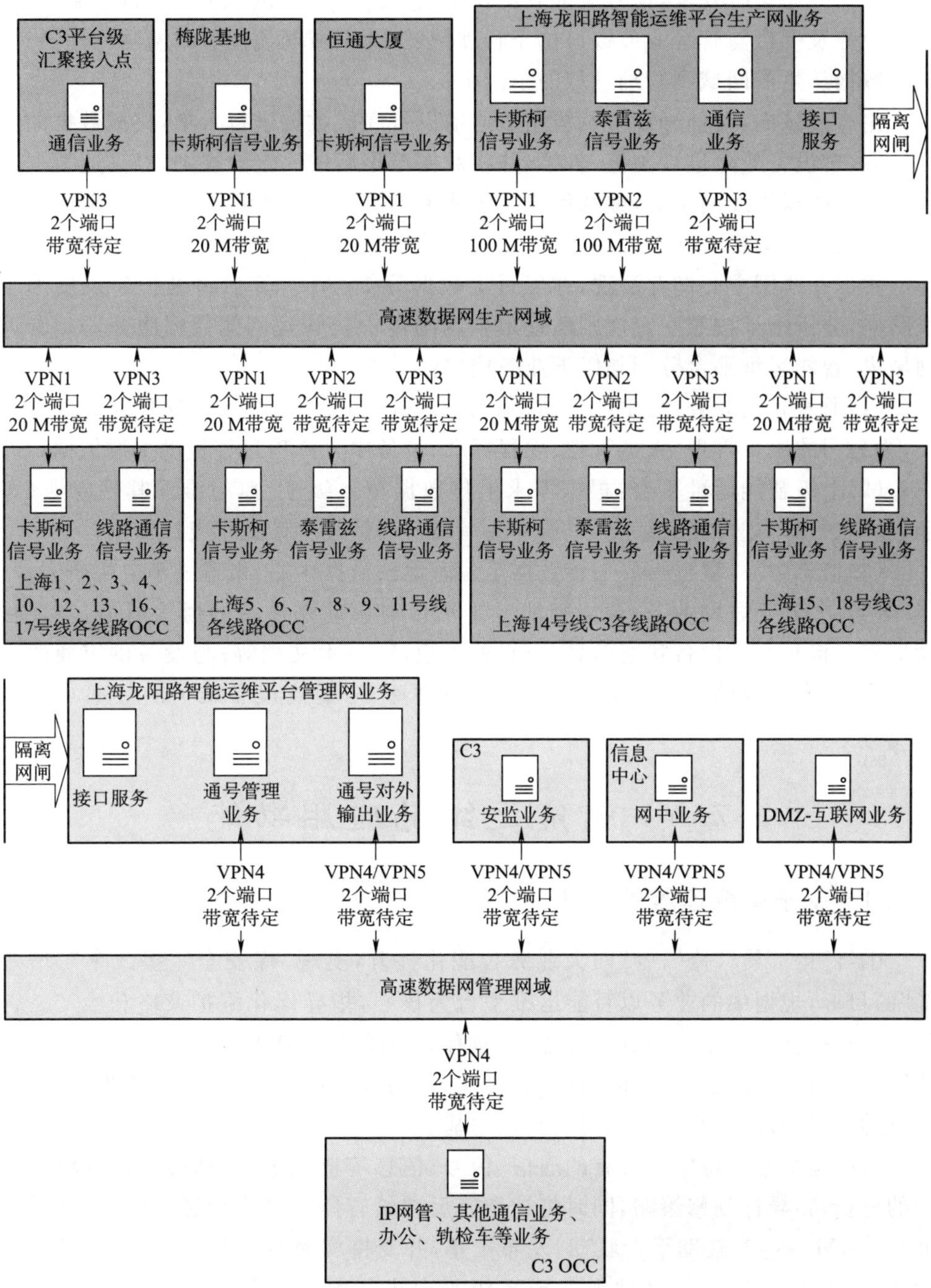

图 7.5　上海地铁通信信号的智能运维分布

根据网络安全要求，信号全部设备及通信大部分设备位于生产执行网域，少量通信业务及平台与管理业务接口位于管理网域，两网域间使用单向网闸物理隔离，实现数据从生产网域到管理网域的单向推送。

生产网域内，对信号设备及线路级通信设备底层数据进行采集，完成数据的边缘计算，对设备故障进行预警、告警，并将数据汇聚后按一定的规则，经高速数据网传输至智能运维线网中心，或通信线网级业务数据在C3侧汇聚后，通过高速数据网传输至智能运维线网中心。

数据在线网中心储存清洗，并经过大数据分析、AI计算后将维护建议反馈至线路侧，分析结果按照一定规则经过单项网闸传输至管理网侧数据服务器。管理网域内，智能运维平台分别与以下业务接口：

(1)通号管理业务：与生产计划、施工管理、项目管理、设备物资管理等业务对接，为公司的决策管理、人员管理、规程标准、设备中大修项目等提供支撑依据；

(2)上级智能运维平台：根据需求上传数据至上级平台，与维保其他专业（车辆、供电、工务）进行交叉综合分析，并为上级公司管理决策提供支撑依据；

(3)信息中心：根据需要上传数据至上海地铁数据中心，做进一步分析研究；

(4)DMZ-互联网业务：建立智能运维平台与移动端设备的通信通道，实现移动端实时接收查阅设备状态信息、维修处置建议、技术文档等；与设备供应商建立通信通道，实现故障共同分析处理、共享备件库等，提高设备维护的效率与经济效益。

7.4 智能运维的应用功能

7.4.1 基于智能运维的管理

围绕“运”“检”“修”“管”四大业务智能化提升，实现“保安全”“提效率”“增效能”的目标，规划中的业务以智能运维平台为核心，指导优化维护策略和生产。智能运维将推动通号分公司管理转型，将原有的“封闭性”“碎片化”的管理构成“一体化”“无缝衔接”“高度协调”的管理模式，实现依托于智能运维的智慧管理。同时，现有的层级管理，逐步转化为更为高效的基于平台的扁平化管理。

智能运维平台将融合现有的通信、信号、信息等监测平台，通过对设备状态性能的分析，指导计划修策略，同时将计划修反馈给智能运维平台进一步优化分析，并与EAM等生产辅助平台联动，发布工单，并支持实时维护指导，智能运维平台预留了北向接口，可与其他专业或上级平台进行数据交换，业务分类如图7.6所示。

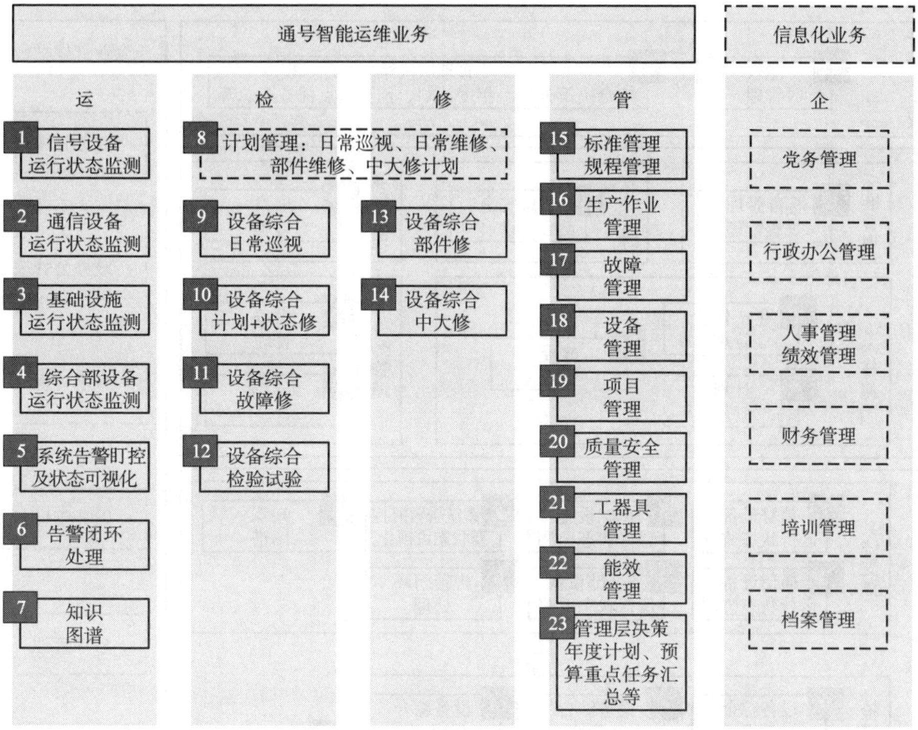

图 7.6　通号智能运维业务分类

智能运维平台的发展将不仅仅支持生产，对设备进行监测评估，而进一步打通生产与管理间的壁垒，实现扁平化管理，通号分公司重新定义各部门之间的业务职责与流程，从原有相对封闭的模式转化成协同的开放式模式，根据其功能重组其应用架构，分为“生产执行”“业务管理”“管理层决策”三层结构，其架构如图 7.7 所示。

7.4.2　智能运维平台

上海地铁通号智能运维平台线网中心建于 2018 年，业务架构如图 7.8 所示。

该平台包含车站、线路级“在线监测”，及线网级包含“综合监视中心”“应急指挥中心”“分析决策中心”“生产管理中心”的可视化平台，集中展示了通号设备实时状态、列车运行情况、运营指标、健康度分析、生产管理等功能。

1. 可视化平台

构建通号线网级统一运维可视化平台，涵盖全线网通信、信号及结合部关键运营、运维信息，全面掌握通号设备及业务的实时状态、核心指标、施工作业分布等关键信息，并支持管理层决策驾驶舱应用。通过可视化平台有助于概览性获得线网运维全貌。

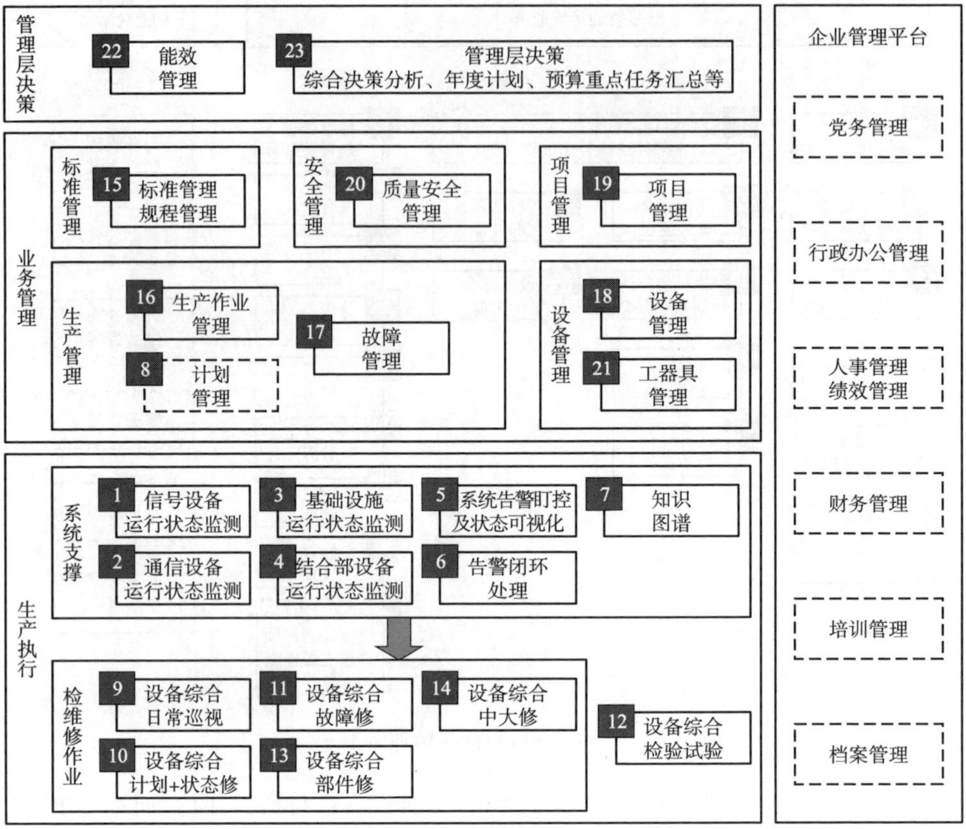

图 7.7 通号智能运维业务架构

图 7.8 上海地铁通号智能运维平台线网中心

2. 综合监视中心

通过图形化可视化技术构建运维设备的状态展示应用，解决多系统关联设备、多专业关联设备同屏显示的实际需求，提升监测维护效率。创新构建基于 BIM 的设备维护视图，实现设备在线状态、设备信息和位置信息的融合，如图 7.9 所示。

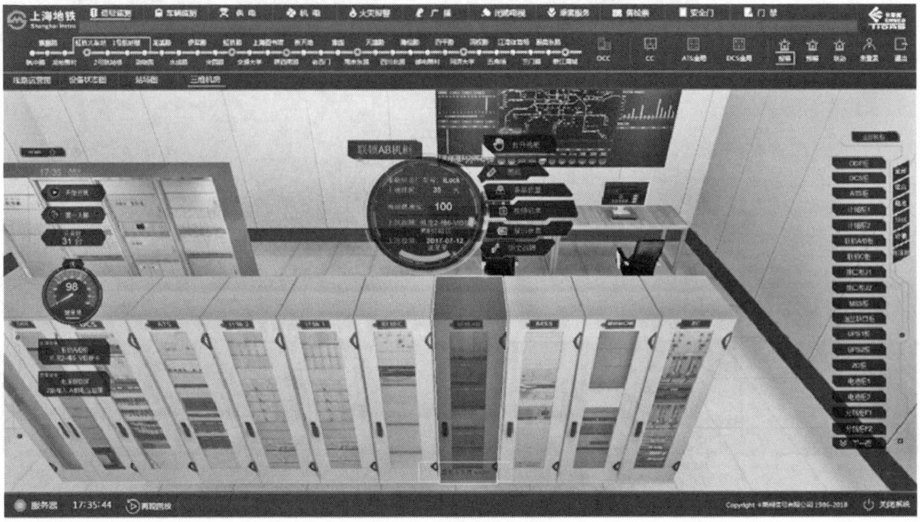

图 7.9　监测可视化

监测中心显示内容与线路侧维护支持系统显示一致，呈现了全线网通号设备在线监测的状态及参数。通过对各类设备进行长期的、深入的研究，建立案例库，综合评估监测需求、技术可行性、总结得出相应的在线监测关键参数；通过物联网技术、安全保障技术、智能识别技术实现安全、有效、实时的感知监测。这些数据都是提升运维智能化的核心生产要素。

3. 应急指挥中心

通过建立信息化的故障应急指挥体系，人、事、物、态的实时资源调度提升故障应急效率和质量。通过故障影响范围评估、故障延时预测为运营组织提供辅助建议，提升运营应急调整能力，页面显示如图 7.10 所示。

(1)实时 GIS 图：位于页面左上，实时图展示应急资源分布及实时路况信息，通过对维护人员位置、维护职责定位协调资源；自动定位最优备品备件位置，并提供在线查询。

(2)应急预案指导：位于页面右上，提供应急预案流程树展示功能，依托智能分析及高度融合的维护信息，提供了规范化和标准化的故障及隐患处理流程，建立了准确、快速、规范的故障及隐患处理体系。系统自动判断故障及隐患范围及故障原因，提供维修处理的标准化操作及高度真实还原的可视化视图，指导现场维护人员精准快速操作，自动监督维修处理全过程，保障作业的有效且不留隐患。

图 7.10　应急指挥中心界面

(3)影响范围评估:位于页面下方:提供故障影响范围、影响车辆情况评估。

4. 分析决策中心

利用大数据分析和AI人工智能技术实现对车载日志、道岔性能、电源状态、通信网络日志、客流视频等海量数据的跨专业深度分析和安全监督功能。系统自动发现设备隐患,提升设备可靠性、降低维护人员监测调阅人力;系统自动定位故障处所位置,压缩故障处理延时;系统自动完成故障溯源分析和整合分析,解决多点故障等人工分析难题。实现通信、信号专业和车辆、供电、工务等专业结合部的诊断分析,解决结合部故障的人工定位及诊断困难的问题。分析决策中心基于大数据分析和AI人工智能技术实现数据深度挖掘,总结设备运行规律,预测未来运行趋势,如图7.11所示。

维护人员根据分析结果,有针对性地查找设备隐患、合理安排检修内容。分析中心除具备设备统计分析、性能趋势分析、跨专业分析、专家诊断分析、主题分析功能外,还具有以下功能:

(1)数据规律挖掘功能:基于关联分析、统计分析、深度学习、聚类分析等数据挖掘技术,研究通信信号设备状态信息的层叠关系及内涵机理,结合设备属性、特殊工况等个性化因素,探索设备状态的差异化状态评价模型,实现设备异常状态的分层次快速评估,在此基础上对现有的评价体系进行优化。

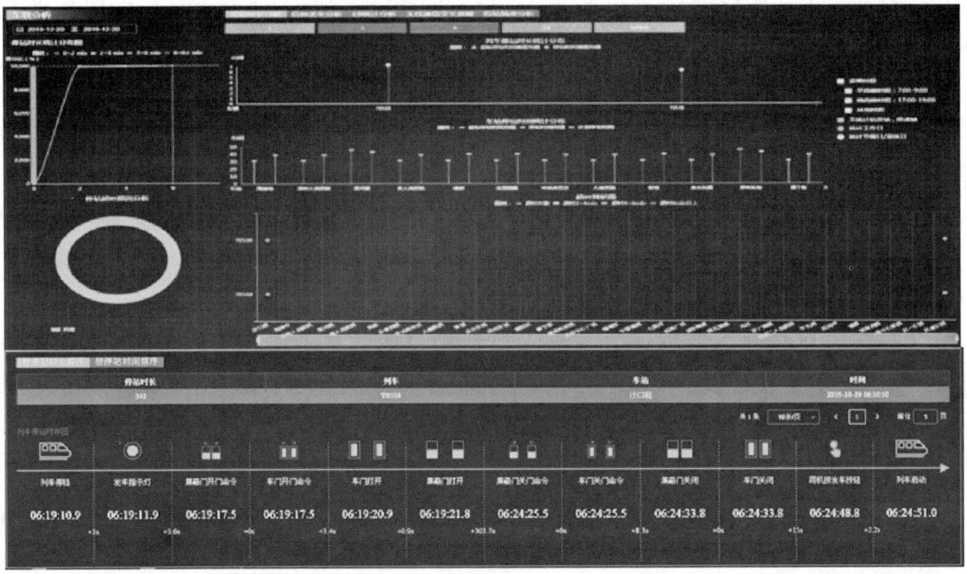

图 7.11　分析决策中心界面

(2)故障根源搜索及整合功能:将故障领域内的知识结合设备拓扑知识通过 CMDB(配置管理数据库)技术和一些机器学习的技术抽象化,构建成图谱结构,实现数据与图谱动态结合,用于辅助解决复杂查询、关联分析、根因追踪等场景的需求,结合数据分析手段,通过多级数据反馈结果,完成对故障根源的搜索定位,为精准定位故障根因、降低维护人员调阅成本、提升维护效率起到了关键作用。

(3)设备健康度评估。

(4)建立适用于轨道交通系统及设备的健康质量评估体系、模型及算法,为设备的状态修提供基础;研究通号关键设备的寿命预测评估方法,实现设备的寿命监督及预警;实现系统压力性能、RAMS 指标的量化评估,为系统的整体健康程度提供量化支撑。

可实现全线网的通信信号设备的健康度、剩余寿命、承载容量的智能分析,根据系统结构从单个设备健康度聚合至系统级健康度。

5. 生产管理中心

生产管理中心将智能运维渗透应用到公司各级管理业务中去,维护人员不再在多个平台上重复或多次完成操作,平台统一调用数据,对外接口并实现以下目标:

(1)建立上海维保通号标准规范体系,对运维平台架构、应用功能、信息安全、业务规范进行标准化;结合智能运维建设,优化上海维保通号制度体系和修程修制。

(2)通过与 EAM 系统接口实现工单同步,并及时展示工单,提升生产作业信息化程度,辅助生产作业完成。

(3)利用 BIM 技术,传递设备形态、位置等信息,使设备树具备多维化,将 BIM 维度延伸至 4D 甚至 5D,真正达到数字化与可视化的结合应用。“多维”设备树包含:编码结构+柜内配置+BIM 模型视角。

(4)对各类设备进行统一编码;建立物资台账,跟踪设备使用状态的变更;实现设备入库到设备报废的全生命周期管理;实现备品备件管理。通过与 BIM 信息集成构建基于 BIM 的全生命周期管理应用。

(5)在项目管理上实现通号对施工改造项目的管理能力提升,借助信息化手段进行科学的项目管理及评估。

(6)构建符合质量安全要求的运维体系及系统,通过统一的安全管理信息化系统实现全面管理及卡控。

(7)实现工器具分类管理,形成工器具台账,便于使用时查找,记录工器具借出、归还信息,提高工器具管理信息化水平。

7.4.3 监测对象

1. 信号中心层设备监测

信号维护监测子系统在中心监测采集包括 ATS、ATC、DCS 等子系统设备的状态和报警信息,监测深度可以定位到板卡级。

(1)ATS 监测

监测内容主要包括:

① 数据信息:列车运行状态信息等。

② 设备状态信息:CATS 状态、LATS 状态、ATS 工作站状态、ATS 数据库服务器状态、ATS 大屏接口计算机状态、ATS 外部接口状态等。包括 ATS 计算机设备的 CPU 使用情况、硬盘使用情况、内存使用情况、网络设备状态等;ATS 服务器资源、CPU、内存、磁盘、进程、连接数量、数据库软件、ATS 软件状态等。

③ 系统报警:一般系统报警、系统错误、网络故障、本地 ATS(MMI)与计算机联锁通信故障、第三方接口通信故障。

④ 全局列车运营信息:列车唯一标示号、列车车次号、列车长度、最大速度、车载运营模式、运营等级、速度、位置有效性、紧急停车、列车运行方向、列车所在站、列车位置信号机名称、跳停/扣车、停站时间调整等。

(2)车载监测

监测内容主要包含:

① 多车概要信息:列车是否在线、列车类型(ABC)、车体号(车组号)、车次。

② 车载实时状态信息：信标天线状态、编码里程计状态、VIOM 安全输入输出模块、板卡状态、车载交换机状态、DMI 状态。列车可用模式/当前模式、紧急制动状态、运行方向、列车位置状态（车头/车尾）、轮径校验情况、轮径数值、实际速度、速度传感器轴速、限速、目标速度、最大速度、目标距离、应答器 ID、停站偏差值、与 ATS 通信状态、与 ZC 通信状态、车地通信质量（延时、丢包、出错率）、与状态显示设备通信状态、与 TCMS 通信（心跳）、站台门（状态）、牵引/制动（控制与状态、模拟量）、无线场强（按需指定）情况、零速状态、车门控制与状态、加减速度、打滑/空转状态、移动授权点位置、列车位置不确定数值、开门模式、运行等级、扣车、跳停、司机室激活情况，所有信号输入、所有信号输出及回检、车载时间、风扇状态、TCMS 相关报警。

(3)区域控制器/线路控制器监测

监测内容主要包含：

① 数据信息：列车运行状态信息等。

② 设备状态信息：包括区域控制器设备电源、输出输入板卡、网络、风扇状态。

③ 系统报警：一般系统报警、系统错误、网络故障、板卡故障、冗余丢失。

④ CBTC/ATC 信息：轨道状态信息、列车位置情况、轨道占用情况、列车移动授权情况、临时限速情况、列车速度控制情况、紧急停车情况、站台门和车门情况、驾驶模式情况。

⑤ 其他报警信息：报警日志远程下载等。

(4)DCS 监测

监测内容主要包含：

① 网络设备报警：设备通信异常报警、电源报警、温度报警、IP 冲突报警、MAC 地址冲突报警，端口报警、环网断开报警、端口流量异常报警、误码率报警、丢包率报警、信息传输延时报警（定期发起业务无关测试包），CPU 利用率报警、内存利用率报警、光功率报警。

② 网络设备状态：网络接口，流量、转发速度、丢包率。

③ 设备运行状态：风扇、电源、温度、光功率、网络节点、无线控制器状态、交换机流量超限报警、交换机状态、LTE 相关无线设备等。

2. 信号车站层设备监测

(1)道岔状态监测

转辙机动作电流、功率曲线、道岔位置、动作时间、转换方向、道岔表示电压、断相保护器输出直流电压（交流转辙机）、开关量监测（全部继电器状态）、缺口标准值、缺口偏移值、油位、缺口图像、缺口视频、油压曲线、温湿度等。

(2)外电网综合质量监测

外电网Ⅰ、Ⅱ路输入线电压、相电压、电流有效值、频率、相位角、有功功率、瞬时断电波形、断电/瞬间断电/断相/错序报警等。

(3)电源屏监测

输入交流接触器状态、模块状态、各电源屏输入电压、电流、频率、相位角、各种电源屏每路输出电压、电流、电源输出频率、相位角、Ⅰ路输入停电、Ⅱ路输入停电、过压、欠压、缺相、错序、输入突变、电源屏各路输出断电、三相交流转辙机电源缺相、错序、电源屏输入突变曲线、漏泄电流的检测,电源屏模块故障检测和输出电源检测。

(4)UPS监测

在线/旁路、过放电等状态检测;电气特性及预警分析,包括异常波动、突变、超限等。UPS输入相电压、电流、频率、UPS电池组电压、旁路相电压、UPS后备时间或后备容量、UPS输出电压、电流、频率、功率、负载率、UPS电池供电、UPS旁路供电、UPS主路输入异常、UPS旁路输入异常、UPS整流器故障、UPS逆变器故障、UPS逆变器不同步、UPS其他报警。

(5)电池监测

总电压、总充放电电流;每一个电池的电压、温度、电流、SOC状态、电池工作状态、电池电压、电流异常、温度异常、电池组开关断开、烟雾情况等。

(6)计算机联锁状态监测

通过标准接口从联锁系统获取相关状态信息,包括基础信号设备的运行状态及联锁设备的报警信息(如挤岔、与其他专业接口继电器状态),按钮状态(包括站台紧急关闭按钮的状态)、控制台表示状态,并可进行历史回放;对计算机联锁CPU板、输入板、输出板、驱动板的监测,可以定位到板卡级。

① 站场表示信息:信号机状态、道岔状态、区段状态、其他表示灯状态、延时信息;

② 设备状态信息:联锁A机主用状态,联锁A机备用状态、联锁B机主用状态、联锁B机备用状态、操作机工作状态、联锁机板级(采集板、驱动板等)故障状态(板卡区分A机板卡,B机板卡);

③ 报警信息:联锁设备报警信息、通信接口报警信息、其他报警信息;

④ 预警信息:联锁设备、通信接口。

(7)计轴监测

计轴频率、电压等监测信息和故障信息,计轴柜及磁头工作电压监测,计轴设备状态、计轴占用出清、复零按钮状态,占用出清和复零按钮以开关量显示。具体监测设备状态为:主机通信状态;区段占用、出清、复零按钮状态;磁头状态;串口板、并口板等板卡状态;计轴日志分析,计轴设备记录的原始日志信息,计轴维护建议。

(8)温湿度监测

CBTC机房环境温湿度。中央OCC能够实时获取机房内温湿度数据，且能够显示所有点位温度，并实时对异常温度、湿度值根据要求进行预警、报警，对硬件故障实时提示。

(9)信号机监测

信号机LED监测及报警、信号机灯丝断丝报警。

(10)熔丝报警监测

(11)电源对地漏泄电流监测

对信号机电源、发车表示器电源、道岔动作电源、道岔表示电源、区域控制器电源、联锁电源、AP电源、DCS电源、监测电源、ATS电源、稳压备用电源等交直流电源的漏泄情况进行监测。

(12)电缆绝缘监测

道岔电缆绝缘、信号机点灯电缆绝缘。

(13)CBTC无线环境在线监测

实现无线频段在线监测与分析、信号覆盖在线监测与分析、无线干扰在线监测与分析、设备状态在线监测与分析、无线网络传输性能在线监测与分析、无线环境健康度趋势分析等智能运维功能。

(14)工频/数字式轨道电路电压、电流监测

(15)站台门电压监测

4. 监测中心功能

(1)系统集成化监测功能

系统实现对以下业务专业的全面和专业化的集成化监测。

① 道岔转辙设备、道岔缺口；

② 电源屏、UPS、电池、外电网；

③ 车载系统、区域控制器、ATS；

④ DCS；

⑤ 联锁；

⑥ 信号机、智能灯丝；

⑦ 轨道电路、屏蔽门、绝缘漏流、熔丝；

⑧ 计轴(实时信息和日志)；

⑨ 信号和通信机房环境。

(2)智能分析和预警功能

系统具备故障智能诊断和定位以及预警分析功能，在故障出现时，能自动定位故障处所和原因，以故障原理图方式显示故障处所；能自动发现故障隐患，在监测

信息出现异常波动、突变、超限等情况时，能及时预警。同时，具备提供维护建议和故障处理流程的功能。

(3)图形化展示功能

系统采用全图形化展示方式实现形象直观地设备状态监控。通过对系统线路图、单线图、车站室内、车站室外关键设备状态的图形化状态展示，可便捷快速地辅助用户定位故障或异常设备。

(4)故障回放和再现功能

系统具备故障回放功能。既可动态跟踪当前的站场信息，也可回放过去180天的站场图和图形化的历史信息，辅助用户进行故障分析。回放可以查看所有接口和采集的信息。

(5)故障案例库功能

案例库用于对异常曲线或案例进行集中存储，便于日后对问题进行重现分析。

(6)维护建议报告功能

维护建议报告用于显示车站全站信号设备的总体运用状态，通过对一段时间内的设备故障或异常的统计查看，可知晓系统总体设备的运用情况。

(7)设备质量评价功能

通过对设备报警进行分析，形成设备质量评价结果。可以对比查看各线路、各车站的质量评价结果。

(8)设备管理功能

系统可以对全线的在用设备台账进行管理。针对不同种类的设备，进行分类管理；并为各类设备分配台账属性信息；为设备录入具体属性值，并且，系统提供方便快捷的在用设备台账查询功能。在用设备台账的建立，也为维修工作提供了设备信息基础。

(9)技术图纸功能

系统提供技术图纸的增加、删除、查询功能。技术图纸信息包括：图纸类型、所属机构、所属车站、设备类型、设备及上传相应的技术图纸文件。可以进行技术图纸的分类查询、预览、下载。

(10)道岔子系统业务专项功能

道岔转辙设备在线监测(含道岔缺口)、智能诊断、预警分析、故障定位、智能维护、质量评价等功能。

① 道岔动作曲线

监测道岔转换过程中转辙机的动作功率、电流、动作时间、转换方向等，并以道岔动作曲线的形式直观显示，如图7.12所示。

同时可以设置参考曲线和摩擦曲线、导出保存案例、调阅案例。

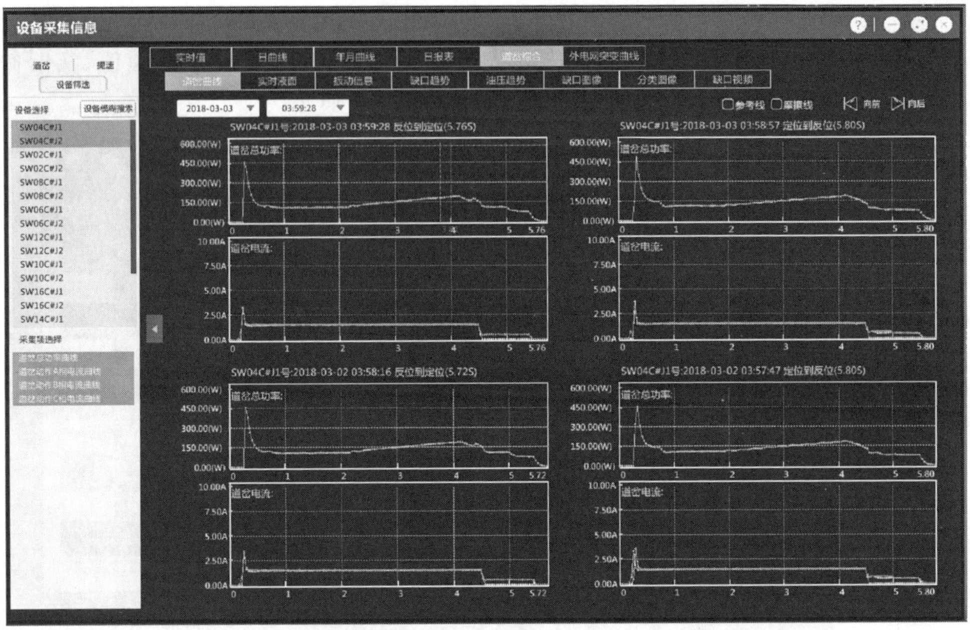

图 7.12　道岔动作曲线

② 道岔表示电压

在分线盘处，采集道岔表示的交、直流电压，并以实时值表格和曲线的形式显示，如图 7.13 所示。

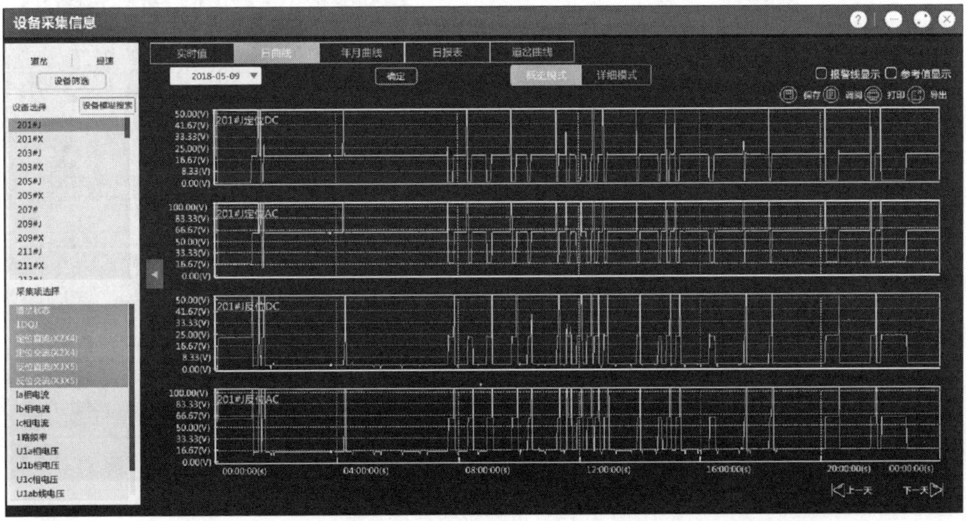

图 7.13　道岔表示电压示意

③ 道岔缺口

对室外道岔扳动后缺口图像、缺口状态的实时视频、实时缺口间隙值、实时缺口表示状态、实时缺口偏移状态进行监测，如图 7.14 所示。

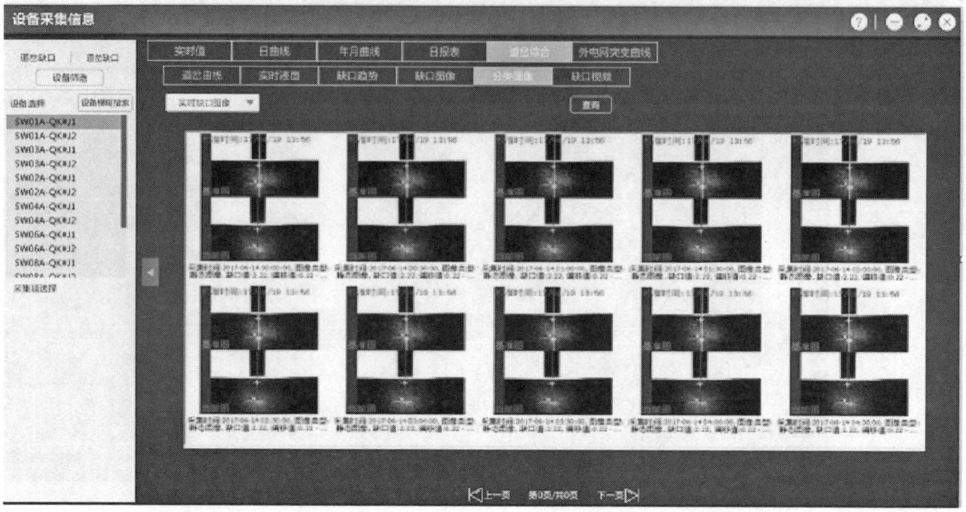

图 7.14　道岔缺口采集显示

④ 道岔转辙设备智能诊断及预警

实现道岔转辙设备的智能诊断及预警功能，如图 7.15 所示。

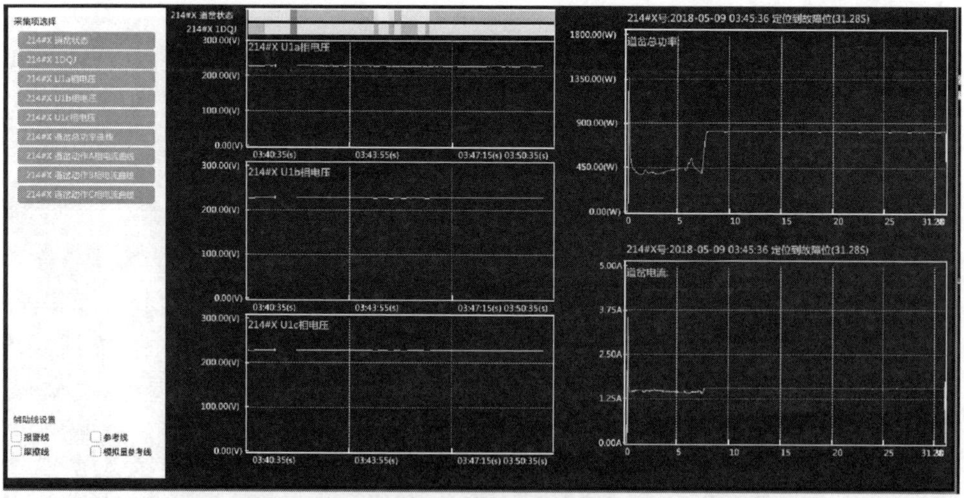

图 7.15　道岔故障智能诊断

实现道岔转辙设备的故障自动定位功能。故障的快速定位不再受维护人员专业技能素质影响，依托平台可进行“傻瓜式”排摸，大幅度减少维护人员故障判断时间，如图 7.16 所示。

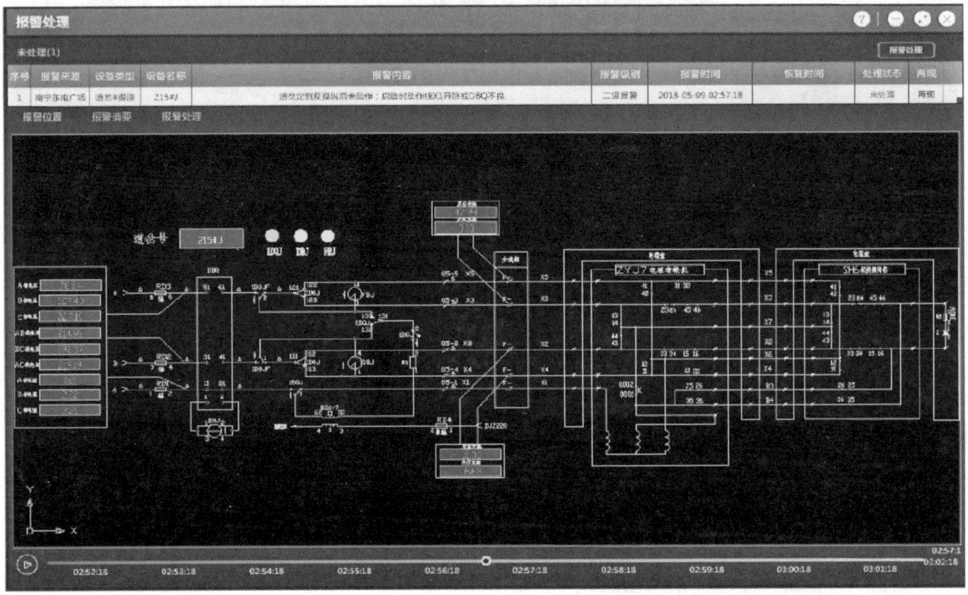

图 7.16　故障定位功能图

实现道岔转辙设备的故障维护指导功能，如图 7.17 所示。

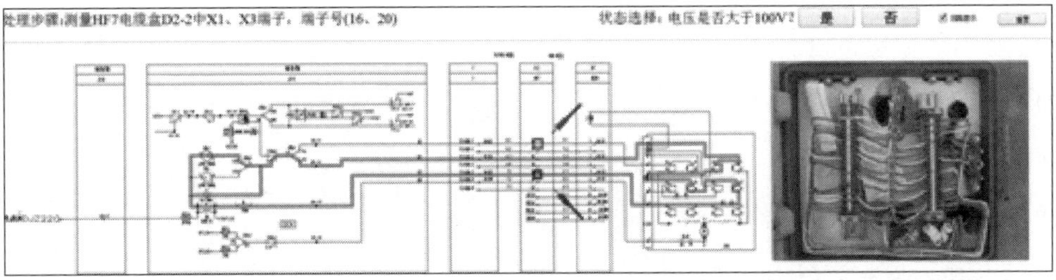

图 7.17　故障维护指导

提供道岔转辙设备故障的维护建议、故障处理流程图；室内外平面图、室内外电缆径路图、箱盒配线图等电子图纸管理；关键继电器时序监测及动态电路图的回放等功能。

⑤ 道岔转辙设备大数据统计功能

实现道岔转辙设备关键参数的统计分析功能，如图 7.18 所示。

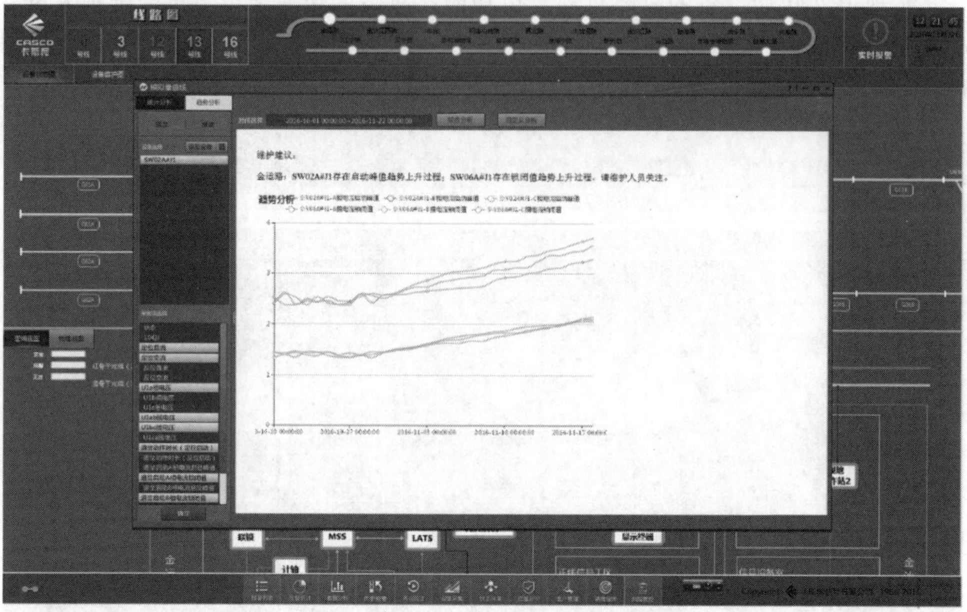

图 7.18　大数据统计分析

实现长周期的趋势分析功能，如图 7.19 所示。

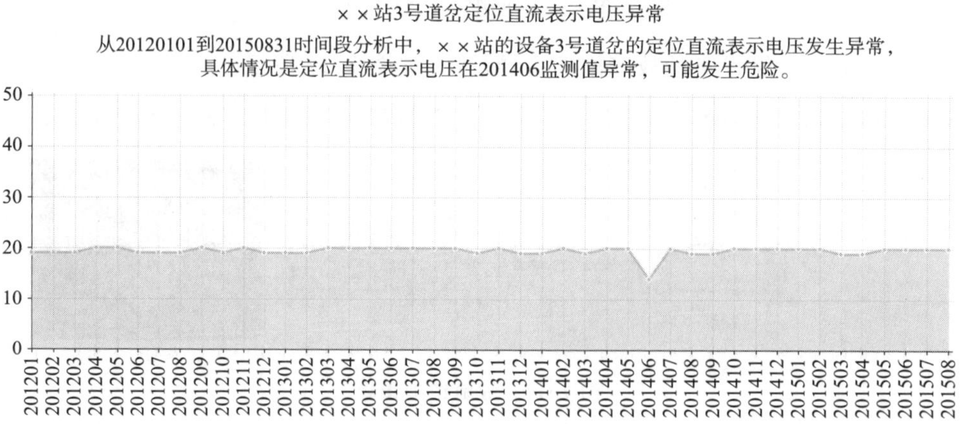

图 7.19　长期趋势分析

实现质量评价功能，如图 7.20 所示。

(11)电源子系统业务专项功能

电源设备在线监测(含通信电源)、溯源分析、智能诊断、预警分析、故障定位、

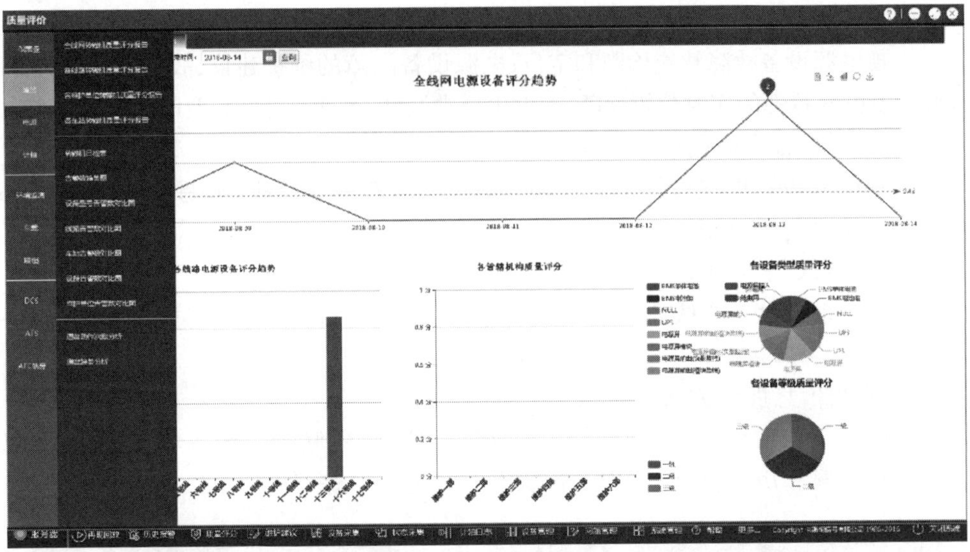

图 7.20　质量评价

智能维护、质量评价等功能。

① 监测信息展示方式

可以在外电网、电源屏、UPS、电池状态图中，查阅电源屏设备运行情况和历史报警，实现设备状态实时联系追踪，如图 7.21 所示。

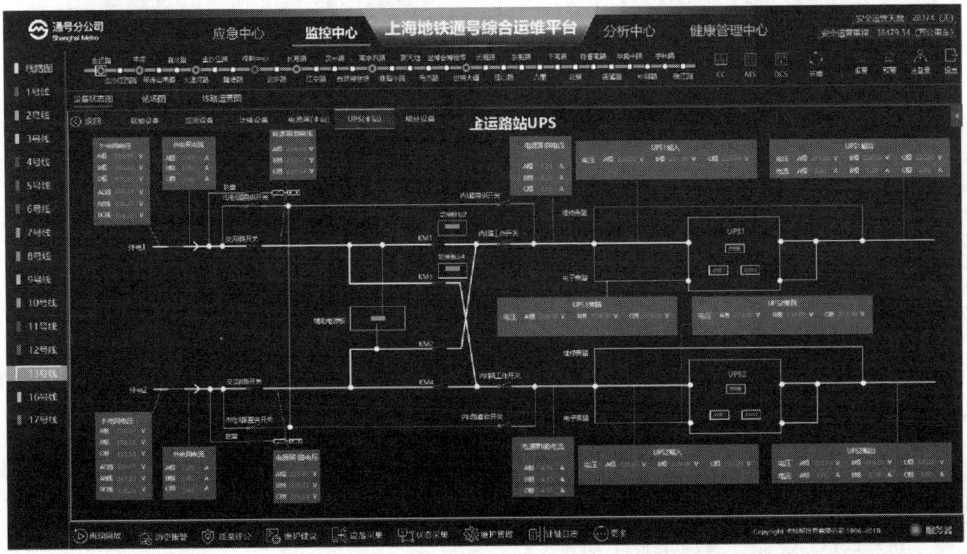

图 7.21　电源设备监测示意

② 电源设备智能诊断及预警

实现电源设备故障智能诊断和定位；电源设备故障的维护建议、故障处理流程图；电源设备电气特性的实时分析诊断，当发生异常波动、突变、超限时，及时报警及预警。

③ 电源设备大数据统计功能

实现电源设备电气特性的长周期大数据趋势跟踪及分析；电源设备质量评价；电源设备质量对比分析。

(12)CBTC 子系统业务专项功能

CBTC 系统设备在线监测、智能诊断、预警分析、故障定位、智能维护、质量评价等功能。

① 监测信息展示方式

可以在车载系统、ATS 系统、DCS 数据通信网络、联锁系统等状态图中，查阅设备运行情况和历史报警，实现设备状态实时连续追踪，如图 7.22 所示。

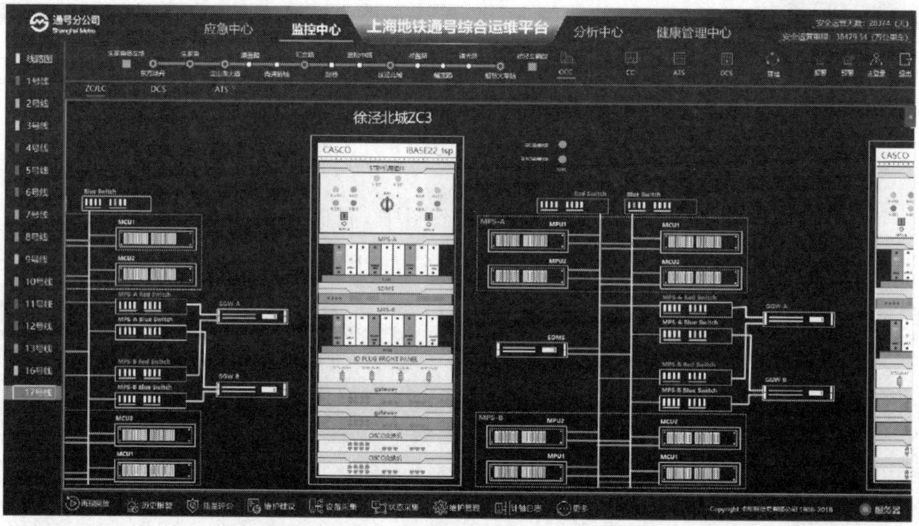

图 7.22　CBTC 设备监测示意

② CBTC 设备智能诊断及预警

具备通过专家智能诊断及大数据分析技术，实现对 CBTC 设备的诊断分析功能，如图 7.23 所示。

实现车载系统、ATS 系统、DCS 数据通信网络、联锁系统等设备故障的维护建议、故障处理流程图；实现在线电子图纸管理。

③ CBTC 设备大数据统计功能

实现 CBTC 设备电气特性的长周期大数据趋势跟踪及分析；CBTC 设备质量

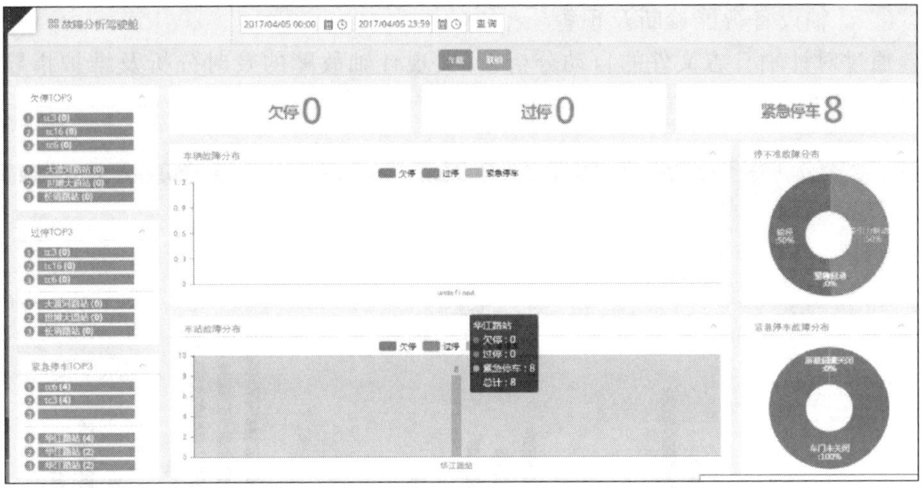

图 7.23　CBTC 故障诊断

评价;CBTC 设备报警统计功能。

(13)计轴子系统业务专项功能

计轴设备(含计轴日志)在线监测、智能诊断、预警分析、故障定位、智能维护、质量评价等功能。

① 监测信息展示方式

可以在车载系统、ATS 系统、DCS 数据通信网络、联锁系统等状态图中,查阅设备运行情况和历史报警,实现设备状态实时连续追踪,如图 7.24 所示。

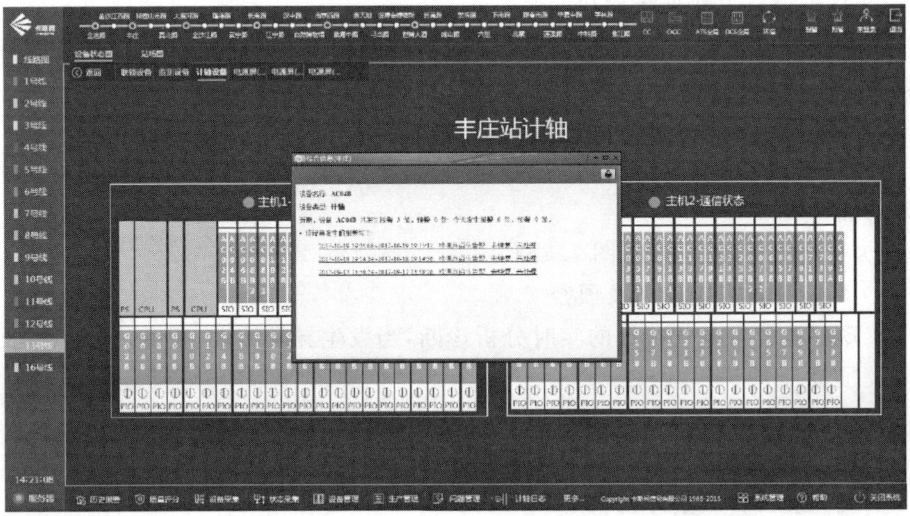

图 7.24　计轴设备监测示意图

② 计轴设备智能诊断及预警

通过对计轴日志文件的自动分析，可实现计轴故障的及时分析及维护指导功能，如图 7.25 所示。

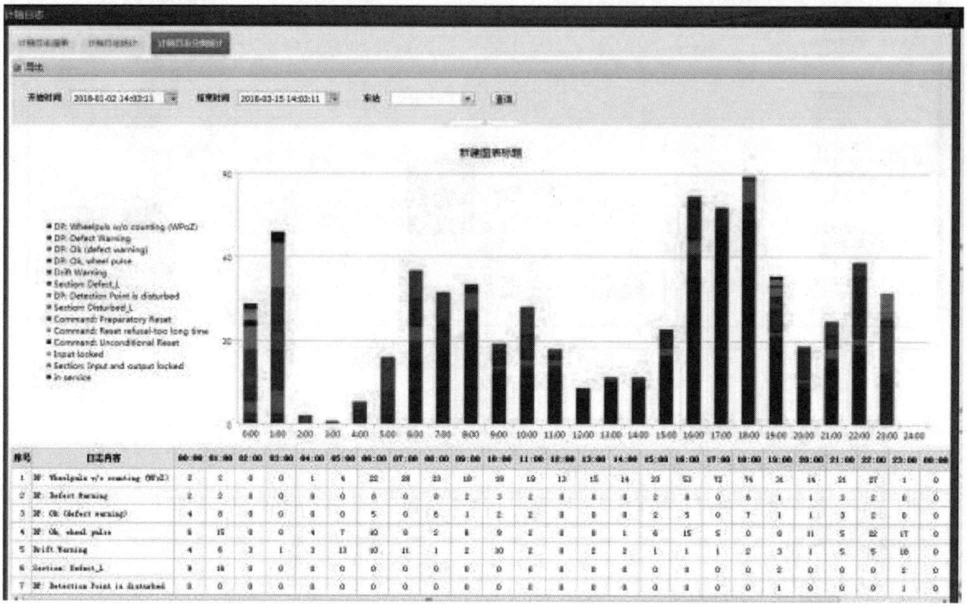

图 7.25 计轴日志分析

③ 计轴设备大数据统计功能

实现计轴设备电气特性的长周期大数据趋势跟踪及分析；计轴设备质量评价；计轴设备报警统计功能。

(14)环境子系统业务专项功能

环境设备(含通信机房环境)在线监测、预警分析、故障定位、智能维护、质量评价等功能。

① 监测信息展示方式(图 7.26)。

② 环境设备智能诊断及预警

实现环境设备电气特性的实时分析诊断，当发生异常波动、突变、超限时，及时报警及预警。

③ 环境设备大数据统计功能

实现环境设备电气特性的长周期大数据趋势跟踪及分析；

实现环境设备质量评价；

实现环境设备报警统计功能。

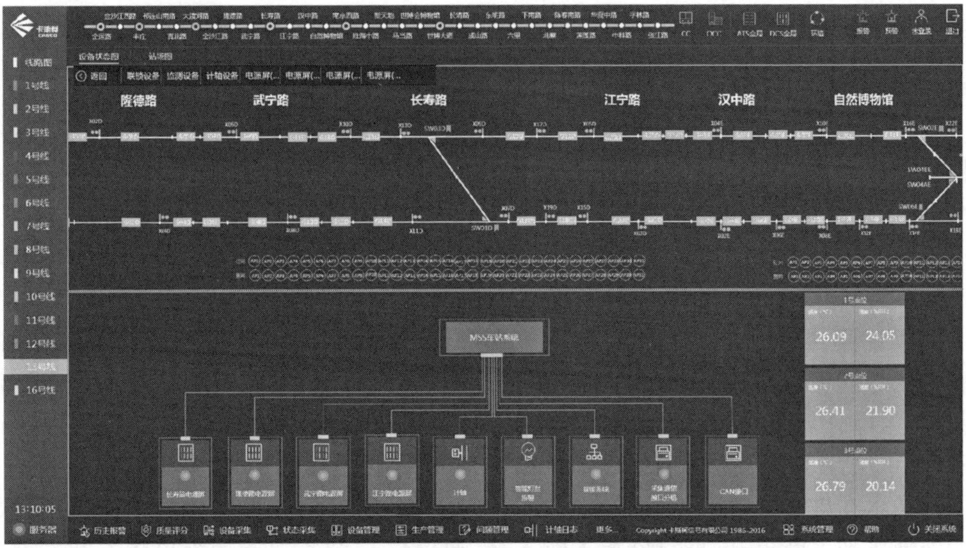

图 7.26 设备房温湿度监测示意图

5. 5D-BIM 功能

该功能基于 BIM 实现设备全寿命周期维护管理，在 BIM 图纸上叠加设备状态信息，如图 7.27 所示，且具备以下特点：

(1)设备布置图、站场布置图：具备更准确的物理空间指示；

(2)设备构件：系统化构建列控设备 BIM 模型，可 720°无死角查看设备细部构造；

(3)设备组合、关联构建：可透性解决物件包含、隐含、关联、线缆走向等问题。

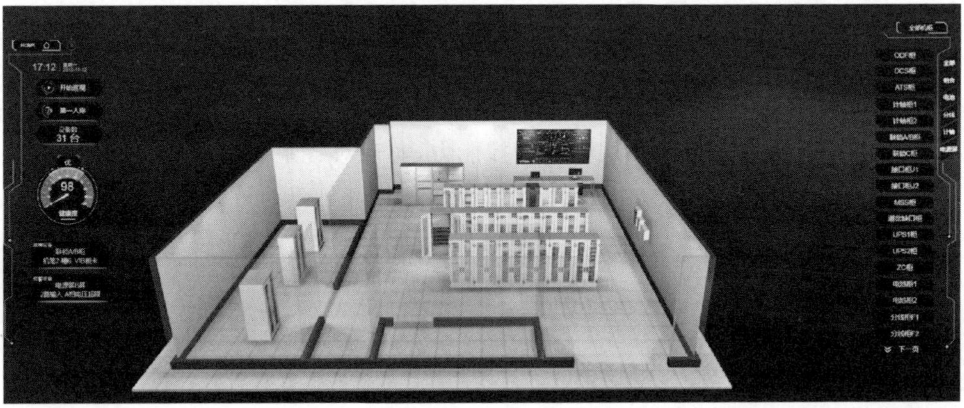

图 7.27 5D-BIM

7.5 智能运维的发展

在未来通信、信号设备的维护中，智能运维将逐步取代传统的运维模式，旨在打破传统的维护架构，打通不同线路之间、不同专业之间数据各不相关的维护壁垒，在运维线网中心，建立大数据分析中心，构建动态的资源云池，根据设备分析需求，调用访问，进行关联要素机器自学习等，提升平台整体的数据分析深度与广度，发挥其智能化的信息优势、认知优势、决策优势、行动优势，为通信信号系统设备提供健康管理、智能分析、维护支持、决策支持、应急处理、运维管理等服务，最终实现设备状态管理、设备检修管理、报警预警管理、实时故障诊断、设备质量评价、报警溯源、故障处理分析、故障案例库收集等功能，实现关键设备状态修，在保障设备可靠性、可用性和安全性的前提下优化维保人员、提高维保效率、提升运营安全。

技术在进步，智能运维的发展也非一蹴而就，随着已开发功能的不断应用，数据处理水平不断提升，网络资源不断丰富，通信信号设备智能运维也将不断发展，远期系统的建设目标如下：

(1)实现通信、信号设备间的数据融合和互联，构建统一的数据融合中心；

(2)提升通信、信号设备的智能化诊断水平，尤其需要利用多维度数据分析技术实现设备间的综合关联分析、预测分析和数据挖掘，统一构建设备的数据分析平台；

(3)基于数据分析结果辅助指导远程运营维护和故障处置，压缩故障处理延时；辅助预测分析设备隐患，提前预知设备异常状态；

(4)利用数据资源整合生产资源管理，实现通号设备的全生命周期管理；

(5)利用数据资源优化调度指挥，实现预测和决策辅助。

既有线根据实际情况改造在线监测能力，新建线路按技术条件内最高标准监测采集，实现通信、信号设备一体化集成在线监测，构建“三级三层”通号专业层次结构，并预留系统横向扩展能力，至“十四五”期末，监测将覆盖信号、通信、综合监控，各专业设备最终形成网络层面的管控能力，实现对各系统的管控。

附录　名词术语英(缩略语)中文对照

英文缩写	中文
AF	音频
ACE	计轴评估器
ADU	状态显示单元
APR	绝对位置参考应答器
AS	管理服务器
A-TAG	无源应答器(信标)
ATC	列车自动控制系统
ATO	列车自动运行系统
ATP	列车自动防护系统
ATR	列车自动调整
ATS	列车自动监控系统
BHJ	保护继电器
BUMA	总线控制板
B-TAG	有源应答器(信标)
CBTC	基于通信技术的列车控制系统
CM	ATC 保护下的人工驾驶模式
CS	中央服务器
DBAU	制动保障单元
DBJ	定位表示继电器
DCS	数据通信系统
DEBLMO	闪光元件接口模块
DESIMO	信号机元件接口模块
DEWEMO	道岔元件接口模块
DPU	车辆段程序单元

英文缩写	中文
DS	数据服务器
DSU	数据存储单元
EB	紧急制动
EPROM	可擦可编程序只读存储器
FBJ	反位表示继电器
RMO(RM)	限制人工驾驶模式
LC	线路控制器
LMA	移动授权权限
LPU	车站程序单元
MCU	微控制器单元
MSS	维护支持系统
MTIB	列车动态初始化定位、校准编码里程计及其轮径值信标
NMS	网络管理系统
OBRU	车载无线单元
OCC	控制中心
PCB	印刷电路板
PSBD	有源信标
PSD	站台屏蔽门
ROM	只读存储器
RTU	远程终端单元
SER	信号设备室
SICAS	西门子计算机辅助信号
STIB	有源信标又称静态模糊初始化信标
TWC	车地通信
VOBC	车载控制器
WKS	调度工作站
WEE-Z BOND	阻抗连接器
ZC	区域控制器

参 考 文 献

[1] 林瑜筠．城市轨道交通信号[M].3 版．北京:中国铁道出版社,2015.

[2] 林瑜筠．城市轨道交通信号基础[M]. 北京:中国铁道出版社,2015.

[3] 叶华平．城市轨道交通概论[M]. 北京:中国铁道出版社,2009.

[4] 阮秋琦．中国铁道百科全书—通信与信号[M]. 北京:中国铁道出版社,2003.

[5] 何宗华,汪松滋,何其光,等．城市轨道交通运营组织[M]. 北京:中国建筑工业出版社,2009.

[6] 何宗华,汪松滋,何其光,等．城市轨道交通通信信号系统运营与维修[M]. 北京:中国建筑工业出版社,2007.